MODEL THEORY
The Pattern From Mathematical Logic

模型理论⑧(上)
象数理形态模型

孙国生◎著

山西出版传媒集团
山西人民出版社

图书在版编目（CIP）数据

模型理论 8：象数理形态模型 / 孙国生著 . —太原：山西人民出版社，2022.9
ISBN 978-7-203-12077-3

Ⅰ.①模… Ⅱ.①孙… Ⅲ.①股票投资—经济模型—经济理论 Ⅳ.① F830.91

中国版本图书馆 CIP 数据核字 (2021) 第 277053 号

模型理论 8：象数理形态模型

著　　者：	孙国生
责任编辑：	徐　琼
复　　审：	傅晓红
终　　审：	梁晋华
装帧设计：	王　峥

出 版 者：	山西出版传媒集团·山西人民出版社
地　　址：	太原市建设南路 21 号
邮　　编：	030012
发行营销：	0351-4922220　4955996　4956039　4922127（传真）
天猫官网：	https://sxrmcbs.tmall.com　电话：0351-4922159
E-mail：	sxskcb@163.com　发行部
	sxskcb@126.com　总编室
网　　址：	www.sxskcb.com

经 销 者：	山西出版传媒集团·山西人民出版社
承 印 厂：	廊坊市祥丰印刷有限公司

开　　本：	710mm×1000mm　1/16
印　　张：	38
字　　数：	460 千字
印　　数：	1–5000 册
版　　次：	2022 年 9 月　第 1 版
印　　次：	2022 年 9 月　第 1 次印刷
书　　号：	ISBN 978-7-203-12077-3
定　　价：	398.00 元（上、下）

如有印装质量问题请与本社联系调换

推荐序 1

戴若·顾比

> 戴若·顾比是国际著名的金融技术分析专家,经常做客CNBC,被誉为"图表先生"。他是《股票交易》《趋势交易》《股市投资36计》的作者。他开发的几种领先的技术分析指标被世界各地很多市场的投资者广泛应用。

The series of books "Model Theory" mentions the important differences between numbers and patterns. It suggests that Western thinking is more concerned with numbers and Eastern thinking is more concerned with patterns. I am a western trader but my trading decisions are based on patterns of behaviour. This is the great truth of the market. The market data and information is made up from numbers, but these numbers capture the psychological behaviour of the participants in the market. The market is not really made of numbers, it is made of people. The numbers are just a record of behaviour. Understanding how the people behave is the key task for investors and traders in the financial markets.

However, numbers in the form of algorithms can be used to track and understand the behaviour of groups of individuals. This is now an essential part of the modern model theory of the market. We hear of the terms Big Data in the common marketplace, but Big Data has been the foundation of financial market technical and chart analysis for centuries. The early candlestick charts created by Japanese rice traders capture the extremes of human emotions and behaviour in the price activity. They looked at the aggregate of market behaviour – the Big Data – and used this to understand the behaviour of the market participants. Understanding this behaviour is the first step towards understanding the potential future behaviour of market participants.

Modern thinking has advanced our understanding of this market and economic model. The series of books "Model Theory" looks at this in interesting detail. It surveys the achievements of other economic model masters from Karl Marx and Adam Smith to Keynes. This series of books comes at an interesting time because following the Global Financial Crisis in 2008 the operation of the financial markets has changed. There is a desperate need for a new understanding and development of new models to better understand and explain the new market behaviour. The behaviour has been complicated by the growth of derivative trading instruments so the connection between the individual and the market is distorted. The structure of satisfying supply and demand has changed. We need to develop new models to understand this new market condition. This series of books is an important step in developing this understanding.

"模型理论"系列丛书讲到了数和形两者间的重要区别,它谈到西方的思维比较关注数,而东方的思维更关注形。作为一个西方交易者,我的交易决策却都是建立在交易行为的形态基础之上——形态是市场的实质。市场数据和信息是由数所构成的,但是这些数字反映的是市场参与者的心理行为。市场不是由数字构成的,而是由人构成的,数字只不过是对行为的记录而已。对于金融市场中的投资者和交易者来说,关键是要理解人的行为。

然而数字运算可以用来追踪和理解群体的行为,这是当前市场模型理论的基本组成部分。我们都听过应用于大众市场的"大数据"这个词,但是几个世纪以来,大数据已然成为金融市场技术分析和图表分析的基础了。早期由日本米商所创设的K线图捕捉的是人类情感在价格活动中的极值和行为。他们观察市场行为的综合表现(大数据)并以此来了解市场参与者的行为,而这正是理解市场参与者潜在的未来行为的第一步。

现代思维扩展了我们对市场和经济模型的理解,"模型理论"系列丛书对此作了生动的描述,该书把卡尔·马克思、亚当·斯密到凯恩斯这些经济大师的成果进行了调查和汇总。在经历了2008年的全球金融危机之后,金融市场的操作已然发生了改变,亟须一种对新模型的理解和发展,以帮助市场参与者更好地理解和解释新的市场行为。随着衍生交易工具的发展,市场行为也日趋复杂,个体和市场之间的关联被扭曲了,满足供求关系的结果也发生了变化。我们需要发展新的模型来理解这个新的市场状况,本套书在这方面迈出了重要的一步。

推荐序 2

杰瑞米·杜·普莱西斯

> 杰瑞米·杜·普莱西斯,《点数图指南》的作者。

I first met Mr. Sun in June 2016 at the Bogu International Investment Forum he was hosting. I soon realized that he is a respected master of stock market forecasting with a huge following across China and beyond. He has trained thousands from well-known institutions and universities in the art of market analysis. Using the techniques explained in this book, he has predicted the turning points in the Shanghai Composite index with precision.

The theory in this book was found for the first time on China's Stock Market, so is important for all who trade and invest in the market. It's about Mr. Sun's Model Theory. As I started to read, I became more and more intrigued by the concept. I am a technical analyst, so I believe in the power of charts, but Model Theory has opened my eyes because it uses mathematical formulas and logical rules to make forecasts.

Whereas most theories are either quantitative or qualitative, Model Theory makes its forecasts using both

quantitative analysis of historical data based on mathematical formulas, as well as qualitative analysis based on patterns. It is what Mr. Sun calls the prediction of time and space. There is no vagueness in the Model Theory, it predicts highs and lows with mathematical precision.

But I am being simplistic about this groundbreaking subject. The only way you are going learn more and profit from Model Theory is to turn the page and start reading this fascinating book. You won't regret it.

我第一次见到孙先生是在2016年6月,在他举办的博股国际投资论坛现场。我很快意识到,他是一位受人尊敬的股市预测派大师,在中国甚至海外有着数量庞大的追随者。他在知名机构以及大学里给上万人培训过市场分析的艺术,同时他用这本书中阐述的技术知识,精准预测了上证指数的转折点。

这本书中所阐述的关于中国股市的理论,我还是第一次看到,模型理论对那些在市场中交易和投资的人们来说意义重大。当我刚开始阅读孙先生的《模型理论》时,就被他书中的概念所吸引。我是技术分析者,所以我相信图表的力量,《模型理论》开阔了我的视野,原因在于它是使用数学公式和逻辑规则进行预测的。

现有的大多数理论是定量或者定性的,而《模型理论》做出的所有预测,既有对基于数学公式的历史数据做的定量分析,也有基于图形形态的定性分析——孙先生称之为时空预测。《模型理论》中没有含糊其词的表述,有的都是高低点的精准测算。

但我只是简单描述了这个开创性的课题。如果你想了解更多,或者想从《模型理论》中获利,唯一的途径就是翻开它,开始阅读这本很棒的书。选它,你不会后悔!

推荐序 3

拉瑞·威廉姆斯

> 拉瑞·威廉姆斯是威廉指标（W&R）的创始人，也是当今美国著名的期货交易员、作家、专栏编辑和资产管理经纪人。他曾获得罗宾斯杯期货交易冠军赛的总冠军——在不到 12 个月的时间里使 1 万美金变成了 110 万美金。拉瑞·威廉姆斯就职于美国国家期货协会理事会，并曾在蒙大拿州两次竞选国会议员。在过去的 20 多年里，他始终是被公众追随的优秀投资顾问之一，曾多次被《巴伦斯》《华尔街日报》《福布斯》《财富》专访。著有《未来的繁荣时光》《短线交易秘诀》等书籍。

Here's a book with a new and unique perspective on how to become a successful trader. My friend Mr. Sun will open your mind to new thoughts, cement old ones and help you become a better trader. Some books we just skim through; this one you want is to be read.

这本书以全新而独特的视角，告诉你如何成为一名成功的交易者，我的好友孙先生将使你开拓思维，展开新思想，巩固旧知识，帮助你成为更优秀的交易者。有些书涉猎即可，而此书将让你百看不厌。

别着急！先看序，再学习

孙国生

当您即将阅读本书的时候，我强烈建议您先看完了我的序再开始，否则就像系扣子，一开始就错了，而你到最后才发现。实际上读一本书更是这样，不要在好奇心的驱使下"鲸吞"这本书，看完才发现鞋不合脚。鞋合不合脚需要知道鞋的结构和尺码，人和人之间的区别往往是认知的不同，很多人虽喜新厌旧、喜慧厌拙，但对于未知的事物还是过于草率，常根据经验和主观判断做出评价。我衷心希望此书能让你清俗肠、醒倦眼。为了高效率地阅读本书，先弄懂这几个问题：模型理论是什么？不是什么？模型理论能学什么？不学什么？模型理论该用什么？不用什么？

模型理论是什么？不是什么？

七年前我开始萌发写模型理论的想法，是出于阅读股票书的困惑。本人虽不至嗜书如命，也是爱书如宝，坚信人的智慧大都来自前人的积累，没有人的理论是完全的独创，多读两本书而已。在这种心理作用下，我大量阅读中外投资经典，从开始的如饮神浆聆天乐，到最后的如吃残食嚼白蜡，要么复杂到没有用，要么简单到不管用，要么大讲投资心灵鸡汤，要么理念冗长于实战无益。我时常抱影衔思，忽忽不知所属，道理全懂，方法不通。

对于一个世界观恒定的人来说，方法论是泥泞路上的踏脚石，汪洋海中的多面帆，虽遇变幻而总能过关。在这样的背景下，我决定将股市多年来的方法论择优汇编成集，写一些法外法、声外声、韵外韵，而这些方法里我优选的是预测方面的知识。我认为，决策多来自对事物本身的预测，褒贬喜好、弃取存留，往往如此。投资失败不在于看不懂股市的变幻无常，而在于无常发生时决策错误，导致不能跟踪趋势发展。错误决策和不做决策都是源于对未来预测的失误，所以我把预测放在首位。我认为，股市投资逻辑是分析→预测→决策→交易，因此模型理论是投资者在已经具备的技术分析轮廓基础上学习的。当然，预测比分析难得多，分析是对历史的总结，预测是对未来的判断，总结自然要比判断简单一些。

综上所述，模型理论是时空预测的方法集，是数形分析的逻辑式，是量化交易的基础库，而不是分析工具，不是奇技淫巧，不是传统技术。

模型理论能学什么？不能学什么？

在《模型理论》上一次出版后，读者的反馈褒贬不一。有的人觉得作者顾盼伟然，技冠群书；有的人觉得微于缕黍，空洞玄虚；有的人阅后认为丽典新声，采知获秘；有的人阅后顿感獭祭诗书充著作；有的人学后雷转霆鞠，神鹰掣鞲；有的人学后兔起鹘落，仰天笑而冠缨绝……为什么会出现这样的悬殊呢？我觉得这就是读者没有知其然，所以更不知其所以然的结果。读书不求解，如訾食不肥体。阅读不能改善交易行为，那就是尝鲜式阅读，猎奇过后反生悔意。其实，读书如品茶，一次不为佳，往往在两三泡时，才能体会茗香通窍。读书，尤其是读方法类的书籍，更是如此，一读蠲愁，再读释疑，三读去疾。没有这么三次品读，恐难得其精要。

《模型理论》是系列书籍，每一册研究的深度不同、方向不同。第一册重点讲解了台阶模型、独立波模型和四段五点模型，它们都属于空间模型，让我们知道结构背后的价格、价格背后的规律、规律背后的模型像一只无形的手，左右着市场的走势。为了增加可读性，渲染精确率，有些案例十分完美，接近于神奇，大盘一个点不差，个股一分钱无缺，但实际过程并非每只如此、每次如此。简单的方法都有其局限性，不可能放之四海而皆准，凡是书籍都会找典型、抓样板。你在书籍中能看到的是官渡之战、淝水之战等精彩的以少胜多的案例，而大量的以多胜少的战役则不会被作为经典口口相传。股市的预测也是这样，不要因为几次的精确而震撼，也不要因为偶尔的失误而抓狂，因为接受股市就是接受不完美，股市是科学与艺术的结合，既有必然性，也有偶然性。

综上所述，模型理论能学结构规律的公式、逻辑推理的过程、反复运算的验证，不能学不差分毫的顶底、屡战屡胜的交易、未卜先知的箴言。

模型理论该用什么？不该用什么？

一些投资者学习了模型理论后，就变成了"大仙"，总喜欢在人前卖弄自己的预测，总是鼓吹某次某时、某底某顶他都精确地预测到了。听起来似乎每次他都能抄底卖顶，但实际上他把精力都用到了预测上，自己操作得一塌糊涂。还有一些投资者用模型理论的方法做过几次漂亮的波段，就觉得天下无敌，无视趋势的方向，博取得不偿失的微利，实难称为智者。就在前几日，一位老者告诉我，只要有百分之三的波动他都会操作，还说今年都赚了3倍了。我听后说了一句话："你比我强，你这样能持续吗？"

我不希望读者学完模型理论后变得更贪婪，更不自知。模型

理论是帮助交易者追求理性的交易，你学模型愈久愈理性，不在疯狂时欢喜，不在绝望时沮丧。要对模型理论的深入了解，多方求证，学积而备于前，智浚而捷于行，也就是要提前准备，行动迅捷，没有提前准备就不能防患于未然，行动不迅捷就是空学误己。

综上所述，模型理论该用公式而计算，该用计算而验证，该用验证而交易，不该用来当大仙，不该用来反趋势，不该用来博微利。

最后的最后

世间之法有先易后难和先难后易，重点不是开始而是结果，先易后难的结果往往是越来越难，先难后易的结果是越来越易。模型理论就属于先难后易的方法，喜欢模型理论者多为重视结果者，艰难的开始、曲折的过程都是为了美好的结果。世间没有万能药、千灵丹，只有百宝箱。一把钥匙开一把锁，一个方法解一处难，只有把百宝箱都备满了，才能应付各种跌宕起伏。模型理论不仅仅是操作模型，更是预测模型，当大家去学习这些预测方法的时候，一定要知道预测的三个规律：第一，预测难免失误。你必须接受这一点，预测没有那么简单，否则你就不会一直学习了，股票市场是受多重因素影响的，所以预测失误也总是会发生。第二，不是精准而是接近。预测之前可以精准，但是市场验证的时候，接近就可以了。没有人能准确无误地预测每一次涨跌，预测是推断市场的各种可能性的方法，所有的抉择都是一种预测。第三，指数预测会比个股预测要可靠一些。在股票市场，个股走势更容易被操纵，而指数相对而言更稳定。无论采取哪一种预测方法，指数预测的可靠性要大于个股预测的可靠性。所谓的预测，都是基于大量的数据统计和客观走势规律的，都是一种概率游戏。随着科技的进步，这种概率也会提升，这就是"大数据"的影响。所谓的智能，也不过是基于某个模型的预测，我们应该秉持着好奇和质疑的态度，不断将其完善，而不是迷信和守旧。

模型理论是系列书籍，每一册都有不同的市场模型，深度也是逐步加强，需要读者对各种方法灵活运用，在此过程中遇到问题，可以发邮件到模型理论解疑邮箱（moxinglilun@163.com），也可以在模型理论公众号上留言。当然，您也可以买一套相关的软件，这样可以省去大量的计算时间。详情可登录中国弘历集团官网（http://hl1998.com）了解。让我们以此为开端，探索股市的奥秘，见证模型的神奇。

最后，本书的完成要感谢我的同事孙彬，大部分手稿是由他整理编辑的，感谢我的爱人蔡静女士，是她不断的鼓励才让我挤出时间来写书；最后的最后，要感谢所有的"模迷"们，是你们的追捧才让模型理论一版再版，谢谢你们的支持！

2017 年 2 月 27 日于北京

序

　　太阳总是东升西落，草木总是春华秋实，万事万物都有规律，对于大多数事物而言，从诞生起，规律就会一直伴随它们直到消亡。

　　利用星辰的运动规律来预测未来的方法古已有之，而掌握这种方法的人，在东方被称为方士或者术士，在西方被称为占星师。事实上，东西方历史上很多时代都有类似钦天监①的部门，专门负责研究星辰运动的规律。通俗地讲，钦天监就是中国古代国家天文台，承担观察天象、颁布历法的重任。

　　地球的自转和公转形成了日和年的循环，自古以来，人们用地球的自转和公转来计算时间（日晷的发明和应用就是典型的例子），以7日为一周，以30日为一月，逐渐形成了时间周期的概念。周期形成之后，很多事物的运动或者人的行为都会依照周期循环发生，这样规律就形成了。

　　比如我们总是周一至周五工作，周末休息，即使你的工作规律并不是这样，也会受到这条规律的影响。很多人每逢周末会不自觉地放松，放慢生活节奏，即使这一天对他来说是工作日。大家都遵循这种规律，就会形成一种社会环境，这种环境会加深你所受到的影响，最终使大多数人都按照规律生活和工作。例如：每逢周一至周五，北京的某些道路总会堵车，而周末则不会；每逢比较重要的节假日，各个城市的人流量就会增大等。这些规律说来简单，但作用却不小，知道了这些规律，你周一之前就知道

---

①　钦天监是古代制定历法、推算节气、观察天象的官署。

象数理形态模型

会堵车,过节之前就知道人流量会增大,这就是预测。俗话说:秀才不出门,便知天下事。掌握了规律,就能很轻易地预测未来会发生什么。而类似这样的规律广泛存在于世界上的每一个事物中,股市也不例外。就像道氏理论中说的那样,历史会不断重演。但是,相比于知道历史会重演,更重要的是要知道历史何时会重演,你能相信股价循环的规律居然会与星体的运行息息相关吗?

在本书中,笔者会为大家重点介绍股市中周期循环的规律,以及如何使用这些规律来对股价未来的走势做出预测。

通过对股市的研究,我们可以发现,股价会随着周期的运行而循环往复,但周期循环的规律却不是千篇一律,短期预测有短周期循环的规律,长期预测有长周期循环的规律,不同的周期有不同的规律。这些规律是股市诞生之初,乃至股市诞生以前就已经形成了的。这些规律就是获利的捷径,就是股市中最大的秘密。

发现规律之后,如何应用这些规律也是一门学问。不同的规律需要有不同的应用方法,这些方法各有优劣,甚至同一规律不同的应用方法也会有不同的效果,而不同的方法适用于不同的情况。当然,一旦读者熟练掌握了这些规律,获利将并不困难,甚至可以说是轻易,这就是时间周期循环的魅力,是预测的魅力。

本书将为你展现它的魅力,揭开它所隐藏的一切奥秘。如果你真的学懂了书中的知识,那么,预测对你来说将不再是难题。

愚昧者成为历史,先知者成就未来。

笔者一直很认同的一句古话就是:书中自有黄金屋。你认为呢?

目 录

第一章　形态起源……………………………………………1
　　第一节　每一个形态都是结果形成的过程 / 3
　　第二节　形态形成的过程 / 7

第二章　形态的组合…………………………………………19
　　第一节　最基础的形态组合 / 21
　　第二节　起点的选取 / 25
　　第三节　形态的产生和组合 / 38

第三章　股市八形图…………………………………………49
　　第一节　从八形到八卦 / 51
　　第二节　八种卦形的含义 / 56
　　第三节　易理与股市简述 / 68

第四章　乾宫八卦……………………………………………77
　　第一节　乾宫八卦之乾卦 / 79
　　第二节　乾宫八卦之夬卦 / 92
　　第三节　乾宫八卦之大有卦 / 102

第四节　乾宫八卦之小畜卦 / 113

第五节　乾宫八卦之大壮卦 / 122

第六节　乾宫八卦之需卦 / 130

第七节　乾宫八卦之大畜卦 / 138

第八节　乾宫八卦之泰卦 / 147

第五章　兑宫八卦 ·· 155

第一节　兑宫八卦之履卦 / 157

第二节　兑宫八卦之兑卦 / 164

第三节　兑宫八卦之睽卦 / 172

第四节　兑宫八卦之中孚卦 / 180

第五节　兑宫八卦之归妹卦 / 188

第六节　兑宫八卦之节卦 / 198

第七节　兑宫八卦之损卦 / 207

第八节　兑宫八卦之临卦 / 214

第六章　离宫八卦 ·· 223

第一节　离宫八卦之同人卦 / 225

第二节　离宫八卦之革卦 / 231

第三节　离宫八卦之离卦 / 239

第四节　离宫八卦之家人卦 / 247

第五节　离宫八卦之丰卦 / 256

第六节　离宫八卦之既济卦 / 263

第七节　离宫八卦之贲卦 / 270

第八节　离宫八卦之明夷卦 / 277

第七章 巽宫八卦 ………………………………………… 285

第一节　巽宫八卦之姤卦 / 287

第二节　巽宫八卦之大过卦 / 293

第三节　巽宫八卦之鼎卦 / 300

第四节　巽宫八卦之巽卦 / 308

第五节　巽宫八卦之恒卦 / 315

第六节　巽宫八卦之井卦 / 322

第七节　巽宫八卦之蛊卦 / 329

第八节　巽宫八卦之升卦 / 335

第八章 震宫八卦 ………………………………………… 345

第一节　震宫八卦之无妄卦 / 347

第二节　震宫八卦之随卦 / 353

第三节　震宫八卦之噬嗑卦 / 359

第四节　震宫八卦之益卦 / 366

第五节　震宫八卦之震卦 / 373

第六节　震宫八卦之屯卦 / 379

第七节　震宫八卦之颐卦 / 387

第八节　震宫八卦之复卦 / 393

第九章 坎宫八卦 ………………………………………… 399

第一节　坎宫八卦之讼卦 / 401

第二节　坎宫八卦之困卦 / 407

第三节　坎宫八卦之未济卦 / 412

第四节　坎宫八卦之涣卦 / 421

第五节　坎宫八卦之解卦 / 427

第六节　坎宫八卦之坎卦 / 432
第七节　坎宫八卦之蒙卦 / 438
第八节　坎宫八卦之师卦 / 444

第十章　艮宫八卦 ……………………………………………… 453

第一节　艮宫八卦之遁卦 / 455
第二节　艮宫八卦之咸卦 / 461
第三节　艮宫八卦之旅卦 / 467
第四节　艮宫八卦之渐卦 / 473
第五节　艮宫八卦之小过卦 / 480
第六节　艮宫八卦之蹇卦 / 486
第七节　艮宫八卦之艮卦 / 494
第八节　艮宫八卦之谦卦 / 501

第十一章　坤宫八卦 ……………………………………………… 509

第一节　坤宫八卦之否卦 / 511
第二节　坤宫八卦之萃卦 / 518
第三节　坤宫八卦之晋卦 / 524
第四节　坤宫八卦之观卦 / 532
第五节　坤宫八卦之豫卦 / 540
第六节　坤宫八卦之比卦 / 546
第七节　坤宫八卦之剥卦 / 553
第八节　坤宫八卦之坤卦 / 559

第十二章　白首《太玄经》 …………………………………… 567

第一节　周易与太玄 / 569

第二节　太玄九段与干支预测法 / 573

后　　记——阅读是一种智慧……………………………………577

第一章　形态起源

象数理形态模型

形态是怎么产生的？

每一个对市场有研究的投资者都免不了要和形态打交道，关于形态的研究也是投资者的日常。

很多著名的理论实际上也是形态研究的成果，比如艾略特波浪理论。但是投资者们更关心的是形态所引发的结果，什么样的形态代表上涨，什么样的形态代表下跌。

这方面的研究很多，但如果你入市的时间够长就会发现，这种研究本质上不能改善你的投资情况。因为有时候形态是准的，而有的时候形态是不准的。

这就需要追本溯源，找到形态的形成因素了。

第一节　每一个形态都是结果形成的过程

形态是股价运动的产物，正如每一个结果都有一个过程，而股价运行的这个过程就是一个形态。

每一个形态的产生都是一个过程，这是我们对形态的理解中很重要的一点。其中，在《模型理论》第六册中讲到一个结论，叫做异级同构，即不同的级别同样的结构，也是属于形态的一种。既然知道了这一点，每一个形态都要分析其过程，从这个角度再去看形态，理解就会更加深刻。

比如说周线产生的形态，过程在日线上；日线上产生的形态，过程在更小级别的小时和分钟K线上。每一个形态我们判断它的好坏，首先要知道它的产生是一个过程，而对这个过程的研究，就是我们当前要做的事情。

形态是一种规律，这种规律不是某个人创造或者规定的，而是在市场中一直存在的。

形态的出现要经历几个步骤：周期影响资金，资金促进交易，交易变成成交，再随着时间的推移产生过程。而在这个过程中必然会产生趋势，把所有的趋势进行归纳就有了形态。

简单来说，股市的发展就是从周期到资金，到趋势，最终到形态的过程。

为什么会形成这样的过程呢？股市的运动看似有规律，但细节却难以把握，每一次形态的产生都是看似相同而内部有不少的差异。

所以，对股市运动的研究最好从其内在的影响因素开始，也就是股市的三大原理。

第一原理：周期

股市里有时间和空间两个重要的影响因素，时间是不可逆的，空间上的波动会随着时间的推移体现出明显的周期性，如自然界中的四季轮转一样。

正如道氏理论中所认为的那样：历史总会重演，但不是简单重复。

关于周期的研究，在《模型理论》系列的前几本书籍中已经讨论得够多了，在此不再赘述。但是这里需要特别强调一点，真正明智的投资者都会遵循周期的规律进行运作。

第二原理：资金

资金是股市波动的内在动力，供求关系的改变必然引发资金的流动，而资金的流动又会推动股价的波动。

正如投资者们常说的那样，"无庄不活"——没有资金的推动，市场只能是一潭死水，难以孕育机会。

第三原理：趋势

趋势是股市波动的外在呈现，做对趋势就等于获利，顺势而为就会事半功倍。在股市中，趋势如浪潮，顺昌逆亡，没有什么能够阻挡趋势的力量。

把所有的趋势进行归纳，就变成了形态。这就是股市的发展，从周期到资金，从资金到趋势，最终到形态。形态的产生。

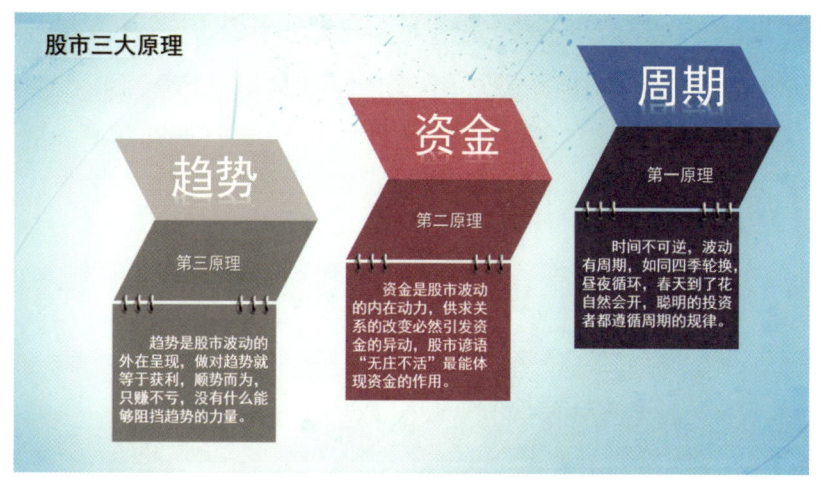

图 1.1.1　股市的三大原理

所以，每一个形态都是结果形成的过程。

也许你会感到迷惑，模型理论说到底是以实战为根本的，对形态的本质进行研究，对我们实战操作有什么价值呢？

很简单，知道了过程，结果就显而易见；知道了形态，涨跌就浮出水面。

形态的判断

形态的判断，简单来说，就是通过形态来判断市场的走势。

首先，我们要判断形态，再以此来判断市场。而形态的判断要以过程为依据，足够多的数据和组合才是判断涨跌的路径。

我们该从何处入手呢？

还是回到前面提到的股市的三大原理：周期、资金和趋势。

周期这个概念需要从很长一段时间来看，而如果把时间点局限于当前，最直观体现周期的因素，就是股市里的时间要素。

资金在股市中难以被直观地看见，但成交量的变化往往直观地体现了资金的流动，所以我们可以通过成交量来把握这一原理。

象数理形态模型

最后一个原理是趋势,趋势的形成类似于股价运行的"惯性",而这种惯性更多地体现在股价在空间(位置)上的变化。

也就是说,时间、位置(空间)、成交量,是判断形态的三个核心点,如下图所示:

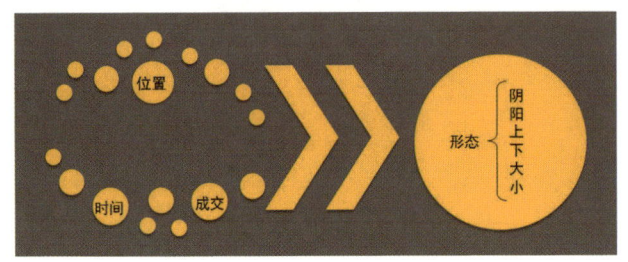

图 1.1.2　判断形态的三个核心点

通过这三个核心点来把握形态之后,就涉及一个关键的问题,也就是如何判断形态出现之后是涨是跌?

对形态出现之后涨跌的判断要依托于形态本身,具体来说有三个要点:一看阴阳,二看上下,三看大小。如何理解呢?就是通过形态的阴阳、上下和大小来判断后市的变化。

何谓形态的阴阳、上下和大小呢?实际上,这三个概念都和形态中的 K 线有关。阴阳是指构成形态的 K 线中阴线和阳线的数量,是阴线多还是阳线多;上下是指形态的方向,是向上的还是向下的,比如"M"是头向下和"W"是底向上;大小是指在这个形态中阳线的实体大还是阴线的实体大,众所周知 K 线的实体代表着量能,这也是判断形态中重要的参考依据。

在下一节中,会详细阐述如何分析这三者。

这里需要强调的是判断形态的顺序问题。在判断形态时,阴阳、上下和大小需要严格按照顺序来看,即先看阴阳,再看上下,最后看大小。这一顺序非常重要,将会直接影响到投资者对形态判断的准确性。

第二节　形态形成的过程

随着时间的推移、价格的变化，所产生每一笔的交易都会出现每天的分时图中。在分时图中，投资者们习惯关注的是体现在 K 线上的四个价格，即开盘价、收盘价、最高价和最低价，这四个价格代表着市场中的博弈。简而言之，多空双方每天的博弈就是围绕着开盘价的拉锯，而收盘价就是拉锯的结果。

有一种买入的结构就是当股价达到月线或者季线的开盘价就考虑买入，因为这意味着从长期的角度看，多空双方的博弈中多方开始占优。这种就属于把心态放到周期里，用开盘价来衡量周期的买入方法，优点是简单好学，缺点是不够精细，买入点的误差可能会很大。

当四个价位确定之后，当天的走势就可以用一根 K 线来表示。但是这种表现方式本身就存在一个缺点，某两个交易日的走势可能完全不同，但是他们的最高价、最低价、开盘价和收盘价都是完全相同的，那么用 K 线来表示它们时，最终呈现出来的 K 线就都是一样的。不同的走势代表的含义自然是不同的，但是 K 线图是一样的，这就会误导投资者的判断，如下页图所示。

图中共有上下两种走势，最高价、最低价、开盘价和收盘价是相同的，但是走势本身是不同的。

上面的走势代表的是开盘之后多方一直占优，出现了最高价，随后空方开始反击，逐步占据主导位置，完全吞没了多方带来的上涨，并且还创造了新低，出现最低价，最后多方又开始反攻。

但是多方的反攻没有吞没空方带来的下跌，出现了收盘价而不是最高价，最终这一天的走势是空方强势。

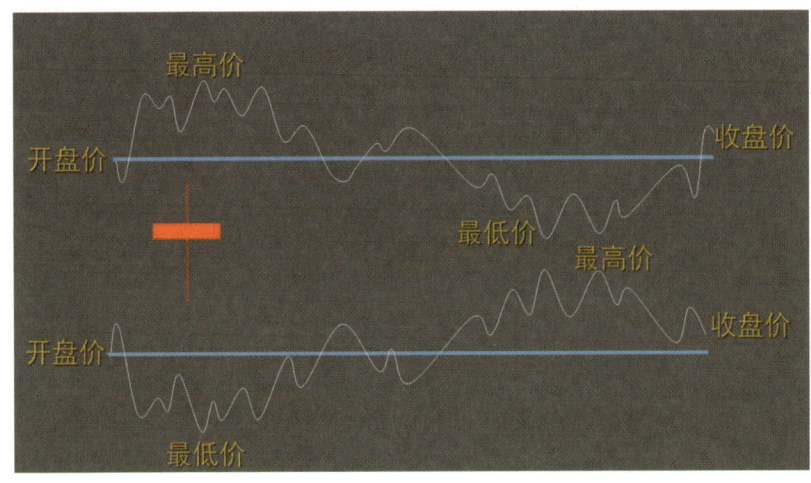

图 1.2.1　不同走势形成同样的 K 线

对于这一天的走势来说，判断多方强势还是空方强势的关键不在于最后多方的反攻是否突破开盘价，而在于是否突破最高价创造了新高。如上面的案例中最终多方走势没有创造新高，所以尽管 K 线收阳，但是当天的整体走势却是空方强势。

下面的走势中一开盘股价就下跌，空方占据优势，随后多方发起反击，出现最低点，最终上涨吞没了股价从开盘的最低点的下跌幅度，创出新高。尾盘时空方开始发力，股价下跌，形成最高点。但最终收盘的时候，股价在开盘价以上，说明空方走势没有吞没多方的走势，这一天整体走势是多方强势。

两根 K 线一模一样，但形成它们的走势各不相同，其所代表的含义也完全相反。

这也就是对形态形成的过程分析，当然是最简单的一种，但是从上面的案例中，几乎所有投资者都能够看出对形态形成的过程进行分析的价值。它将使你看清股市中更细节处隐藏的信息，从而不会被形态所蒙蔽，真正读懂形态的语言。

下面我们来了解稍微复杂一些的形态形成过程的分析方法。

首先需要明确的是，K线本身并不一定是某一个固定时长内的走势才能形成的，任意时长的任意一段走势图都可以形成一根K线，如下图所示。

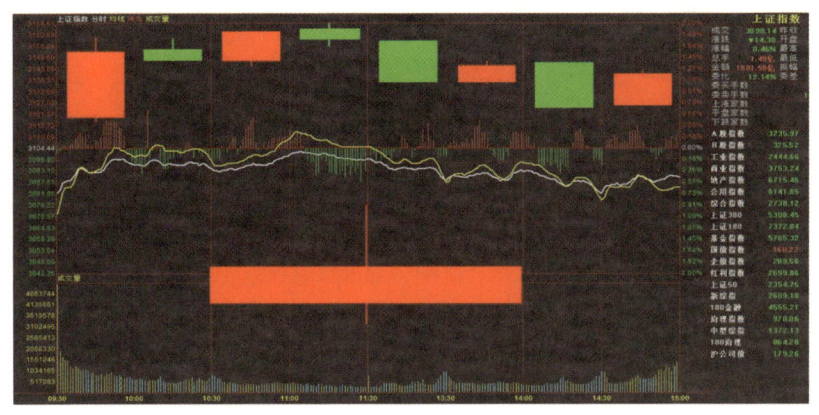

图 1.2.2　走势形成 K 线

图中上侧的 K 线是 30 分钟的走势形成的。通过这八根 K 线来看这一天的走势，是多方占优，还是空方占优？

这一天的走势是低开的，说明市场弱势，最终收小阳，但是全天的走势中，空方占优的时间是比较长的。

首先看阴阳，图中 K 线四阴四阳，数量相等，说明多空双方的力量是均衡的。据此，我们可以初步作出判断，次日大概率会出现小幅震荡走势。

其次看上下，简单来说，就是对整个形态的涨跌进行判断。前四根 K 线整体是上涨的，后四根 K 线是下跌的，整个形态是上涨—回调（因为最终收盘价高于开盘价，所以是回调，而不是反转），呈倒"V"字形。整体这一天形成了一根小阳线，多方力量稍稍占优。据此，我们可以作出初步判断，次日小幅震荡收阳的概率比较大。

最后看大小，八根K线四阴四阳，有大有小，我们该怎么看呢？首先把K线分类，分成大、中、小、微四种，如下图所示。

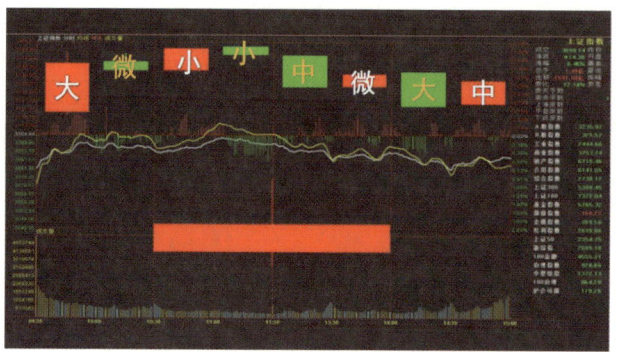

图1.2.3　K线的分类

K线大小的对比不是比最高价或者最低价，而是比K线的实体，原因在前文中提到过，因为K线实体反应量能。图中最大的阳线实体大于最大的阴线，再看中等的阴线和中等的阳线，中等的阳线实体明显小于中等的阴线，小阳线明显大于小阴线，微阳线大于微阴线。四组对比中，只有中阴线实体大于中阳线，所以这个形态整体看涨。

这是八根K线中四阴四阳的情况，大多数情况下，多空双方不会如此均衡，如果一天八根K线中五根是阳线，三根是阴线，那么上下和大小就不重要了，依据阴阳比例就可以判断出这一天的形态整体看涨，除非是出现某一根阳线或者阴线的实体非常大。一般来说，一方实体要达到能够吞没另一方三根K线实体之和的程度才有分析意义。

因此，对于这一天的整体分析就是次日市场仍然窄幅波动，市场整体看涨。

那么实际的走势如何呢？

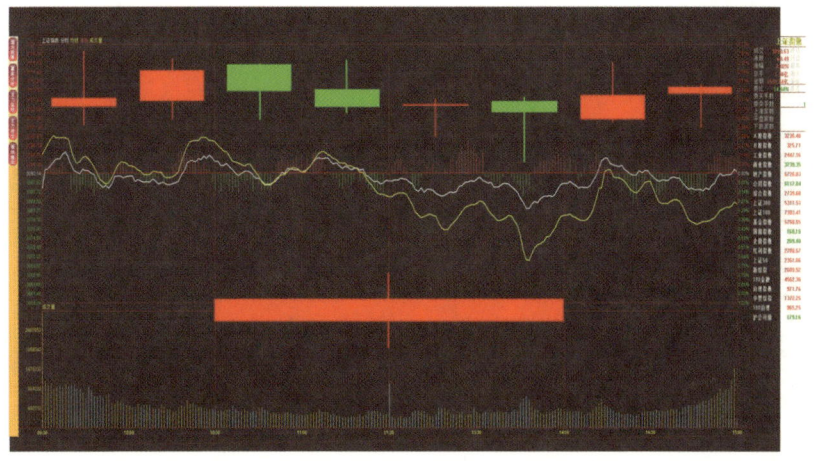

图 1.2.4　次日股价走势

在实际的走势中，次日股价的走势如上图所示，整体窄幅震荡，收盘价略高于开盘价，完美地印证了我们对走势的判断。

次日仍然以30分钟的走势形成一根K线，一共形成八根来看，根据原则，首先看阴阳，五阳三阴，多方强势。

这里有一个问题，出现了"十"字星。"十"字星属于偏少的阵营，因为大多数人用的K线图都是软件呈现的，对于"十"字星的定义，有时候程序员在写的时候会定义成固定的颜色，比如"十"字星就是统一的红色，或者绿色，也有些用其他颜色来表示。在市场中，颜色代表多空双方，实际上判断一根"十"字星的阴阳，需要看当天最后五分钟是买的人多还是卖的人多，或者最后的集合竞价是多方强还是空方强。

但是在实际使用中，为了节省时间，我们没必要去通过这种复杂的方法来判断"十"字星的颜色，直接将"十"字星K线划分到多空双方中K线数目少的阵营即可。比如在本案例中，我们就可以将"十"字星视为阴线。

如果将"十"字星视为阴线，那么这一天的走势同样是四阴四阳。其次看上下,是先涨、后调、再涨的"N"字型走势。我们可以通过折线清晰地看到这种走势的变化,如下图所示。

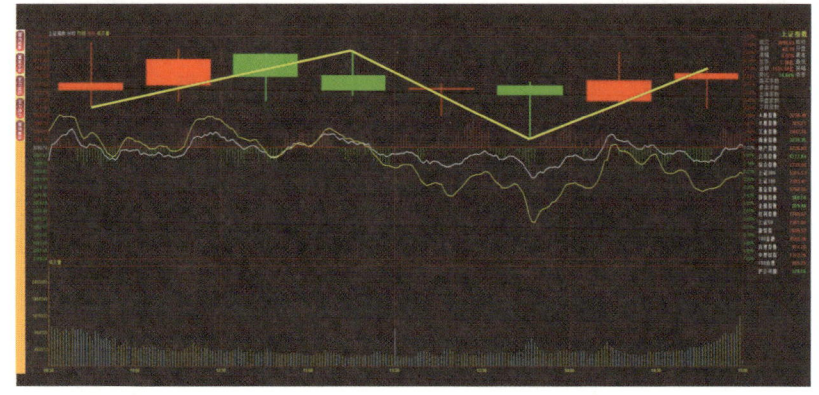

图 1.2.5　"N"字型走势

这段走势是上涨还是下跌?

有人说趋势正在横盘,有人说这个不好判断,信息太少了。其实信息足够。这张折线图上给出了四个点(包括两个低点和两个高点),三段走势,我们可以通过最简单的高低点变化关系来解读当前的趋势。从图中我们可以看到,两个低点之间是在走低的,而两个高点之间也是走低的(如图),高点低点都走低,毫无疑问,趋势是下跌的,

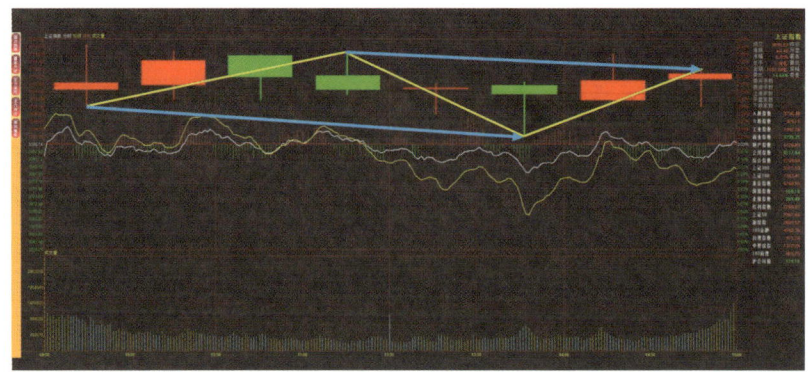

图 1.2.6　高点低点都走低

对于这段走势，我们也可以这么理解：股价先涨一波然后下跌，跌破开盘价破了新低，之后再上涨，但是上涨没有创新高。也就是说，这段走势从"上下"的角度是看空的。

具体看空的力度，就要看"大小"来进行判断了，同样把K线分类，分成大、中、小、微四种，分别进行编号，如下图所示。

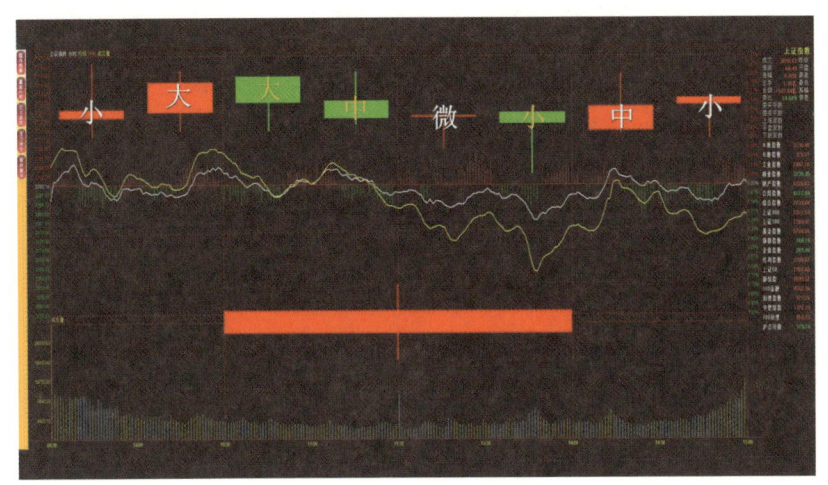

图 1.2.7　K 线的分类

最大的阳线和最大的阴线对比，阳线略大，第二大的阳线也略大于第二大的阴线，但是第三大的阳线小于第三大的阴线，最小的阴线大于最小的阳线。

这说明总体空方占优，市场偏弱，接下来做好风险的防范。

虽然这一天的整体走势形成了一根小阳线，和前一天一样，但是其所代表的风险远大于前一天，它意味着接下来的市场将大概率不会再继续震荡行情，而是开始空方占优。

我们把这两天的形态放在一起，进行分析，如下图所示。

象数理形态模型

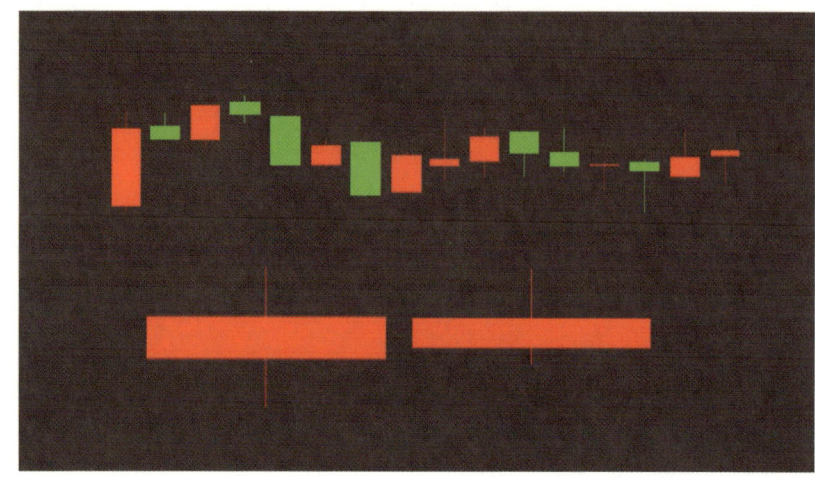

图 1.2.8　两个交易日的走势合并

上面是 30 分钟的 K 线走势图，下面的两根是日线图，首先思考两个问题：

从 30 分钟的 K 线形态看，是涨还是跌？

从下面的日线形态看，是涨还是跌？

30 分钟的走势图中共有八根 K 线，我们可以使用前文中提到的画折线图的方法进行判断，将涨跌标出来，如下图所示。

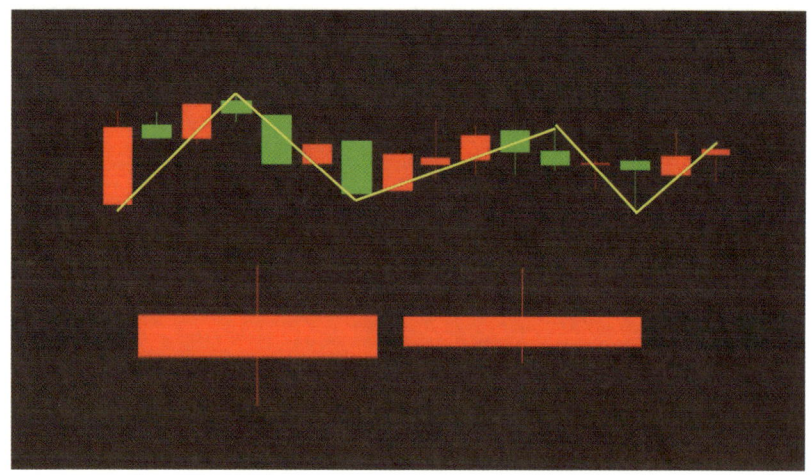

图 1.2.9　走势连线图

我们可以很清楚地看到股价形成了一个明显的高点降低，低点也降低的下跌趋势，对后市的判断自然是看空的。

接下来是对于日线形态分析，根据前文中提到的方法，第一步看阴阳，第二步看上下，第三步看大小。阴阳方面，两根都是阳线，但是阳线的实体在逐步减小；上下方面，最高价上升了，最低价抬高了，实体为阳线，可判断为上升趋势；大小方面，实体逐步减小。由此可以判断多方动能在减弱。

通过日线的形态，大多数人都不会判断为风险的来临，最多能够看出多方的动能在减弱，但是从30分钟K线的形态就可以很明显地看出市场接下来会下跌。

所以对于真正专业的形态研究者来说，有很重要的一个技巧，通过当前的形态无法作出准确的判断时，要学会寻找小周期的形态，也就是大周期形态形成的过程。这也就是前文中提到的，每个形态的形成都是一个过程。简单来说，周线上的形态看不懂，就去日线上去寻找这个形态形成的过程，日线上的形态看不懂，就去分时K线上去寻找日线形态形成的过程，异级同构，逐一验证。

这种理念在《模型理论》第六册中有详细的阐述，研究过的投资者可以两相印证，定会得到更多的感悟，也能够更加灵活地在市场中运用这种理念。

我们一直都说，成功的投资者要做市场中的先知先觉者，何谓先知先觉？先知先觉并不是无中生有，不是毫无缘由地预知市场的变化，而是见微知著，通过市场中的蛛丝马迹来判断接下来要发生的大变化。这就像是自然界中的动物对于即将到来的天灾的预测一样，只不过动物是一种本能，而投资者想要掌握这种能力需要方法和培养。

接下来我们再来看下图的走势：

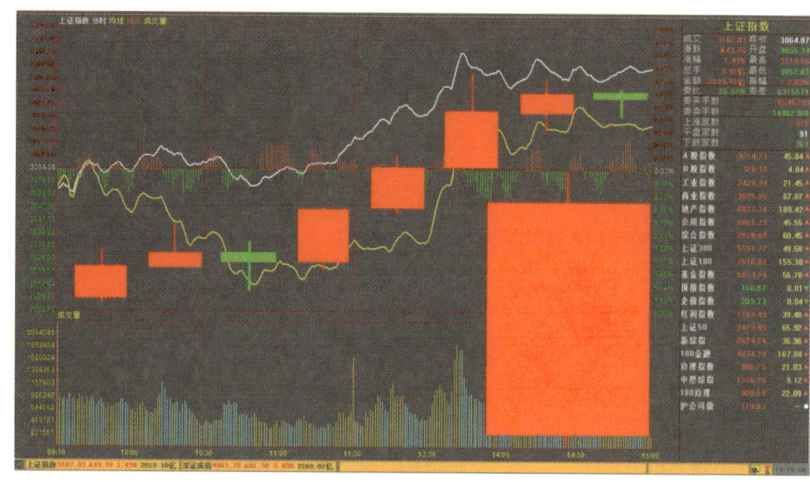

图 1.2.10　上证指数分时图（1）

图中的走势明显是看多的，一眼就可以看出来，因为明显的阳线数量远多于阴线，并且走势也一直在上涨。但是这个形态代表的含义是市场将要开始小幅调整。关于这个形态为什么会代表着小幅调整，在后面的内容中我们会进行详细阐述。

这一天的日线是一根大阳线，无论是阴阳、上下和大小，都是看涨的。我们还是选取两个交易日的形态来作为案例，下面来看下一个交易日的走势，如下图所示。

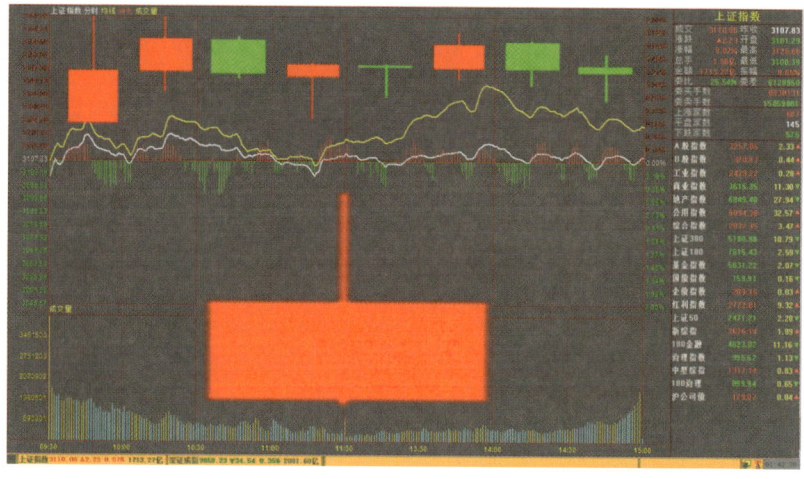

图 1.2.11　上证指数分时图（2）

图中下方 K 线是当日的日线,上方是 30 分钟 K 线形成的形态,根据前文中提到的形态分析方法,第一步先看阴阳,从图中可以看到这一个交易日的走势整体呈小幅上涨,八根 30 分钟 K 线四阴四阳,说明多空双方的力量整体均衡。

接下来进行第二步,对上下进行判断,形态呈现"先涨后跌,再涨再跌"的 M 型走势,指数首先上涨,接下来的下跌完全吞没了上涨的幅度,破出新低。之后多方开始反攻,完全吞没空方的下跌幅度,创出新高。接下来再次下跌,跌幅并未吞没上涨的幅度。所以,整体判断略微上涨。

最后看大小,我们同样将四根阳线和四根阴线按照实体由大到小进行编号,一号阳线实体大于一号阴线,二号阳线实体大于二号阴线,三号阳线实体大于三号阴线,四号阳线实体同样大于四号阴线,明显看涨。

所以,对于接下来的走势预期就是市场大概率会出现窄幅波动走势,并且整体看涨。

这一个交易日的走势最终形成了一个有长上影线的小阳线,将这一交易日的走势和前一交易日走势相结合就得到了下面一张图。

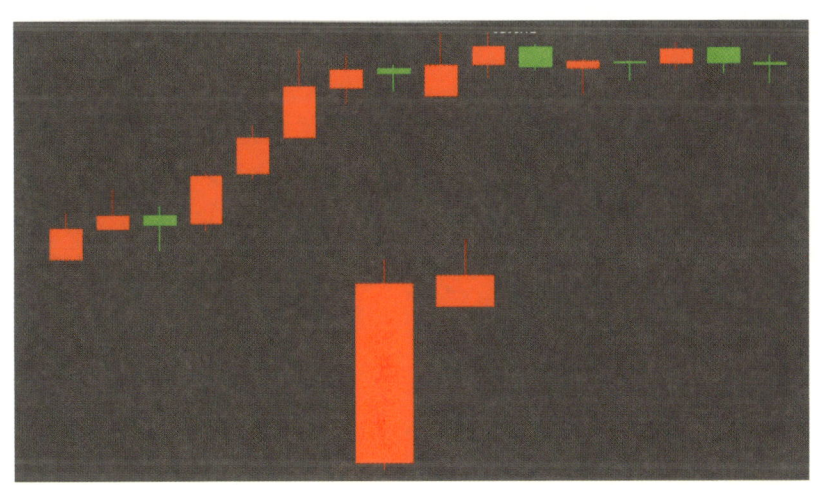

图 1.2.12 两个交易日的走势图

象数理形态模型

从图中可以明显地看出市场整体来说是看涨的。而在实际的走势中，这个形态之后的走势正如我们的判断，市场窄幅震荡，形成一根小阳线。

前文中我们探讨了形态形成的过程，对于所有的形态进行分析时，首先要知道它们是怎么产生的，随后通过这个过程中的阴阳、上下和大小三个方面来判断这个形态代表的含义。

这一切的阐述和学习都是为了接下来的内容做准备，因为形态和 K 线一样，是可以组合的。

第二章　形态的组合

碎片化的市场

世界是物质的,物质是由分子、原子、离子等微观物质构成的。

股市也是如此,股市就像是积木一样,由价格组成了K线,K线组成了形态,形态组成了波动,波动组成了趋势,趋势形成了周期……

所以,市场是一个整体,但其实也是碎片化的。我们对市场的研究,就可以从形态的组合开始。

第一节　最基础的形态组合

中医的理论讲究"孤阴不生，独阳不长"，实际上这脱胎于道家的阴阳思想，意思是单纯的阴或者阳的因素不能促成事物的生长或者产生。

万物分阴阳，股市也分阴阳，阴阳消长，矛盾互转。在股市中多空轮转，阴阳变化的过程总会对下一步行情变化有所预示。而抓住这些征兆，就是投资者先知先觉的资本。

前文中我们先分析了一根K线代表的含义，随后又分析了两根K线的含义，但是为什么要研究两根K线呢？

首先我们要知道，一根K线是不能够被称为形态的，两根K线的组合是最基础的形态，最能反映股市中阴阳的转化。

从最简单的角度来解释这句话，在排除其他因素影响的前提下，某个交易日收了一根阳线，那么我们可以判断下个交易日看涨。如果下个交易日又收阳，那么连续两根阳线对后市的预期自然是看涨的。

我们都知道，股市里是不可能只有阳线没有阴线的，如果某个交易日收了一根阳线，但是下个交易日收了一根阴线，对于后市该如何预期呢？

此时就需要对形态进行分析，也就是前文中提到的先看阴阳，再看上下，最后看大小。

可以说，两根K线的组合是最基础、最简单也最有分析意义的形态，而两根K线的组合一共有四种可能的情况，即"阳线+

阳线""阳线＋阴线""阴线＋阴线""阴线＋阳线",如下图所示。

	阳终	阴终
阳起	双阳	后阴
阴起	后阳	双阴

图 2.1.1　两根 K 线组合的四种可能

如上图所示,"阳线＋阳线"组合成的形态被称为"双阳","阳线＋阴线"组合成的形态被称为"后阴","阴线＋阴线"组合成的形态被称为"双阴","阴线＋阳线"组合成的形态被称为"后阳"。上图中按照阴阳线的位置(起始和终末)进行划分。

两根 K 线组合所形成的形态只有上述四种,所有的变化都只是上述四种组合的变异,但也不过是大小、上下的区别,没有本质上的差异。

需要特别注意的是,"后阳"和"后阴"虽然都是"一阴一阳"的组合,但是因为 K 线的顺序不同,所以两者所代表的含义区别很大,投资者一定要区分清楚,这一点是初学者比较容易混淆的地方。

两根 K 线的四种组合作为最基础的形态,其性质与代表的含义非常重要,它们就像是数学上的加减乘除和物理上的牛顿三定律一样,需要研究者牢牢记住并且会随时调用。对于专业的研究者来说,仅仅牢记是远远不够的,还必须要灵活使用,就好像数学中几乎所有的运算本质上都只是加减乘除的演变,但这并不代表掌握了加减乘除的人就一定会解微积分。究其根本，真理总是简单而又浅显的，但真理在世间的表现形式却是千姿百态的。所以，作为投资者，我们不仅要发现真理，更要研究真理。但真理的应用需要有更多的智慧和精力的投入，在追寻真理的道路上，没有捷径可走，捷径最终都是通向绝境。

下面我们来了解一下两根K线组成的形态分别代表着怎样的含义。一般情况下，双阳代表上涨，双阴代表下跌，先阳后阴代表下跌，先阴后阳代表上涨，如下图所示。

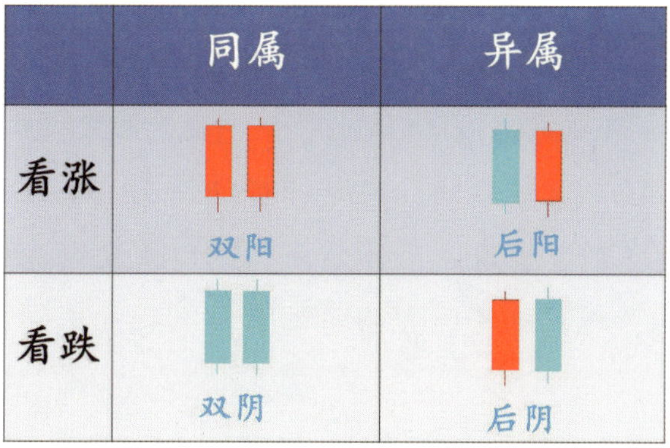

图 2.1.2　四种K线组合代表的含义

正如前文中所强调的，先涨后跌的形态和先跌后涨的形态虽然都是由一阴一阳两根K线所组成，但是其所代表的含义却完全不同，阴线和阳线出现的先后顺序决定了两种形态对后市的预期完全相反。

虽然上面的表格并不复杂，对于绝大多数形态研究者来说，理解并不困难，但是记忆起来却需要一定的时间，而且还容易混淆。其实通过对于表格内容的研究，我们可以发现，看涨的两种形态分别是"双阳"和"后阳"，它们的共性就是形态中后面的一根K线是阳线。同样的道理，看跌的两种形态分别是"双阴"和"后阴"，它们的共性是形态中后面的一根K线是阴线。也就

是说，在两根K线组成的形态中，不管第一根K线是阴是阳，只要第二根K线是阳的就看涨。反之，如果第二根K线是阴线就看跌。那么，我们可以用一句简单的口诀来记住上面表格中的内容，即"后阳看涨，后阴看跌"。

这一口诀不仅适用于两根K线的组合，对于多跟K线组合形成的形态来说也是如此，但是这种规律对于越少K线组成的形态预测效果就越有效，对于越多K线组成的形态效果就越差。一般来说，五根以上K线组成的形态就很少采用这种规律来判断看涨还是看跌了。

这里需要强调的是，"双阳"和"后阳"虽然都是看涨的，但是"双阳"的看涨力度和"后阳"的看涨力度却是明显不同的，同理，"双阴"和"后阴"也是同样的情况。所以，投资者虽然可以通过"后阳看涨，后阴看跌"的口诀来快速记忆上述形态所代表的含义，却不能忽略不同看涨形态和不同看跌形态之间的区别。

通过上面的表格，我们可以非常简单地分析一只股票的好坏。研究模型时有一个非常有趣的现象——看上去很完备的模型，一旦涉及实际应用，就会出现很多"简单的问题"。这些问题似乎简单到根本不值得花费精力去思考，但是你会发现这些"简单的问题"并不简单。如果不能解决这些"简单的问题"，就无法把模型应用于实战。所以在模型的实用化过程中，这些"简单的问题"往往是最后一只拦路虎。

在将两根K线组合成的形态所代表的含义应用于股市时，就出现了这样一个"简单的问题"：起点怎么选？

第二节 起点的选取

在市场中，K线的组合总是阴阳交错，选择不同的起点，组成形态的两根K线也就不同，如下图所示：

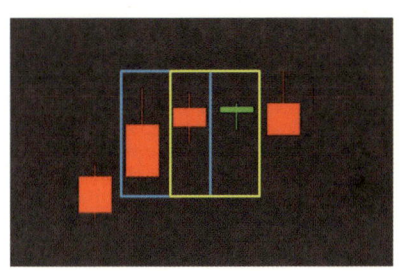

图 2.2.1 起点的选取问题

上图中共有五根K线，如果我们选择蓝色框线所标识的两根K线组成形态，那么形态是"双阳"，代表后市看涨，而如果我们选择黄色框线所标识的两根K线组成形态，那么形态就是"后阴"，代表后市看跌。仅仅是相连的三根K线，选择的起点不同，形态所代表的含义都不相同，更何况在更加复杂的走势中呢？

所以，想要使用形态的规律来分析市场，首先要解决起点选取的问题。实际上这个问题很好解决，只要研究者知道。在对形态的研究中，有一个规律，无论什么样的形态往往都会选择低点作为起点。

为什么要选择低点作为起点呢？在对于趋势的研究中，我们发现所有供需双方的关系，都会在低点达到平衡。

象数理形态模型

在《模型理论》系列丛书的前几本中，对于趋势的研究就曾经多次提到过一个理念，即"上涨是人为的，下跌是自然的"。简单来说，就是趋势在上涨时总会容易受到各种因素的影响而出现异动，而趋势在下跌时因为没有庄家或者主力影响，所以会更加符合市场运行的"自然规律"。

实际上，高低点的研究中也有着类似的规律，即"高点是人为的，低点是自然的"。也许有些人会问，低点的形成是因为有主力拉升，怎么能说是自然的呢？

其实，低点的形成除了有主力的拉升之外，还有一个必要的条件就是供需双方要达到平衡，否则强行拉升只会事倍功半。对于主力来说，这往往意味着更大的资金消耗，几乎没有主力会这么做。而高点的形成则是另一套机制，并不需要供需双方的平衡。

所以，不管是周期还是形态，往往都从低点开始。也就是说，在对周期和形态的起点研究中，通常要选择低点作为起点，越重要的低点越是如此。在模型系列的第五本《宙合之序》中就曾提到这一规律，越重要的低点越适合作为合域的起点。

形态的起点同样也是如此。这就是前文中提到的，真理总是简单而又浅显的，但真理在世间的表现形式却是千奇百怪的。同样的规律，不仅在对周期的研究中发挥重要的作用，在对形态的研究中也有同样重要的意义。

所以，形态的起点有两种：一种是股票上市的第一天，也就是走势诞生的起点；第二种就是低点，并且越重要的低点越适合作为形态的起点。

现在我们解决了起点选取的问题，接下来我们来看形态的规律在实际走势中的应用，如下图所示。

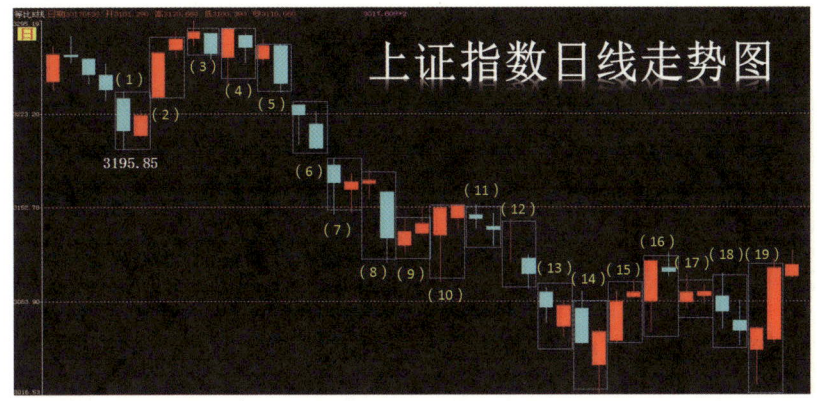

图 2.2.2　大盘起点的选取

图 2.2.2 是 1A0001 上证指数从 2017 年 3 月 24 日到 2017 年 5 月 26 日的日 K 线走势图。图中共有 43 根 K 线，其中的 38 根 K 线两两一组组成形态，分别用 19 个蓝色框线标识出来，并标记为框线（1）到（19）。图中左侧指数出现四连阴，并于 2017 年 3 月 30 日出现低点 3195.85 点。

根据前文中提到的规律，我们选择此处的低点作为形态的起点，用蓝色框线标识 2017 年 3 月 30 日与 31 日两天的 K 线，标记为框线（1），由图可知，2017 年 3 月 30 日指数收阴，而 2017 年 3 月 31 日指数收阳，则框线（1）中的形态是"后阳"，后市预期上涨。在实际的走势中，次日指数果然开始上涨。

选取框线（1）之后两根 K 线作为下一个形态，用框线（2）标识，由图可知，框线（2）中的形态是"双阳"，后市看涨，说明上涨趋势即将延续，次日指数继续上涨。

选取框线（2）之后两根 K 线作为下一个形态，用框线（3）标识，由图可知，框线（3）中的形态是"后阴"，后市看跌，则接下来指数可能发生反转。可以看到，次日虽然收阳，但后市果然进入了下跌的走势中。

象数理形态模型

选取框线（3）之后两根 K 线作为下一个形态，用框线（4）标识，由图可知，框线（4）中的形态是"后阴"，后市看跌，次日指数虽然上涨，但并未创出新高，且自此开启一波下跌走势。

选取框线（4）之后两根 K 线作为下一个形态，用框线（5）标识，由图可知，框线（5）中的形态同样是"后阴"，后市继续看跌，次日指数跳空低开，继续下跌。

选取框线（5）之后两根 K 线作为下一个形态，用框线（6）标识，由图可知，框线（6）中的形态是"双阴"，后市看跌，次日指数再次跳空低开，延续下跌走势。

按照这种规律似乎就能把握指数的每一分变化了，但是事实果真如此吗？

接下来我们选取框线（6）之后两根 K 线作为下一个形态，用框线（7）标识，由图可知，框线（7）中的形态是"后阳"，后市看涨，则指数有可能在此结束下跌趋势，开始上涨。

在实际的走势中，指数虽然在次日出现小涨，但接下来立刻开始大幅下跌。

虽然说通过形态预期上涨之后指数的确是涨了，但是这种小涨大跌却会为投资者的操作带来极大的风险。如果说框线（3）处看空之后次日上涨，但是开启长期下跌的走势还不能引起研究者的重视的话，那么此处的问题就由不得研究者不重视了。因为框线（3）处投资者如果卖出，的确可以回避风险，但是框线（7）处如果投资者因为形态预期上涨就在此买入，那么很可能会出现亏损。

必须再次重申的是，市场从来都不是简单的。作为投资者，如果你把市场看得太简单，那只能说明你太简单了。我们的确可以用简单的方法研判股市，但是我们必须要真正了解这种方法，才能真正准确地判断走势的变化。

投资者该如何避免在使用形态分析市场的时候出现如框线

(3)和框线(7)中的情况呢?

实际上,在使用形态进行分析股市的时候,也要遵循前文中提到的三步判断法,即第一步看阴阳,第二步看上下,第三步看大小的规则。仅仅通过形态本身是不能准确地把握市场的变化的。

让我们回到对框线(3)的分析:第一步,从阴阳的角度来看,是"后阴",看跌;第二步,从上下的角度来看,阳线在上,阴线在下,初步判断市场将会呈现下跌的走势;最后,从大小的角度,阳线实体远小于阴线的实体,说明下跌的风险和力度都不小。所以,这里成为一大波下跌的起点也就不足为奇了。

接下来是对于框线(7)的分析:第一步,从阴阳的角度来看,形态是"后阳",看涨;第二步,从上下的角度来看,阴线在阳线之上,形成了阴包阳的形态;最后,从大小的角度分析,阴线的实体大于阳线的实体,说明虽然是看多,但是多方非常弱。所以,此处不宜作为买点。经此分析,后市短暂上涨之后的下跌也就可以避免了。

如此,加上两个分析步骤之后,研究者对于走势的研判变得更加细致和精确,不容易出现判断失误或者被假象所蒙蔽。

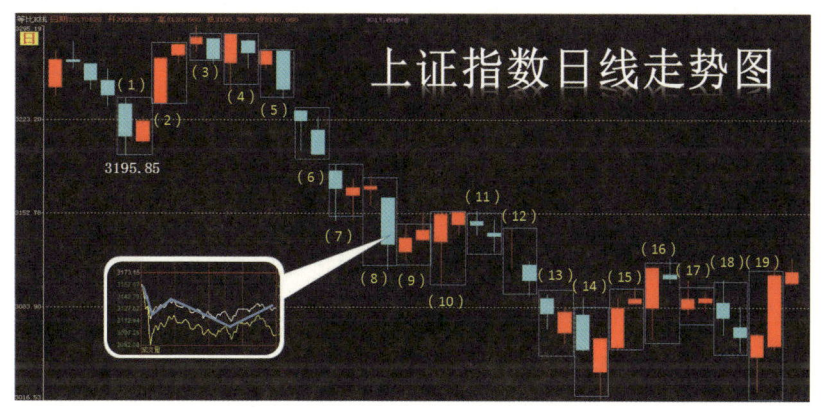

图 2.2.3 两根 K 线的形态分析实战

我们继续来分析这段走势，选取框线（7）之后两根K线作为下一个形态，用框线（8）标识，由图可知，框线（8）中的形态是"后阴"，后市继续看跌。上下方面，阳线在上，阴线在下，看空。此处需要注意的是，框线（8）中后面的阴线（当日为2017年4月24日）有一根长长的下影线，说明可能尾盘在拉升，此时可以考虑打开分时图了解一下分时形成的原因，如果确实是尾盘拉升，则次日出现上涨的可能性就大大增加。

在上图中用圆角矩形标注了2017年4月24日的分时图走势，如图可知当日股价确实出现尾盘拉升（注：分时图中白色线条为指数），次日有较大概率出现上涨。

大小方面，阴线实体远大于阳线实体，说明市场的空方力量仍然占优，但短期可能会有小幅度反弹，指数后期的走势也印证了我们此时的判断，指数的走势并未脱离下跌趋势，但是出现了小幅度反弹。

选取框线（8）之后两根K线作为下一个形态，用框线（9）标识，由图可知，框线（9）中的形态是"双阳"，后市看涨，次日指数果然收阳，出现上涨。

选取框线（9）之后两根K线作为下一个形态，用框线（10）标识，由图可知，框线（10）中的形态仍然是"双阳"，后市似乎是看涨的，但是运用前文中的三步分析法仔细分析就会发现，虽然从阴阳的角度上来看当日的形态是看涨的，但是从上下的角度来看，框线（10）中前一根K线高于后一根K线，是看跌的。研究者在此处应该特别留意风险的存在。

可以看到，在实际的走势中，指数在次日果然出现下跌，如果研究者看到"双阳"的形态就盲目作出看涨的判断，很可能在之后的下跌中蒙受损失，并且开始怀疑形态分析的有效性，最后阵脚大乱，做出不明智的操作。

所以，对形态的分析必须要细致，任何的疏忽都可能会带来亏损。

框线（10）之后指数连续两日收阴，以这两根 K 线作为下一个形态，用框线（11）标识，形态为"双阴"，后市看跌。从上下的角度看，第一根阴线高于第二根阴线，同样看跌。因为两根都是阴线，大小的分析没有意义，所以可以判断此时空方占优，后市看跌。

随后市场果然结束回调，继续回到下跌的趋势中。

选取框线（11）之后两根 K 线作为下一个形态，用框线（12）标识，框线（12）中的形态比较特殊，因为框线中的第一根 K 线是一个十字星。虽然在 K 线图上标记为红色，但是前文中提到过，这是软件设置的问题，并不代表这根十字星可以被视为阳线。前文中分析 30 分钟 K 线的时候采取的原则是将十字星视为偏少的阵营，在两根 K 线构成的形态中也是采用类似的原则。十字星被视为和另一根 K 线相对的一方 [如本案例中的十字星就被视为阳线，因为框线（12）中另一根 K 线是阴线]，则框线（12）中 K 线组合成的形态是"后阴"而非"双阴"，仍然是看跌的。

从上下的角度来看，十字星高于阴线，整体看跌；从大小的角度，阴线的实体远大于十字星，说明空方力量占优。以此判断，接下来下跌趋势仍将延续。实际走势也印证了我们的判断。

选取框线（12）之后两根 K 线作为下一个形态，用框线（13）标识，如图可知，框线（13）中的形态是"后阳"，看涨，从上下的角度来看，第一根阴线高于第二根阳线，看跌；从大小的角度来看，阳线的实体略大于阴线的实体，看涨。

从目前的分析来看，似乎接下来指数上涨的可能性更大一些，然而真的是这样吗？前文中分析框线（8）的时候曾经分析过框线（8）中后一根 K 线（2017 年 4 月 24 日）的长下影线所代表

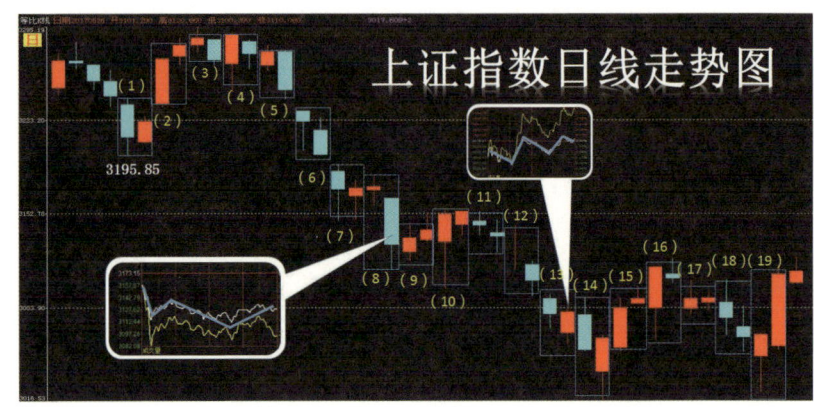

图 2.2.4　两根 K 线的形态分析实战（3）

的含义。实际上，当一个形态三步分析之后不太确定是涨是跌的情况下，如果形态中后一根 K 线有较长的上影线或者下影线，那么其影线的形成过程就相当有分析价值。

此处框线（13）中后一根 K 线同样出现了较长的下影线，这一天是 2017 年 5 月 9 日，我们同样把当日的分时图显示出来，如上图所示。

图中用蓝色折线标记走势方向，我们可以看到，当日的指数先是经历一波下跌，随后上涨，突破开盘价之后再次下跌。本次下跌还未创出新低，多方就再次反攻开始上涨，但当日的走势在尾盘时结束上涨，开始下跌。所以，实际当日走势结束时指数是下跌的。这与 2017 年 4 月 24 日的情况恰好相反，推断次日指数可能存在较大风险，加之当前处在下跌趋势中，所以研究者此时应当留意风险，谨慎行事。

如图可知，虽然框线（13）是看涨的形态，但后市仍然出现了下跌，分析影线的形成有助于研究者更加精确的研判市场的变化。

接下来选取框线（13）之后两根 K 线作为下一个形态，用框线（14）标识，如图可知，框线（14）中的形态与框线（13）中一样，都是"后阳",看涨。

从图中,我们可以看到框线(14)中的形态与框线(13)非常相似,都是先阴后阳;从上下的角度看,都是阴线在阳线之上,大小方面阴线和阳线实体几乎相等,阴线略大于阳线,同样后面的阳线有长长的下影线。

实际上框线(13)和框线(14)非常适合作对比分析,因为两者形态非常相似,但是代表的含义却正好相反。

前文中我们认为框线(13)代表的风险较大,是通过后面阳线的影线形成过程进行分析的结果。我们对框线(14)的分析同样需要从阳线的影线入手。这一天是2017年5月11日,当日的分时图如下图所示。

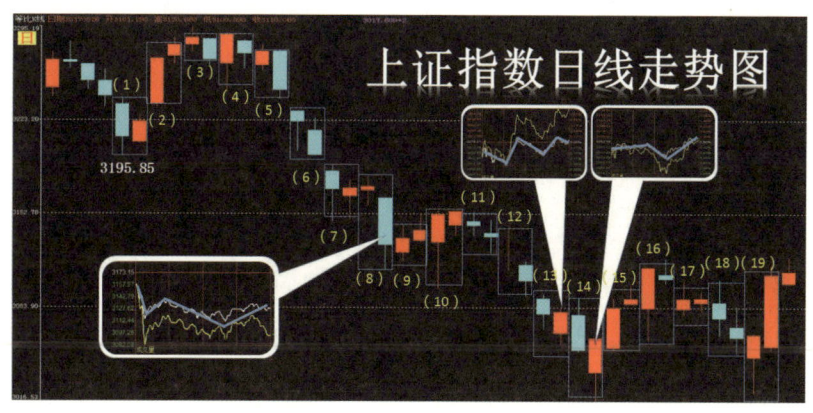

图2.2.5　两根K线的形态分析实战(4)

从图中用蓝色折线标记走势可以看到,当日的指数先是经历一波上涨,随后开始下跌,跌破开盘价形成低点,之后多方开始反攻创出新高,直到收盘。所以,当日走势结束时是在上涨的,次日延续上涨走势的概率较大。

结合"后阳"的形态,可判断接下来指数上涨的概率较大,又因为阴线在阳线之上并且实体略大于阳线,预示空方力量仍然强势,所以判断接下来可能会出现窄幅震荡或者小幅反弹。

相似的形态，相似的位置，可是框线（13）和框线（14）所代表的含义却是完全相反的。研究者判断其中的差别更多地需要依靠对影线形成的原因进行分析。所以，当研究者通过形态对市场进行判断不确定时，不妨打开分时图，研究形态中最后一根K线的影线形成的原因。

我们来看接下来的走势，框线（14）之后连续两日收阳，所以框线（15）中是两根阳线，形态为"双阳"，看涨。根据前文中先看阴阳，再看上下，最后看大小的规则。从上下的角度看，框线（15）中的走势第二根阳线高于第一根阳线，看涨。最后从大小的角度看，第一根阳线的实体远大于第二根阳线，说明短期看涨，但是上涨的力度并不强。

在实际的走势中，框线（15）之后，指数果然出现了短期上涨，但上涨一天之后就收阴开始下跌，符合我们对后市的判断。

选取框线（15）之后两个K线，用框线（16）标识，如图所示，框线（16）中第一根K线是大阳线，而第二根K线是小阴线，形态为"后阴"，后市看跌。从上下的角度看，第二根K线的实体完全处于第一个阳线的实体中，说明当前多方已经势弱了，且第二根阴线有一个长上影线。我们来看一下这根K线的影线形成过程，如下图所示。

这一天是2017年5月17日，我们将当日分时图标识出来，并用蓝色折线标记走势方向，可以看到，当日的指数先是出现一小波上涨，形成当日最高点后开始下跌。这一轮下跌并未跌破开盘点位，又开始上涨。同样本轮上涨也未突破前一个高点即宣告结束。随后指数开始了一波下跌，最终创出新低，形成当日最低点，由此形成了长长的上影线。当日尾盘形成一小波涨跌，涨多跌少形成当日的下影线。可以看到，当日收盘的时候指数处于下跌的状态，次日大概率延续下跌的走势。

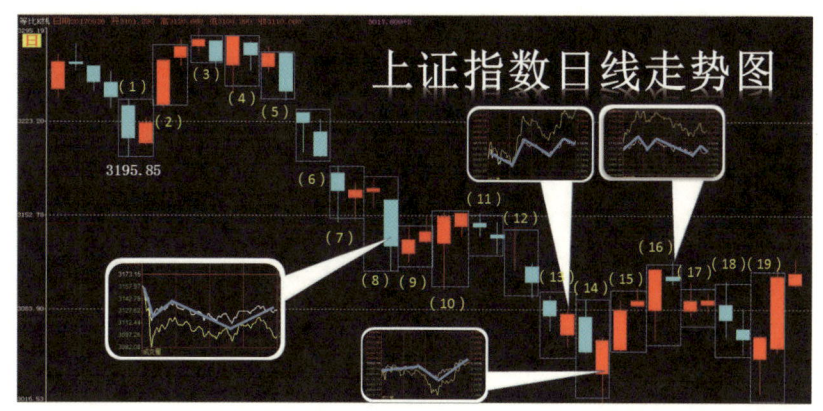

图 2.2.6　两根 K 线的形态分析实战（5）

最后从大小的角度来看，阳线实体远大于阴线实体，所以下跌之后可能会出现小幅反弹。综合来看，接下来短时间内指数出现下跌的概率会比较高。从图中可以看到，接下来指数跳空低开，虽然收阳，但却是一根假阳线，假阳线之后指数小幅反弹，收出小阳线，符合我们之前的判断。

选取框线（16）后两根 K 线作为下一个形态，用框线（17）标识，形态是"双阳"，看多。

这里有一个问题需要注意，细心的读者可能已经发现了，框线（17）中第一根 K 线虽然是阳线，但是相对于整体却是在下跌，是一根假阳线。那么就出现一个问题，在两根 K 线构成的形态分析中，假阳线应该被视为阴线还是阳线？

其实这个问题很好理解，首先因为我们研究的是两根 K 线组成的形态，所以框线（17）之外的走势可以不作考虑。如果只看框线（17），自然没有假阳线的说法，就算在同一个框线中出现了假阳线，也作为阳线来看待，因为阳线反映的是上涨，是多方力量的强势。而我们分析形态，更多是要掌握多空双方力量的变化（这一点在后文中会有详细的阐述），所以在分析形态时，阳线就是阳线，阴线就是阴线，不分真假。

接下来从上下的角度看，框线（17）中第二根阳线的实体完全包含于第一根阳线，并且第二根阳线相对于第一根阳线高点降低而低点抬高，说明多方力量在收缩，此处虽然是看多，但是风险比较大，不宜盲目入场。在实际的走势中，次日市场冲高之后就开始回落。

选取框线（17）之后两根K线作为下一个形态，用框线（18）标识，由图可知，框线（18）中的形态是"双阴"，看跌。

从上下的角度，第一根K线高于第二根K线，也体现出了空方力量的强盛，但是第二根阴线的实体相对于第一根阴线有明显的缩小，说明空方力量在减弱。

从图中可以看到，指数很快结束下跌，随后开始上涨。

选取框线（18）之后两根K线作为下一个形态，用框线（19）标识，由图可知，框线（19）中的形态是"双阳"，看涨；从上下的角度来分析，第二根阳线在第一根阳线之上，说明多方力量强盛，且第二根阳线实体明显大于第一根阳线。综合分析，接下来出现上涨的概率较大，接下来的走势也印证了我们的判断。

这里需要强调的一点是，在本案例中，我们只研究单独两根K线组成的形态对市场的影响，而在实战中，我们是可以同时分析多个形态来判断走势的。这里有一个原则：若连续两组以上形态提示看多（或者看空）而形态本身在横盘，说明市场接下来将要大涨（或者大跌）。例如本案例中的框线（3）（4）（5）三个形态连续提示看空，而整体却没有明显下跌，则提示后市可能出现大跌。抑或是框线（13）（14）连续提示上涨而整体却处于下跌状态，则是提示后市可能出现反弹。

注：如果框线（13）（14）横盘的话，说明后市可能大涨，而此处框线（13）（14）处于下跌趋势，则说明短期内会有相当

幅度的反弹。同时连续提示看多或者看空自身却在横盘的形态数量越多，对后市的影响越大，如本案例中框线（3）（4）（5）对后市的影响就远大于框线（13）（14）。

案例分析到这里，可能有些读者会觉得越来越糊涂，因为很多地方让人觉得模糊，没有明确的标准。在此，为了便于大家理解，我们根据前面的案例总结出用两根K线组成的形态判断后市的一些原则：

第一，用两根K线组成的形态判断后市，仅预测最近的一到两个交易日的准确率是最高的。

第二，作为判断依据，阴阳比上下重要，上下比大小重要。

第三，在上涨趋势中的形态若第二根K线有长上影线，或者在下降趋势中的形态第二根K线有长下影线，其影线的形成过程都是值得关注的（主要是关注收盘时指数是在上涨还是在下跌，这一因素作为判断依据和阴阳一样重要）。

当然，即便有了这些原则，有些读者可能还是会感到迷惑，本来挺简单的两根K线形态，经过这么一分析之后变得非常复杂。他们感觉与其花这些精力来判断后市短期走势，不如把精力投入到其他的方法上，认为这种通过两根K线组成的形态对后市判断的方法几乎没有实战意义。

实际上，这种方法更多是一种通过形态的阴阳、上下、大小来判断多空双方力量变化的方式，其实战意义并不重要，重要的是这种通过形态分析市场内部多空力量变化的方式可以为我们提供一种新的思路，而通过这种思路，我们可以衍生出全新的方法和模型。这正是这本书最大的亮点所在，也是笔者花费这么多篇幅来给大家阐述这种方法的原因。

那么接下来，让我们延续这种思路，做更深入的研究吧！

第三节　形态的产生和组合

随着构成因素的增加，可能产生的结果数量是呈几何增长的。在不考虑"十"字星的前提下，一根 K 线只有阴阳两种变化，两根 K 线可以构成四种不同的形态，而三根 K 线则可以构成八种不同的形态，如下图所示。

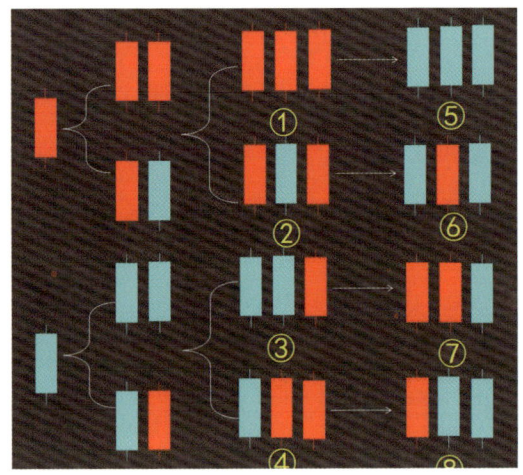

图 2.3.1　三根 K 线构成八种不同形态

图 2.3.1 中分别呈现了一根 K 线的阴阳两种变化，两根 K 线构成的四种不同形态，以及三根 K 线构成的八种不同形态，并且将这八种形态分别用数字①—⑧进行标记。

关于两根 K 线构成的四种形态所代表的含义，在前文中我们已经有明确的阐述了，那么由三根 K 线所构成的八种形态又分别代表着什么样的含义呢？

首先，我们可以看到形态①由三根阳线构成，代表多方力量的强盛，很明显属于看涨的形态。

接下来再看形态②，它是一个阳阴阳的组合，阳线数量多于阴线，说明多方较为强势，实际上这种两阳夹一阴的形态是比较有名的，被形态研究者称为"多方炮"，是一个典型的看涨形态。

形态③是一个阴阴阳的K线组合，阴线数量多于阳线。这个形态需要特别注意，因为这种阴线多阳线少的情况很容易被误认为是看跌的形态，但实际上形态③是看涨的。因为在三根K线构成的形态中，最后一个K线的权重是要大于前两根K线的。这就好像在前文中我们分析影线形成的原因时所说的，当日收盘前最后的一段走势如果是涨的，则后市看涨的概率大，而如果当日收盘前最后的一段走势如果是跌的，则后市看跌的概率大一样。所以，此处的形态③是看涨的。

形态④是一个阴阳阳的K线组合，最后一根K线是阳线，所以是看涨的。

形态⑤与形态①对应，是三根阴线的组合，毫无疑问是看跌的。

形态⑥与形态②对应，是一个两阴夹一阳的"空方炮"形态，看跌。

形态⑦与形态③对应，虽然是阳阳阴的组合，虽然是阳线比较多，但是因为最后一根K线是阴线，所以看跌。

形态⑧与形态④对应，是阳阴阴的K线组合，是一个典型的看跌形态。

我们将由三根K线构成的八种形态与涨跌之间的对应关系用下面的表格直观地展示出来：

我们可以看到，在表格中上面一排是看涨的形态，下面一排

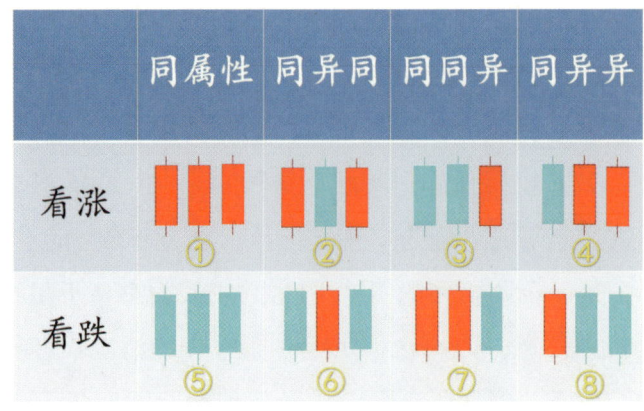

图 2.3.2　八种形态涨跌示意图

是看跌的形态。前文中我们提到，在三根 K 线构成的形态中，最后一个 K 线的权重是要大于前两根 K 线的。所以，关于以上八种形态所代表的含义，我们可以简单记往只要最后一根 K 线是阳线，形态就看涨，如果最后一根 K 线是阴线，形态就看跌。

至此，我们已经了解了由三根 K 线构成的简单形态所代表的含义，接下来我们分析如何通过三根 K 线构成的简单形态来分析一只股票是强是弱。

尾权最重原则

一般来说，股票的强或者弱并没有一个明确的界限，最直观呈现一只股票强弱的方式还是通过比较，没有对比就没有强弱。如何对比两只股票的强弱呢？

图 2.3.3 展示的是两段时间相等的走势，说走势中的 K 线数目相等，都是 15 根，并且阴线与阳线之间的比例也是相等的，两段走势都是由九根阴线和六根阳线组成。走势中的振幅（即最高点到最低点的空间）也被视为完全一致，每根 K 线的实体大小也视为相同。这两段走势中，时间相等，空间相同，构成走势的阴线和阳线的数目和比例也是一样的。可以说除了 K 线的排布顺

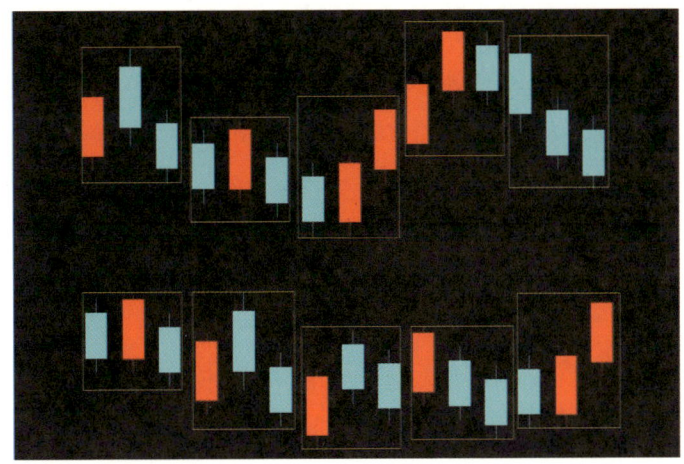

图 2.3.3　对比两段走势之间的强弱

序不同之外，两段走势几乎一模一样。

那么，这两段走势孰强孰弱呢？

此时我们就可以利用由三根 K 线构成的形态来进行走势强弱的判断。首先，将两段走势中的 K 线划分成五个由三根 K 线组成的形态，如下图所示。

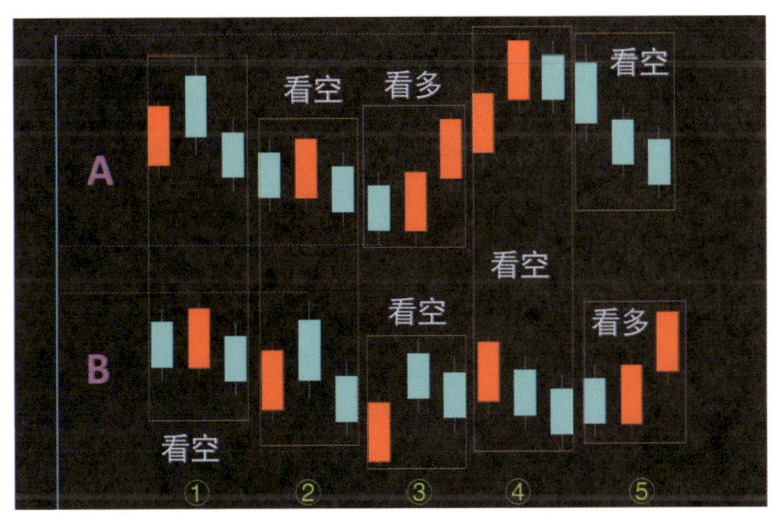

图 2.3.4　通过形态比较两段走势的强弱

在图 2.3.4 中用黄色和粉色的框线来标记三根 K 线构成的形态，并且划分为对比组①—⑤。其中黄色框线标记的是看空的形态，而粉色框线标记的是看多的形态。将图中上面一段走势标记为走势 A，而下面一段走势标记为走势 B。

我们可以看到，走势 A 中第一组的形态是阳阴阴，最后一根是阴线，看空，而走势 B 中第一组的形态则是阴阳阴的空方炮形态，同样看空。

走势 A 中第二组是一个二阴夹一阳的空方炮，看空，而走势 B 中的第二组形态是阳阴阴的看空形态。

在第三个对比组中，走势 A 中的三根 K 线构成了一个阴阳阳的看多形态，而走势 B 中的三根 K 线则恰好构成了一个相对应的阳阴阴看空形态。

在第四个对比组中，走势 A 中的三根 K 线构成了一个阳阳阴的形态，走势 B 中的三根 K 线构成了一个阳阴阴的形态，两个形态都是最后一根 K 线收阴，所以都是看空的。

在最后一个对比组中，走势 A 中的三根 K 线构成了一个三连阴的看空形态，而走势 B 中的三根 K 线则构成了一个阴阳阳的看多形态。

在五个对比组中，①组、②组和④组两段走势都是看空的，而第③组中是 A 多 B 空，第⑤组是 A 空 B 多。单纯从多空的体量来说，走势 A 和走势 B 中都是四个看空的组和一个看多的组，那么孰强孰弱呢？

其实体量不重要，重要的是位置。前文中提到，在两根 K 线构成的形态中，有着"后阳看涨，后阴看跌"的规律，而在三根 K 线构成的形态中，也有"最后一个 K 线权重大于前两根 K 线的权重"的规律。实际上不仅仅是形态，对于像本案例中这种通过形态来判断走势强弱的时候，也是最后一个形态的权重大于之前所有形态的权重，这一原则被称为"尾权最重原则"。

其实"尾权最重原则"很好理解，因为我们对比走势 A 与走势 B 之间强弱的原因是打算选一个走势买入，而买入的话，其当前的强弱对我们的意义比历史上的强弱对我们重要得多。就拿图 2.3.4 中的案例来说，虽然走势 A 和 B 中都是四组看空一组看多，但是走势 A 中最后一组是看空的，走势 B 中最后一组是看多的，如果我们买入的话，当然要选择买入之后更可能上涨的走势 B（此处只考虑做多的情况）。

所以，在走势 A 与走势 B 的对比中，走势 B 比较强势。

通过这种简单的方法，三根 K 线一个对比组，我们就可以简单地判断出某一只股票是强是弱，接下来走势是涨是跌。

下面我们来看一个实战中的案例，如下图所示。

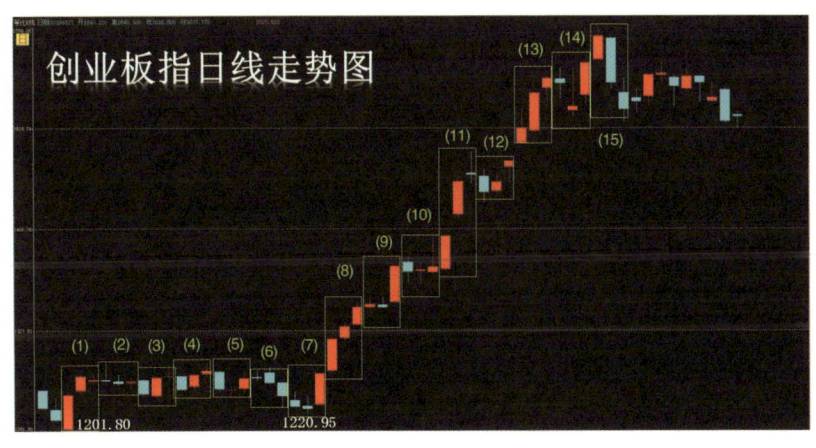

图 2.3.5　创业板指日线走势图

图 2.3.5 是 399006——创业板指从 2019 年 1 月 2 日到 2019 年 3 月 27 日的日 K 线走势图，图中共有 56 根 K 线，图中左侧创业板指出现两连阴之后，于 2019 年 1 月 4 日出现低点 1201.80，以此作为形态的起点，则其中的 45 根 K 线三根一组组成形态，分别用 15 个黄色框线标识出来，并标记为框线（1）

到(15)。

前文中提到过,越重要的低点越适合作为形态的起点。图中共出现了两处低点,一个是1月4日的1201.80点,一个是起涨前1月31日的1220.95点。之所以选择1201.80点作为起点,一方面是因为1201.80点低于1220.95点,在一定范围内更低的低点更重要,另一方面则是因为低点形成之后的走势,1201.80点之后的走势是横盘。前文中用两根K线构成的形态分析上证指数的案例中提到,在实战中,我们是可以同时分析多个形态来判断走势的。这里面有一个原则,是若连续两组以上的形态提示看多(或者看空)而形态本身在横盘的话,则说明市场接下来将要大涨(或者大跌)。所以,我们要想更加准确地判断市场,选择低点之后有横盘的走势作为形态起点更加合适。

在这个案例中,选择好起点之后就可以确定三根K线构成的形态了。如图所示,框线(1)中是一个三连阳的形态,毫无疑问,这是看涨的。

框线(2)中是一个"阴阴阳"的形态,同样是看涨的。

框线(3)中的形态是"阴阳阳",看涨[注:框线(3)中第三根K线是2019年1月16日,开盘点位是1267.14,收盘点位是1267.30,是小阳线而非"十"字星]。

框线(4)和框线(5)同样都是"阴阳阳"的形态,看涨。

至此,出现了连续五个框线中的形态提示看涨,而这段时间创业板指是在横盘的,根据前文中提到的规律,接下来市场大概率出现大幅上涨。在实际的走势中,创业板指在出现一个洗盘性质的小幅回调之后就开始大幅上涨。

起涨点可以根据框线(7)中阴阴阳的看涨形态来确定(同时从阴阳、上下和大小三个方面出现看多信号)。

随后框线（8），框线（9）和框线（10）中分别出现了三连阳、阳阴阳、阴阳阳三种看涨形态，指数也一直在拉升。

直到框线（11）出现了阳阳阴的看空形态，从上下的角度来分析，框线（11）中的三根 K 线高点和低点都是依次抬高的，说明多方力量仍然强盛，而从大小的角度来分析，框线（11）中的三根 K 线是两根大阳线和一根小阴线，说明多方力量仍大于空方力量，综合分析，此处可能出现幅度不大的调整，但整体上涨趋势仍在延续。

随后的走势也印证了我们的判断，创业板指在出现两个交易日的小幅反弹之后继续拉升。

接下来框线（12）中的形态是阴阳阳看涨。

框线（13）中的形态是三连阳，看涨。

框线（14）中的形态是阴阳阳，看涨 [框线（14）中的走势从上下的角度分析是整体向上的，因为第一根 K 线和第三根 K 线之间高点低点依次抬高，而从大小的角度，阳线的实体远大于阴线]。

直到框线（15）中的形态是阳阴阴，看跌。并且从上下的角度来看，框线（15）中的三根 K 线整体是下跌的。从大小的角度看，后面两根大阴线的实体也明显大于第一根阳线的实体，说明多方力量的衰退和空方力量的强盛，此时应以回避风险为主。

在实际的走势中，随后创业板指结束了上涨，开始宽幅震荡走势。

这是通过三根 K 线构成的形态来分析上涨走势是否强势的案例，接下来我们来看通过三根 K 线构成的形态来分析走势是否弱势的案例，如下图所示。

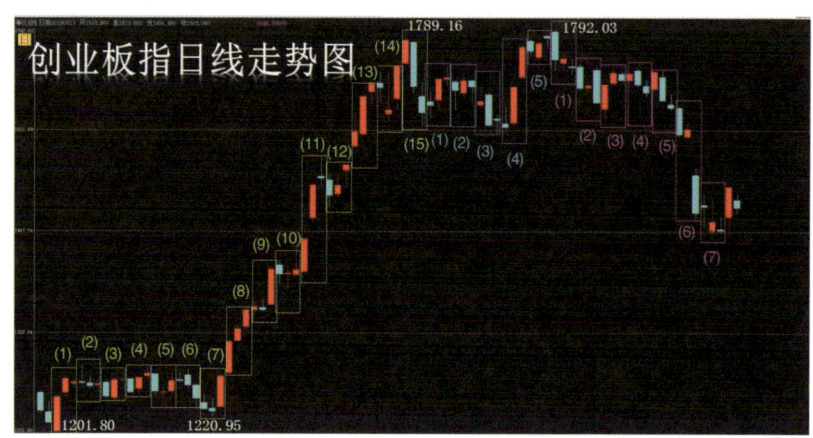

图 2.3.6　创业板指日线走势图

图 2.3.6 是 399006——创业板指从 2019 年 1 月 2 日到 2019 年 5 月 13 日的日 K 线走势图。图中左侧是前一案例中的走势，同样用 15 个黄色框线标识出来。自黄色框线（15）之后的走势同样是三根一组组成形态，分别用 5 个蓝色框线和 7 个粉色框线标识出来。

首先要解决的一个问题还是形态起点的选取，按照对应关系，既然是想要通过形态判断接下来的走势是否是弱势，那么自然应该选择一个高点作为起点。

但实际上并非如此，前文中提到过，所有的低点是多空双方的平衡点，所以我们选择重要的低点作为形态的起点，而高点的形成更多受人为因素的影响，并不能简单地选择高点作为形态的起点，而要选择短期内的重要低点作为起点。本案例中的形态起点就是重要低点，实际上还是 2019 年 1 月 4 日的最低点 1201.80 点。

当然，高点并非全无意义，本案例中以前期低点 1201.80 点作为起点，最终出现高点时，恰好是形态中的第一根 K 线 [高点 1789.16 点是黄色框线（15）中的第一根 K 线，高点 1792.03 点是粉色框线（1）中的第一根 K 线］，印证了此起点的准确。若非如此，可以考虑选择其他低点作为起点。

如图所示，上涨结束之后创业板指就开始横盘，横盘分为两个阶段，分别用蓝色框线和粉色框线标识和区分。蓝色框线所标识的走势反复提示多空变化［蓝色框线（1）到框线（5）中形态提示分别是看多、看空、看空、看多、看空］，走势也随之宽幅震荡，意味着市场中多空双方还未分出强弱，市场变化较为无序。此时形态只显示短期之内多空双方的力量变化，对分析走势的强弱没有价值。

而粉色框线所标识的走势则规律了很多，粉色框线（1）中的形态是阴阳阴，看跌。

粉色框线（2）中的三根 K 线同样呈现阴阳阴，看跌。

粉色框线（3）中的形态是阳阳阴，看跌。

粉色框线（4）中的形态是阳阴阴，看跌。

粉色框线（5）中的形态是阳阴阴，看跌。

同时，这段时间的创业板指的走势一直是窄幅横盘，连续五个下跌提示，显示空方力量的极度强盛，此处研究者应果断回避风险。

如图所示，连续出现五个下跌形态之后，创业板指开始了快速下跌。

粉色框线（6）中的形态是代表下跌的阴阳阴形态，并且从上下的角度三根 K 线整体趋势向下，大小的角度，阴线的实体远大于阳线实体，属于明显的看空形态。

与之不同的是，虽然粉色框线（7）中的形态也是"阴阳阴"的看跌形态，从上下的角度看也是整体趋势向下，但是从大小的角度看，阳线实体略大于两根阴线的实体之和。这说明至少从短期来看多方力量开始壮大，随后市场出现反弹也就是顺理成章

事情了。

至此，基础的形态组合的知识就阐述得差不多了，接下来就要学习如何将形态的组合真正应用于市场的技术了。

第三章　股市八形图

导读

在上一章中，我们谈论了三根K线所构成的八种形态以及这八种形态在市场中的含义，也举例说明了这些形态对于市场分析和判断的作用。这些内容虽然不乏实战效果，但是只能说是一种新的方法，而非新的方向。想要从根本上改善投资者的投资可能性不大。可以说，这部分内容是对本书的铺垫。

而这一章，让我们开始逐渐进入这本书的主题，正式将股市中的形态与易学中八卦的卦形联系起来。

万变不离其宗，八形囊括千种，既有天地雷风，又有水火山泽。

第一节 从八形到八卦

看到标题有些读者可能会感到迷惑：八形是什么？

顾名思义，八形是指上一章中我们一直在研究的由三根K线所构成的八种形态，前文中一直用三连阳、阳阳阴、阴阳阳、阳阴阳、三连阴、阴阴阳、阳阴阴、阴阳阴来称呼这八种形态。虽然直观，但是容易混淆，难免给人眼花缭乱的感觉。既然要从八种形态往八卦的卦形上面过渡，我们自然就需要简化这些名称。

三根K线所构成的八种形态中除了全部由阴线构成的三连阴和全部由阳线构成的三连阳之外，剩下的六种形态中都是由两根阳线一根阴线或者一根阳线两根阴线构成。所以，我们就以形态中少数的K线所在的位置为这些形态命名。如下图所示。

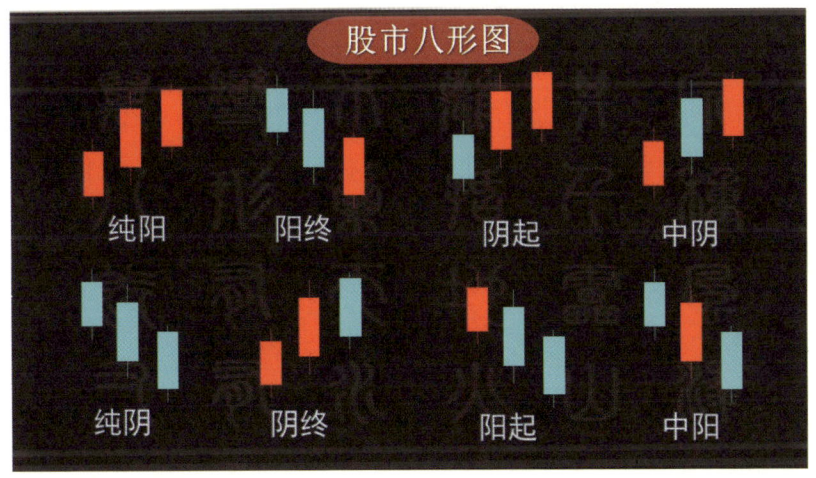

图 3.1.1　股市八形示意图

象数理形态模型

如图 3.1.1 是简化后的名称与八形的对应关系图，如图可知，我们将三连阳的形态命名为"纯阳"。

将三连阴的形态命名为"纯阴"。

阴阴阳的形态中有一根阳线和两根阴线，阳线属于少数，因此以阳线的位置作为命名依据，阳线位于形态最后，所以将这个形态命名为"阳终"。

阳阳阴的形态与阴阴阳相对，形态中阴线属于少数，因此以阴线的位置作为命名依据，阴线位于形态最后，所以将这个形态命名为"阴终"。

阴阳阳的形态中有两根阳线和一根阴线，阴线属于少数，因此以阴线所在的位置作为命名依据，阴线位于形态的第一根 K 线，所以命名为"阴起"。

阳阴阴的形态与阴阳阳相对，阳线属于少数，位于形态的第一根 K 线，所以将形态命名为"阳起"。

阳阴阳的形态中有一根阴线和两根阳线，阴线属于少数，因此以阴线所在的位置作为命名依据，阴线位于形态中间的一根 K 线，所以命名为"中阴"。

阴阳阴的形态与阳阴阳相对，阳线属于少数，且位于形态中间的一根 K 线，所以命名为"中阳"（因为阳终与阳中谐音，为了区别，命名为"中阳"，上一个形态命名为"中阴"也是这个原因）。

根据前文中提到的八形的性质，我们可以知道图 3.1.1 中的八个形态在市场中的含义。为了方便大家记忆，图中上面一排的四个形态都是看涨的，而下面一排四种形态都是看跌的。

接下来，我们尝试将上面的八种形态与八卦的卦形相结合。首先，我们要先了解八卦卦形的由来。

关于八卦的由来，有一句家喻户晓的话就是"太极生两仪，两仪生四象，四象生八卦"，如下图所示。

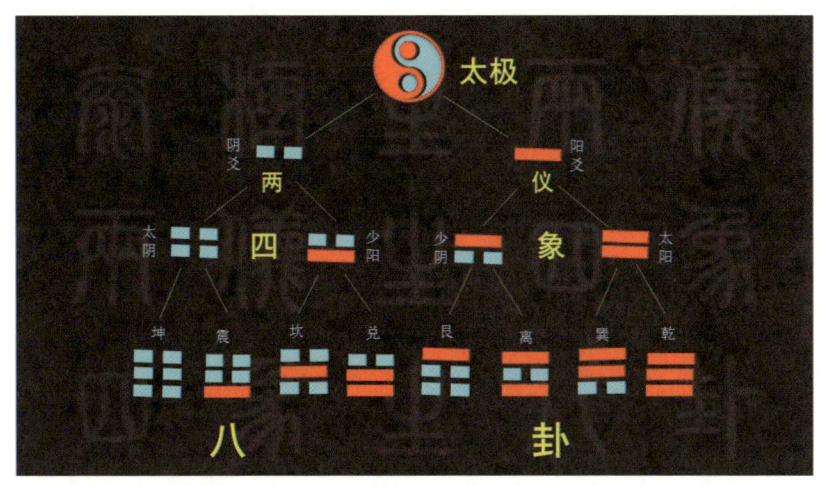

图 3.1.2　八卦卦形图

图 3.1.2 是太极衍生八卦的示意图，从中我们可以看到，从太极中分化出一个阴爻和一个阳爻（实际上两仪是阴和阳，而非阴爻或者阳爻，这个概念初学者不要混淆）。对周易有研究的读者应该知道，在易学之中，八卦中的每一卦都是由三根爻线组成的，而构成八卦的爻线分为阴爻和阳爻，连接的线为阳爻，断开的线为阴爻。如图 3.1.2 中左侧为阴爻，右侧为阳爻。

随后两仪开始分化出四象。从阴爻开始分化，阴爻加阴爻称为太阴，阴爻加阳爻称为少阳；从阳爻开始分化，阳爻加阴爻为少阴，阳爻加阳爻为太阳。太阴、太阳、少阴、少阳，是谓四象。

接下来从思想开始分化，太阴加阴爻形成坤卦，加阳爻形成震卦；少阳加阴爻形成坎卦，加阳爻形成兑卦；少阴加阴爻形成艮卦，加阳爻形成离卦；太阳加阴爻形成巽卦，加阳爻形成乾卦。乾、坎、艮、震、巽、离、坤、兑，是谓八卦。

如此，八卦的卦形就出现了，可以通过歌诀来快速记忆八卦的卦形：乾三连，坤六段，震仰盂，艮覆碗，离中虚，坎中满，兑上缺，巽下断。

相传这段歌诀是宋代理学家朱熹所写,朗朗上口,广为流传。

八卦中每一个卦象都是由三根爻线组成的,而构成八卦的爻线分为阴爻和阳爻。前文中一直研究的八形也是由三根 K 线组成的,而 K 线也分为阴线和阳线。如此,我们可以利用两者的共性将八形与八卦联系起来,一一对应,如下图所示。

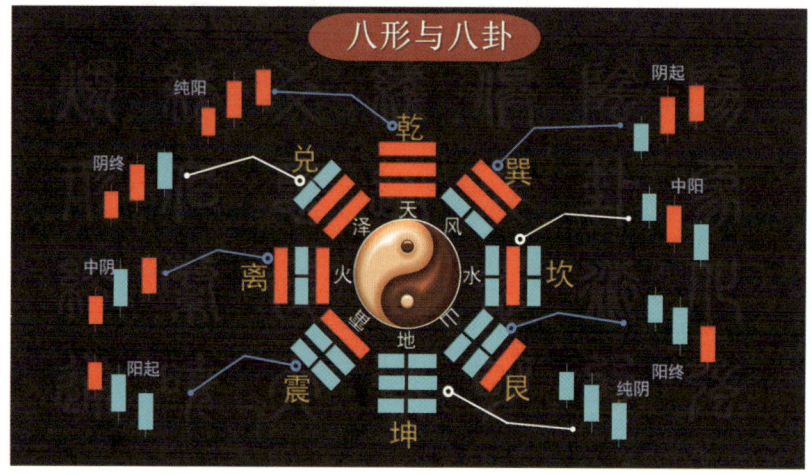

图 3.1.3　八形与八卦对应关系图

图 3.1.3 是由三根 K 线构成的八种形态与八卦的对应关系图。由图可知,纯阳对应乾卦,阴终对应兑卦,中阴对应离卦,阳起对应震卦,纯阴对应坤卦,阳终对应艮卦,中阳对应坎卦,阴起对应巽卦。

这里需要纠正一个初学者容易犯的常识性错误,八卦的卦形是从里往外看的,是一种从中心往四周的视角。对一个卦形来说,贴近太极图的方向是下,远离太极图的方向是上。你可以简单地想象自己站在太极图上,面对某一个卦形所看到的图案就是这个卦形正确的样子。实际上这也是古人的表现习惯,在研究古代知识的时候特别要注意这一点。毕竟大多数人能够分得清乾卦和坤卦的差别,但是如何区分兑卦和巽卦就很让人头大。兑卦倒过来就是巽卦,如果再分不清卦形的方向，两个卦形之间也就无从分辨了。

通过将八形与卦形相对应，我们可以将走势中的变化用卦形显示出来，进而通过易理来对市场进行分析。

这正是：

烛线爻线俱阴阳，

形似意通成卦象。

纷繁复杂凭衍化，

通晓大势明弱强。

虽然我们成功地将市场语言"翻译"成卦象，但是想要通过易理来分析市场仍然不是一件简单的事情，这需要很多易理方面的知识。

然而就像股市中熊市有熊市的操作方法，牛市有牛市的操作方法一样，用易理来分析市场自然也有其方法。

简单的"雷夫孜"预测法

在彝族历史上曾存在过的一种以求三次奇偶而定吉凶的占卜方法，名为"雷夫孜"。虽然看似和周易不相干，但实际上这是一种八卦占卜法。

正因为如此，我们可以通过这种简单的方法来分析市场。

雷夫孜的起卦方法非常简单，以物起卦，择取三次，可得三个数，以数之奇偶判断凶吉。

具体来说，就是取细竹或草秆一束，握于左手，然后右手随便分去一部分。看左手所余之数是奇还是偶。如此共进行三次，即可得出三个数字。

当然，在生活中，用铅笔、筷子之类起卦也是可以的。

至于三次数字的奇偶所代表的含义，如下图所示。

象数理形态模型

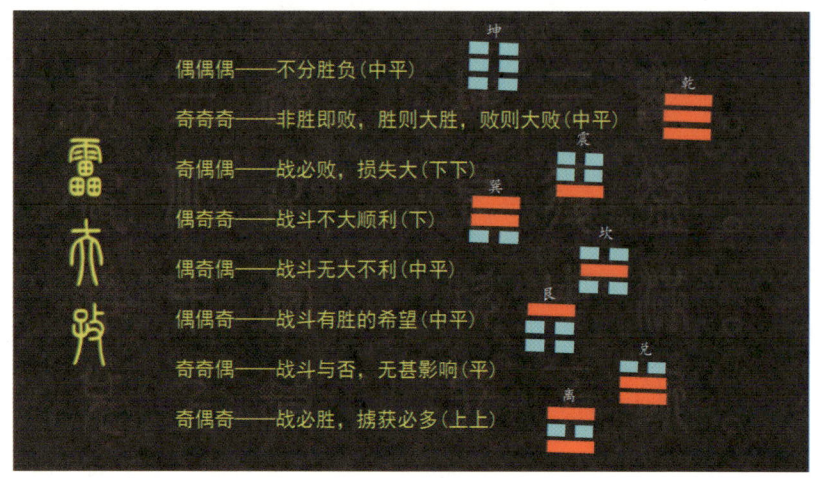

图 3.1.4　雷夫孜的预测解读对照表

历史上多用于模糊地预测吉凶或者战斗的结果。

第二节　八种卦形的含义

在上一节中,我们将八种卦形和三根 K 线组成的八种形态一一对应,之前也已经总结出了三根 K 线组成的八种形态所代表的涨跌规律,即形态中最后一根 K 线是红的就看涨,是绿的就看跌。那么,我们可以根据八形与八卦之间的联系来确定八种卦形在市场中的涨跌关系,如下图所示。

图 3.2.1 所示是根据三根 K 线所构成的八种形态所代表的涨跌形势对应推导出的八种卦形所代表的涨跌关系。

因为纯阳形态是看涨的,所以乾卦看涨。

因为阴起形态是看涨的,所以巽卦看涨。

因为中阴形态是看涨的,所以离卦看涨。

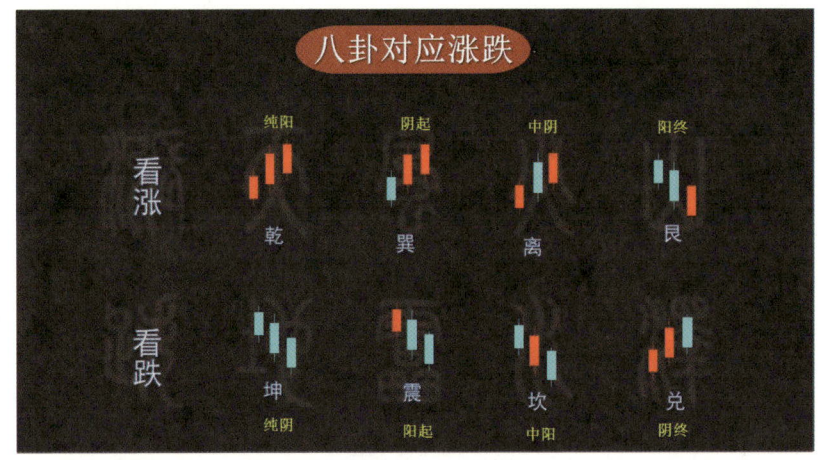

图 3.2.1　八种卦形对应的涨跌关系

因为阳终形态是看涨的,所以艮卦看涨。

因为纯阴形态是看跌的,所以坤卦看跌。

因为阳起形态是看跌的,所以震卦看跌。

因为中阳形态是看跌的,所以坎卦看跌。

因为阴终形态是看跌的,所以兑卦看跌。

简单来说,乾卦、巽卦、离卦和艮卦是看涨的;而坤卦、震卦、坎卦和兑卦是看跌的。为了方便理解,图中将看涨卦形放在上面一排,将看跌卦形放在下面一排。

关于卦形所代表的含义,有一个简单的记忆方法,拿乾卦为例,乾卦的主相为天,那么我们可以用"天"来代替乾卦。同理,坤卦主相为地,巽卦主相为风,离卦主相为火,艮卦主相为山,震卦主相为雷,坎卦主相为水,兑卦主相为泽,我们可以将八种卦形所代表的涨跌情况简化为"天风山火看涨,水泽地雷看跌"。

因为天上会刮风,山上会着火,所以"天风山火"很好记。水多了就会形成沼泽或湖泊,所以水和泽连在一起。而投资者们也常常把买入后下跌比作"踩地雷",所以地雷代表下跌也很好记。这样一来,通过简单的口诀就可以轻松记住八种卦形所代表的含义了。

学会了形态以后我们要如何通过这种形态来判断某一个交易日的涨跌呢?

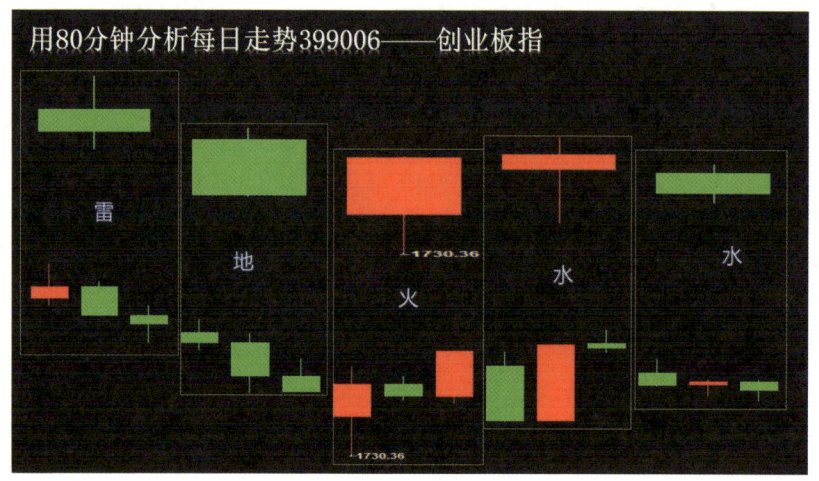

图 3.2.2　日线图与 80 分钟图转化关系

上图中有两排 K 线,上面一排是创业板指日线图,下面一排是创业板指 80 分钟 K 线图。因为每个交易日的开盘时间是 4 个小时,即 240 分钟,所以每个交易日的走势可以形成三根 80 分钟 K 线图。

每个交易日的走势都可以用三根 K 线呈现出来,也就是说,每个交易日的走势都有一个卦象。如上面的案例中,左起第一个交易日三根 80 分钟 K 线呈现的是阳阴阴形态,代表震卦。前文中我们讲到八个卦象的含义的时候有一句口诀"山风天火看涨,水泽地雷看跌",震卦代表的是雷,所以看跌。

左起第二个交易日三根 80 分钟 K 线呈现的是"纯阴"形态,

代表坤卦，坤卦代表的是地，所以同样看跌。

左起第三个交易日三根 80 分钟 K 线呈现的是"中阴"形态，代表离卦，离卦代表的是火，根据口诀"山风天火看涨"，所以这一个交易日是看涨的。

左起第四个交易日三根 80 分钟 K 线呈现的是"中阳"形态，代表坎卦，坎卦代表的是水，与火相对，所以是看跌的。

左起第五个交易日三根 80 分钟 K 线呈现的还是"中阳"形态，代表坎卦，看跌。

如此，就可以根据三根 80 分钟 K 线呈现的形态对下一个交易日的涨跌做出初步判断。

如果仅仅是判断涨跌，对于八卦的研究就可以到此为止了。但实际上易理的内涵远不止这些，我们对股市的求索也远不止这些。走势如何变化，市场如何发展，在市场中，你想要知道的一切，都可以通过易理进行预测。

而这一切的基础，是要能够了解和掌握每一种卦象在市场中的含义。

八卦的市场含义

我们接下来要做的，就是用一种通俗易懂的方式让大家理解各种卦象在市场中所代表的含义。这些内容并不晦涩，但是仍然需要大家反复阅读，加深理解，最好能够在实战中多加使用，逐渐牢记于心，以达到灵活运用的目的。

八种卦象如下图所示：

象数理形态模型

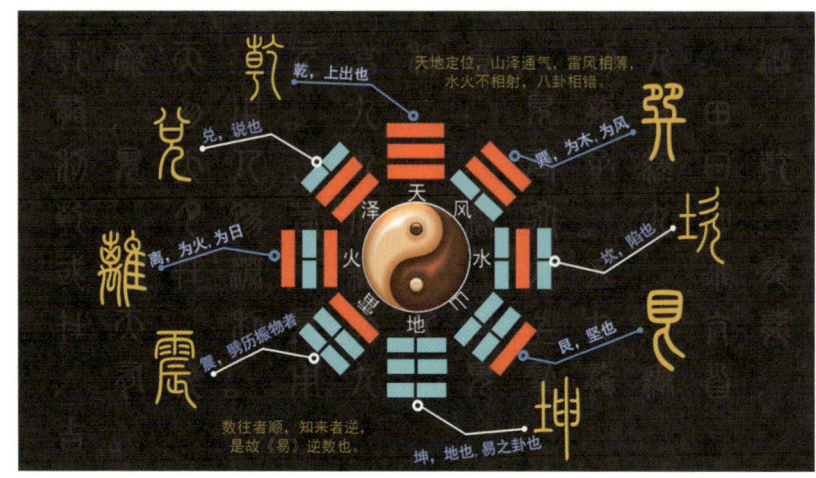

图 3.2.3 八种卦象的含义

【乾卦】

乾，太阳刚刚升起时的气，也就是阳气。(《说文》中解释为："乾，上出也。"孔子解释曰"健"，健之义生于上出，上出为乾)因为阳气的属性是升，向上，所以乾又代表天。

这里需要强调的是，乾卦不仅仅是代表天，其代表的是一整个类象的事物（可以简单理解为与"天"这个概念有共同属性的事物）。

乾卦的本相纯阳，主相为天，类象为圆，为君父，为玉石，为阳，为动，为变，为刚健，为太阳等，色红，有珍贵富有之意。

因为本书中研究的是八卦在证券市场中的作用，所以乾卦大多数类象都是可以排除的，咱们需要特别留意的有：

阳，在市场中最常见的体现就是"阳线"，因为乾卦还有"刚健""向上"等类象，有时也可以引申为"强势上涨"。

变，乾卦至阳，物极则变，而且乾卦刚健的类象也使其带有"动"的含义，动则变，所以乾卦还可能在市场中代表"运动变化"。这里需要注意的是，这种变化不一定代表趋势的转变，有可能只是趋势的加速运动。

高，乾卦象征君父，有至高的含义。在市场中，既可以象征最高点，也可以象征最高成交量等与最高相关的概念，还可以引申为高点或者高量等含义。

圆，乾卦代表圆满，形态为圆，这一类象可以引申为"与圆相关的形态"，比如在市场中常见的圆弧顶或者圆弧底等。

色红，乾卦的象征颜色是正红或大红，而红色在市场中代表上涨，所以乾卦在市场中有上涨和收阳等含义。

金，乾通钱，类象中有金，代表金钱，在市场中代表"资金"的含义，有时也象征"收益""持币""落袋为安"等。

……

以上是乾卦在市场中常见的几种类象，其他少见一些的类象，在后文的案例中我们会举例说明。在接下来的其他几个卦象的类象举例中，笔者只重点阐述常在市场中出现的类象。

需要注意的是，如果是用个股名称起卦（起卦之法在本书最后一章有集中阐述），则需要考虑所有的类象。关于八卦的类象，各种易学研究的书籍或者网上都有详细的阐述，大家可以自行查阅。

【坤卦】

坤，很好理解，"土"加"申"，土延伸出去自然就是大地了。《说文》中解释为："坤，地也，易之卦也。"与乾卦相同，坤卦也不仅仅代表地，而是代表一整个类象的事物。

坤卦的本相纯阴，主相为地，其代表类象中常见于市场的有以下几种：

阴，坤与乾相对，乾卦象征阳，坤卦自然象征阴，可以引申为"阴线"或者"下跌的走势"。但是需要注意的是，乾卦可以象征"强势的上涨走势"，是因为乾卦的类象中"刚健"的含义，有但坤卦的类象中并没有类似"刚健"的类象，反而有"柔顺"

的含义，所以坤卦并不会象征"强势的下跌走势"。

低，坤卦象征大地，大地居于众人之下，所以有"最低"的含义，在市场中经常会象征"地量""地价""最低价""某一段走势中的最低点"等，由此也可引申出"低点"的概念。

向顺、向柔，前文中提到了，坤卦有着"柔顺""服从"的类象，在市场中引申为"顺势"。同时，坤卦因为有"柔顺"的类象，所以象征的动物中有"牛"，而"牛"在市场中有着非常重要的意义。所以，不要以为坤卦就只代表下跌，在市场中还有"牛市"的类象。

饭碗，坤卦象大地，大地生长粮食，所以坤卦有"粮食""饭碗"等类象，这一类象在市场中经常引申为"吃饭行情"。

车，前文提到，坤卦象征大地，因为大地承载万物，所以坤卦还有车的类象（因为车可以"载人"）。所以，在市场中坤卦还有"顺风车"的含义。

色黑黄，坤卦的代表颜色是黑色和黄色，不是在市场中代表下跌的绿色，这一点并不和乾卦对应，各位读者需要特别留意。另外，关于红色与绿色的象征意义，在海外市场有时需要反过来（因为海外市场是绿涨红跌）。

……

同样，以上只是坤卦可能在市场中出现的常见部分类象，更多的类象在后面的案例中会有阐述。

【震卦】

震字本意就是疾雷，《说文》中解释为："震，劈历振物者。"是雷之象。

震卦的本相初爻为阳爻，一阳初生于下，主相是雷，其代表类象常见于市场的有：

脚，震卦的类象中包含"脚"或者"足部"，在市场中常常引申为"下影线"，少数情况下也有"支撑"的含义。

果实长在地下的植物，震卦的类象中还有一类是果实长在地下的植物，比如花生、萝卜等。这在股市中经常引申为"低处之果实"也就是"低位蕴含的利润"。

迅疾、运动，震卦的类象中还包括"迅疾"和"运动"，这在股市中经常引申为"快速的运动"或者"加速运动"，有时也会单纯引申为"运行"。

龙，这一类象或许会让许多读者感到困惑，龙和股市有什么样的关系呢？震卦的这一类象在市场中经常会引申为"龙形的走势"或者"相连的走势"。这是一种形态上的相似，与围棋中将连成一片的走势称为"大龙"类似。

春天，震卦为雷，春雷代表着生机萌发，春天到来。所以在市场中，震卦还有着"机会来临""一波行情"等类象，同时也会单纯地指代时间上的"春天"。

色绿，与红色一样，绿色在股市中也有着重要的意义，所以作为象征颜色为绿色的卦象，震卦在市场中经常会代表"收阴""下跌"等含义。

【巽卦】

巽卦的本相是初爻为阴爻，一阴初生于下，主相是风，其代表类象常见于市场的有：

分散，巽卦的主相是风，所以类象中有"分散"，代指类似风吹四散的运动。这在股市中常常引申为"相向而行的运动"或者"类似背离的走势"，也代指"个股与板块或大盘之间运动的不趋同"。在预测板块或大盘时，有时也代指"个股的分化"。

随，巽卦有跟随的类象，这一类象在市场中经常会引申为"个股的跟随"，一般代表的含义是"个股跟随板块或者大盘运动"，或者"个体与整体趋势一致"，有时也有"趋势延续"（当前趋势跟随原来趋势）的含义。

上，巽卦的主相为风，风擅长托起，有向上、飞起的含义，所以在市场中，巽卦有可能代表空间上的"上"。当然，更多的情况是代表"向上的运动"。

长和高，巽卦的类象中还有"长"或者"高"的概念，在市场中，股民们常说的一句话就是"横有多长，竖有多高"。这里面的"长"和"高"指的是市场中的时间和空间。而巽卦在市场中所代表的含义，有时也表现为市场中的"时间长"和"空间大"。

犹豫不决，风无定型，所以巽卦的类象中还有"犹豫不决"的含义，这一点在股市中也市场引申为"方向不定"，代指多空双方反复争夺，走势震荡等情况。

【坎卦】

坎卦的本相是中爻为阳爻，一阳居于中，主相是水，其代表类象常见于市场的有：

险陷，对于"坎"字，《说文》中的解释为："坎，陷也。"所以，坎卦的类象中有"险陷"的概念，指陷阱或者危险。市场同样是个遍地陷阱的地方，所以，坎卦在市场中经常会代指"危险"或者"陷阱"。

隐伏，因为坎卦主相为水，所以有"隐伏"的含义。这在市场中有时会引申为"变化暗藏于内"。

不悔，坎卦的类象中有"不悔"，取水东流不回的含义，在市场中常常引申为"不改变方向"。

弱，坎卦有"柔弱"的类象（如《老子》中说"天下莫柔弱于水"），所以在市场中，坎卦可能有"趋势弱"的含义。

困顿，水流遇阻就会困顿，所以坎卦有"困顿"的类象，在市场中引申为"遇阻"的概念。

幽谷，坎卦代表水，水常居下，所以坎卦有"幽谷"的类象。而在市场中，坎卦会代表"类似幽谷的形态"，比如所谓的"黄金坑"

之类的走势。

向下，因为水往低处流，所以坎卦的类象中包含"向下"，在市场中常常会引申为"下跌"或者"向下的力量"。

恐惧，水五志主恐，所以坎卦有"恐惧"的含义，在市场中经常会引申为"恐惧心态对市场的影响"或"引发恐惧的变化"。

贪欲，除了恐惧之外，坎卦的类象中还包含"贪欲"。众所周知，贪婪与恐惧是投资者最难以克服的两种心态。所以，相比于恐惧，贪欲的类象在市场中经常会引申为"贪婪心态对市场的影响"或"引发贪婪的变化"。

无常，因为水无常势，所以坎卦的类象中有"无常"，在市场中往往引申为"频繁的变化"。

欺诈，虚梁四星居坎宫，类主虚诈，"欺诈"也是坎卦的类象之一，在市场中会引申为"欺诈的行为或者动作"，常用来指代市场中主力的骗线行为。

【离卦】

离卦的本相是中爻为阴爻，一阴居于中，主相是火，类象中常见于市场的有：

太阳，离卦主火，类象中很重要的一个就是"太阳"，因为太阳有"上升""至阳"等特性，所以，离卦在市场中可以引申为"上涨的走势"或者"阳线"。

离散，离有离开的意思，所以离卦有"离散"的类象。这一点在市场中经常引申为"相向运动"或者"背离运动"。

眼，离卦在五官中代表"眼"，这一点会引申为"窟窿"，在市场中经常会体现为"窟窿"或者"类似窟窿的形态"。

空心，这一类象由"窟窿"引申而来，之所以单独拿出来，是因为这个类象在市场中的含义比较特殊，具有"外光内暗"的含义。这可能会代表着"假阳线"或者"看似上涨实则下跌的形

象数理形态模型

态或走势"。除此之外，它还可能代表"阴线"或者"空心形态"，因为在有些绘图法中不用颜色区分 K 线的阴阳，而用空心 K 线来表示阴线，"空心形态"是指构成的形态形似空心。

征战，离卦的类象中有"征战"，这一点在市场中可能会引申为"多空双方之间的争夺"或者"主力和散户之间的博弈"。

附着，火焰不能独自燃烧，必须附着在其他物体上，所以离卦有"附着"的类象。这在市场中经常会引申为"附带的"的含义，比如某种主要变化所引起的附带变化。

约束，离卦的形态为"两阳困阴"，所以有"约束"的类象。"约束"的类象在市场中常有体现，因为走势很可能会受到某个指标或者平台的约束（即围绕某指标或平台上下运动），也经常代指走势被约束在箱体中震荡。

修正，离卦还有"修正"的类象，这在市场中常常会引申为"回归运动"或者"报复性运动"，比如急涨之后的报复性调整，或者急跌之后的报复性反弹。

色红，离卦主相为火，色红，同样在市场中会代表"阳线"或者"上涨"（国外市场相反）。

台阶，离卦还有"台阶"的类象，这一点在市场中经常会引申为"平台"，有时也会对应模型理论中的"台阶模型"。

【艮卦】

艮卦的本相是上爻为阳爻，一阳初生于上，主相是山，类象中常见于市场的有：

山，艮卦的正象为山，表示一种向下向右发展的趋势，这一点在市场中尤为重要。因为所有的下跌走势都是向下向右发展的，所以艮卦在市场中经常会代表"下跌走势"。

高，艮卦的类象中所代表的"高"与巽卦类象中的"高"完全不同，艮卦代表的"高"更加类似于"高点"，表示一个事物发展到顶点了，就要向相反方向发展了，必须谨慎。所以，艮卦在市场中经常代表"趋势顶点"或者"大级别上涨趋势的高点"。

停止，艮卦的类象中有"停止"，这种停止是一种"因遇到阻碍而停止"，在市场中常常指代"趋势遇阻而出现横盘"的走势。这种阻碍不仅仅包含场内因素（主要是多空双方力量变化）的影响，还包含场外因素（比如消息面）的影响。

隆起，艮卦象山，类象包含"隆起"，这在市场中经常会引申为"隆起的走势"，投资者在把握机会的同时还要小心坐过山车。

看守，艮卦还有"看守"的含义，在市场中引申为"防守位"的类象，也可以指代空方的"阻力位"。

【兑卦】

兑卦的本相是上爻为阴爻，一阴初生于上，主相是泽，其代表类象常见于市场的有：

喜悦，兑为悦，所以兑卦的类象中有"喜悦"，在市场中经常会代指"喜悦的情绪影响"或者"产生喜悦的情绪"。这里的情绪一般代指市场情绪。

缺口，兑卦有缺口的含义，缺口在市场中的重要意义在《模型理论》系列丛书的第六册"异级同构交易"中有详细的阐述，兑卦在市场中就常常指代"缺口"。

食物，兑卦的类象中包含"食物"，这在市场中有时会引申为主力"吃货"的行为。

低下的位置，兑卦主相为泽，代表"底下的位置"，这一类象在市场中经常指代"低价区"。

以上举例说明了八卦的类象中常见于市场的一部分，实际上这部分主要是通过举例让大家对将类象转化为市场语言有一个直观的印象，以便于理解用卦象判断市场的方法。

象数理形态模型

万事万物都可以归纳于八卦的卦象之中，它们因共同的属性而被归纳在一起，实际上每一种卦象都代表着一类属性。所以，关于类象的掌握，是要掌握每一个卦象所包含的属性而不是类象的具体内容。因为世界在发展，不断有新生事物诞生，类象是无穷无尽的，但是属性是固定而有限的，掌握了属性也就掌握了所有的类象。

第三节　易理与股市简述

股海波荡似汪洋，如晦如阴难知详。
纵使玲珑亦无用，暗中摸索如目盲。
涨跌变化由二色，是非成败问三行。
知悉卦象和类象，本质真相其中藏。

市场变化纷繁复杂，影响因素众多，难以掌握。而易理恰是通过类象找到共同的属性，将复杂的变化统合起来，从而对未来变化作出预判的不二法门。但掌握这一法门，首先要对它有所了解。

本节中的内容重点分为"解卦"和"说爻"两个部分，分别从卦和爻的角度开始阐述。

解卦

解卦的含义不是解释卦象，而是解释卦的组成和含义，首先要能够区分"经卦"和"别卦"。

卦一般代指两种符号，一种是单纯的由三根爻线组成的八卦符号，还有一种是由八卦符号两两相叠所构成的六十四卦（即由六根爻线组成的卦）。为了区分八卦之卦（三爻卦）和六十四卦之卦（六爻卦），人们将三爻卦称为"经卦"，将六爻卦称为"别卦"。

前文中我们详细地讲述了经卦的构成和含义，所以这里我们重点来研究别卦。

首先是别卦的组成，实际上作为别卦，每一卦不仅仅是一个符号（或称之为卦画），还包含相关的卦名、卦辞和爻辞。所以，每一个别卦由四部分构成，并且六十四个别卦的顺序是固定的。也就是说，每一个别卦都有一个固定的序号，比如六十四卦中的大有卦就是第十四卦。

接下来，我们以大有卦为例讲解一下卦画、卦名、卦辞和爻辞的概念，如下图所示。

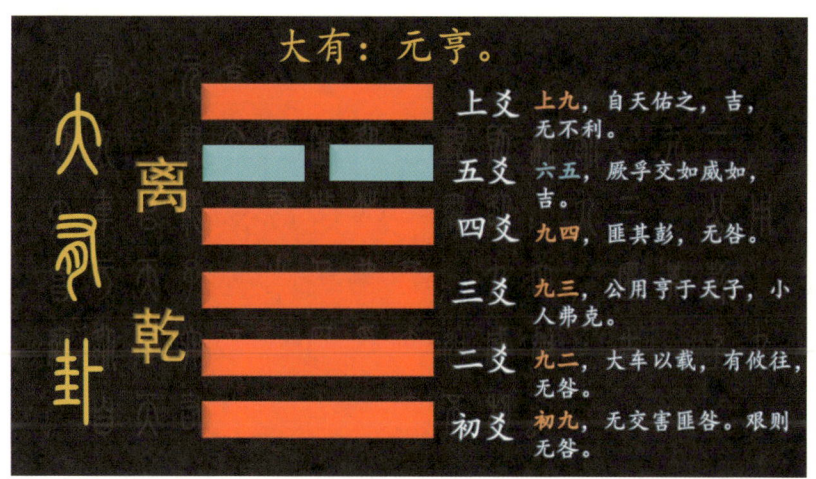

图 3.3.1　大有卦卦爻辞

【卦画】

卦画是代表卦的符号，如图 3.3.1 是大有卦的示意图，图中由离卦和乾卦组成的符号就是大有卦的卦画，下方的乾卦是主卦而上方的离卦为客卦（关于主卦和客卦多代表的含义，在后面单独讲解大有卦的时候，再做详细阐述）。所以，大有卦又被称为"火

天大有"。其代表的含义接下来的内容中我们会详细讨论，在此就不做赘述。

【卦名】

卦名是该卦的主题，也是对卦画最简要的说明。如前文提到，大有卦又被称为"火天大有"，其中"火天"就是对卦画形态的说明，"大有"是对卦画含义的说明。所以，本卦的卦名是大有卦（或称"火天大有"）。

【卦辞】

卦辞一般是卦名之后的一段文字，是对整个卦含义的说明，如大有卦的卦辞就是"元亨"，简单来说，就是"非常顺利"的意思。所以，大有卦顺天依时，属上上卦。

【爻辞】

每一个别卦都由两个经卦组成，每个经卦包含三根爻线，所以每一个别卦都由六根爻线组成，每一根爻线都有对应的含义（这一点在接下来的"说爻"部分会有详细的阐述），所以每一根爻线都有自己的爻辞（爻辞就是表达每一爻含义的文字）。

而六根爻线根据所处的位置分别被称为初爻、二爻、三爻、四爻、五爻和上爻，每一爻各有对应的爻辞如下：

初爻是指主卦（本案例中主卦为乾卦）最下面一根爻线，因为是整个大有卦卦画中第一根爻线，所以称为初爻。以大有卦为例，初爻的爻辞是"初九，无交害匪咎。艰则无咎"。

二爻是指主卦中间一根爻线，即初爻之上的一根爻线。以大有卦为例，二爻的爻辞是"九二，大车以载，有攸往，无咎"。

三爻是指主卦最上面一根爻线，即二爻之上的一根爻线。以大有卦为例，三爻的爻辞是"九三，公用亨于天子，小人弗克"。

四爻是指客卦最下面一根爻线，即三爻之上的一根爻线。以大有卦为例，四爻的爻辞是"九四，匪其彭，无咎"。

五爻是指客卦中间一根爻线，即四爻之上的一根爻线。以大有卦为例，五爻的爻辞是"六五，厥孚交如威如，吉"。

上爻是指客卦最上面一根爻线，因为是整个大有卦卦画中最上面的一根爻线，所以称为"上爻"。以大有卦为例，上爻的爻辞是"上九，自天佑之，吉，无不利"。

在爻辞的最前面会有"爻题"，如乾卦（此处的乾卦是指别卦中的乾卦，即两个乾卦叠在一起）中初爻的爻辞"初九，潜龙勿用"。其中的"九"就是爻题，"初"是指初爻，即爻线的位置。需要特别注意的是，阴爻和阳爻的爻题是各不相同的，阳爻为"九"，阴爻为"六"，所以"初九"这个爻题代表着这根爻线的位置是主卦最下面，并且是一根阳爻。

根据这种规律，每一个别卦中的六根爻线若为阳爻，则自下而上依次称为初九，九二，九三，九四，九五和上九；若为阴爻，则自下而上依次称为初六，六二，六三，六四，六五和上六。

如图3.3.1中大有卦的六根爻线的爻题自下而上就分别是初九、九二、九三、九四、六五和上九，图中用橙色标记阳爻的爻题，蓝色标记阴爻的爻题。

爻线所代表的含义非常丰富，因为位置、阴阳等因素的不同，其代表的含义也不尽相同，所以接下来，我们来详细讲解一下爻线的相关知识。

说爻

前文中已经提到，爻线是构成八卦（三爻卦）和六十四卦（六爻卦）的基本因子。

"爻"字的含义是阴阳相交，在《说文》中解释为："爻，交也。象易六爻，头交也。"用时，爻还代表着因为阴阳相交而产生的变化（"道有变动，故曰爻。"——《易·系辞下》）。

象数理形态模型

想要了解爻的不同含义，首先要引入一个概念——爻位。

简而言之，爻位就是爻线所在的位置，爻位对于爻所代表含义的影响非常的大，众所周知爻线是分阴阳的，但是你知道爻位也是分阴阳的吗？

爻位根据爻线的名称，分为初爻位、二爻位、三爻位、四爻位、五爻位、上爻位，爻位的阴阳自有其规律，奇数的爻位为阳，偶数的爻位为阴。也就是初爻位、三爻位、五爻位为阳位，二爻位、四爻位、上爻位为阴位。

阴位不一定就是阴爻，阳位也不一定是阳爻，也就是说，爻位的阴阳与爻线的阴阳并非一一对应，也会出现阴爻居阳位或者阳爻居阴位的情况。这种情况被称为"不当位"，亦有称为"失位"的。而爻线与爻位相合，即阴爻居于阴位，阳爻居于阳位的情况被称为"当位"，亦有称为"得位"的。六十四卦中也有因此作出划分的，六条爻线全部为当位则为既济卦，六根爻线全部为不当位则为未济卦。

那么爻位有哪些含义呢？

首先，不同的爻位代表着事物发展的不同阶段。

初爻位：代表事物的开始。

二爻位：代表事物开始崭露头角。

三爻位：代表事物发展大成。

四爻位：代表事物进入更高层次。

五爻位：代表事物成功。

上爻位：代表事物终极。

所以，别卦中每一爻都有单独的爻辞，是因为它们根据不同的位置代表着事物的不同阶段。这很好理解，同样是牛市，牛市的起点和牛市的终点所代表的根本含义不同，牛市的初始阶段和牛市发展大成阶段的表现也有着天差地别。

爻位除了代表事物的发展阶段之外，还分别代表着三才，在解读卦象的含义时，居于三才不同位置的爻线，所代表的影响因素也不相同。这一点在市场预测中尤为重要。

经卦（三爻卦）由三根爻线组成，分别象征着天地人三才，爻线居于下者为地，居于上者为天，居中者为人。

而别卦（六爻卦）由经卦两两相叠而成，也同样蕴含三才之道，爻线居于下为地，居于上为天，居中为人。在六个爻位中，初爻位和二爻位代表地，地的概念经常也会引申为"空间"，这一点在市场中尤为常见。三爻位和四爻位代表人，人通常代指各种人为因素，比如人心的因素、个人心态对时间的影响，或者众人心理造成的影响等。人的心态在市场中也是需要特别关注的。最后，五爻位和上爻位代表天，天的概念经常会引申为"时间"，这一点在对市场的预测中常有体现。

对于解读占卜的结果来说，爻位最重要的含义是代表着事物的性质倾向。简单来说，就是在不同的卦中，同样爻位的爻辞大多也有共同的性质。

一般来说，二爻位和五爻位都是吉位，因为这两个爻位分别在主卦和客卦中居中，古人认为不偏不倚，恰如其分，是为大德。所以，这两个爻位的爻辞多为吉利的，多有荣誉和功绩。三爻位居于二爻位（即主卦的中间爻线）之上，是一种过犹不及的状态，所以爻辞中多有凶险。四爻位因为接近五爻位，而五爻位象征天子，天子近臣多恐惧，所以四爻位的爻辞也多与此相关。初爻位代表事物刚刚诞生，还未成。上爻位表示事物的发展已经过火，或者已经过去。爻位的这种性质非常有利于我们记忆和理解爻辞。

我们可以将各个爻位的性质与代表的含义整理成如下的表格：

	初爻位	二爻位	三爻位	四爻位	五爻位	上爻位
阳爻爻题	初九	九二	九三	九四	九五	上九
阴爻爻题	初六	六二	六三	六四	六五	上六
阴阳	阳位	阴位	阳位	阴位	阳位	阴位
代表事物不同阶段	代表事物的开始	代表事物开始崭露头角	代表事物发展大成	代表事物进入更高层次	代表事物成功	代表事物终极
爻位三才	地（空间）		人（人的因素）		天（时间）	
性质倾向	初生，事未成	居中，多为功绩或荣誉，吉	过中，多凶险	近五，多恐惧	居中，多为功绩或荣誉，吉	过晚，事已过

图 3.3.2　各爻位性质含义对照表

图 3.3.2 是各爻位的性质含义对照表，将爻位的性质和含义归纳到一起，方便大家记忆，也可以作为解读占卜结果时的工具使用。

卦爻辞

解读占卜的结果，就离不开对卦辞和爻辞的解读，卦辞和爻辞合称为卦爻辞。卦爻辞的作用是表达占卜的结果。

一般来说，每一卦的卦爻辞中都包含两个部分，一个部分称之为"取象"，另一部分称之为"断语"。

【取象】

所谓取象，就是通过某种类象来说明一个道理，从而隐喻卦象要表达的含义。这种类象有可能是一件事或者一种自然现象。

在解读占卜的结果时，取象部分往往表示（或隐喻）占问者的处境，或者隐喻形成结果的过程，可以简单理解为"就像……一样"。

【断语】

所谓断语，断是判断、断定、下结论的意思，所以断语就是卦爻辞中代表结论的部分，比如前文中提到的大有卦中四爻的爻辞就是"九四，匪其彭，无咎"，其中的"无咎"就是断语。断语中多见吉、凶、吝、厉、悔、咎、利等词。但是需要注意的是，并不是每一卦每一爻的卦爻辞都包含取象和断语两个部分，有些卦爻辞中只有断语，没有取象，如恒卦中二爻的爻辞就是"悔亡"，而有些卦爻辞只有取象没有断语，如大畜卦中二爻的爻辞"舆说輹（描述车坏了）"。

需要注意的是，断语并不一定都很短，也不一定都在一起，如坤卦（别卦）的卦辞："元。亨。利牝马之贞。君子有攸往。先迷后得。主利。西南得朋。东北丧朋。安贞。吉。""利牝马之贞"一句就是断语，其后的"利""安贞吉"都是断语。

在解读占卜结果时，断语的部分往往代表着事物发展的结果。

前文中提到，断语中有些词汇是会经常出现的，当他们出现在断语中时所代表的含义往往是固定的，下面笔者列举断语中常见的用词及其含义以方便大家记忆。

如"吉"字在卦爻辞断语中经常表示善或者福祥的意思；"利"字出现在卦爻辞断语中代表顺利或者适合的意思；"吝"字出现在卦爻辞断语中并不会代表吝啬的意思，而是代表很难；"厉"字在卦爻辞断语中往往代表危险；"悔"字出现在卦爻辞的断语中会代表悔恨和穷困；卦爻辞断语中的"咎"字表示灾患；卦爻辞断语中的"凶"字表示祸殃或者大的灾难。

整体来看，卦爻辞中的取象和断语，一个代表过程或者起因，另一个代表结果。但是需要注意取象和断语之间没有绝对的因果关系，或者说两者之间的因果关系并不具有普遍性。

第四章　乾宫八卦

象数理形态模型

导读 其实没那么复杂

学了第三章的内容,相信不少读者已经感到迷茫或者失去信心了。别担心,第三章更多只是理论铺垫,是为了阐述易理在股市中最高级也最复杂的应用方法做的铺垫,对于足够专业的投资者来说价值更大。而对于大多数读者来说,接下来的内容才是价值更大也更容易掌握的。

汉字属于象形文字,每一个文字都是通过形象来表达含义,六十四卦也可以理解为六十四个字,每一卦实际上都是一种"形态",通过这些形态来最终表达某种含义。

市场中我们也可以通过K线的形态来解读市场的信息,所以市场中的形态和易理之间有着非常多的共通之处。易理通过形态来解读世界,我们也可以通过形态来解读市场。巧合的是,前文中我们已经讲述了卦形与股市中形态的对应关系,两相结合,就成了一种神奇的"读形术"。

接下来我们要讲述的,就是这种结合易理开发出的"读形术"。

第一节　乾宫八卦之乾卦

前文中我们提到，每一个别卦都是由两个经卦重叠而成，上面的经卦称为客卦，下面的经卦称为主卦，乾宫八卦是指以乾卦为主卦的八种别卦，包含乾卦、夬卦、大有卦、小畜卦、大壮卦、需卦、大畜卦和泰卦。

我们先来看乾卦，卦形以及卦爻辞如下图所示。

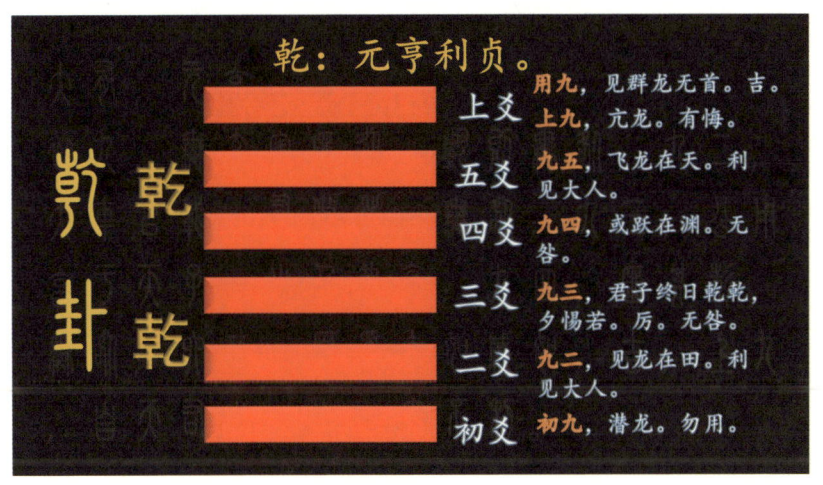

图 4.1.1　乾卦形态及卦爻辞

注：用九是乾卦特有的爻题，即通九，首尾交接，天人合一，说明如何使用阳的概念。六十四卦中，只有两卦是七个卦辞，即乾卦与坤卦。

乾卦是一个别卦，而别卦我们可以从四个方面来阐述，即卦名、卦状、卦象和义理。

象数理形态模型

【卦名】

乾卦的卦名为乾，乾代表天，性刚健中正，象征纯粹的阳和健，有时引申为"君子"或者"龙"。乾卦根据万物变通的道理，意吉，并教导人们要遵循天的德行。

乾卦为六十四卦中的第一卦。

【卦状】

卦状的意思是这个别卦的主卦和客卦分别是哪种经卦，如乾卦的卦状就是"乾上乾下"，图样在图4.1.1中间用红色爻线表示。其中二爻、四爻和上爻不当位。当位是对主方有利的潜在因素，而不当位就是对主方不利的潜在因素。也就是说，主卦中爻不当位。中爻表示主方的素质，代表在与客方的相处中主方的良好素质可能受损，主方要用积极的行动和坚定的态度保护自己的良好素质。六爻全无应，表示所有的有利或者不利因素都是潜在的，要看主方如何处理。

关于这里的主方和客方，我们可以简单地理解为因为别卦是以主方为观察情况的基点，所以主方可以代指投资者自身（即我们）。而主方不能改变客方的情况，只能使主方自己的情况发生变化，所以客方一般代指市场。

当然，这部分内容不理解也没有关系，这只是推导乾卦在市场中代表含义的过程，在使用过程中研究者只要掌握乾卦代表的结果就足够了。

【卦象】

象曰：天行健，君子以自强不息。

乾卦的卦象象征着天道的运行刚健，生生不息，君子当效仿天道之行，自强不息。

【义理】

义理是指卦中蕴含的义理，这部分涉及的内容非常多，并且对于我们接下来要讲到的方法来说并不是必要的，所以这部分内容只做简单阐述。

卦辞释义

乾卦的卦辞是"元亨利贞"。

"元"为原始之意；"亨"为开通之意；"利"为和谐之意；"贞"为贞固之意。（《子夏传》）

大哉乾元。万物资始。乃统天。云行雨施。品物流形。大明终始，六位时成。时乘六龙以御天。乾道变化。各正性命。保合太和。乃利贞。首出庶物。万国咸宁。（《象传》）

"亨"是顺利通达的意思，"利"取适合的意思，"贞"是坚持的意思，"元亨"表示事情进展很顺利，"利贞"的意思是适合坚持下去。所以，乾卦的卦辞含义是"很顺利，利于坚持下去"。

形态解析

乾卦在市场中对应的形态是连续的六根阳线，如图4.1.2所示：

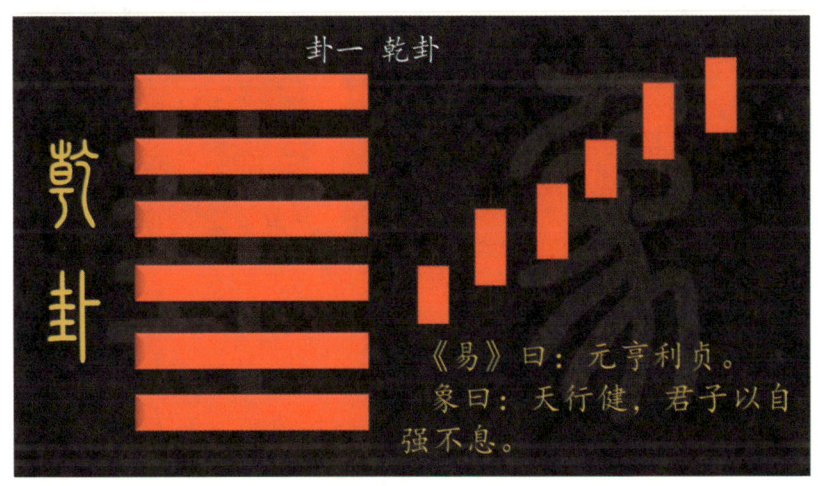

图 4.1.2　乾卦对应的走势形态

如图4.1.2，图中左侧是乾卦的卦状，右侧是乾卦所对应的走势形态，即六连阳的走势。为了方便理解，我们称这种六连阳的形态为乾卦形态。

乾卦形态的出现体现了多方力量的强盛，象征着无限的可能，是多见于上涨趋势中的中继形态。正如卦辞所说，一切顺利，适合坚持下去。虽然如此，乾卦上爻的爻辞为"亢龙，有悔"，当整个乾卦形态出现之后往往会伴随着报复性的回调或者下跌。

形态要求

这里需要强调的是，并不是连续六根阳线的走势就能够被称为乾卦形态，实际上，想要弄明白乾卦形态的构成有哪些要求。

首先来看标准的乾卦形态，如下图所示。

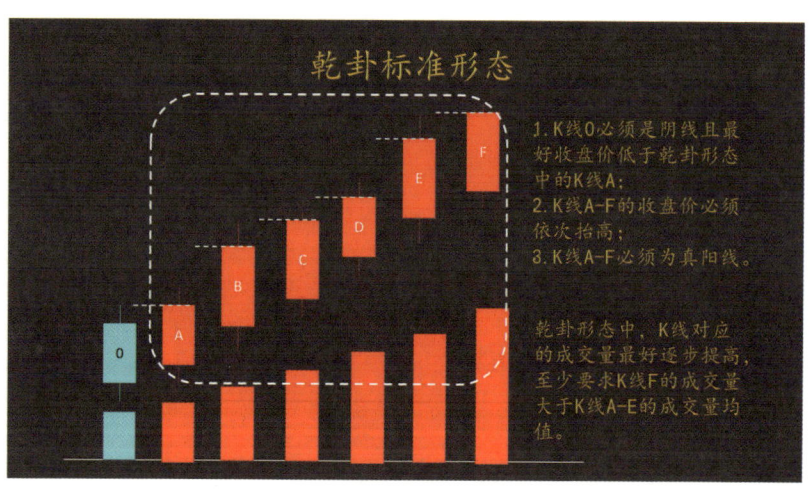

图4.1.3　乾卦标准形态示意图

图4.1.3是乾卦的标准形态示意图。图中白色虚线框标识的形态即为标准的乾卦形态，其中包含的六根K线从左到右标记为K线A到K线F，形态之前一根K线标记为K线0，K线形态

下方为成交量变化示意图。

如图所示，乾卦形态要求形态前一根 K 线必须为阴线（即图中 K 线 0），我们可以据此确定形态的起始位置，也就是说，不满足这一条件，则不能确认为乾卦形态的起始。

第二个形态要求是乾卦形态中的每一根 K 线必须收盘价依次抬高，也就是 K 线 B 的收盘价高于 K 线 A，K 线 C 的收盘价高于 K 线 B……以此类推，如不符合这一条件也不能作为乾卦形态。

第三个要求是乾卦形态中不能出现假阳线，六根阳线必须都是真阳线（注：关于真阳线与真阴线的定义，网上似乎有不同的版本，为了避免混淆，这里做一下规范。本书中提到的真阳线是指收盘价相对于前一个交易日提高的阳线，而真阴线是指收盘价相对于前一个交易日降低的阴线）。这里需要注意的是，不仅假阳线不能构成乾卦形态，假阴线同样不行。

在六十四卦的形态要求中，对于影线少有提及，因为影线不会影响形态的构成，但是在六十四卦形态中影线却是十分重要的，因为它会反映形态所代表的含义。

简单来说，影线也是分阴阳的，上影线的形成是因为股价回落，所以为阴；下影线的形成是因为股价上涨，所以为阳。长下影线代表着多方力量的强盛，长上影线代表着空方力量的强盛，关于这一点，在实战案例中会有详细阐述。

在成交量方面，乾卦形态要求 K 线对应的成交量最好是逐步提高的，如果不能满足 K 线 F 的成交量大于 K 线 A—E 的成交量均值的条件，则不能构成乾卦形态。

实际上除了少数几个形态之外，六十四卦形态的构成对于成交量都没有强制要求，很少会出现因为成交量导致形态失败的情况，但每一个形态都有一个理想的成交量形态，若形态中的实际成交量与理想形态差异较大，则该形态所代表的含义可能会有变化，关于这一点，在后文中同样会结合实际案例做详细的阐述。

如下图所示：

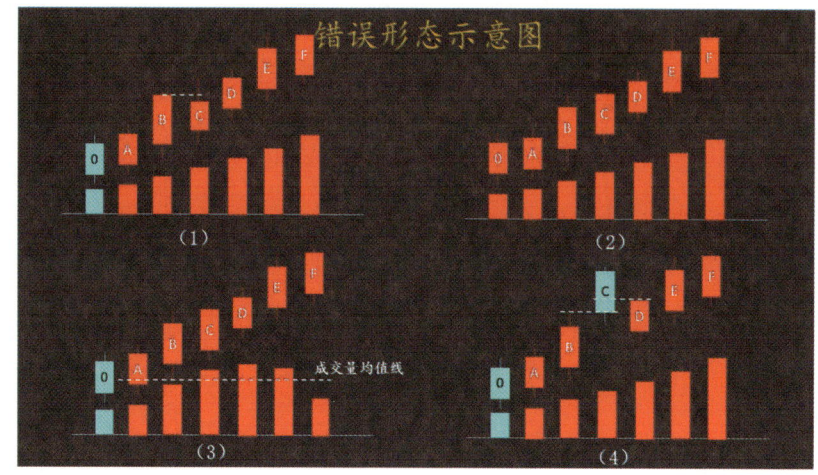

图 4.1.4　错误形态示意图

图 4.1.4 是常见的容易混淆的非乾卦形态示意图，以上几种形态经常被初学者误认为是乾卦形态，其实并非如此。如在上图（1）中，K 线 C 虽然是阳线，但却是一根假阳线，不满足收盘价高于 K 线 B 的要求，所以图（1）中的走势不构成乾卦形态。

上图（2）中问题出在 K 线 0 的位置，乾卦形态要求 K 线 0 必须是阴线，图（2）中的走势 K 线 0 是阳线，所以图（2）中的走势不构成乾卦形态。这一点可以用来确认形态的起点。

图（3）中的走势看似完全符合乾卦形态的要求，但是如果注意观察成交量的变化，就会发现，K 线 F 的成交量明显小于 K 线 A—E 之间成交量的均值，所以这段走势也不构成乾卦形态。

图（4）中则是假阴线的问题，可以看到 K 线 C 符合收盘价大于 K 线 B 而小于 K 线 D 的要求，但仍不能构成乾卦形态，因为乾卦形态要求构成的六根 K 线必须都是真阳线。

除了上述的问题之外，还有一个初学者经常会感到棘手的问题——乾卦形态中可以出现"十"字星吗？

答案是，可以，但并不是所有的"十"字星都可以构成乾卦形态。我们来看下面一张图。

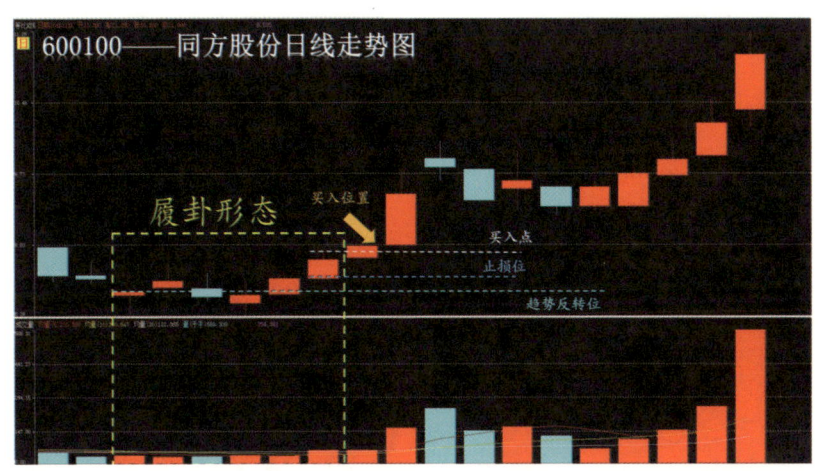

图 4.1.5　错误形态示意图

图 4.1.5 乾卦形态中的"十"字星

长久以来，"十"字星处在阴线和阳线之间，地位尴尬。市面上有些软件会把十字星涂成阳线或阴线的颜色，也有的软件会把十字星涂成其他颜色用以区分。所以，我们不能根据颜色来判断它的阴阳。

实际上，在六十四卦形态中，"十"字星被视为可阴可阳的颜色，这也就是乾卦形态中可能出现十字星的原因。

即使允许十字星出现在乾卦形态中，"十"字星也必须满足相应条件才可以。具体来说，出现在乾卦形态中的"十"字星收盘价必须大于前一根 K 线的收盘价，小于后一根 K 线的收盘价，如图 4.1.5 左侧所示。如不满足此条件，则走势不能构成乾卦形态，如图 4.1.5 中右侧所示。

最后，需要注意的是，根据乾卦形态的要求，我们可以知道六十四卦形态更多考量的是 K 线的实体而非影线，这一点也许现在看来毫无价值，但是在理解接下来的六十四卦形态时会非常有帮助。

买卖条件

在股市中如果出现乾卦形态代表着什么样的含义？我们又该如何操作呢？

接下来我们来了解乾卦的买卖条件，如下图所示。

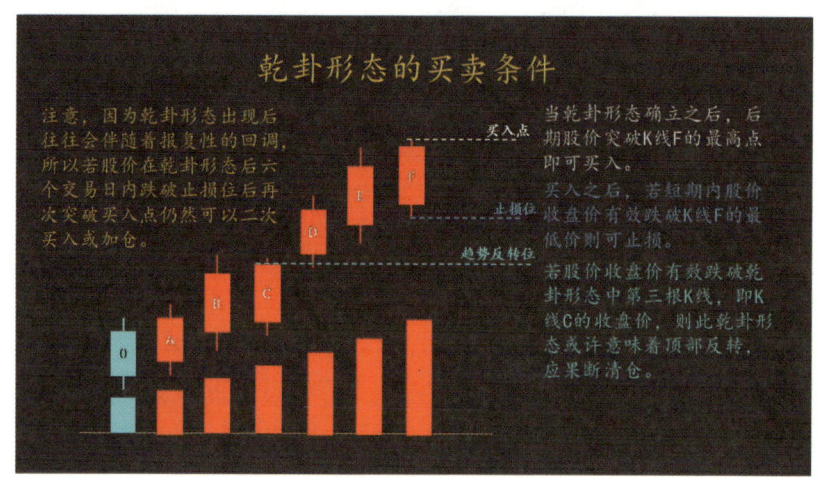

图 4.1.6　乾卦形态的买卖条件

图 4.1.6 是乾卦形态的买卖条件示意图，图中给出了当乾卦形态出现之后的买入点、减仓点和止损点。

买入点：当走势中出现乾卦形态之后，我们以乾卦形态中的最后一根阳线的最高价作为买入依据，如图中白色虚线所示，当后期股价突破这一点位时即可买入。

止损点：在买入之后，以乾卦形态中最后一根 K 线的最低点作为最低点为止损依据。如图中深蓝色虚线，一旦在后期的走势中，股价某一日收盘价在此位置以下，则可以考虑减仓或止损。

需要注意的是，此处为灵敏止损位，股价跌破此位置并不一定意味着形态的失败。

趋势反转位：如果股价一直调整，直到某一日收盘价跌破了乾卦形态中第三根K线的收盘价，则此时可能出现两种情况。一种是形态失败，股价可能开始下跌或者横盘，应果断清仓止损；另一种如果乾卦形态出现在较高位置的话，股价跌破止损位可能意味着这一乾卦形态表示顶部反转，同样应该果断止损清仓。

除了上述三点以外，还需要特别注意的一点是，前文中提到乾卦形态出现之后短期内常伴有报复性的回调或者下跌，对应着乾卦中"亢"的性质（注：乾卦中上爻的爻辞即为"亢龙，有悔"，上爻所对应的K线正是乾卦形态中最后一根阳线，所以"亢"的性质往往体现在这跟K线之后）。所以，如果股价在乾卦形态后六个交易日内跌破减仓位或止损位后再次突破买入点，仍然可以二次买入或加仓。

形态性质

根据六十四卦对应而来的六十四种形态分为"反转"和"持续"两大类，乾卦形态就属于"反转"的一类。

乾卦形态一般会出现在趋势的起点或者终点，代表着趋势由下跌转为上涨或者由上涨转为下跌。在特殊的情况下，乾卦形态也可能出现在某一段走势的中间。若为上涨走势，则意味着上涨的强势，接下来走势可能进入加速上涨阶段。若为下跌走势，则通常意味着下跌的弱势。这种弱势不一定说明下跌会很快结束，而是表现在下跌走势的角度比较大，即下跌缓慢。

一般来说，乾卦形态多见于趋势启涨的位置。

接下来我们通过案例详细解读。

案例解析

在研究形态性质的时候我们提到，乾卦形态属于反转形态，一般出现在趋势的转折点，如下图所示。

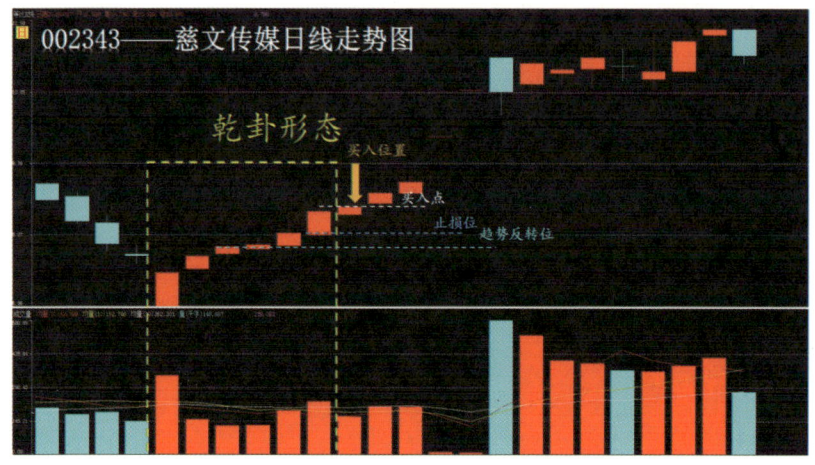

图 4.1.7　底部转折乾卦形态示意图

图 4.1.7 是 002343——慈文传媒从 2019 年 1 月 25 日到 2019 年 3 月 13 日的日 K 线走势图，图中可以看到 2019 年 1 月 31 日到 2 月 14 日六个交易日之间出现了六连阳走势，在图中用黄色虚线框标识。

首先，黄色虚线框之内六个交易日连续收阳，并且收盘价依次提高，符合乾卦形态的第一个条件。

其次，黄色虚线框之前的第一根 K 线是一根小阴线，符合乾卦形态的第二个要求。

最后，在成交量方面，我们可以看到黄色虚线框中六根阳线的成交量是一个两边高中间低的形态，乾卦形态的要求是成交量至少要满足最后一根阳线的成交量大于前五根阳线成交量均值的条件。这一点用肉眼难以判断，我们可以取值进行计算。

2019 年 1 月 31 日成交量为 343.231（千手）。

2019 年 2 月 1 日成交量为 152.628（千手）。

2019 年 2 月 11 日成交量为 123.489（千手）。

2019 年 2 月 12 日成交量为 126.853（千手）。

2019 年 2 月 13 日成交量为 192.816（千手）。

2019 年 2 月 14 日成交量为 231.755（千手）。

通过计算可知，前五者之均值为 187.8034（千手），小于第六根 K 线的成交量 231.755（千手），所以黄色虚线框中的走势符合乾卦形态的最后一个条件。

我们可以确定黄色虚线框中的走势构成一个乾卦形态，根据乾卦形态的买卖条件，我们以黄色框线中最后一根阳线的最高点为买入依据，如图中白色虚线所示；以黄色虚线框中最后一根阳线的最低点为减仓依据（止损位），如图中深蓝色虚线所示；以框线中第三根阳线的收盘价为止损依据（趋势反转位），如图中浅蓝色虚线所示。

在实际的走势中，乾卦形态出现之后，下一根 K 线即突破白色虚线，从图中可以看到，此后股价即开始大幅上涨。

本案例中乾卦形态的出现代表着底部转折，并且属于一次买入的情况，在前文中讲解乾卦形态买卖条件时曾提到一种二次买入的情况，如下图所示。

图 4.1.8 是 002346——柘中股份从 2016 年 12 月 7 日到 2017 年 1 月 11 日的日 K 线走势图，图中可以看到 2016 年 12 月 14 日到 12 月 21 日六个交易日之间出现了六连阳走势，在图中用黄色虚线框标识。

首先，黄色虚线框之内六个交易日连续收阳，并且收盘价依次提高，符合乾卦形态的第一个条件。

其次，黄色虚线框之前的第一根 K 线是一根小阴线，符合乾卦形态的第二个要求。

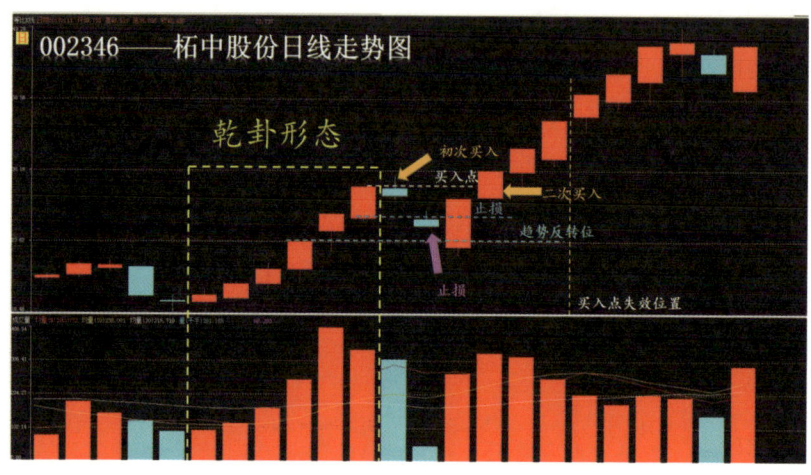

图 4.1.8　二次买入案例示意图

最后，在成交量方面，可以看到黄色虚线框中前五根 K 线的成交量是依次抬高的。第六根 K 线的成交量虽然小于第五根 K 线的成交量，但是明显大于前五根 K 线的平均值，符合乾卦形态的最后一个条件。

所以，我们可以确定黄色虚线框中的走势构成一个乾卦形态，根据乾卦形态的买卖条件，我们以黄色框线中最后一根阳线的最高点为买入依据，如图中白色虚线所示；以黄色虚线框中最后一根阳线的最低点为减仓依据（止损位），如图中深蓝色虚线所示；以框线中第三根阳线的收盘价为止损依据（趋势反转位），如图中浅蓝色虚线所示。

图中可以看到，乾卦形态出现之后，下个交易日（2016 年 12 月 22 日）股价突破了白色虚线，则此处为我们的初次买入点。但是买入之后股价就开始报复性回调，12 月 26 日更是直接收盘于深蓝色虚线之下，而此处是我们的止损位置。

止损之后，股价即开始上涨，于乾卦形态之后第四根 K 线（2016 年 12 月 27 日）再次突破白色虚线，因为此处距离乾卦形态不足六个交易日，所以可以作为我们的二次买入位置。图中用橙色虚线标识了买入点失效的位置，如果股价在橙色虚线之后才突破白色虚线，则不作为买入依据。图中可以看到二次买入之后，股价就开始大幅上涨。

以上两个案例都是底部转折的情况。除了底部转折之外，乾卦形态还可能会出现在顶部转折的位置，如下图所示。

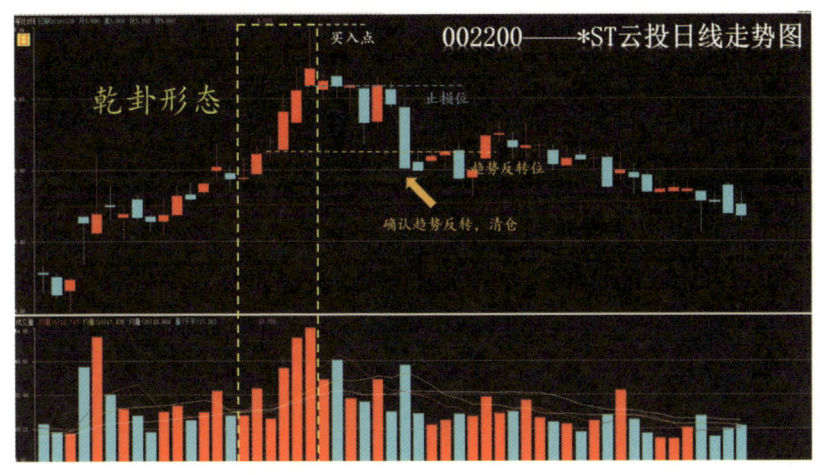

图 4.1.9　顶部转折乾卦形态示意图

图 4.1.9 是 002200——*ST 云投从 2018 年 10 月 17 日到 2018 年 12 月 28 日的日 K 线走势图从图中我们可以看到 2018 年 11 月 7 日到 14 日六个交易日之间出现了五连阳夹一根"十"字星的走势，在图中用黄色虚线框标识。

如图可知，黄色虚线框之内六个交易日中，五个收阳一个收"十"字星，并且收盘价依次提高，符合乾卦形态的第一个条件。

黄色虚线框之前的第一根 K 线是一根小阴线，符合乾卦形态的第二个要求。

在成交量方面，黄色虚线框中前六根 K 线的成交量大体是依次抬高的，只有第三根 K 线的成交量偏低。第六根 K 线的成交量最高，明显大于前五根 K 线的平均值，符合乾卦形态的最后一个条件。

所以，我们可以确定黄色虚线框中的走势构成一个乾卦形态。根据乾卦形态的买卖条件，我们以黄色框线中最后一根阳线的最高点为买入依据，如图中白色虚线所示；以黄色虚线框中最后一根阳线的最低点为减仓依据（止损位），如图中蓝色虚线所示；以框线中第三根阳线的收盘价为止损依据（趋势反转位），如图中橙色虚线所示。

在实际走势中，乾卦形态出现之后股价就开始下跌，并未触及买入位置，随后股价继续下跌，在之后的七个交易日之间相继跌破了减仓位和止损位，此时确定趋势已经反转，应果断清仓。如图中橙色箭头所示，随后股价开始了漫长的下跌走势。

第二节　乾宫八卦之夬卦

接下来我们来看乾宫八卦中的第二卦——"夬卦"。夬卦卦形以及卦爻辞如下图所示。

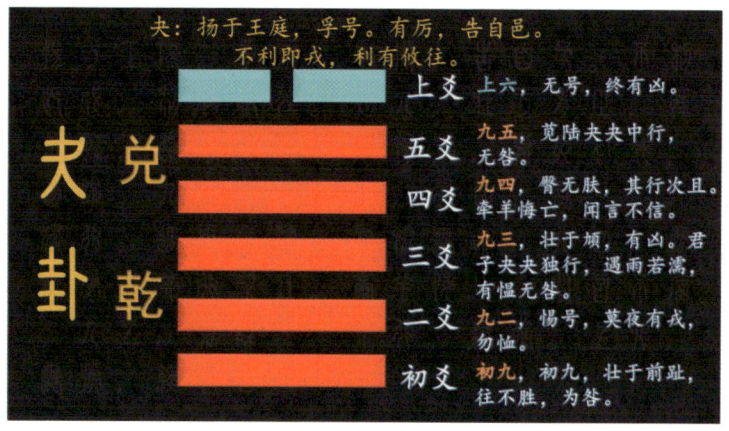

图 4.2.1　夬卦形态及卦爻辞

我们同样从四个方面来阐述夬卦，即卦名，卦状，卦象和义理。

【卦名】

夬（注：音同"怪"）卦的卦名为夬，是分夬、决断的意思。阐明以阳决阴、果断清除小人的道理。

夬卦为六十四卦中的第四十三卦。

【卦状】

夬卦的卦状就是"兑上乾下"，在图 4.2.1 中间用红色和绿色爻线表示。其中，二爻和四爻不当位，其余四爻当位。当位是对主方有利的潜在因素，也就是说主方的行动和态度，客方的行动和素质都是对主方潜在有利的。

除了当位的因素之外，还需要考虑是否"有应"。有应是指主卦和客卦中位置相对应的爻（比如同样是上爻、中爻或者下爻）阴阳相合，也就是一阴一阳。

如果主卦和客卦某一对应的爻既当位又有应，则对主方有利；如果主卦和客卦某一对应的爻只有应但是不当位，则该因素不一定有利于主方。

在夬卦中，三爻和上爻之间有应，并且这两个爻都当位，说明主方和客方的态度都是对主方有利的。

【卦象】

象曰：泽上于天，夬。君子以施禄及下，居德则忌。

夬卦的卦状是下乾上兑，其表象隐喻水因蒸发而居于天上，终将化为雨水倾注而下，象征决断。有道德的人应该广施恩德，如果表现得高高在上，就容易遭到小人的嫉恨。

象数理形态模型

【义理】

卦辞释义

夬卦的卦辞:"扬于王庭,孚号,有厉,告自邑。不利即戎,利有攸往。"

意为朝廷上发出诚恳的号令,城邑有严厉的指令,不利于打仗,利于做一些事。也有说"扬于王庭"和"告自邑"是阐述对待小人的方法的。

形态解析

虽然看似卦象表达的含义并不太好,但是夬卦是一个上上卦,夬卦在市场中对应的形态是连续的五根阳线之后出现一根阴线,如图4.2.2所示。

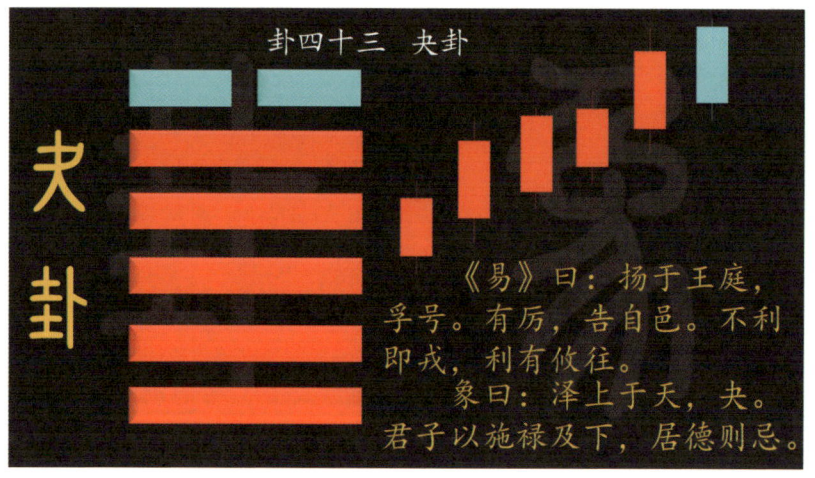

图 4.2.2　夬卦对应的走势形态

如图4.2.2,图中左侧是夬卦的卦状,右侧是夬卦所对应的走势形态,即五阳加一阴的走势,我们称这种形态为"夬卦形态"。

夬卦形态的出现体现了多方力量的强盛，正如夬卦本身是一个上上卦一样，夬卦形态也代表着走势上涨的潜力。一般来说，出现夬卦形态之后，走势至少还会有一波上涨，所以夬卦形态的出现往往意味着"宜将剩勇追穷寇"。

夬卦形态同样可以作为上涨趋势中的中继形态。

形态要求

同样夬卦形态的要求也不仅仅是连续五根阳线加一根阴线，对于形态的细节，夬卦形态同样有要求，如下图所示。

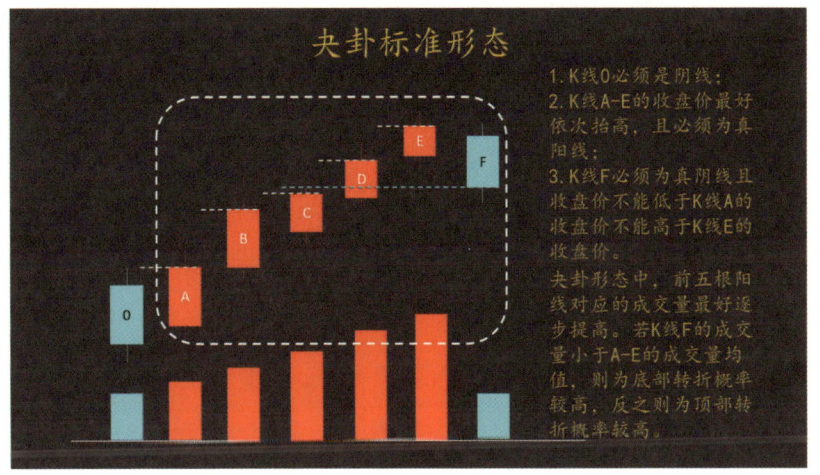

图 4.2.3　夬卦标准形态示意图

图 4.2.3 是夬卦标准形态示意图，图中白色虚线框标识的形态即为标准的夬卦形态，其中包含的六根 K 线从左到右标记为 K 线 A 到 K 线 F，形态之前一根 K 线标记为 K 线 0，K 线形态下方为成交量变化示意图。

夬卦形态的要求是：

第一，形态之前的一根 K 线必须是阴线。

第二，前五根 K 线必须是真阳线，且收盘价必须依次抬高，

其对应的成交量最好也是依次抬高的。

第三，形态中第六根 K 线必须为真阴线，且收盘价不能高于第五根 K 线的收盘价，不能低于第一根 K 线的收盘价。

就如同在一个卦象中六根爻线最特殊的一根爻线往往会作为主爻一样。在夬卦形态中，唯一的一根阴线对判断整个形态的含义也有着重要的意义。

在夬卦形态中，我们可以根据最后一根 K 线的成交量不同，初步判断这个形态代表的含义。一般来说，若 K 线 F 的成交量小于前五根阳线的成交量均值，则为底部转折的概率较高；反之，若 K 线 F 的成交量大于前五根阳线的成交量均值则为顶部转折概率较高。简单来说，夬卦顶部形态要求最后一根阴线的实体要大，成交量也一定要大。而底部形态则相反，虽然没要求实体一定要小，但是要求成交量要小。这很好理解，在底部时走势虽然出现长阴线，但只是主力的洗盘动作，成交量自然不会大，而在顶部，主力借着五连阳之后的阴线出货，成交量自然就会比较大。

同时，在夬卦形态中，第六根 K 线的收盘价所在位置在一定程度上说明了走势的强弱，若其高于形态中第三根阳线（即 K 线 C）的收盘价则说明上涨强势，若其低于形态中第三根阳线（即 K 线 C）的收盘价则说明上涨弱势，此处出现高点的概率更高。

在"十"字星的问题上，与乾卦形态相同，夬卦形态中也是允许出现"十"字星的。"十"字星可以替代原位置的阴线或者阳线，但是其收盘价和成交量必须要符合形态要求。实际上，不仅仅是乾卦形态和夬卦形态，六十四卦形态中都允许出现"十"字星。只要它的收盘价和成交量符合形态的要求，就可以代替原有位置的阴线或者阳线。

买卖条件

了解了夬卦的标准形态之后，我们同样来了解它的买卖条件，如下图所示。

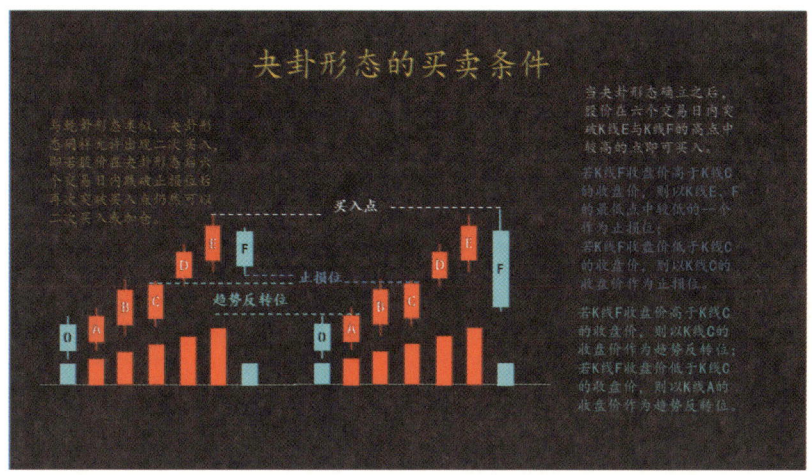

图 4.2.4　夬卦形态的买卖条件

图 4.2.4 是夬卦形态的买卖条件示意图，图中给出了夬卦形态出现之后的买入点、止损位和趋势反转位。

买入点：当走势中出现夬卦形态之后，我们以夬卦形态中的最后两根 K 线的最高价（即 K 线 E、F 的最高价中较高的一个）作为买入依据，如图中白色虚线所示，在形态形成后六个交易日内若股价突破这一点位即可买入。

止损位：夬卦形态的止损位有两种情况，若 K 线 F 收盘价高于 K 线 C 的收盘价，则以 K 线 E、F 的最低点中较低的一个作为止损位；若 K 线 F 收盘价低于 K 线 C 的收盘价，则以 K 线 C 的收盘价作为止损位，如图中深蓝色虚线所示。一旦在后期的走势中，股价某一日收盘价在此位置以下，则可以考虑减仓或止损。需要注意的是，此处为灵敏止损位，股价跌破此位置并不一定意

味着形态的失败。

趋势反转位：夬卦形态的趋势反转位同样有两种情况，若K线F收盘价高于K线C的收盘价，则以K线C的收盘价作为趋势反转位；若K线F收盘价低于K线C的收盘价，则以K线A的收盘价作为趋势反转位，如图中浅蓝色虚线所示。如果股价一直调整，直到某一日收盘价跌破了趋势反转位，则说明趋势可能反转，此时应该果断止损清仓。

需要注意的是，夬卦形态同样允许二次买入，若股价在夬卦形态后六个交易日内跌破止损位或趋势反转位后再次突破买入点，仍然可以二次买入或加仓。

形态性质

前文中提到，六十四卦对应的形态分为反转和持续两大类，夬卦形态属于反转形态的一种，一般会出现在趋势的起点或者终点，代表着趋势由下跌转为上涨或者由上涨转为下跌。

在特殊情况下，夬卦形态也可能出现在某一段走势的中间，也就是前文中提到的"二次买入"的情况。

实际上，所有的反转形态都有可能出现在某段走势的中间，作为持续形态出现。

接下来我们通过案例详细解读。

案例解析

与乾卦形态相似，夬卦形态同样属于反转形态，一般出现在趋势的转折点。而与乾卦形态不同的是，夬卦形态出现在趋势的顶部和底部时，形态是不完全一样的，如下图所示。

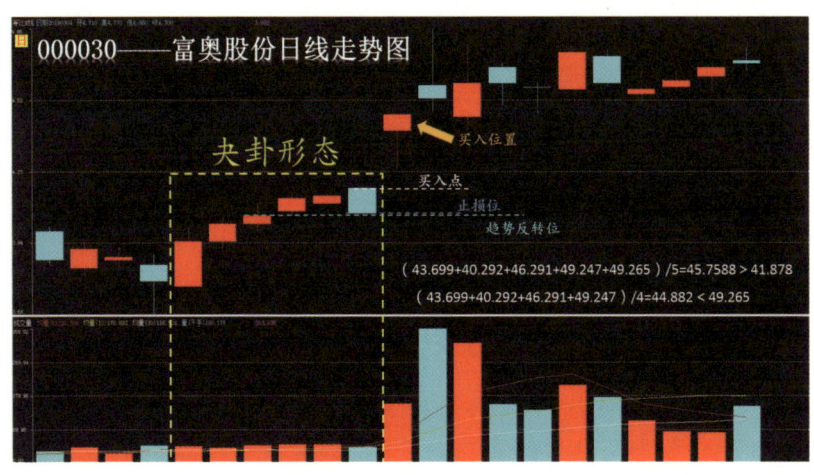

图 4.2.5　夬卦形态实战案例

图 4.2.5 是 000030——富奥股份从 2019 年 1 月 23 日到 2 月 27 日的日 K 线走势图，图中可以看到 2019 年 2 月 1 日到 2 月 15 日六个交易日之间出现了五连阳之后一根阴线的走势，在图中用黄色虚线框标识。

夬卦形态要求形态前一根 K 线必须是阴线，图中可以看到黄色虚线框前的第一根 K 线是一根阴线，所以符合第一个条件。

黄色虚线框中前五根阳线的收盘价在依次抬高，并且每日成交量之间没有显著变化。因为形态中要求最好第五根 K 线的收盘价要大于前四根 K 线收盘价的均值，所以此处需要计算。通过走势可知黄色虚线框中各 K 线对应的成交量数值为：

2019 年 2 月 1 日成交量为 43.699（千手）。

2019 年 2 月 11 日成交量为 40.292（千手）。

2019 年 2 月 12 日成交量为 46.291（千手）。

2019 年 2 月 13 日成交量为 49.247（千手）。

2019 年 2 月 14 日成交量为 49.265（千手）。

2019 年 2 月 15 日成交量为 41.878（千手）。

通过计算我们可以知道前四个交易日的成交量均值为 44.882（千手），小于第五个交易日的成交量 49.265（千手），符合夬卦底部形态的第二个条件。

从图中可以看到，黄色虚线框中最后一根 K 线是一根真阴线，收盘价明显低于第五根阳线的收盘价，且高于第一根阳线的收盘价，符合夬卦底部形态的第三个条件。成交量方面需要计算。通过计算可知，前五根 K 线的成交量均值是 45.7588（千手），大于第六个交易日的成交量 41.878（千手），所以第六根 K 线的成交量小于前五个交易日的成交量均值，则此处大概率为底部形态。

至此我们可以确定黄色虚线框中的走势构成一个夬卦形态。由图中走势可知，第六根 K 线的收盘价高于第三根 K 线的收盘价，最高价高于第五根 K 线的最高价，最低价低于第五根 K 线的最低价。根据夬卦形态的买卖条件，我们以黄色框线中最后一根 K 线的最高点为买入依据，如图中白色虚线所示；以黄色虚线框中最后一根 K 线的最低点为止损依据，如图中深蓝色虚线所示；以框线中第三根阳线的收盘价为判断趋势转折依据，如图中浅蓝色虚线所示。

在实际的走势中，夬卦形态形成之后次日股价即高开突破买入点，符合我们根据成交量作出的判断，则此时为买入的位置，此后股价开始了长期的上涨走势。

本案例中是夬卦形态出现在底部的实战案例，接下来我们来看夬卦形态出现在顶部的案例，如下图所示。

图 4.2.6 是 002069——獐子岛从 2018 年 9 月 14 日到 10 月 19 日的日 K 线走势图，图中可以看到 2018 年 9 月 18 日到 26 日六个交易日之间出现了五连阳之后一根阴线的走势，在图中用黄色虚线框标识。

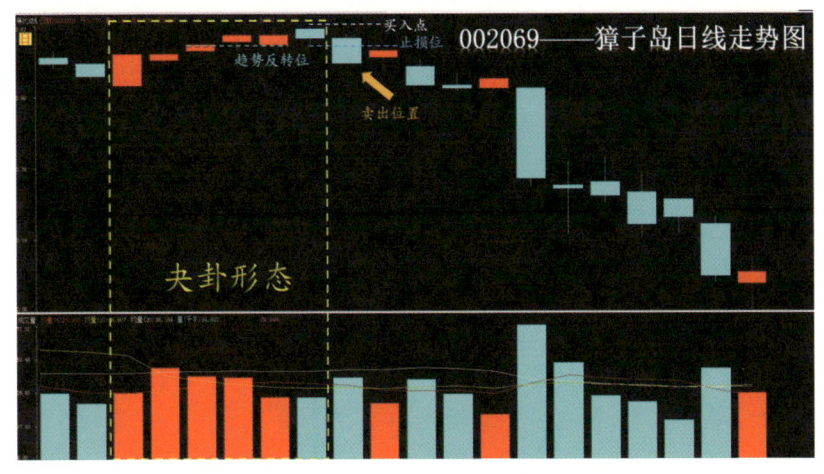

图 4.2.6　夬卦形态实战案例

夬卦形态要求形态前一根 K 线必须是阴线，图中可以看到黄色虚线框前的第一根 K 线是一根阴线，所以符合第一个条件。

黄色虚线框中前五根阳线的收盘价依次抬高，这里需要注意的是，夬卦形态对于前五根阳线的成交量并没有硬性要求。所以虽然成交量没有依次抬高，第五根阳线的成交量也明显小于前四根阳线成交量的均值，但图中走势仍然符合夬卦形态的第二个条件。

黄色虚线框中最后一根 K 线是一根真阴线，收盘价明显低于第五根阳线的收盘价且高于第一根阳线的收盘价，符合形态要求。从成交量方面可以看到，第六根阴线的成交量略低于前五根阳线成交量的均值，这与理想形态不符，但并不影响夬卦形态的构成。

至此，我们可以确定黄色虚线框中的走势构成一个夬卦形态。由图中走势可知，第六根 K 线的收盘价高于第三根 K 线的收盘价，最高价高于第五根 K 线的最高价，最低价等于第五根 K 线的最低价。根据夬卦形态的买卖条件，我们以黄色框线中最后一

根 K 线的最高点为买入依据，如图中白色虚线所示；以黄色虚线框中最后一根 K 线的最低点为止损依据，如图中深蓝色虚线所示；以框线中第三根阳线的收盘价为判断趋势转折依据，如图中浅蓝色虚线所示。

在实际的走势中，在夬卦形态形成之后次日股价即连续跌破止损位和趋势转折位，此时应果断止损卖出，随后股价开始了下跌走势。

第三节　乾宫八卦之大有卦

接下来我们来看乾宫八卦中的第三卦——大有卦。大有卦卦形以及卦爻辞如下图所示。

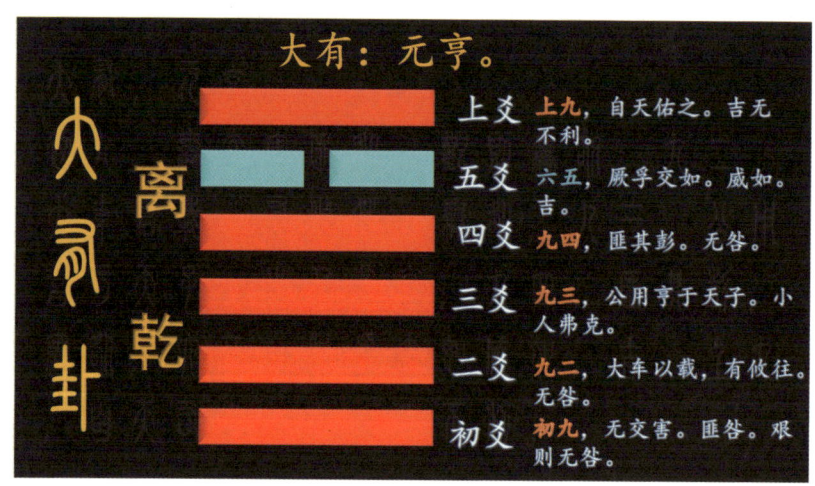

图 4.3.1　大有卦形态及卦爻辞

我们同样从四个方面来阐述大有卦，即卦名、卦状、卦象和义理。

【卦名】

大有卦的卦名为大有，是大有所获、得益良多的意思。大有卦中的"有"表示所属，比如说"他有一辆车"中的"有"就是所属的意思。大有，是力量、物资、气运充沛的意象。

大有卦为六十四卦中的第十四卦。

【卦状】

大有卦的卦状就是"离上乾下"，故称"火天大有"，在图4.3.1中间用红色和绿色爻线表示。其中二爻和四爻不当位，其余初爻、三爻、五爻和上爻当位，主卦和客卦的中爻有应，阴阳相合。

大有，处于君位（五爻位）的是本卦唯一一个阴爻，群阳近而比之，远而应之。象征着君主善于处下而吸纳天下贤才为我所用。海纳百川，有容乃大。大者宜为下。这就是"大有"真正的含义。

【卦象】

象曰：火在天上，大有。君子以遏恶扬善。顺天休命。

大有卦是典型的上上卦，从象辞上就可以看出这一卦象代表着一切顺利，做事自然成，走失的也不会丢，在股市中，大有卦常常代表大有所获的含义。

这个卦是异卦（下乾上离）相叠。上卦为离，为火；下卦为乾，为天。火在天上，普照万物，万民归顺，顺天依时，大有所成。大有卦，离火在乾天之上。有晴天丽日、蒸蒸日上之象。有阳气（正气）发扬而阴气（邪气）消散之象。

【义理】

卦辞释义

大有卦的卦辞只有两个字"元亨"。

意为很顺利，含义简单，内容直白，告诉你会很顺利，那还有什么犹豫的呢?

形态解析

大有卦在市场中对应的形态是连续的四根阳线之后出现一根阴线,短暂调整继续收阳上涨,如图4.3.2所示。

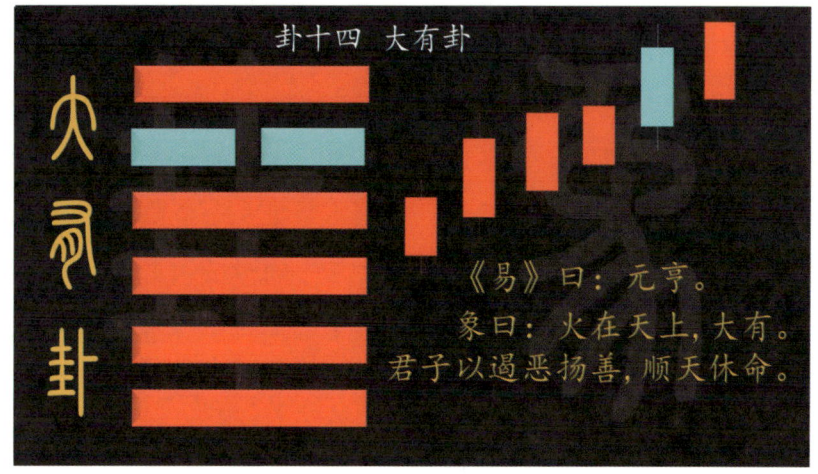

图 4.3.2　大有卦对应的走势形态

如图4.3.2,图中左侧是大有卦的卦状,右侧是大有卦所对应的走势形态,即"阳阳阳阳阴阳"的走势,我们称这种形态为"大有卦形态"。

大有卦形态的出现体现了多方力量的强盛,连续的上涨必然伴随着风险的积累,而短暂的调整既是风险的释放,同时也说明了上涨的强势。所以,大有卦形态往往代表着良好的买入机会,即使出现在上涨的趋势中作为中继形态,其所代表的投资机会也仍然有相当的价值。

一般来说,大有卦形态会出现在底部作为上涨启动形态,有时也出现在上涨趋势中间作为上涨中继形态,出现在其他位置的情况非常少见。

形态要求

对于构成形态的细节，大有卦的要求，如下图所示。

图 4.3.3 是大有卦标准形态示意图，图中白色虚线框标识的形态即为标准的大有卦形态，其中包含的六根 K 线从左到右标记为 K 线 A 到 K 线 F，形态之前一根 K 线标记为 K 线 0，K 线形态下方为成交量变化示意图。

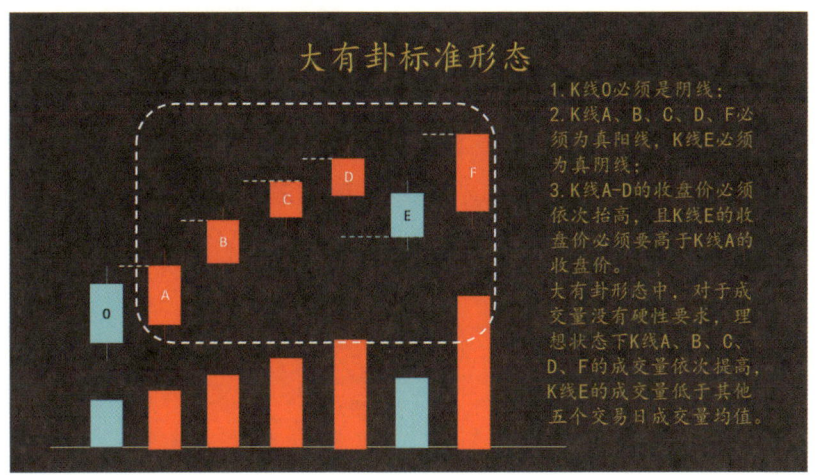

图 4.3.3　大有卦标准形态示意图

大有卦形态的要求是：

第一，形态之前的一根 K 线必须是阴线。

第二，K 线 A、B、C、D、F 必须是真阳线，K 线 E 必须为真阴线。

第三，K 线 E 的收盘价必须要高于 K 线 A 的收盘价，低于 K 线 D 的收盘价。

大有卦形态中，对于成交量没有硬性要求，理想状态下 K 线 A、B、C、D、F 的成交量依次提高，K 线 E 的成交量低于其他五个交易日成交量均值。

相比于夬卦形态，大有卦形态中的阴线出现在倒数第二根 K 线的位置，这使得大有卦形态比夬卦形态简单的多，不会出现因为形态的区别造成买卖点出现变化的情况，是最为经典的一种低位启涨形态。一般来说，大有卦形态中的阴线多为小阴线。

买卖条件

大有卦的买卖条件如下图所示。

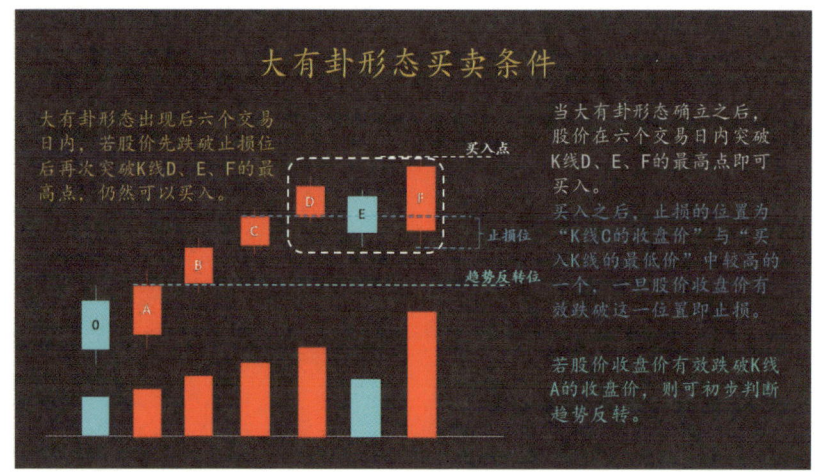

图 4.3.4　大有卦形态的买卖条件

图 4.3.4 是大有卦形态的买卖条件示意图，图中给出了当大有卦形态出现之后的买入点、止损位和趋势反转位。

买入点：当走势中出现大有卦形态之后，我们以大有卦形态中的最后三根 K 线的最高价（即 K 线 D、E、F 的最高价中较高的一个）作为买入依据，如图中白色虚线所示。在形态形成后六个交易日内，若股价突破这一点位即可买入。

止损位：买入之后的止损位为"后三根 K 线中最高价对应 K 线的最低价"和"K 线 C 的收盘价"中较高的一个。一旦股价在大有卦形态形成之后的六个交易日内跌破此位置，就应减仓或者止损。需要注意的是，与乾卦形态和夬卦形态不同，大有卦的止损位虽然不代表形态完全失效，但并非灵敏止损位，其代表的风险比灵敏止损位要大。

关于这一点，六十四卦形态的研究者可以简单记忆，一般来说，当形态中趋势反转位出收盘价时，其止损位都不是灵敏止损位，其中的特殊情况会在后文中单独做出说明。

趋势反转位：当大有卦形态确立之后，如果股价一直调整，直到某一日收盘价跌破了K线A的收盘价，即趋势反转位，则说明趋势可能反转，此时应该果断止损清仓。

关于二次买入方面，大有卦形态同样允许二次买入，若股价在大有卦形态后六个交易日内跌破止损位或趋势反转位后再次突破买入点，仍然可以二次买入或加仓。

这里需要强调的是，并不是所有的形态都允许二次买入的，只不过乾宫八卦的性质中颇有相似之处，所以出现允许二次买入的情况较多，在后文中出现不允许二次买入的形态时会做重点说明。

形态性质

大有卦形态属于反转形态的一种，一般会出现在趋势的起点或者终点，代表着趋势由下跌转为上涨或者由上涨转为下跌。

一般来说，反转形态都会有明确的买入点和止损位，这是反转形态与持续形态最明显的区别。

与夬卦形态一样，大有卦形态也可能出现在某一段上涨走势的中间，也就是前文中提到的"二次买入"的情况。

多数情况下，我们可以通过大有卦形态的整体振幅来判断走势的强弱。一般来说，大有卦形态的整体振幅越大，说明多方越强势，反之则说明多方相对较为弱势，对于大有卦形态来说，如果整体振幅偏小的话,将会造成买点和卖点之间的空间距离很近,可能会出现频繁买卖的情况。所以,整体振幅过小的大有卦形态需要慎重对待。

接下来我们通过案例详细解读。

案例解析

大多数情况下,大有卦形态都是出现在上涨趋势的起点,作为低位转折形态出现,如下图所示。

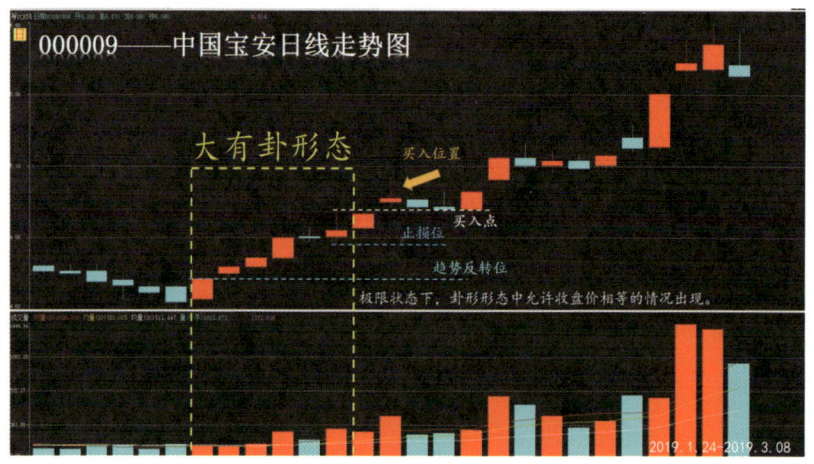

图 4.3.5　大有卦形态实战案例

图 4.3.5 是 000009——中国宝安从 2019 年 1 月 24 日到 3 月 8 日的日 K 线走势图,图中可以看到 2019 年 2 月 1 日到 2 月 15 日六个交易日之间出现了"阳阳阳阳阴阳"的走势,疑似为大有卦形态,在图中用黄色虚线框标识。

大有卦形态要求形态前一根 K 线必须是阴线,图中可以看到黄色虚线框前的第一根 K 线是一根阴线,所以符合第一个条件。

黄色虚线框中前四根阳线的收盘价依次抬高,最后一根阳线收盘价也相对于前一根 K 线提高,故都为真阳线。倒数第二根 K

线（2019年2月14日，收盘价为4.56元）为阴线，其前一根阳线（2019年2月13日）的收盘价为4.56元。可以看到，这根阴线的收盘价并没有高于前一根阳线，而是和前一根阳线相等。那么，这根阴线可以视为真阴线么？

答案是可以。在六十四卦形态中，要求收盘价高于或低于前一日的阳线或阴线的收盘价，等于前一交易日的收盘价的情况每个形态中至多只允许出现一处这样的情况，所以本案例中的阴线可以被视为真阴线，符合大有卦形态的第二个条件。

构成大有卦形态的第三个要求是形态中的阴线收盘价高于第一根阳线的收盘价，图中可以看到，走势明显符合这一条件。

至此我们可以确定黄色虚线框中的走势构成一个大有卦形态。根据大有卦形态的买卖条件，我们以黄色框线中后三根K线中的最高价即第六根K线的最高点为买入依据，如图中白色虚线所示。

大有卦形态的止损依据需要通过计算求得。首先形态中后三根K线的最高价出现在第六根K线（2019年2月15日），当日最低价为4.53元，第三根K线的收盘价为4.40元，明显低于第六根K线的最低价，则我们以第六根K线的最低价作为止损依据，如图中深蓝色虚线所示。

以框线中第一根阳线的收盘价为判断趋势转折依据，如图中浅蓝色虚线所示。

在实际的走势中，在大有卦形态形成之后的第二个交易日，股价即高开突破买入点，买入之后股价略作横盘就开始了长期的上涨走势，在随后的24个交易日里，股价创出了55.56%的涨幅。

本案例中是大有卦形态作为低位起涨点的案例。前文中提到，大有卦形态是允许出现二次买入的，接下来我们来看大有卦形态出现二次买入的案例，如下图所示。

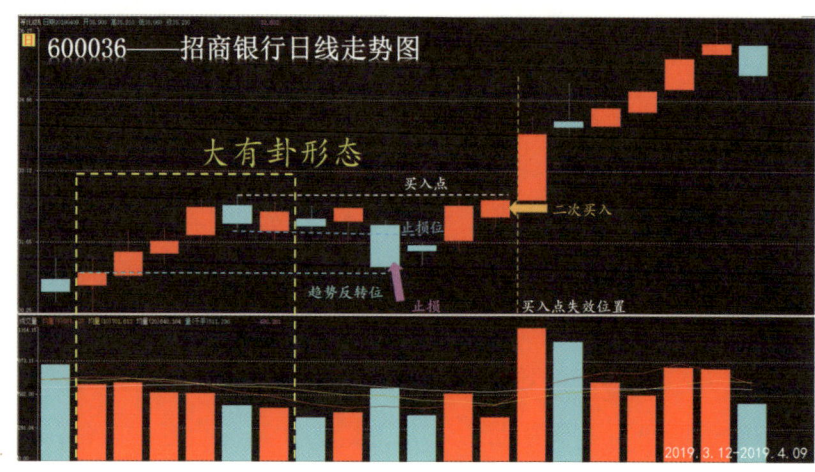

图 4.3.6　大有卦形态二次买入实战案例

图 4.3.6 是 600036——招商银行从 2019 年 3 月 12 日到 4 月 9 日的日 K 线走势图，图中可以看到 2019 年 3 月 13 日到 3 月 20 日六个交易日之间出现了"阳阳阳阳阴阳"的走势，疑似为大有卦形态，在图中用黄色虚线框标识。

大有卦形态要求形态前一根 K 线必须是阴线，图中可以看到黄色虚线框前的第一根 K 线是一根阴线，所以符合第一个条件。

黄色虚线框中前四根阳线的收盘价在依次抬高，最后一根阳线收盘价也相对于前一根 K 线提高，故都为真阳线。倒数第二根 K 线为阴线，收盘价相对于其前一根阳线的收盘价明显降低，故为真阴线。符合大有卦形态的第二个条件。

构成大有卦形态的第三个要求是形态中的阴线收盘价高于第一根阳线的收盘价。从图中可以看到，走势明显符合这一条件。

至此，我们可以确定黄色虚线框中的走势构成一个大有卦形态。根据大有卦形态的买卖条件，我们以黄色框线中后三根 K 线中的最高价即第五根 K 线的最高点为买入依据，如图中白色虚线所示。

大有卦形态的止损依据需要通过计算求得。首先形态中后三根K线的最高价出现在第五根K线（2019年3月19日），当日最低价为31.93元，第三根K线的收盘价为31.67元，明显低于第五根K线的最低价，则我们以第五根K线的最低价作最低点为止损依据，如图中深蓝色虚线。

以框线中第一根阳线的收盘价为判断趋势转折依据，如图中浅蓝色虚线所示。

在实际的走势中，在大有卦形态形成之后走势并没有马上上涨而是开始横盘，两个交易日后，更是直接大阴线有效跌破止损位。此后才开始上涨，一直到大有卦形态形成之后的第六个交易日（2019年3月28日，最高价32.65元）才突破买入点。根据二次买入的原则，此处可以作为买入点。买入之后股价开始一波上涨走势。

这里需要注意的是，图4.3.6中详细的标注了买入点失效的位置（纵向黄色虚线），即大有卦形态形成之后六个交易日，如果股价超出这个时间之后再突破买入点则不作为买入依据。

实际上本案例中的二次买入并不十分标准，但大有卦形态的二次买入并不多见，近期的案例中这个案例算是非常典型的，因为它恰好在第六个交易日触及了买入点位，可以说是非常极限的情况了。

前文中提到，大有卦形态有时还会作为上涨持续形态出现，下面我们来看一个大有卦形态出现在上涨走势中作为持续形态的案例，如下图所示。

象数理形态模型

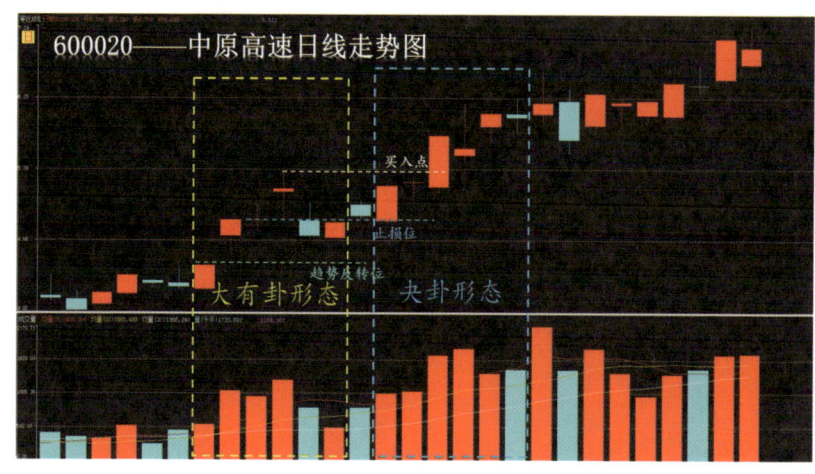

图 4.3.7　大有卦形态上涨持续实战案例

图 4.3.7 是 600020——中原高速从 2019 年 2 月 14 日到 3 月 25 日的日 K 线走势图。从图中可以看到，2019 年 2 月 22 日到 3 月 1 日六个交易日之间出现了"阳阳阳阳阴阳"的走势，疑似为大有卦形态，在图中用黄色虚线框标识；2019 年 3 月 5 日到 12 日六个交易日之间出现了"阳阳阳阳阳阴"的走势，疑似为夬卦形态，在图中用蓝色虚线框标识。

大有卦形态要求形态前一根 K 线必须是阴线，图中可以看到黄色虚线框前的第一根 K 线是一根阴线，所以符合第一个条件。

黄色虚线框中第三根 K 线是一个"十"字星，收盘价等于第二根 K 线的收盘价。根据六十四卦形态中的"十"字星应对原则以及图 4.3.5 案例中提到的极少数情况，此处的十字星可以视为真阳线。那么，我们可以判断黄色虚线框中前四根 K 线都是真阳线，最后一根阳线收盘价也相对于前一根 K 线提高，为真阳线。倒数第二根 K 线为阴线，收盘价相对于其前一根阳线的收盘价明显降低，故为真阴线。符合大有卦形态的第二个条件。

构成大有卦形态的第三个要求是形态中的阴线收盘价高于第

一根阳线的收盘价,图中可以看到,走势明显符合这一条件。

至此,我们可以确定黄色虚线框中的走势构成一个大有卦形态。从图中可以看到,这个大有卦形态出现在上涨走势之中,成为上涨持续形态。

当大有卦形态出现在上涨走势中时,可以为我们提供加仓、入场或者止损的依据。

根据大有卦形态的买卖条件,我们以黄色框线中后三根K线中的最高价即第四根K线的最高点为买入依据,如图中白色虚线所示。

大有卦形态的止损依据需要通过计算求得。首先形态中后三根K线的最高价出现在第四根K线(2019年2月27日),当日最低价为4.86元,第三根K线的收盘价为4.86元,两个数值相等,则我们以4.86元作最低点为止损依据,如图中深蓝色虚线。

以框线中第一根阳线的收盘价为判断趋势转折依据,如图中浅蓝色虚线所示。

与大有卦形态相同,夬卦形态出现在上涨走势中时,可以提供加仓、入场或者止损的依据。因为夬卦形态在上一节中做了详细的说明,所以本案例中的夬卦形态就不多做阐述了。

第四节　乾宫八卦之小畜卦

小畜卦是乾宫八卦中的第四卦,其卦形以及卦爻辞如下图所示。

象数理形态模型

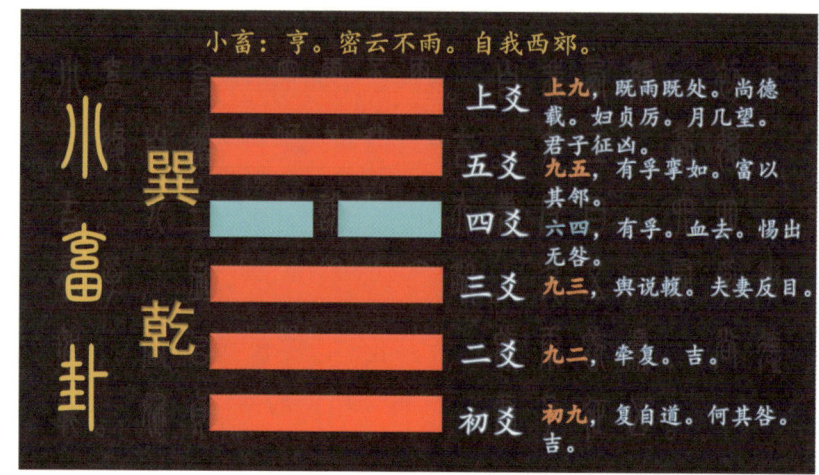

大图 4.4.1　小畜卦形态及卦爻辞

按照惯例，我们从卦名、卦状、卦象和义理四个方面来阐述小畜卦的相关信息。

【卦名】

小畜卦的卦名为小畜，小畜是少许积蓄的意思。

小畜卦为六十四卦中的第九卦。

【卦状】

小畜卦的卦状就是"巽上乾下"，图样在图 4.4.1 中间用红色和绿色爻线表示。其中"二爻"和"上爻"不当位，其余初爻、三爻、四爻和五爻当位，主卦和客卦的下爻有应，阴阳相合。

【卦象】

象曰：风行天上，小畜。君子以懿文德。

从象辞上来看，小畜卦有着少有积蓄，也宜继续积蓄的含义，毕竟云浓还没下雨，所以应该坚持下去，自然一切顺利。

【义理】

卦辞释义

小畜卦的卦辞:"亨。密云不雨。自我西郊。"

亨的意思是顺利,密云不雨的意思是聚集了很多云却还没有下雨。自我西郊是因为卦爻辞是周文王和周公编写的,当时周在西部,所以叫"自我西郊"。

形态解析

小畜卦在市场中对应的形态同样是五阳夹一阴,是连续的三根阳线之后出现一根阴线,之后连续两根阳线,呈现"阳阳阳阴阳阳"的走势,如图 4.4.2 所示。

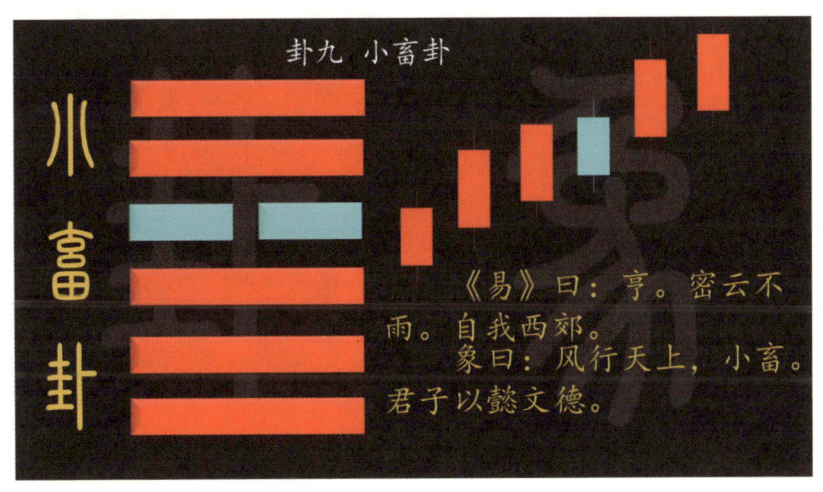

图 4.4.2　小畜卦对应的走势形态

如图 4.4.2,图中左侧是小畜卦的卦状,右侧是小畜卦所对应的走势形态,即"阳阳阳阴阳阳"的走势,我们称这种形态为小畜卦形态。

与大有卦形态类似,小畜卦形态的出现同样体现了多方力量的强盛，连续的上涨必然伴随着风险的积累，而短暂的调整既是风险的释放，同时也说明了上涨的强势。所以，小畜卦形态往往也代表着买入机会比较好。但是在相似的情况下，大有卦形态所代表的机会往往比小畜卦形态代表的机会大。

一般来说，小畜卦形态会出现在底部作为上涨启动形态，有时也出现在上涨趋势中间作为上涨中继形态，出现在其他位置的情况比较少见。

形态要求

小畜卦形态对于构成形态的细节的要求如下图所示。

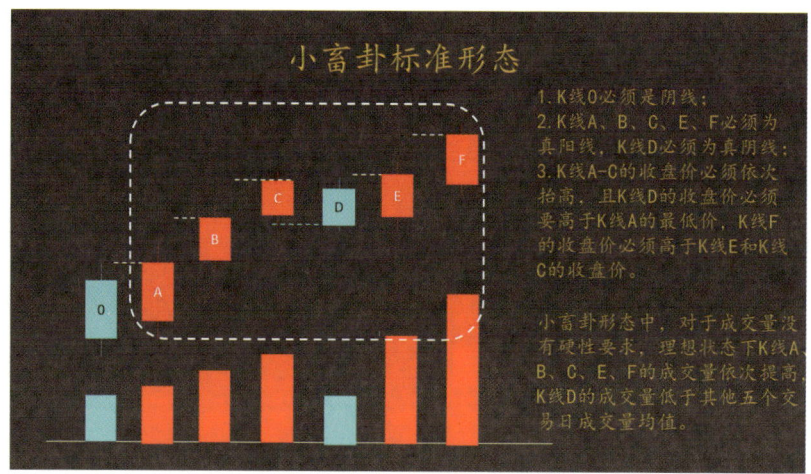

图 4.4.3　小畜卦标准形态示意图

图 4.4.3 是小畜卦标准形态示意图，图中白色虚线框标识的形态即为标准的小畜卦形态，其中包含的六根 K 线从左到右标记为 K 线 A 到 K 线 F，形态之前一根 K 线标记为 K 线 0，K 线形态下方为成交量变化示意图。

小畜卦形态的要求是：

第一，形态之前的一根 K 线必须是阴线。

第二，K线A、B、C、E、F必须是真阳线，K线D必须为真阴线。

第三，K线D的收盘价必须要高于K线A的收盘价，K线F的收盘价必须高于K线C和K线E的收盘价。

小畜卦形态的构成对于成交量没有硬性要求，理想状态下K线A、B、C、E、F的成交量依次提高，K线D的成交量低于其他五个交易日成交量均值。

虽然都是五阳夹一阴的走势，但是因为阴线出现的位置不同，小畜卦形态和大有卦形态所代表的含义有着显著的区别，一般来说，大有卦形态中的阴线都是小阴线，小畜卦形态中的阴线却有可能是中阴线或者大阴线。大有卦形态往往代表着良好的买入机会，而小畜卦形态代表的机会不一定很强势。

买卖条件

小畜卦的买卖条件如下图所示。

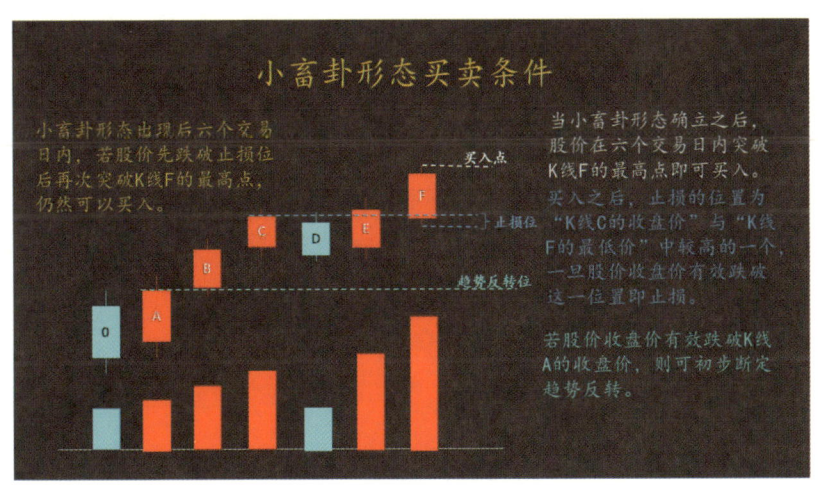

图4.4.4 小畜卦形态的买卖条件

图4.4.4是小畜卦形态的买卖条件示意图，图中给出了当小

畜卦形态出现之后的买入点、止损位和趋势反转位。

买入点：当走势中出现小畜卦形态之后，我们以小畜卦形态中的最后一根K线的最高价（即K线F的最高价）作为买入依据，如图中白色虚线所示，在形态形成后六个交易日内若股价突破这一点位即可买入。

止损位：买入之后的止损位为"K线F的最低价"和"K线C的收盘价"中较高的一个。一旦股价在小畜卦形态形成之后的六个交易日内有效跌破此位置，则应减仓或者止损。需要注意的是，这一止损位不是灵敏止损位。

趋势反转位：当小畜卦形态确立之后，如果股价一直调整，直到某一日收盘价跌破了K线A的收盘价，即趋势反转位，则说明趋势可能反转，此时应该果断止损清仓。

关于二次买入方面，小畜卦形态允许二次买入，若股价在小畜卦形态后六个交易日内跌破止损位或趋势反转位后再次突破买入点，仍然可以二次买入或加仓。

形态性质

小畜卦形态属于"反转"形态的一种，一般会出现在上涨趋势的起点，代表着趋势由下跌转为上涨。有时也可能出现在某一段上涨走势的中间，提供额外的加仓或止损依据。极少数情况下可能出现在上涨趋势的终点，代表着趋势由上涨转为下跌。

接下来我们通过案例详细解读。

案例解析

前文中提到，大多数情况下，小畜卦形态会出现在上涨趋势的起点，作为启涨形态出现。与乾卦形态、夬卦形态和大有卦形态相比，小畜卦形态出现之后一般不会伴随短期调整，所以也极少出现二次买入的情况，实战案例如下图所示。

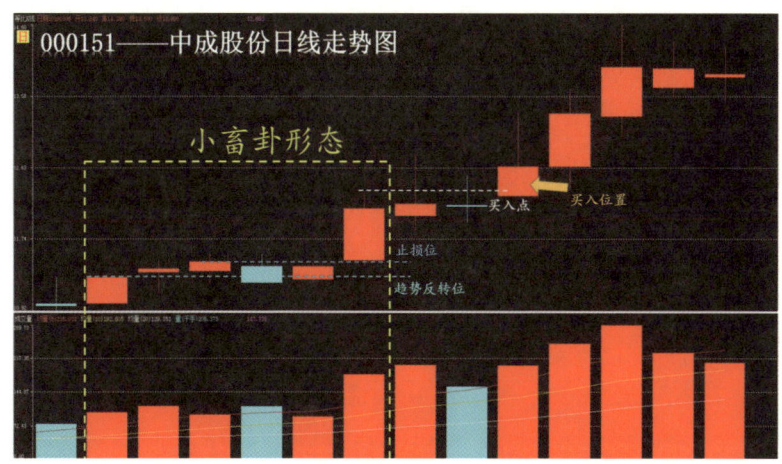

图 4.4.5 小畜卦形态低位启动实战案例

图 4.4.5 是 000151——中成股份从 2019 年 2 月 15 日到 3 月 6 日的日 K 线走势图，图中可以看到 2019 年 2 月 18 日到 2 月 25 日六个交易日之间出现了"阳阳阳阴阳阳"的走势，疑似为小畜卦形态，在图中用黄色虚线框标识。

小畜卦形态要求形态前一根 K 线必须是阴线，图中可以看到黄色虚线框前的第一根 K 线是一根阴线，所以符合第一个条件。

黄色虚线框中前三根阳线的收盘价依次抬高，最后两根阳线收盘价也相对于前一根 K 线提高，故都为真阳线。倒数第三根 K 线为阴线，且收盘价相对于前一交易日明显降低为真阴线，符合小畜卦形态的第二个条件。

构成小畜卦形态的第三个要求是形态中的阴线收盘价高于第一根阳线的最低价，同时要求最后一根阳线的收盘价为整个形态中的最高收盘价。从图中可以看到，走势明显符合这一条件。

至此，我们可以确定黄色虚线框中的走势构成一个小畜卦形态，根据小畜卦形态的买卖条件，我们以黄色框线中后一根 K 线中的最高价为买入依据，如图中白色虚线所示。

小畜卦形态的止损依据同样需要通过计算求得。首先形态中最后一根 K 线的最高价出（2019 年 2 月 20 日），当日最低价为 11.42 元，第三根 K 线的收盘价为 11.47 元，明显高于第六根 K 线的最低价，则我们以第三根 K 线的收盘价作为止损依据，如图中深蓝色虚线所示。

以框线中第一根阳线的收盘价为判断趋势转折依据，如图中浅蓝色虚线所示。

在实际的走势中，在小畜卦形态形成之后的第三个交易日股价即拉升突破买入点，买入之后股价立即开始了长期的上涨走势。

接下来我们来看小畜卦形态出现在上涨走势中作为持续形态的案例，如下图所示。

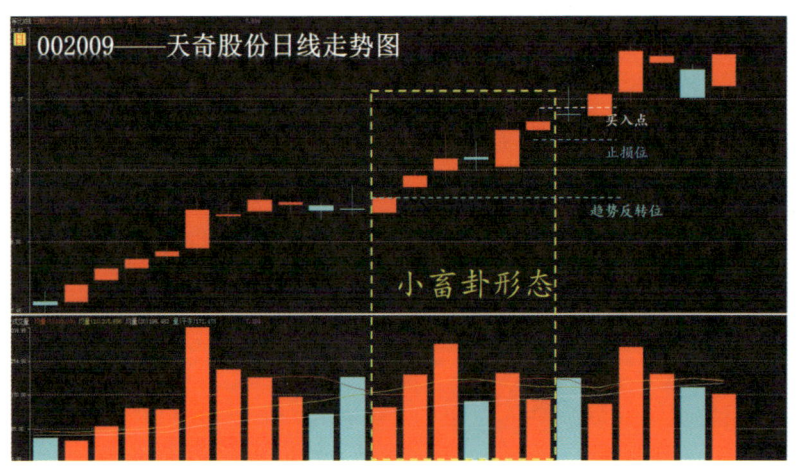

图 4.4.6　小畜卦形态上涨持续实战案例

图 4.4.6 是 002009——天奇股份从 2019 年 1 月 31 日到 3 月 11 日的日 K 线走势图，图中可以看到 2019 年 2 月 22 日到 3 月 1 日六个交易日之间出现了"阳阳阳阴阳阳"的走势，疑似为小畜卦形态，在图中用黄色虚线框标识。

小畜卦形态要求形态前一根 K 线必须是阴线，图中可以看到黄色虚线框前的第一根K线是一根阴线，所以符合第一个条件。

黄色虚线框中前三根阳线的收盘价依次抬高，最后两根阳线收盘价也相对于前一根K线提高，故都为真阳线。倒数第三根K线（2019年2月27日）为阴线，且收盘价为9.89元，相对于前一交易日（2019年2月26日，收盘价为9.90元）降低，故为真阴线。符合小畜卦形态的第二个条件。

构成小畜卦形态的第三个要求是形态中的阴线收盘价高于第一根阳线的最低价，同时要求最后一根阳线的收盘价为整个形态中的最高收盘价。从图中可以看到，走势明显符合这一条件。

至此，我们可以确定黄色虚线框中的走势构成一个小畜卦形态。从图中可以看到，这个小畜卦形态出现在上涨走势之中，作为上涨持续形态。

当小畜卦形态出现在上涨走势中时，可以为我们提供加仓、入场或者止损的依据。

根据小畜卦形态的买卖条件，我们以黄色框线中后一根K线中的最高价为买入依据，如图中白色虚线所示。

小畜卦形态的止损依据同样需要通过计算求得。首先形态中最后一根K线的最高价出（2019年3月1日），当日最低价为10.33元，第三根K线的收盘价为9.90元，明显低于第六根K线的最低价，则我们以第六根K线的最低价作为止损依据，如图中深蓝色虚线所示。

以框线中第一根阳线的收盘价为判断趋势转折依据，如图中浅蓝色虚线所示。

后期当股价突破买入位时可以考虑加仓或入场，当股价有效跌破止损位则应考虑止损，当股价跌破趋势转折位时应注意躲避趋势反转的风险。

象数理形态模型

第五节 乾宫八卦之大壮卦

大壮卦是乾宫八卦中的第五卦,其卦形以及卦爻辞如下图所示。

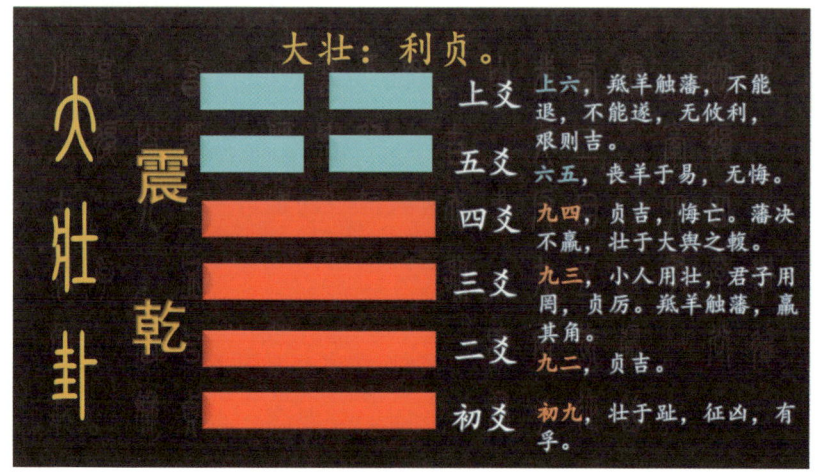

图 4.5.1　大壮卦形态及卦爻辞

按照惯例,我们从卦名、卦状、卦象和义理四个方面来阐述大壮卦的相关信息。

【卦名】

大壮卦的卦名为大壮,大壮有过于强壮之意,壮勿妄动。

大壮卦为六十四卦中的第三十四卦。

【卦状】

大壮卦的卦状就是"震上乾下",故称"雷天大壮",在图 4.5.1 中间用红色和绿色爻线表示。其中二爻、四爻和五爻不当位,初爻、三爻和上爻当位,主卦和客卦的上爻和中爻皆有应,阴阳相合。

【卦象】

象曰：雷在天上，大壮。君子以非礼弗履。

雷天大壮，阳气盛壮，万物生长，刚壮有力故曰壮，当积极而有所作为。但是也要注意不要滥用自己的壮，因为大壮也有过于强壮的含义。

买卖求财大亨通，婚姻合伙皆如意，一切谋望皆成功。出门吉利，口舌远避，疾病皆除，行人即至。简单来说，做事情一切顺利，少做口舌之争，多做事情。

【义理】

卦辞释义

大壮卦的卦辞是"利贞。"这一点很有意思，乾卦的卦辞是"元亨利贞"，大有卦的卦辞是"元亨"，而大壮卦的卦辞是"利贞"，恰好是把乾卦的卦辞拆开。

利贞的意思是应该坚持下去。大壮卦象征十分强盛，坚守正道，将会非常有利。

形态解析

大壮卦在市场中对应的形态同样是四阳连二阴，是连续的四根阳线之后出现两根阴线的走势，如图 4.5.2 所示。图中左侧是大壮卦的卦状，右侧是大壮卦所对应的走势形态，即四连阳加二连阴的走势，我们称这种"阳阳阳阳阴阴"的形态为大壮卦形态。

大壮卦形态的出现体现了多方力量的强盛，但同时也有壮勿妄动的意思。简单来说，大壮卦经常出现在低位或启动的位置，但有时也会出现在顶部转折的位置。虽然更多的时候大壮卦都是代表着多方的强势，但是这种强势也可能是以动能耗尽为代价的。

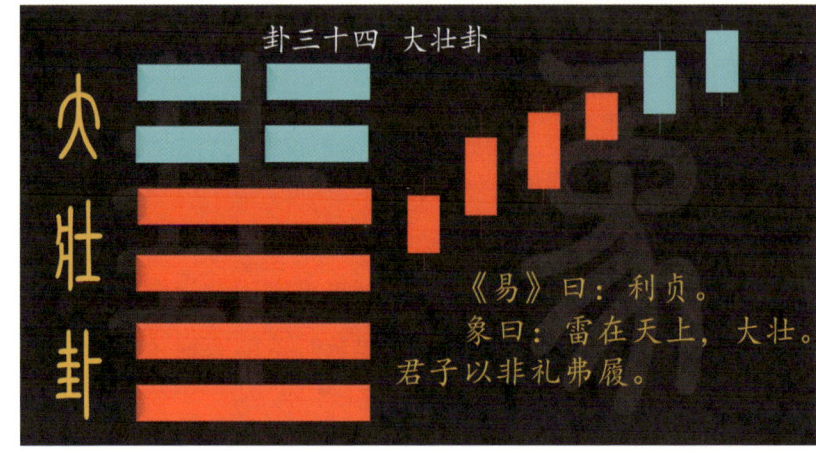

图 4.5.2　大壮卦对应的走势形态

一般情况下，走势中的大壮卦形态可以结合其影线的形态来初步判断其所代表的含义。这部分内容会在后文中结合案例做详细阐述。

形态要求

大壮卦形态对于构成形态的细节的要求如下图所示。

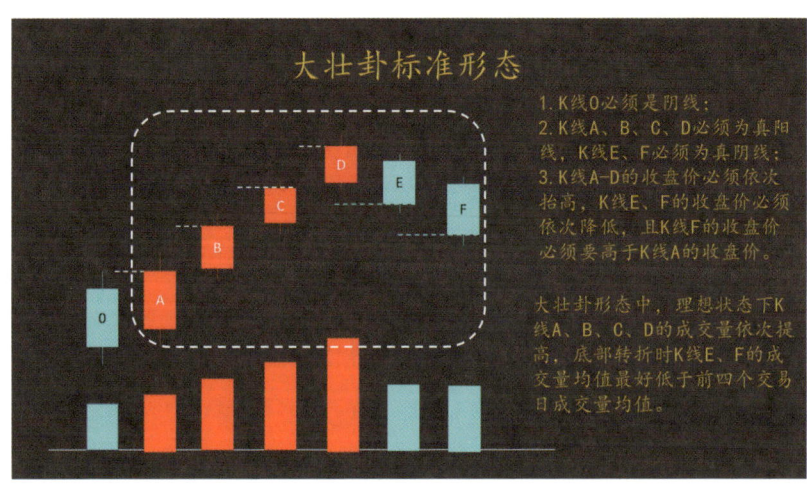

图 4.5.3　大壮卦标准形态示意图

图 4.5.3 是大壮卦标准形态示意图，图中白色虚线框标识的形态即为标准的大壮卦形态，其中包含的六根 K 线从左到右标记为 K 线 A 到 K 线 F，形态之前一根 K 线标记为 K 线 0，K 线形态下方为成交量变化示意图。

大壮卦形态的要求是：

第一，形态之前的一根 K 线必须是阴线。

第二，K 线 A、B、C、D 必须为真阳线，K 线 E、F 必须为真阴线。

第三，K 线 F 的收盘价必须要高于 K 线 A 的收盘价。

大壮卦形态的构成对于成交量没有硬性要求，理想状态下 K 线 A、B、C、D 的成交量依次提高，底部转折时 K 线 E、F 的成交量均值最好低于前四个交易日成交量均值。

买卖条件

大壮卦的买卖条件如下图所示。

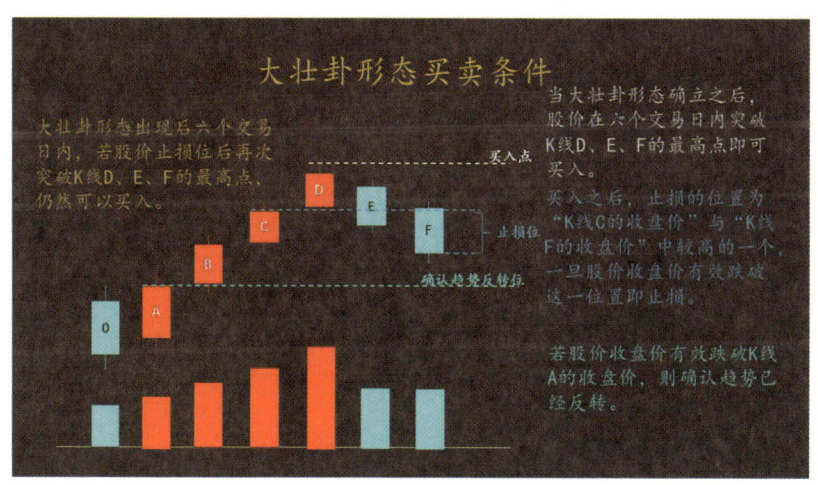

图 4.5.4　大壮卦形态的买卖条件

图 4.5.4 是大壮卦形态的买卖条件示意图，图中给出了当大

壮卦形态出现之后的买入点、止损位和趋势反转位。

买入点：当走势中出现大壮卦形态之后，我们以大壮卦形态中的最后三根 K 线的最高价（即 K 线 D、E、F 的最高价）作为买入依据，如图中白色虚线所示。在形态形成后六个交易日内若股价突破这一点位即可买入。

止损位：买入之后的止损位为"K 线 F 的收盘价"和"K 线 C 的收盘价"中较高的一个。一旦股价在大壮卦形态形成之后的六个交易日内有效跌破此位置，应减仓或者止损。需要注意的是，这一止损位不是灵敏止损位。

趋势反转位：当大壮卦形态确立之后，如果股价一直调整，直到某一日收盘价跌破了 K 线 A 的收盘价，即趋势反转位，则说明趋势可能反转，此时应该果断止损清仓。

关于二次买入方面，大壮卦形态允许二次买入，若股价在大壮卦形态后六个交易日内跌破止损位或趋势反转位后再次突破买入点，仍然可以二次买入或加仓。

形态性质

大壮卦形态属于"反转"形态的一种，一般会出现在上涨趋势的起点或者终点，代表着趋势由下跌转为上涨或由上涨转为下跌。少数情况下也可能出现在某一段上涨走势的中间，提供额外的加仓或止损依据。

接下来我们通过案例详细解读。

案例解析

一般来说，大壮卦形态往往会出现在上涨趋势的起点或者终点。下面我们来看大壮卦形态作为启涨形态的案例，如下图所示。

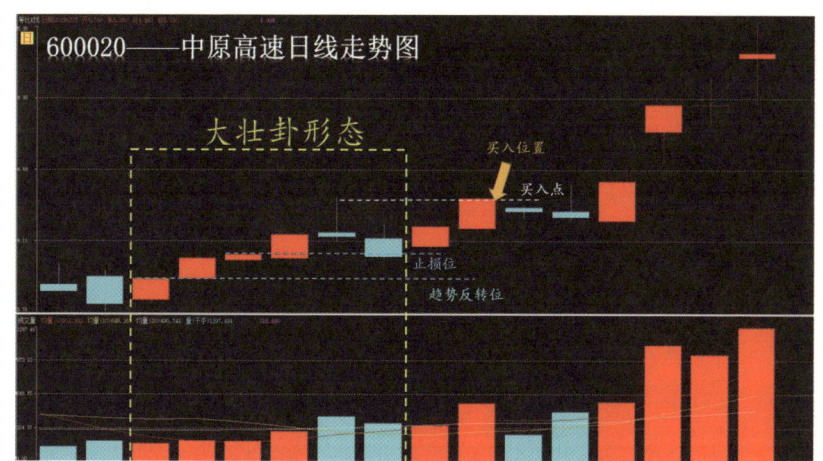

图 4.5.5　大壮卦形态低位转折案例解析

图 4.5.5 是 600020——中原高速从 2019 年 1 月 30 日到 2019 年 2 月 27 日的日 K 线走势图，图中可以看到 2019 年 2 月 1 日到 2 月 15 日六个交易日之间出现了四连阳加两连阴的走势，疑似大壮卦形态，在图中用黄色虚线框标识。

大壮卦形态要求形态前一根 K 线必须是阴线，图中可以看到黄色虚线框前的第一根 K 线是一根阴线，所以符合第一个条件。

黄色虚线框中前四根阳线的收盘价依次抬高，都是真阳线。最后两根阴线收盘价也相对于前一根 K 线降低，都为真阴线，符合大壮卦形态的第二个条件。

构成大壮卦形态的第三个要求是形态中的最后一根阴线收盘价高于第一根阳线的收盘价。从图中可以看到，走势明显符合这一条件。

至此，我们可以确定黄色虚线框中的走势构成一个大壮卦形态。根据大壮卦形态的买卖条件，我们以黄色框线中最后三根 K 线的最高点为买入依据，如图中白色虚线所示。

大壮卦形态的止损依据需要通过计算求得。首先形态中最后

一根 K 线的收盘价为 4.03 元，第三根 K 线的收盘价为 4.04 元，明显高于第六根 K 线的收盘价，则我们以第三根 K 线的收盘价作为止损依据，如图中深蓝色虚线所示。

以框线中第一根阳线的收盘价为趋势反转依据，如图中浅蓝色虚线所示。

在实际的走势中，大壮卦形态出现之后，两个交易日内股价即突破白色虚线，股价经过短暂横盘之后开始大幅上涨。

本案例中大壮卦形态的出现代表着底部转折，除了底部转折之外，大壮卦形态还可能会出现在顶部转折的位置，如下图所示。

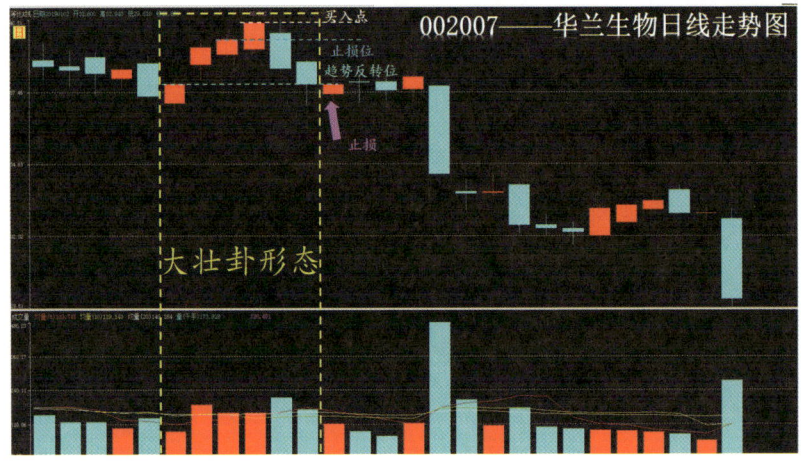

图 4.5.6　大壮卦形态顶部转折案例解析

图 4.5.6 是 002007——华兰生物从 2018 年 11 月 23 日到 2019 年 1 月 2 日的日 K 线走势图，图中可以看到 2018 年 11 月 30 日到 12 月 7 日六个交易日之间出现了四连阳加两连阴的走势，疑似大壮卦形态，在图中用黄色虚线框标识。

大壮卦形态要求形态前一根 K 线必须是阴线，图中可以看到黄色虚线框前的第一根 K 线是一根阴线，所以符合第一个条件。

黄色虚线框中前四根阳线的收盘价依次抬高，都是真阳线。

最后两根阴线收盘价也相对于前一根K线降低，都为真阴线。符合大壮卦形态的第二个条件。

构成大壮卦形态的第三个要求是形态中的最后一根阴线收盘价高于第一根阳线的收盘价，这个条件用肉眼难以分辨，实际上案例中最后一根阴线（2018年12月7日）的收盘价是24.95元，第一根阳线（2018年11月30日）的收盘价同样是24.95元，两者相同，属于极少出现的情况，可以认为此处的走势符合大壮卦形态的构成要求。

至此，我们可以确定黄色虚线框中的走势构成一个大壮卦形态。前文中提到，对于大壮卦形态其实可以根据形态中的影线来初步判断这一形态代表的含义的。在第三章中，我们曾经提到一个"尾权最重原则"。在分析六十四卦形态的影线所代表的含义时，也可以参考这一原则，即越靠近形态最后的K线的影线对接下来的走势影响越大。

也就是说，当大壮卦形态出现之后，最后一根或几根K线的影线可以用来帮助判断后市可能的走势。关于影线代表的含义，在讲解乾卦形态时有详细的说明，即长下影线代表着多方力量的强盛，长上影线代表着空方力量的强盛。

在本案例中，大壮卦形态的后两根阴线一根具有长上影线，一根具有长下影线。根据尾权最重原则，以最后一根K线的长下影线为准，该长下影线代表着多方力量的强盛。在实际的走势中，大壮卦形态出现之后股价进行了一次反弹，才开始下跌，符合我们的判断。

这里需要注意的是，影线必须要足够长才，至少要接近K线实体长度的影线才可以作为判断的依据，并且多数情况下只需要考虑最后一根K线的影线。这也是在上一个案例中没有提及影线的原因。

根据大壮卦形态的买卖条件，我们以黄色框线中最后三根K线的最高点为买入依据，如图中白色虚线所示。

大壮卦形态的止损依据需要通过计算求得。首先形态中最后一根K线的收盘价为24.95元，第三根K线的收盘价为26.19元，明显高于第六根K线的收盘价，则我们以第三根K线的收盘价作为止损依据，如图中深蓝色虚线所示。

以框线中第一根阳线的收盘价为趋势反转依据，如图中浅蓝色虚线所示。

在实际的走势中，大壮卦形态出现之后，股价一开始就在止损位之下，此时即应该果断止损卖出。此后股价虽有小幅反弹，但并未形成二次买入，随后开始长期的下跌走势。

第六节　乾宫八卦之需卦

需卦是乾宫八卦中的第六卦，其卦形以及卦爻辞如下图所示。

图 4.6.1　需卦形态及卦爻辞

接下来我们从卦名、卦状、卦象和义理四个方面来阐述需卦的相关信息。

【卦名】

需的卦名为需,需的意思是等待。

需为六十四卦中的第五卦。

【卦状】

需卦的卦状就是"坎上乾下",在图 4.6.1 中间用红色和绿色爻线表示。其中二爻不当位,初爻、三爻、四爻、五爻和上爻当位,主卦和客卦的上爻和下爻皆有应,阴阳相合。

需卦是一个中上卦。

【卦象】

象曰:云上于天,需。君子以饮食宴乐。

需的含义是等待,等待自然就会顺利。

土里显出明珠来,口舌官司消散开,走失行人当见面,交易有成没有灾。谋望有成,婚姻交合,求财如意,挪动喜也。

【义理】

卦辞释义

需卦的卦辞是"有孚。光亨。贞吉。利涉大川"。

"孚"是信任的意思,"亨"代表顺利,"贞"是坚持,所以需卦卦辞的含义是有了信任,光明而顺利,坚持下去吉利,利于涉越大江大河。

形态解析

需卦在市场中对应的形态是"阳阳阳阴阳阴"的走势,如下图所示。

象数理形态模型

图 4.6.2 需卦对应的走势形态

如图 4.6.2，左侧是需卦的卦状，右侧是需卦所对应的走势形态，即"阳阳阳阴阳阴"的走势，我们称这种形态为需卦形态。

需卦形态虽然体现了多方较为强势，但是需卦本身就是等待的含义，所以需卦形态出现在走势低位往往不意味着强势上涨，而是有相对缓和一些的机会。

除此之外，有时需卦也会出现在高位横盘结束向下转折的位置。

形态要求

图 4.6.3 是需卦标准形态示意图，图中白色虚线框标识的形态即为标准的需卦形态，其中包含的六根 K 线从左到右标记为 K 线 A 到 K 线 F，形态之前一根 K 线标记为 K 线 0，K 线形态下方为成交量变化示意图。

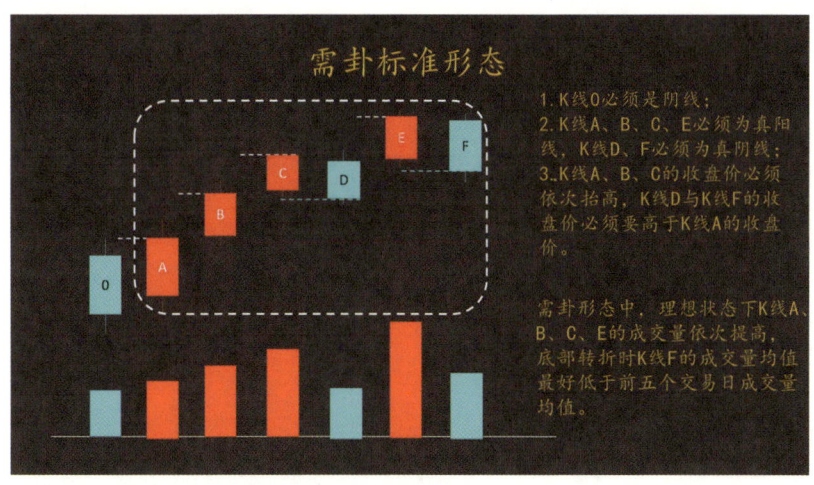

图 4.6.3　需卦标准形态示意图

需卦形态的要求是：

第一，形态之前的一根 K 线必须是阴线。

第二，K 线 A、B、C、E 必须为真阳线，K 线 D、F 必须为真阴线。

第三，K 线 D 与 K 线 F 的收盘价必须要高于 K 线 A 的收盘价。

需卦形态的构成对于成交量没有硬性要求，理想状态下 K 线 A、B、C、E 的成交量依次提高，底部转折时 K 线 F 的成交量均值最好低于前五个交易日成交量均值。

买卖条件

图 4.6.4 是需卦形态的买卖条件示意图，图中给出了当需卦形态出现之后的买入点、止损位和趋势反转位。

买入点：当走势中出现需卦形态之后，我们以需卦形态中的最后三根 K 线的最高价（即 K 线 D、E、F 的最高价）作为买入依据，如图中白色虚线所示。在形态形成后六个交易日内，若股价突破这一点位即可买入。

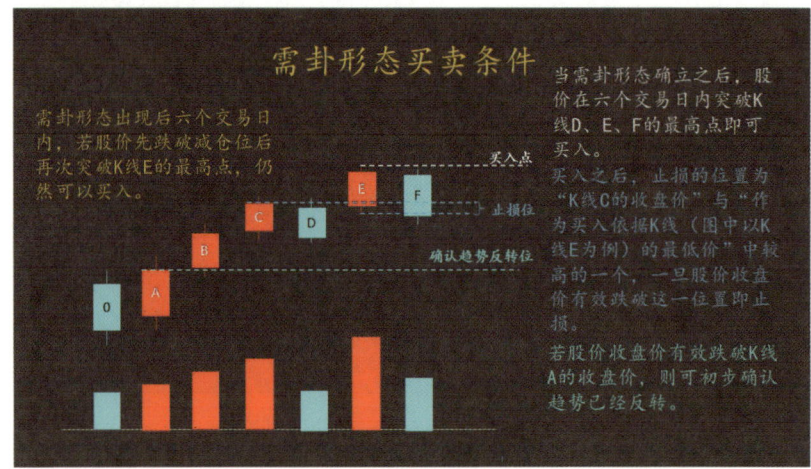

图 4.6.4　需卦形态的买卖条件

止损位：买入之后的止损位为"作为买入依据 K 线（图 4.6.4 中是以 K 线 E 为例）的最低价"和"K 线 C 的收盘价"中较高的一个。一旦股价在需卦形态形成之后的六个交易日内有效跌破此位置，则应减仓或者止损。这一止损位不是灵敏止损位。

趋势反转位：当需卦形态确立之后，如果股价一直调整，直到某一日收盘价跌破了 K 线 A 的收盘价，即趋势反转位，则说明趋势可能反转，此时应该果断止损清仓。

关于二次买入方面，需卦形态允许二次买入，若股价在需卦形态后六个交易日内跌破止损位或趋势反转位后再次突破买入点，仍然可以二次买入或加仓。

形态性质

需卦形态属于"反转"形态的一种，一般会出现在上涨趋势的起点或者终点，代表着趋势由下跌转为上涨或由上涨转为下跌。少数情况下也可能出现在某一段上涨走势的中间，提供额外的加仓或止损依据。

与大壮卦形态相比，需卦形态所代表的走势，无论上涨还是下跌都相对和缓。

接下来我们通过案例详细解读。

案例解析

一般来说，需卦形态往往会出现在上涨趋势的起点或者终点，下面我们来看需卦形态作为启涨形态的案例，如下图所示。

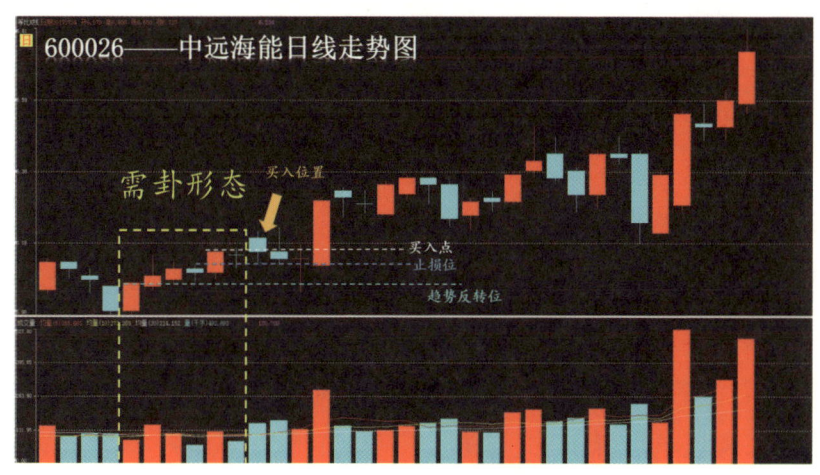

图 4.6.5　需卦形态低位转折案例解析

图 4.6.5 是 600026——中远海能从 2017 年 6 月 7 日到 2017 年 7 月 24 日的日 K 线走势图。从图中可以看到 2017 年 6 月 13 日到 6 月 20 日六个交易日之间出现了"阳阳阳阴阳阴"的走势，疑似需卦形态，在图中用黄色虚线框标识。

需卦形态要求形态前一根 K 线必须是阴线，图中可以看到黄色虚线框前的第一根 K 线是一根阴线，所以符合第一个条件。

黄色虚线框中前三根阳线的收盘价依次抬高。第五根 K 线为阳线，其收盘价也高于前一根 K 线，故都是真阳线。第四根 K

线为阴线，收盘价相对于前一交易日降低，故为真阴线。黄色虚线框中最后一根 K 线是一个十字星，且其收盘价相对于前一个交易日降低，根据前文中提到的规则，我们可以将这跟十字星视为真阴线。符合需卦形态的第二个条件。

构成需卦形态的第三个要求是形态中的两根阴线的收盘价高于第一根阳线的收盘价。从图中可以看到，走势明显符合这一条件。

至此，我们可以确定黄色虚线框中的走势构成一个需卦形态，根据需卦形态的买卖条件，我们以黄色框线中最后三根 K 线的最高点为买入依据，如图中白色虚线所示。

需卦形态的止损依据需要通过计算求得。首先，形态中后三根 K 线中最高价出现在第五根 K 线，第五根 K 线的最低价为 6.07 元。（实际上此本案例中第五根 K 线和第六根 K 线的最高价是相等的，正常情况下应该取两者间最低价较高的一个作为买入依据，然而本案例中第六根 K 线是一根十字星，所以取第五根 K 线为买入依据）第三根 K 线的收盘价为 6.10 元，高于第五根 K 线的最低价，则我们以第三根 K 线的收盘价作为止损依据，如图中深蓝色虚线所示。

以框线中第一根阳线的收盘价为趋势反转依据，如图中浅蓝色虚线所示。

在实际的走势中，需卦形态出现之后，下个交易日股价即突破白色虚线，买入之后股价经过短暂调整（并未有效跌破止损位）之后开始震荡上涨。

前文中提到，与大壮卦形态相比，需卦形态所代表的走势，无论上涨还是下跌都相对和缓。本案例中需卦形态之后出现的上涨也并非是快速上涨，而是震荡式上涨，甚至买入之后还出现了小幅调整。

本案例中需卦形态的出现代表着底部转折，除了底部转折之外，需卦形态还可能会出现在顶部转折的位置，如下图所示。

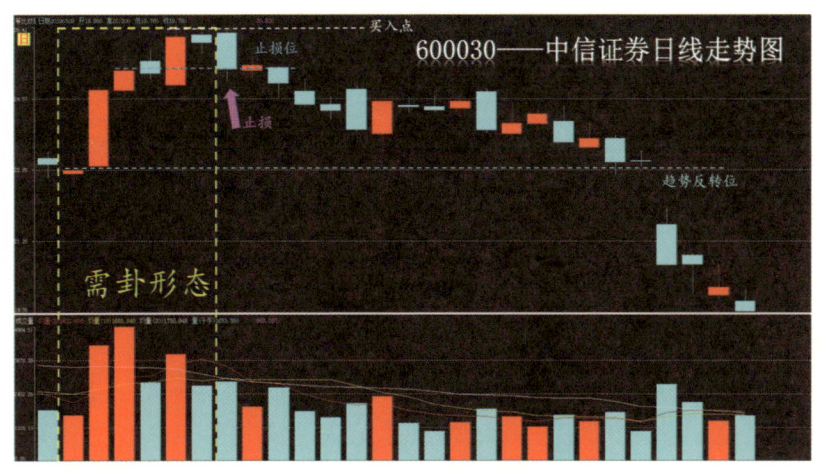

图 4.6.6　需卦形态顶部转折案例解析

图 4.6.6 是 600030——中信证券从 2019 年 3 月 27 日到 2019 年 5 月 9 日的日 K 线走势图。从图中可以看到 2019 年 3 月 28 日到 4 月 4 日六个交易日之间出现了"阳阳阳阴阳阴"的走势，疑似需卦形态，在图中用黄色虚线框标识。

需卦形态要求形态前一根 K 线必须是阴线，图中可以看到黄色虚线框前的第一根 K 线是一根阴线，所以符合第一个条件。

黄色虚线框中前三根阳线的收盘价依次抬高，第五根 K 线为阳线，其收盘价也高于前一根 K 线，故都是真阳线。第四根 K 线与第六根 K 线为阴线，且收盘价相对于前一交易日降低，故为真阴线。符合需卦形态的第二个条件。

构成需卦形态的第三个要求是形态中的两根阴线的收盘价高于第一根阳线的收盘价，图中可以看到，走势明显符合这一条件。

至此，我们可以确定黄色虚线框中的走势构成一个需卦形态。根据需卦形态的买卖条件，我们以黄色框线中最后三根 K 线的最

高点为买入依据，如图中白色虚线所示。

需卦形态的止损依据需要通过计算求得，首先形态中后三根K线中最高价出现在第五根K线，第五根K线的最低价为24.89元，第三根K线的收盘价为25.28元，高于第五根K线的最低价，则我们以第三根K线的收盘价作为止损依据，如图中深蓝色虚线所示。

以框线中第一根阳线的收盘价为趋势反转依据，如图中浅蓝色虚线所示。

在实际的走势中，需卦形态出现之后，下个交易日股价即打到止损位，此时即可止损。若此时无法确认趋势转坏，也可以在两个交易日后股价再次下跌时止损，止损后股价开始进入震荡下跌走势。

前文中提到，与大壮卦形态相比，需卦形态所代表的走势，无论上涨还是下跌都相对和缓。上一案例中需卦形态出现之后的上涨是震荡上涨，本案例中需卦形态出现之后的下跌也是震荡下跌。

第七节　乾宫八卦之大畜卦

接下来我们来了解乾宫八卦中的第七卦——大畜卦，大畜卦的卦形以及卦爻辞如下图所示。

关于大畜卦的含义，我们可以从卦名、卦状、卦象和义理四个方面来阐述。

图 4.7.1　大畜卦形态及卦爻辞

【卦名】

大畜卦的卦名为大畜，畜是畜养、积聚的意思，大畜的意思是大积蓄，为了有大积蓄应该不畏困难，努力修身养性，提高自身品德。

大畜卦为六十四卦中的第二十六卦。

【卦状】

大畜卦的卦状就是"艮上乾下"，在图 4.7.1 中间用红色和绿色爻线表示。其中二爻、五爻、上爻不当位，初爻、三爻和四爻当位，主卦和客卦的中爻和下爻皆有应，阴阳相合。

【卦象】

象曰：天在山中，大畜。君子以多识前言往行，以畜其德。

此卦占之带六合，疾病口舌渐渐磨，婚姻合伙皆如意，谋望求财无差错。交了好运，行人有信，出门大吉，百事和顺。

大畜卦的卦象也非常好，代表着百事和顺。

【义理】

卦辞释义

大畜卦的卦辞是"利贞。不家食、吉。利涉大川"。

"不家食"的意思是不在家吃饭,引申为食禄于朝。"利贞"的意思是应该坚持下去。所以大畜卦卦辞的含义是应该坚持下去,食禄于朝,吉利,利于涉越大江大河。

形态解析

大畜卦在市场中对应的形态是"阳阳阳阴阴阳"的走势,如图 4.7.2 所示:

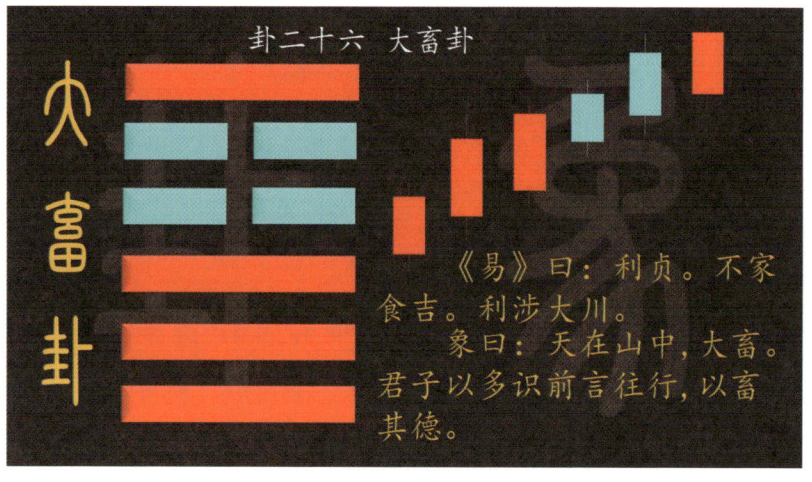

图 4.7.2 大畜卦对应的走势形态

如图 4.7.2,图中左侧是大畜卦的卦状,右侧是大畜卦所对应的走势形态,即"阳阳阳阴阴阳"的走势,我们称这种形态为"大畜卦形态"。

大畜卦形态同样代表多方强势,但这种强势比需卦形态要强,这一点后文中会结合实际案例详细阐述。

形态要求

大畜卦形态对于构成形态的细节的要求如下图所示。

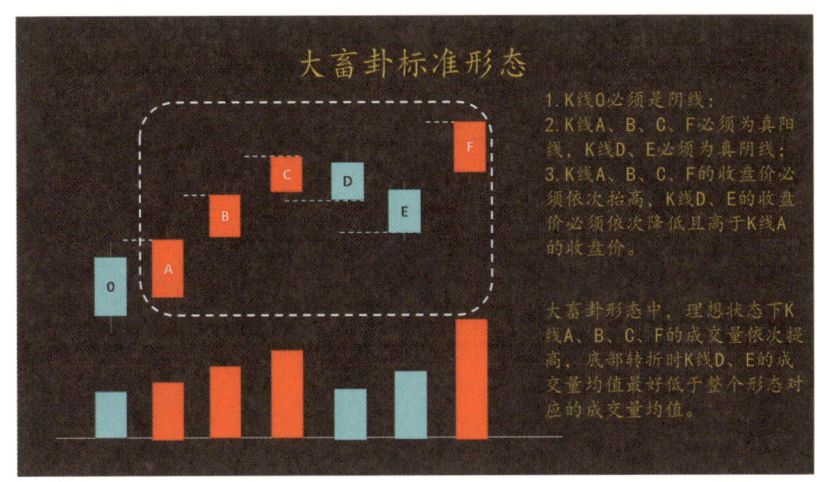

图 4.7.3　大畜卦标准形态示意图

图 4.7.3 是大畜卦标准形态示意图，图中白色虚线框标识的形态即为标准的大畜卦形态。其中包含的六根 K 线从左到右标记为 K 线 A 到 K 线 F，形态之前一根 K 线标记为 K 线 0，K 线形态下方为成交量变化示意图。

大畜卦形态的要求是：

第一，形态之前的一根 K 线必须是阴线。

第二，K 线 A、B、C、F 必须为真阳线，K 线 D、E 必须为真阴线。

第三，K 线 E 的收盘价必须要高于 K 线 A 的收盘价。

大畜卦形态的构成对于成交量没有硬性要求，理想状态下 K 线 A、B、C、F 的成交量依次提高，底部转折时 K 线 D、E 的成交量均值最好低于整个形态对应的成交量均值。

买卖条件

大畜卦的买卖条件如下图所示。

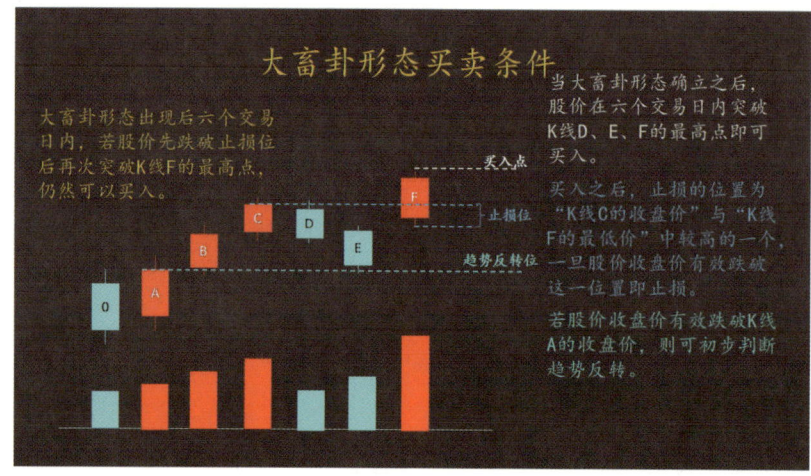

图 4.7.4　大畜卦形态的买卖条件

图 4.7.4 是大畜卦形态的买卖条件示意图，图中显示了当大畜卦形态出现之后的买入点、止损位和趋势反转位。

买入点：当走势中出现大畜卦形态之后，我们以大畜卦形态中的最后三根 K 线的最高价（即 K 线 D、E、F 的最高价）作为买入依据，如图中白色虚线所示，在形态形成后六个交易日内若股价突破这一点位即可买入。

止损位：买入之后的止损位为"作为买入依据 K 线（图 4.7.4 中是以 K 线 F 为例）的最低价"和"K 线 C 的收盘价"中较高的一个。一旦股价在大畜卦形态形成之后的六个交易日内有效跌破此位置，则应减仓或者止损，这一止损位不属于灵敏止损位。

趋势反转位：当大畜卦形态确立之后，如果股价一直调整，直到某一日收盘价跌破了 K 线 A 的收盘价，即趋势反转位，则说明趋势可能反转，此时应该果断止损清仓。

大畜卦形态中，理想状态下 K 线 A、B、C、F 的成交量依次提高，底部转折时 K 线 D、E 的成交量均值最好低于整个形态对应的成交量均值。

关于二次买入方面，大畜卦形态允许二次买入，若股价在大畜卦形态后六个交易日内跌破止损位或趋势反转位后再次突破买入点，仍然可以二次买入或加仓。

形态性质

大畜卦形态属于"反转"形态的一种，一般会出现在上涨趋势的起点或者终点，代表着趋势由下跌转为上涨或由上涨转为下跌，少数情况下也可能出现在某一段上涨走势的中间，提供额外的加仓或止损依据。

与需卦形态相比，大畜卦形态所代表的走势，无论上涨还是下跌都相对强势，但这种势头弱于大有卦形态或者乾卦形态。

接下来我们通过案例详细解读。

案例解析

大畜卦形态往往会出现在上涨趋势的起点或者终点，对于投资者来说，价值最大的就是大畜卦形态出现在上涨趋势起点的情况，下面我们来看大畜卦形态作为启涨形态的案例，如图 4.7.5 所示。

图 4.7.5 是 600010——包钢股份从 2016 年 11 月 1 日到 2016 年 12 月 2 日的日 K 线走势图，图中可以看到 2016 年 11 月 3 日到 11 月 10 日六个交易日之间出现了"阳阳阳阴阴阳"的走势，疑似大畜卦形态，在图中用黄色虚线框标识。

大畜卦形态要求形态前一根 K 线必须是阴线，从图中可以看到黄色虚线框前的第一根 K 线是一根阴线，所以符合第一个条件。

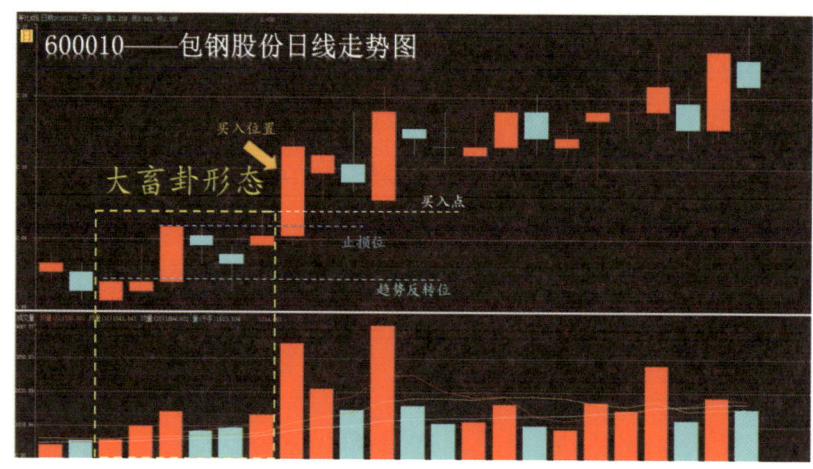

图 4.7.5　大畜卦形态低位转折案例解析

　　黄色虚线框中前三根阳线的收盘价依次抬高，第六根 K 线为阳线，其收盘价也高于前一根 K 线，故都是真阳线。第四根 K 线和第五根 K 线为阴线，且收盘价相对于前一交易日降低，故都为真阴线。符合大畜卦形态的第二个条件。

　　大畜卦形态的第三个条件是形态中第二根阴线（即 K 线 E）的收盘价高于第一根阳线（即 K 线 A）的收盘价，图中走势明显符合这一条件。

　　至此，我们可以确定黄色虚线框中的走势构成一个大畜卦形态。根据大畜卦形态的买卖条件，我们以黄色框线中最后三根 K 线的最高点（即第六根 K 线，2016 年 1 月 10 日）为买入依据，如图中白色虚线所示。

　　大畜卦形态的止损依据需要通过计算求得，首先形态中后三根 K 线中最高价出现在第六根 K 线，第六根 K 线的最低价为 2.04 元，第三根 K 线的收盘价为 2.05 元，高于第六根 K 线的最低价，则我们以第三根 K 线的收盘价作为止损依据，如图中深蓝色虚线所示。

以框线中第一根阳线的收盘价为趋势反转依据,如图中浅蓝色虚线所示。

在实际的走势中,大畜卦形态出现之后,下个交易日股价即突破白色虚线,买入之后股价即开始上涨。

这段上涨比需卦形态之后常出现的震荡上涨要强势,但是比大有卦形态或者乾卦形态出现之后的涨势要弱,而这正是大畜卦形态的特色。实际上,不只是大畜卦形态后的上涨走势,大畜卦形态后的下跌走势也是如此,如下图所示。

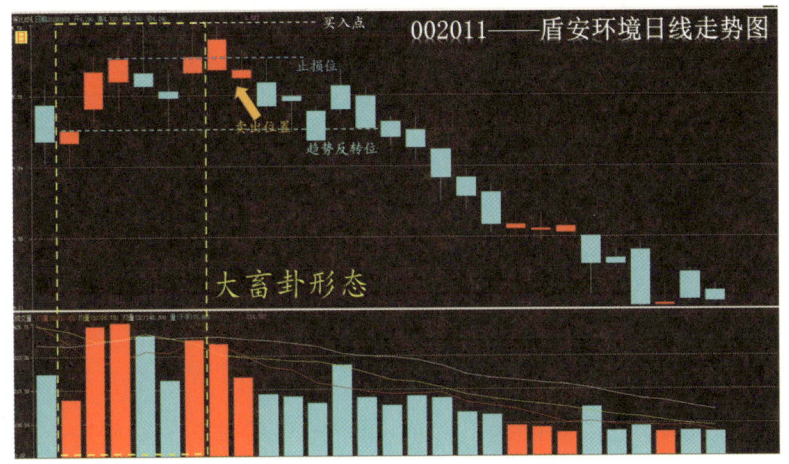

图 4.7.6　大畜卦形态顶部转折案例解析

图 4.7.6 是 002011——盾安环境从 2018 年 11 月 23 日到 2019 年 1 月 3 日的日 K 线走势图,图中可以看到 2018 年 11 月 26 日到 12 月 3 日六个交易日之间出现了"阳阳阳阴阴阳"的走势,疑似大畜卦形态,在图中用黄色虚线框标识。

大畜卦形态要求形态前一根 K 线必须是阴线,图中可以看到黄色虚线框前的第一根 K 线是一根阴线,所以符合第一个条件。

黄色虚线框中前三根阳线的收盘价依次抬高,第六根 K 线为阳线,其收盘价也高于前一根 K 线,故都是真阳线。第四根 K

线和第五根K线为阴线,且收盘价相对于前一交易日降低,故都为真阴线,符合大畜卦形态的第二个条件。

大畜卦形态的第三个条件是形态中第二根阴线的收盘价高于第一根阳线的收盘价,图中走势明显符合这一条件。

至此,我们可以确定黄色虚线框中的走势构成一个大畜卦形态。根据大畜卦形态的买卖条件,我们以黄色框线中最后三根K线的最高点(即第六根K线,2018年12月3日,最高价5.79元)为买入依据,如图中白色虚线所示。

大畜卦形态的止损依据需要通过计算求得。首先形态中后三根K线中最高价出现在第六根K线,第六根K线的最低价为5.41元。第三根K线的收盘价为5.57元,高于第六根K线的最低价,则我们以第三根K线的收盘价作为止损依据,如图中深蓝色虚线所示。

以框线中第一根阳线的收盘价为趋势反转依据,如图中浅蓝色虚线所示。

在实际的走势中,大畜卦形态出现之后,下个交易日股价低开高走,收盘于止损位之上,但并未触及买入点,所以应保持观望。次日股价再次低开高走收小阳线,收盘价低于止损位,此时应立即止损,止损后股价随即进入震荡下跌走势。

本案例中大畜卦形态出现之后的下跌走势既不像需卦形态出现之后的走势那么和缓,也不像大有卦形态和乾卦形态出现之后的走势那样无论涨跌都很迅速。

所以,很多时候不同的六十四卦形态不仅仅可以给我们提供买入或者卖出的依据,有经验的研究者完全可以根据出现的形态不同判断走势的强弱。

第八节　乾宫八卦之泰卦

接下来我们来了解乾宫八卦中的最后一卦——泰卦，泰卦的卦形以及卦爻辞如下图所示。

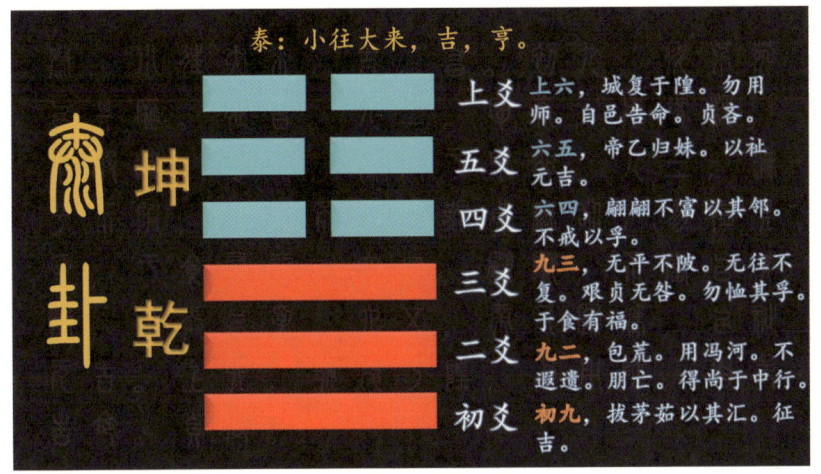

图 4.8.1　泰卦形态及卦爻辞

关于泰卦的含义，我们可以从卦名、卦状、卦象和义理四个方面来阐述。

【卦名】

泰卦的卦名为泰，泰既有"交泰"即通畅的意思，又有"安泰"即平安的意思。

泰卦为六十四卦中的第十一卦。

【卦状】

泰的卦状就是"坤上乾下"，图样在图 4.8.1 中间用红色和绿色爻线表示。其中二爻、五爻不当位，初爻、三爻、四爻和上爻当位，主卦和客卦的上爻、中爻和下爻全都有应，阴阳相合。

【卦象】

象曰：天地交，泰。后以财成天地之道，辅相天地之宜，以左右民。

喜报三元运气强，谋望求财大吉祥，交易出行多得意，是非口舌皆无妨。婚姻有成，行人及至，走失可寻，诸事趁意。

泰卦的卦象为乾（天）下坤（地）上，地气上升，乾气下降，为地气居于乾气之上之表象，阴阳二气一升一降，互相交合，顺畅通达。

【义理】

卦辞释义

泰卦的卦辞是"小往大来，吉，亨"。

"吉"的意思是"吉祥"，"亨"的意思是顺利，又吉祥又顺利自然是好事。所以，泰卦卦辞的含义是付出小，收益大，吉祥，顺利。

形态解析

泰卦在市场中对应的形态是三连阳接三连阴，即"阳阳阳阴阴阴"的走势，如图4.8.2所示。

如图4.8.2，图中左侧是泰卦的卦状，右侧是泰卦所对应的走势形态，即"阳阳阳阴阴阴"的走势，我们称这种形态为"泰卦形态"。

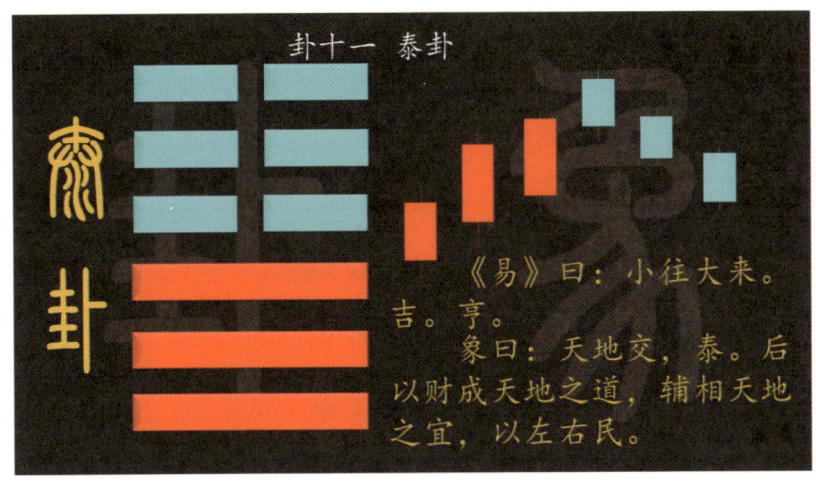

图 4.8.2 泰卦对应的走势形态

与乾宫的另外七个卦的形态都不一样，泰卦形态代表多空双方均衡。这种均衡是一种相对脆弱的平衡状态，往往孕育着新的变化。

一般来说，泰卦形态往往出现在横盘走势中作为横盘持续形态，有时也会出现在高位作为转折形态。

形态要求

泰卦形态对于构成形态的细节的要求如下图所示。

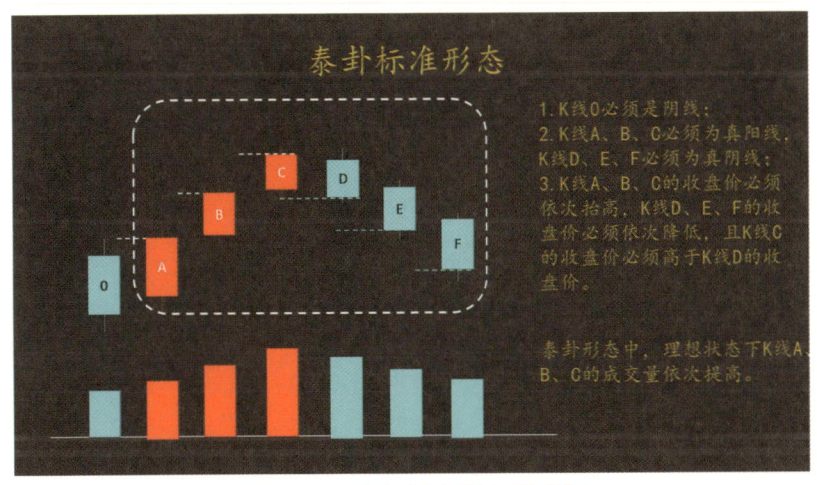

图 4.8.3 泰卦标准形态示意图

图4.8.3是泰卦标准形态示意图,图中白色虚线框标识的形态即为标准的泰卦形态,其中包含的六根K线从左到右标记为K线A到K线F,形态之前一根K线标记为K线0,K线形态下方为成交量变化示意图。

泰卦形态的要求是:

第一,形态之前的一根K线必须是阴线。

第二,K线A、B、C必须为真阳线,K线D、E、F必须为真阴线。

泰卦形态的构成对于成交量没有硬性要求,理想状态下的成交量有两种情况,一种是K线A、B、C的成交量依次提高,而K线D、E、F的成交量依次降低。这种情况对应的泰卦形态往往整体呈现左大右小。

另一种情况是K线A、B、C的成交量依次降低,而K线D、E、F的成交量依次高。这种情况对应的泰卦形态往往是左小右大。一般来说,左大右小的泰卦形态之后走势多为横盘,而左小右大的泰卦形态之后走势多为下跌。

泰卦形态的这一性质也影响了它的买卖条件。

买卖条件

图4.8.4是泰卦形态的买卖条件示意图,前文中提到泰卦形态左大右小和左小右大时后期的走势大概率是不一样的。这种性质也影响到了泰卦形态的买卖条件。简单来说,两种情况下的买卖条件有一定差异。

在图4.8.4中左侧为左大右小的泰卦形态及其买卖条件,右侧为左小右大的泰卦形态及其买卖条件。

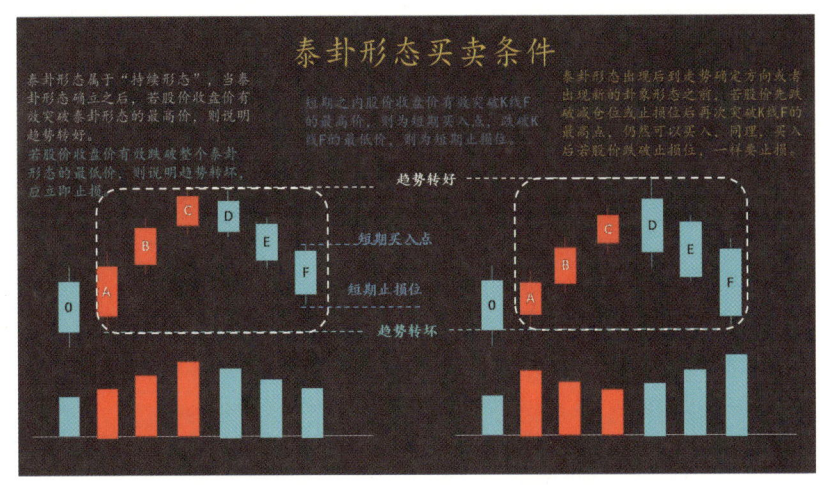

图 4.8.4　泰卦形态的买卖条件

与乾宫八卦中的前七个形态不同，泰卦形态不提供买入点或者止损点，而是提供趋势转好和转坏的判断依据。简单来说，当泰卦形态确立之后，若股价收盘价有效突破泰卦形态的最高价，则说明趋势转好。若股价收盘价有效跌破整个泰卦形态的最低价，则说明趋势转坏，应立即止损。

同时，在左大右小的泰卦形态中，我们还可以以最后一根K线的最高价与最低价分别作为短期买入点（这个点位在六个交易日内有效）和短期止损位，因为左大右小的泰卦形态一般意味着横盘走势，少数情况下意味着上涨走势，所以提前买入能够为投资者带来更多的收益。

需要注意的是，泰卦形态出现后到走势改变方向或者出现新的卦象形态之前，若股价先跌破减仓位或止损位后再次突破K线F的最高点，仍然可以买入；同理，买入后若股价跌破止损位，一样要止损。

形态性质

泰卦形态属于"持续"形态，一般出现在横盘趋势中，作为横盘持续形态存在，或者出现在上涨趋势的终点，代表着趋势由上涨转为下跌，少数情况下也可能出现在某一段上涨走势的起点，作为上涨的启动形态。

需要注意的是，泰卦形态与我们至今为止了解到的七个形态都不同，它是首个"持续"形态，其意义更多在于对后市的预期，而非提供买卖依据。当然，这不意味着持续形态不可以提供买入和止损的依据。

接下来我们通过案例详细解读。

案例解析

泰卦形态分为左大右小和左小右大两种情况，其中左大右小的泰卦形态往往代表着横盘走势，如下图所示。

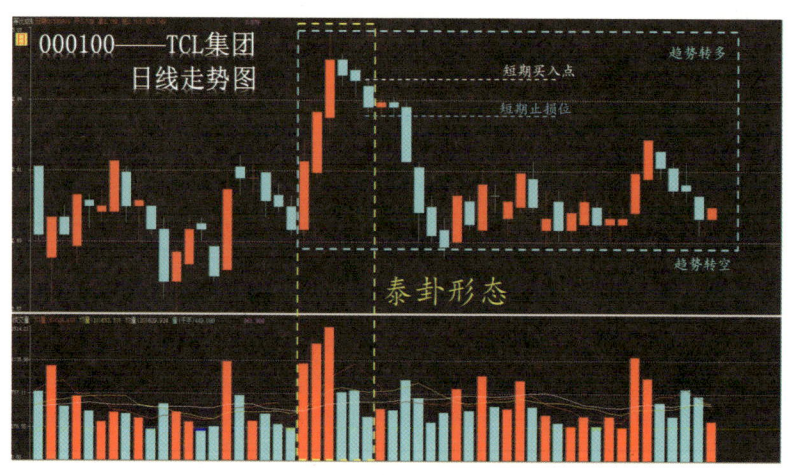

图 4.8.5　泰卦形态左大右小案例解析

图 4.8.5 是 000100——TCL 集团从 2018 年 6 月 21 日到 2018 年 9 月 4 日的日 K 线走势图，图中可以看到 2018 年 7 月 20 日到 7 月 27 日六个交易日之间出现了"阳阳阳阴阴阴"的走势，疑似泰卦形态，在图中用黄色虚线框标识。

泰卦形态要求形态前一根 K 线必须是阴线，从图中可以看到黄色虚线框前的第一根 K 线是一根阴线，所以符合第一个条件。

黄色虚线框中前三根阳线的收盘价依次抬高，故都是真阳线。后三根阴线的收盘价依次在降低，故都为真阴线。第四根 K 线（即 K 线 D）的收盘价低于第三根 K 线（即 K 线 C）。符合泰卦形态的第二个条件。

至此，我们可以确定黄色虚线框中的走势构成一个泰卦形态。从图中可以明显看出这是一个左大右小的泰卦形态，则可以初步判断后市大概率为横盘（此处对于横盘的界定是股价不会有效突破或跌破以泰卦形态最高点和最低点建立的箱体），有小概率为上涨或者下跌。

根据泰卦形态的买卖条件，我们以整个泰卦形态的最高点和最低点为上下沿建立一个箱体，如图中绿色虚线框标识。则股价突破箱体上沿为买入机会，跌破箱体下沿为卖出机会。本案例中的形态属于左大右小的泰卦形态，因此以形态中最后一根 K 线的最高价作为短期买入点，如图中白色虚线所示，以最低价为短期卖出点，如图中蓝色虚线所示。

在实际的走势中，泰卦形态出现之后，股价果然在箱体中震荡横盘。短期买卖点方面，形态形成之后股价即开始短期调整，六个交易日内一直未触及短期买入点，故未产生短期买入机会。

接下来我们来看泰卦形态左小右大的情况，如下图所示。

图 4.8.6 是 600322——天房发展从 2017 年 1 月 23 日到 2017 年 3 月 31 日的日 K 线走势图，图中可以看到 2017 年 1 月 26 日到 2 月 9 日六个交易日之间出现了"阳阳阳阴阴阴"的走势，疑似泰卦形态，在图中用黄色虚线框标识。

泰卦形态要求形态前一根 K 线必须是阴线，从图中可以看到黄色虚线框前的第一根 K 线是一根阴线，所以符合第一个条件。

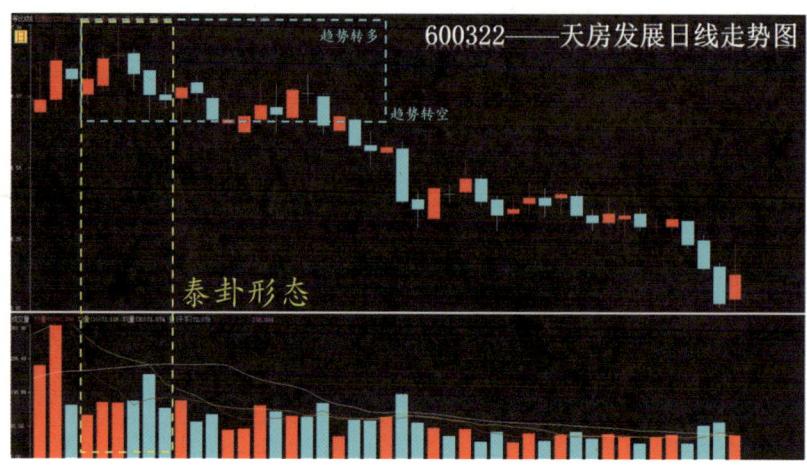

图 4.8.6　泰卦形态左小右大实战案例

黄色虚线框中前两根阳线的收盘价在依次抬高，故都是真阳线。第三根 K 线是一根十字星，但是其收盘价相对于前一个交易日抬高，所以被视为真阳线。后三根阴线的收盘价依次降低，故都为真阴线。第四根 K 线的收盘价低于第三根 K 线。符合泰卦形态的第二个条件。

至此，我们可以确定黄色虚线框中的走势构成一个泰卦形态。从图中可以明显看出这是一个左小右大的泰卦形态，则可以初步判断后市大概率为下跌。

根据泰卦形态的买卖条件，我们以整个泰卦形态的最高点和最低点为上下沿建立一个箱体，如图中浅蓝色虚线框标识。股价突破箱体上沿为买入机会，跌破箱体下沿为卖出机会。在实际走势中，股价在泰卦形态形成后第三个交易日即出现收盘价与箱体下沿重合的情况，谨慎的投资者此时即应该止损。如果不愿在此止损，股价在随后的走势中跌破箱体下沿，出现卖出提示，此后开始下跌。

第五章　兑宫八卦

导读 六十四卦形态之间的相似性

通过对乾宫八卦的学习，大家可以发现同一宫的卦形性质之间总会有许多的共性。这很利于读者记忆和掌握，也是笔者没有按照《周易》中六十四卦的顺序来阐述六十四卦形态的原因。

实际上，这种共性分为三种。

第一种是同一宫的卦形态具有形态上的相似性，这通常会带来含义上的相似性，比如乾宫八卦中有七个都是通常代表看多转折的形态。

第二种是同属于转折或持续的形态之间会有一些相似性，尤其是关于买卖点的部分。

最后一种是强势与弱势的形态之间会有一些相似性，如乾卦和大有卦所代表的含义之间的相似性。这种相似性现在看来也许还不够明显，但随着我们了解的卦形态越多，相信读者对这些相似性的体悟会越来越深。

第一节　兑宫八卦之履卦

兑宫八卦是指以兑卦为主卦的八种别卦，包含履卦、兑卦、睽卦、中孚卦、归妹卦、节卦、损卦和临卦。

我们先来看履卦，卦形以及卦爻辞如下图所示。

图 5.1.1　履卦形态及卦爻辞

关于履卦的含义，我们可以从卦名、卦状、卦象和义理四个方面来阐述。

【卦名】

履卦的卦名为履，履，足所依也，是实践、行动的意思。

履卦为六十四卦中的第十卦。

【卦状】

履卦的卦状是"乾上兑下"，在图 5.1.1 中间用红色和绿色爻线表示。其中二爻、三爻、四爻和上爻不当位,其余初爻、五爻当位,主卦和客卦的上爻有应,阴阳相合。

【卦象】

象曰:上天下泽,履。君子以辩上下,定民志。

凤落岐山闯四方,占之逢之大吉昌,走失行人有音信,生意合伙入时多。出行有益,求财必准,疾病皆除,谋事平稳。

履卦有凤鸣岐山之象。

【义理】

卦辞释义

履卦的卦辞是"虎尾,不咥人。亨"。

意思是:踩到老虎的尾巴,老虎也不咬人,顺利。

形态解析

履卦在市场中对应的形态是"阳阳阴阳阳阳"的走势,如图5.1.2所示:

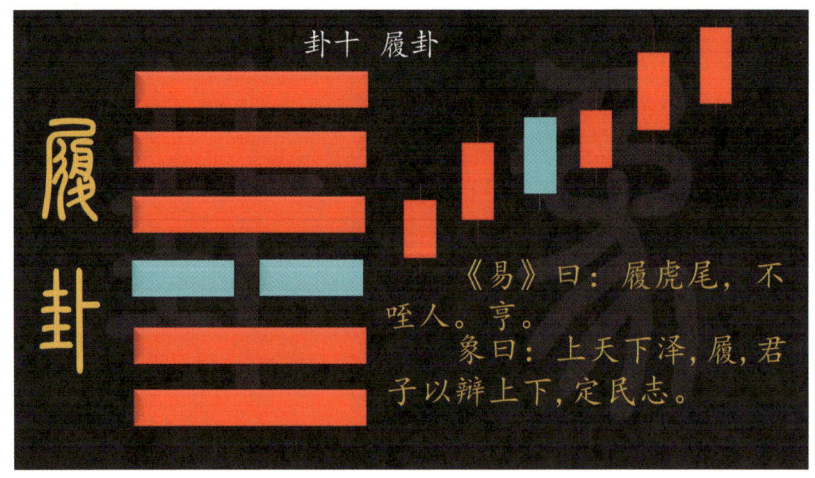

图 5.1.2　履卦对应的走势形态

如图5.1.2，左侧是履卦的卦状，右侧是履卦所对应的走势形态，即"阳阳阴阳阳阳"的走势，我们称这种形态为履卦形态。

履卦形态由五根阳线和一根阴线组成，代表多方强势。

形态要求

履卦形态对于构成形态的细节要求如下图所示。

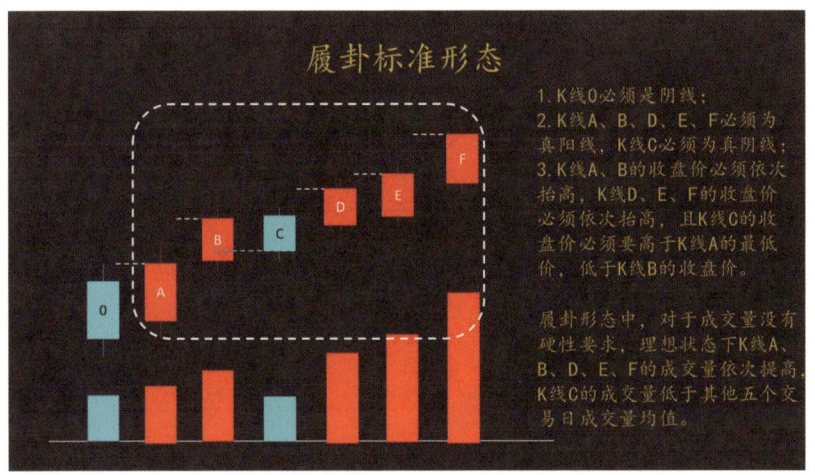

图 5.1.3　履卦标准形态示意图

图5.1.3是履卦标准形态示意图，图中白色虚线框标识的形态即为标准的履卦形态，其中包含的六根K线从左到右标记为K线A到K线F，形态之前一根K线标记为K线0，K线形态下方为成交量变化示意图。

构成履卦形态的要求是：

第一，履卦形态之前的一根K线必须是阴线。

第二，K线A、B、D、E、F必须为真阳线，K线C必须为真阴线。

第三，K线A、B的收盘价必须依次抬高，K线D、E、F的收盘价必须依次抬高，且K线C的收盘价必须要高于K线A

的最低价，低于 K 线 B 的收盘价。

履卦形态中，对于成交量没有硬性要求，理想状态下 K 线 A、B、D、E、F 的成交量依次提高，K 线 C 的成交量低于其他五个交易日成交量均值。

买卖条件

履卦的买卖条件如下图所示。

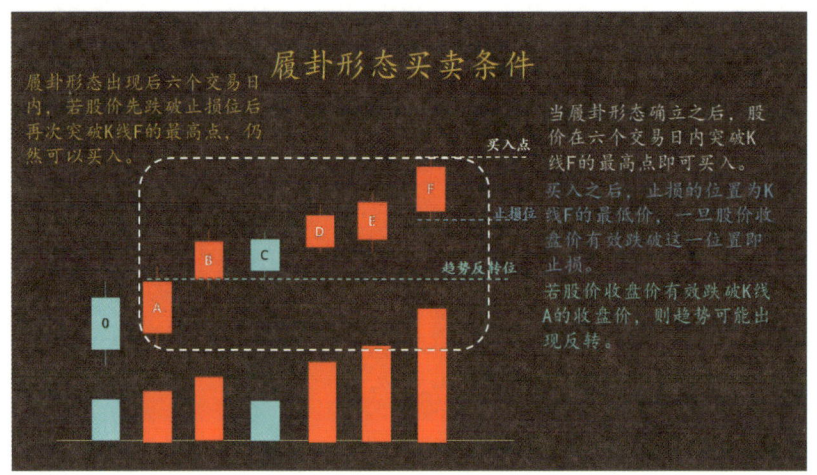

图 5.1.4　履卦形态的买卖条件

图 5.1.4 是履卦形态的买卖条件示意图，图中显示了当履卦形态出现之后的买入点、止损位和趋势反转位。

买入点：当走势中出现履卦形态之后，我们以履卦形态中的最后一根 K 线的最高价（即 K 线 F 的最高价）作为买入依据，如图中白色虚线所示。在形态形成后六个交易日内若股价突破这一点位即可买入。

止损位：买入之后的止损位为履卦形态中的最后一根 K 线的最低价，一旦股价在履卦形态形成之后的六个交易日内有效跌破此位置，则应减仓或者止损，这一止损位不属于灵敏止损位。

趋势反转位：当履卦形态确立之后，如果股价一直调整，直到某一日收盘价跌破了 K 线 A 的收盘价，即趋势反转位，则说明趋势可能反转，此时应该果断止损清仓。

关于二次买入方面，履卦形态允许二次买入。若股价在履卦形态后六个交易日内跌破止损位或趋势反转位后再次突破买入点，仍然可以二次买入或加仓。

形态性质

履卦形态属于"反转"形态的一种，一般会出现在上涨趋势的起点或者终点，代表着趋势由下跌转为上涨或由上涨转为下跌。有时也可能出现在某一段上涨走势的中间，提供额外的加仓或止损依据。

履卦形态出现之后的走势一般会变化的比较剧烈，无论上涨还是下跌都会比较迅速。

接下来我们通过案例详细解读。

案例解析

履卦形态往往会出现在上涨趋势的起点或者终点，对于投资者来说，履卦形态作为启动形态自然是最有价值的，下面我们来看履卦形态作为启涨形态的案例，如下图所示。

图 5.1.5 是 600100——同方股份从 2018 年 10 月 23 日到 2018 年 11 月 6 日的日 K 线走势图，图中可以看到 2018 年 10 月 25 日到 11 月 1 日六个交易日之间出现了"阳阳阴阳阳阳"的走势，疑似履卦形态，在图中用黄色虚线框标识。

履卦形态要求形态前一根 K 线必须是阴线，图中可以看到黄色虚线框前的第一根 K 线是一根阴线，所以符合第一个条件。

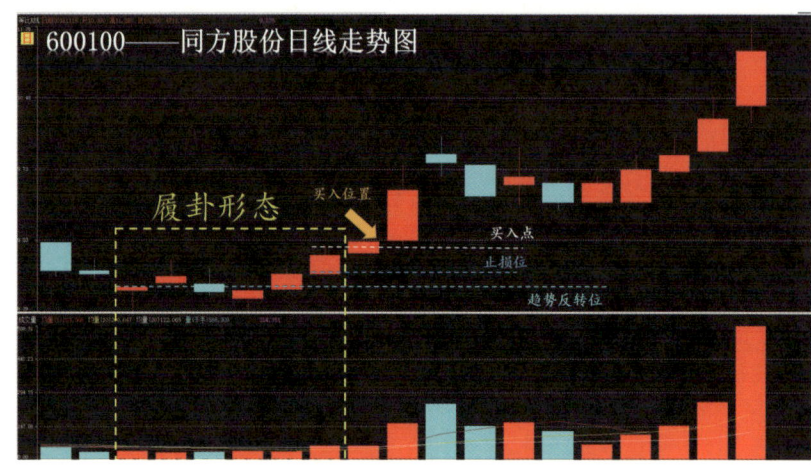

图 5.1.5　履卦形态低位转折案例解析

黄色虚线框中前两根阳线的收盘价依次抬高，后三根阳线收盘价也依次抬高，故都是真阳线。第三根 K 线为阴线，且收盘价相对于前一交易日降低，故为真阴线。符合履卦形态的第二个条件。

履卦形态的第三个条件是形态中第三根 K 线的收盘价高于第一根阳线的最低价，图中走势明显符合这一条件。

至此，我们可以确定黄色虚线框中的走势构成一个履卦形态，根据履卦形态的买卖条件，我们以黄色框线中最后一根 K 线的最高点为买入依据，如图中白色虚线所示。

以黄色框线中最后一根 K 线的最低点为止损依据，如图中深蓝色虚线所示。

以框线中第一根阳线的收盘价为趋势转折依据，如图中浅蓝色虚线所示。

在实际的走势中，履卦形态出现之后那个交易日股价即突破白色虚线，此时买入，之后股价即开始拉升—横盘—再拉升的走势。

履卦形态有时还会出现在高位作为顶部转折形态，如下图所示。

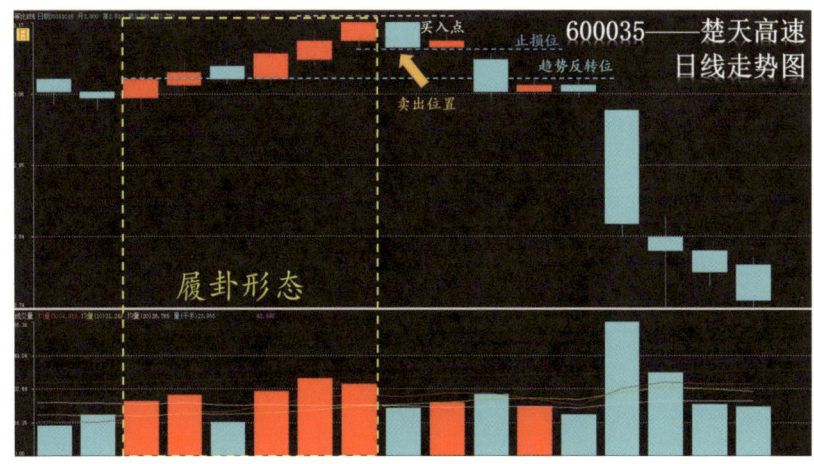

图 5.1.6　履卦形态高位转折案例解析

图 5.1.6 是 600035——楚天高速从 2018 年 9 月 14 日到 2018 年 10 月 16 日的日 K 线走势图，图中可以看到 2018 年 9 月 18 日到 9 月 26 日六个交易日之间出现了"阳阳阴阳阳阳"的走势，疑似履卦形态，在图中用黄色虚线框标识。

履卦形态要求形态前一根 K 线必须是阴线，图中可以看到黄色虚线框前的第一根 K 线是一根阴线，所以符合第一个条件。

黄色虚线框中前两根阳线的收盘价依次抬高，后三根阳线收盘价也依次抬高，故都是真阳线，第三根 K 线为阴线，且收盘价相对于前一交易日降低，故为真阴线，符合履卦形态的第二个条件。

履卦形态的第三个条件是形态中第三根 K 线的收盘价高于第一根阳线的最低价，图中走势明显符合这一条件。

至此，我们可以确定黄色虚线框中的走势构成一个履卦形态。根据履卦形态的买卖条件，我们以黄色框线中最后一根 K 线的最高点为买入依据，如图中白色虚线所示。

以黄色框线中最后一根 K 线的最低点为止损依据，如图中深蓝色虚线所示。

以框线中第一根阳线的收盘价为趋势转折依据，如图中浅蓝色虚线所示。

在实际的走势中，履卦形态出现之后，下个交易日股价即收盘于白色虚线处，谨慎的投资者此时即可卖出。若想等待确认信号，形态出现之后第三个交易日股价即正式跌破白色虚线，此时确定卖出，随后股价简单横盘两日之后开始迅速下跌。

第二节　兑宫八卦之兑卦

接下来我们来看兑宫八卦中的第二卦——兑卦。兑卦卦形以及卦爻辞如下图所示。

图 5.2.1　兑卦形态及卦爻辞

我们同样从四个方面来阐述兑卦，即卦名，卦状，卦象和义理。

【卦名】

兑卦的卦名为兑，兑卦（经卦）的卦象是泽，特性是愉快，所以兑为悦也。

兑卦在六十四卦中排名比较靠后，是第五十八卦。

【卦状】

兑卦的卦状是两个兑卦相叠，在图5.2.1中间用红色和绿色爻线表示。其中二爻、三爻和四爻不当位，初爻、五爻和上爻当位，主卦和客卦的爻全无应。

兑者，悦也，临事而悦。故有趁水和泥之象。

【卦象】

象曰：丽泽，兑。君子以朋友讲习。

趁水和泥泥更匀，方向有准宜出门，交易婚姻大有意，走失行人不用寻。口舌消散，病遇良医，求财到手，大吉大利。

【义理】

卦辞释义

兑的卦辞很短"亨。利贞"。

"亨"是顺利的意思，"贞"是坚持的意思，所以兑卦的卦辞含义为很顺利，应该坚持。

形态解析

兑卦在市场中对应的形态是连续出现两阳一阴的走势，即"阳阳阴阳阳阴"的形态，如图5.2.2所示：

象数理形态模型

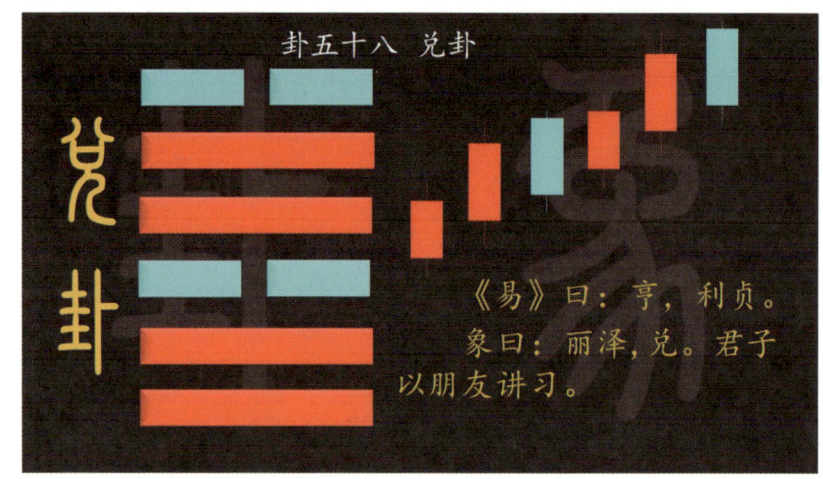

图 5.2.2　兑卦对应的走势形态

如图 5.2.2，左侧是兑卦的卦状，右侧是兑卦所对应的走势形态，即"阳阳阴阳阳阴"的走势，我们称这种形态为兑卦形态。

兑卦形态的出现体现了多方力量比空方力量稍强，这种有节奏的股价形态代表着规律的运动，多见于横盘走势，但也常作为横盘转上涨或者横盘转下跌的转折形态。

形态要求

图 5.2.3 是兑卦标准形态示意图，图中白色虚线框标识的形态即为标准的兑卦形态。其中，包含的六根 K 线从左到右标记为 K 线 A 到 K 线 F，形态之前一根 K 线标记为 K 线 0，K 线形态下方为成交量变化示意图。

兑形态的构成要求是：

第一，形态之前的一根 K 线必须是阴线。

第二，K 线 A、B、D、E 必须是真阳线，K 线 C、F 必须为真阴线。

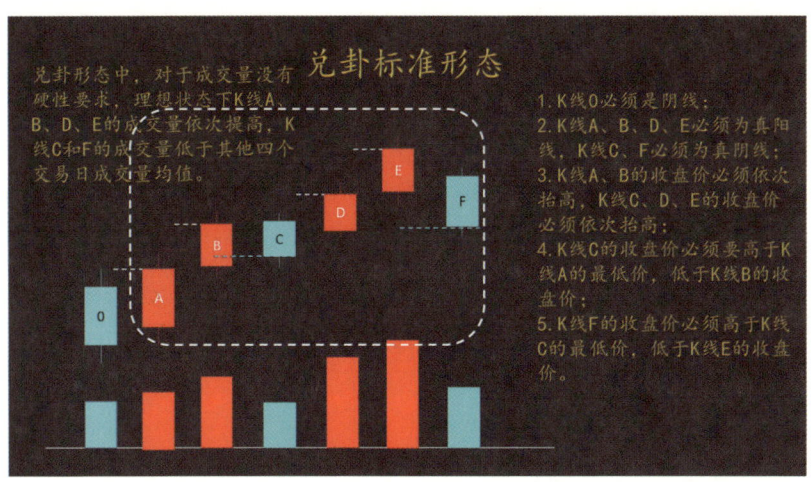

图 5.2.3　兑卦标准形态示意图

第三，K线C和K线F的收盘价必须要高于K线A的最低价。

兑卦形态中，对于成交量没有硬性要求，理想状态下K线A、B、D、E的成交量依次提高，K线C和F的成交量低于其他四个交易日成交量均值。

买卖条件

兑卦的买卖条件如下图所示。

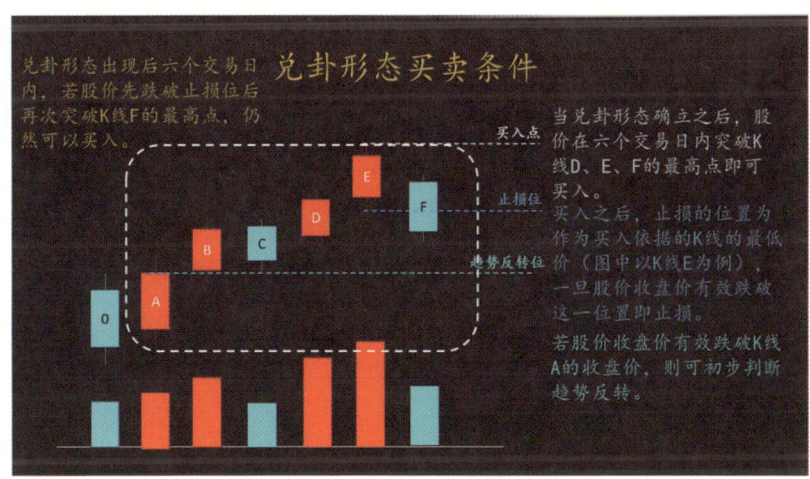

图 5.2.4　兑卦形态的买卖条件

图 5.2.4 是兑卦形态的买卖条件示意图，图中给出了当兑卦形态出现之后的买入点、止损位和趋势反转位。

买入点：当走势中出现兑卦形态之后，我们以兑卦形态中的最后三根 K 线的最高价（即 K 线 D、E、F 的最高价中较高的一个）作为买入依据（图中以 K 线 E 为例），如图中白色虚线所示。在形态形成后六个交易日内，若股价突破这一点位即可买入。

止损位：买入之后的止损位为"后三根 K 线中最高价对应 K 线的最低价"，一旦股价在兑卦形态形成之后的六个交易日内有效跌破此位置，则应减仓或者止损。需要注意的是，这一止损位并非灵敏止损位，其风险比灵敏止损位要大。

事实上，整个兑宫八卦的形态中都没有灵敏止损位，这是由于兑宫八卦形态中作为主卦的兑卦的性质决定的。

趋势反转位：当兑卦形态确立之后，如果股价一直调整，直到某一日收盘价跌破了 K 线 A 的收盘价，即趋势反转位，则说明趋势可能反转，此时应该果断止损清仓。

关于二次买入方面，兑卦形态允许二次买入，若股价在兑卦形态后六个交易日内跌破止损位或趋势反转位后再次突破买入点，仍然可以二次买入或加仓。

形态性质

严格来说，兑卦形态属于"反转"形态的一种。实际上，兑卦形态作为底部启动和上涨持续形态的情况较为常见，少数情况下兑卦形态也会以顶部转折形态出现。

接下来我们通过案例详细解读。

案例解析

作为转折形态，兑卦形态对于投资者来说最大的意义就是作为底部启动形态，如下图所示。

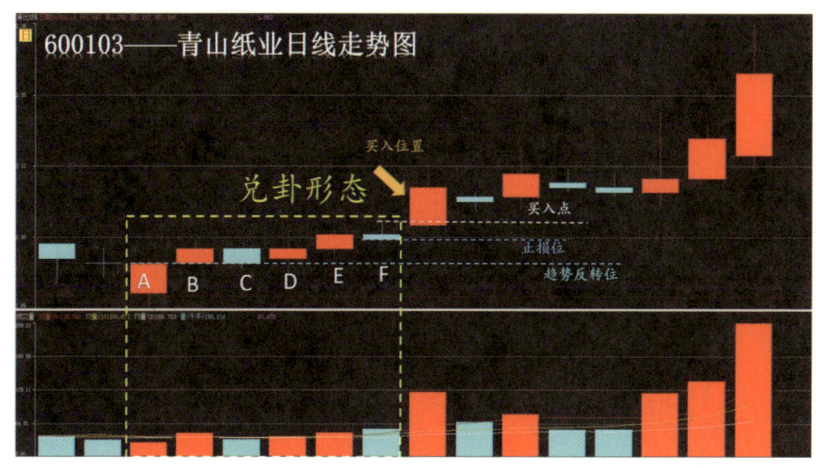

图 5.2.5　兑卦形态实战案例

图 5.2.5 是 600103——青山纸业从 2018 年 10 月 23 日到 11 月 13 日的日 K 线走势图，图中可以看到 2018 年 10 月 15 日到 11 月 1 日六个交易日之间出现了"阳阳阴阳阳阴"的走势，疑似为兑卦形态，在图中用黄色虚线框标识。

兑卦形态要求形态前一根 K 线必须是阴线，图中可以看到黄色虚线框前的第一根 K 线是一根阴线，所以符合第一个条件。

黄色虚线框中的六根 K 线依次标记为 A、B、C、D、E、F。可以看到，K 线 A、B、D、E 都是阳线，且收盘价都高于其前一根 K 线，故都为真阳线。K 线 C 和 K 线 F 都阴线，且收盘价相比于其前一根 K 线都降低，故都为真阴线。符合兑卦形态的第二个条件。

构成兑卦形态的第三个要求是 K 线 C 的收盘价必须要高于

K线A的最低价，K线F的收盘价必须高于K线C的最低价，走势明显符合这一条件。

至此，我们可以确定黄色虚线框中的走势构成一个兑卦形态。根据兑卦形态的买卖条件，我们以黄色框线中后三根K线中的最高价即K线F的最高点为买入依据，如图中白色虚线所示。以K线F的最低价作最低点为止损依据，如图中深蓝色虚线。以框线中第一根阳线（即K线A）的收盘价为判断趋势转折依据，如图中浅蓝色虚线所示。

在实际的走势中，在兑卦形态形成之后的第二个交易日股价即拉升突破买入点，买入之后股价略作横盘即开始了长期的上涨走势。

本案例中是兑卦形态作为低位起涨点的案例，接下来我们来看兑卦形态作为持续形态的案例，如下图所示。

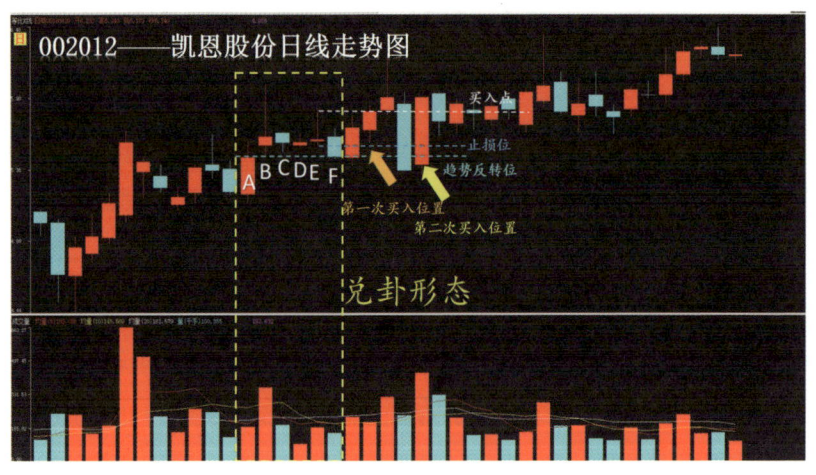

图 5.2.6　兑卦形态二次买入实战案例

图 5.2.6 是 002012——凯恩股份从 2018 年 7 月 4 日到 8 月 29 日的日K线走势图。从图中可以看到 2018 年 7 月 20 日到 7 月 27 日六个交易日之间出现了"阳阳阴阳阳阴"的走势，疑似

为兑卦形态，在图中用黄色虚线框标识。

兑卦形态要求形态前一根 K 线必须是阴线。从图中我们可以看到黄色虚线框前的第一根 K 线是一根阴线，所以符合第一个条件。

黄色虚线框中的六根 K 线依次标记为 A、B、C、D、E、F。可以看到，K 线 A、B、D、E 都是阳线，且收盘价都高于其前一根 K 线，故都为真阳线。K 线 C 和 K 线 F 都阴线，且收盘价相比于其前一根 K 线都降低，故都为真阴线。符合兑卦形态的第二个条件。

构成兑卦形态的第三个要求是 K 线 C 的收盘价必须要高于 K 线 A 的最低价，K 线 F 的收盘价必须高于 K 线 C 的最低价，走势明显符合这一条件。

至此，我们可以确定黄色虚线框中的走势构成一个兑卦形态。根据兑卦形态的买卖条件，我们以黄色框线中后三根 K 线中的最高价即 K 线 F 的最高点为买入依据，如图中白色虚线所示。以 K 线 F 的最低价作最低点为止损依据，如图中深蓝色虚线。以框线中第一根阳线（即 K 线 A）的收盘价为判断趋势转折依据，如图中浅蓝色虚线所示。

在实际的走势中，股价在兑卦形态形成之后的第二个交易日即拉升突破买入点，买入后上涨一个交易日，随后走势出现暴跌。长阴线连续跌穿止损位和趋势反转位，此时应果断止损。次日股价大阳线拉升再次突破买入位，该交易日为兑卦形态形成之后的第五个交易日，根据兑卦形态的二次买入原则，此时可以再次买入，买入之后股价继续震荡上涨。

可以看到，在本案例中兑卦形态出现在上涨走势中，作为持续形态，为我们提供了额外的入场点和止损依据。

第三节　兑宫八卦之睽卦

"睽卦"是兑宫八卦中的第三卦，其卦形以及卦爻辞如下图所示。

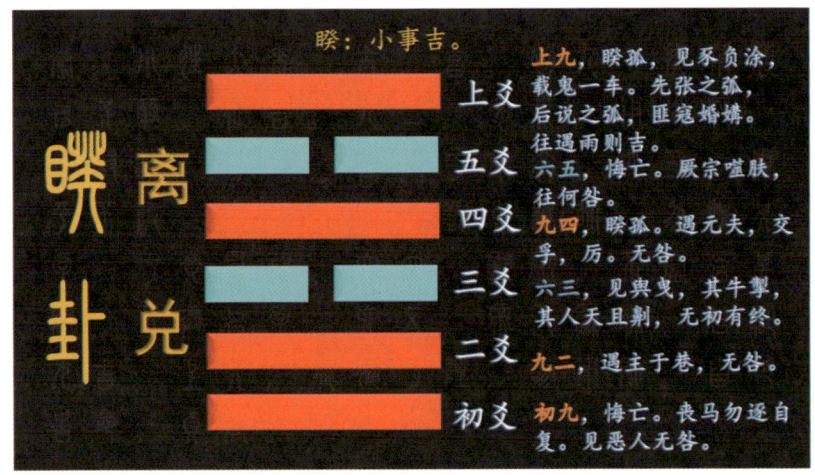

图 5.3.1　睽卦形态及卦爻辞

关于睽卦的相关内容，我们可以从卦名、卦状、卦象和义理四个方面来进行阐述。

【卦名】

睽卦的卦名为睽，"睽"这个字平日里接触不多，比较常见的有一个词"睽违"。睽违有差失、分离的意思，所以睽有彼此相违的意思。

睽卦是六十四卦中第三十八卦。

【卦状】

睽卦的卦状是"上离下兑"，在图 5.3.1 中间用红色和绿色爻线表示。其中只有初爻当位，其余全不当位，主卦和客卦的上爻和中爻有应。

睽者，乖异也，性相违弃。

【卦象】

象曰：上火下泽，睽。君子以同而异。

贩卖猪羊运不遂，卦见此人不见回，交易出行无好处，婚姻求财且莫为。名不利，利不全，病不好，做事难。

六爻俱有睽而致合之道，仅得免其阴阳不睽，而不能阴阳有济，故象曰："小事吉。"

【义理】

卦辞释义

睽的卦辞很短，含义也很简单，"小事吉"就是小事顺利的意思，引申的含义自然就是大事不顺利。

形态解析

睽卦在市场中对应的形态是"阳阳阴阳阴阳"的走势，如图5.3.2，左侧是睽卦的卦状，右侧是睽卦所对应的走势形态，即"阳阳阴阳阴阳"的走势，我们称这种形态为睽卦形态。

睽卦形态的出现虽然体现了多方力量比空方力量稍强，但是这种阴阳相间的走势往往代表着多空双方势均力敌，争夺激烈。

象数理形态模型

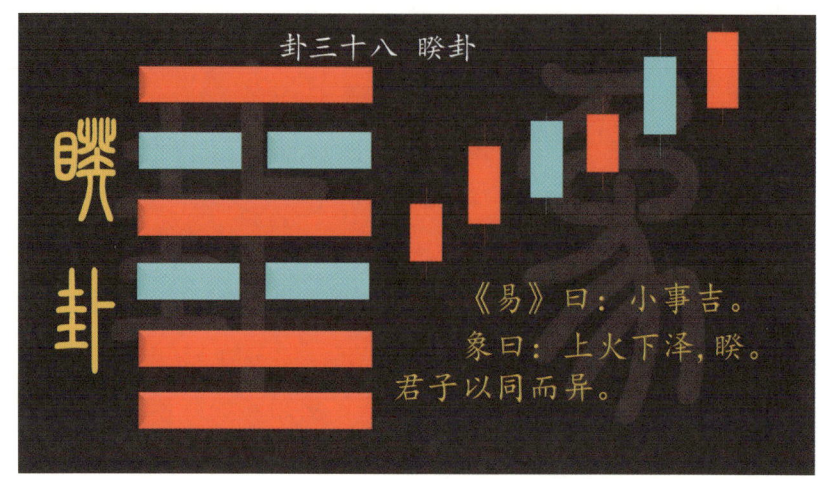

图 5.3.2　睽卦对应的走势形态

形态要求

对于构成形态的细节，睽卦的要求，如下图所示。

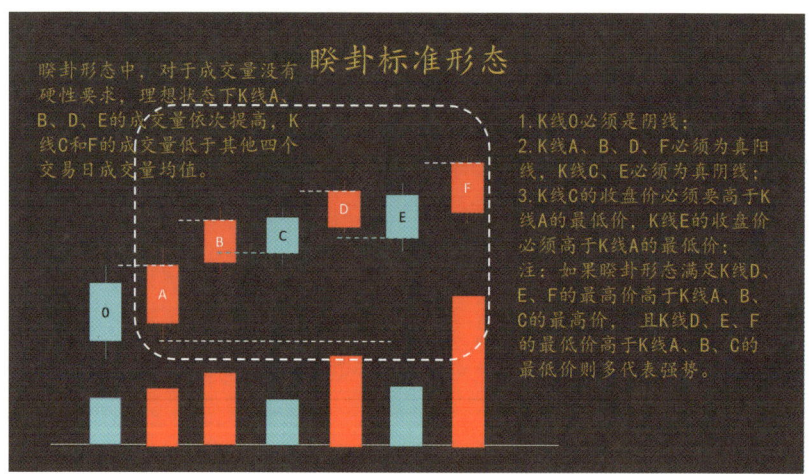

图 5.3.3　睽卦标准形态示意图

图 5.3.3 是睽卦标准形态示意图，图中白色虚线框标识的形态即为标准的睽卦形态。其中包含的六根 K 线从左到右标记为 K

线 A 到 K 线 F，形态之前一根 K 线标记为 K 线 0，K 线形态下方为成交量变化示意图。

睽形态的构成要求是：

第一，形态之前的一根 K 线必须是阴线。

第二，K 线 A、B、D、F 必须是真阳线，K 线 C、E 必须为真阴线。

第三，K 线 C 的收盘价必须要高于 K 线 A 的最低价，K 线 E 的收盘价必须高于 K 线 A 的最低价。

同时，如果睽卦形态满足 K 线 D、E、F 的最高价高于 K 线 A、B、C 的最高价，且 K 线 D、E、F 的最低价高于 K 线 A、B、C 的最低价则多代表强势（若不符合这一条件，则睽卦形态多为横盘持续形态）。

睽卦形态中，对于成交量没有硬性要求，理想状态下 K 线 A、B、D、E 的成交量依次提高，K 线 C 和 F 的成交量低于其他四个交易日成交量均值。

买卖条件

睽卦的买卖条件如下图所示。

图 5.3.4 是睽卦形态的买卖条件示意图，图中给出了当睽卦形态出现之后的买入点、止损位和趋势反转位。

买入点：当走势中出现睽卦形态之后，我们以睽卦形态中的最后三根 K 线的最高价（即 K 线 D、E、F 的最高价中较高的一个）作为买入依据（图中以 K 线 F 为例），如图中白色虚线所示，在形态形成后六个交易日内若股价突破这一点位即可买入。

止损位：买入之后的止损位为"后三根 K 线中最高价对应 K 线的最低价"（图中以 K 线 F 为例），一旦股价在睽卦形态形成之后的六个交易日内有效跌破此位置，则应减仓或者止损。需要注意的是，这一止损位并非灵敏止损位，其代表的风险比灵敏止损位要大。

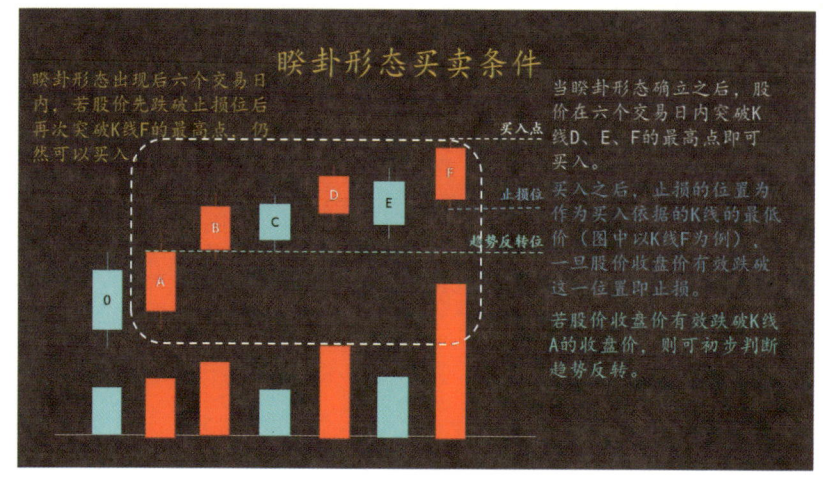

图 5.3.4　睽卦形态的买卖条件

趋势反转位：当睽卦形态确立之后，如果股价一直调整，直到某一日收盘价跌破了 K 线 A 的收盘价，即趋势反转位，则说明趋势可能反转，此时应该果断止损清仓。

关于二次买入方面，睽卦形态允许二次买入，若股价在睽卦形态后六个交易日内跌破止损位或趋势反转位后再次突破买入点，仍然可以二次买入或加仓。

（注：如果睽卦形态不满足 K 线 D、E、F 的最高价高于 K 线 A、B、C 的最高价，且 K 线 D、E、F 的最低价高于 K 线 A、B、C 的最低价，则不建议二次买入）

形态性质

睽卦形态介于"反转"形态和"持续"形态之间，当睽卦形态满足 K 线 D、E、F 的最高价高于 K 线 A、B、C 的最高价，且 K 线 D、E、F 的最低价高于 K 线 A、B、C 的最低价的条件时，则多为"反转"形态，反之则多为"持续"形态。

接下来我们通过案例详细解读。

案例解析

前文中提到，睽卦形态介于"反转"形态和"持续"形态之间，并可以根据是否满足 K 线 D、E、F 的最高价高于 K 线 A、B、C 的最高价，且 K 线 D、E、F 的最低价高于 K 线 A、B、C 的最低价的条件来进行初步判断。首先我们来看满足条件的睽卦形态案例，如下图所示。

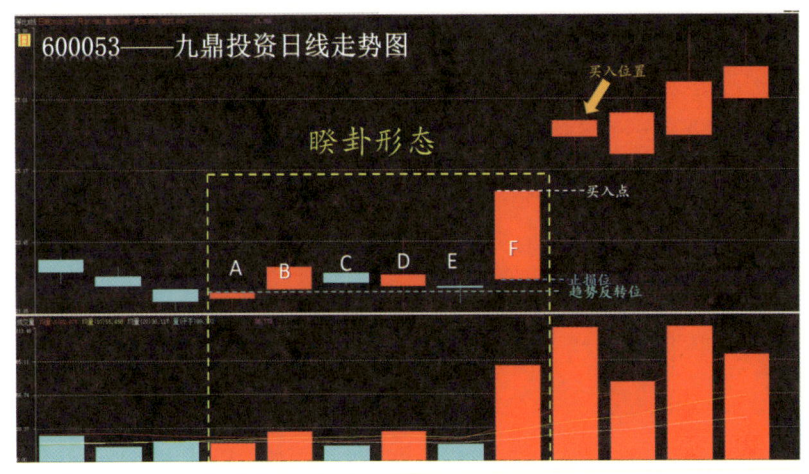

图 5.3.5　睽卦形态低位启动实战案例

图 5.3.5 是 600053——九鼎投资从 2018 年 3 月 6 日到 3 月 22 日的日 K 线走势图，图中可以看到 2018 年 3 月 9 日到 3 月 15 日六个交易日之间出现了"阳阳阴阳阴阳"的走势，疑似为睽卦形态，在图中用黄色虚线框标识。

睽卦形态要求形态前一根 K 线必须是阴线，图中可以看到黄色虚线框前的第一根 K 线是一根阴线，所以符合第一个条件。

黄色虚线框中的六根 K 线依次标记为 A、B、C、D、E、F。

象数理形态模型

可以看到，K线A、B、D、F都是阳线，且收盘价都高于其前一根K线，故都为真阳线。K线C和K线E都阴线，且收盘价相比于其前一根K线都降低，故都为真阴线。符合睽卦形态的第二个条件。

构成睽卦形态的第三个要求是K线C的收盘价必须要高于K线A的最低价，走势明显符合这一条件。

至此，我们可以确定黄色虚线框中的走势构成一个睽卦形态。同时我们可以看到，黄色框线中的睽卦形态满足K线D、E、F的最高价高于K线A、B、C的最高价，且K线D、E、F的最低价高于K线A、B、C的最低价的条件，则可以初步判断此处大概率为转折形态。

根据睽卦形态的买卖条件，我们以黄色框线中后三根K线中的最高价即K线F的最高点为买入依据，如图中白色虚线所示。以K线F的最低价作最低点为止损依据，如图中深蓝色虚线。以框线中第一根阳线（即K线A）的收盘价为判断趋势转折依据，如图中浅蓝色虚线所示。

在实际的走势中，在睽卦形态形成之后的下个交易日股价即高开突破买入点，买入之后股价即开始了连续的上涨。

本案例中是睽卦形态作为低位起涨点的案例，接下来我们来看睽卦形态作为持续形态的案例，如图5.3.6所示。

图5.3.6是600110——诺德股份从2018年6月21日到8月13日的日K线走势图，图中可以看到2018年7月17日到7月24日六个交易日之间出现了"阳阳阴阳阴阳"的走势，疑似为睽卦形态，在图中用黄色虚线框标识。

睽卦形态要求形态前一根K线必须是阴线，从图中可以看到黄色虚线框前的第一根K线是一根阴线，所以符合第一个条件。

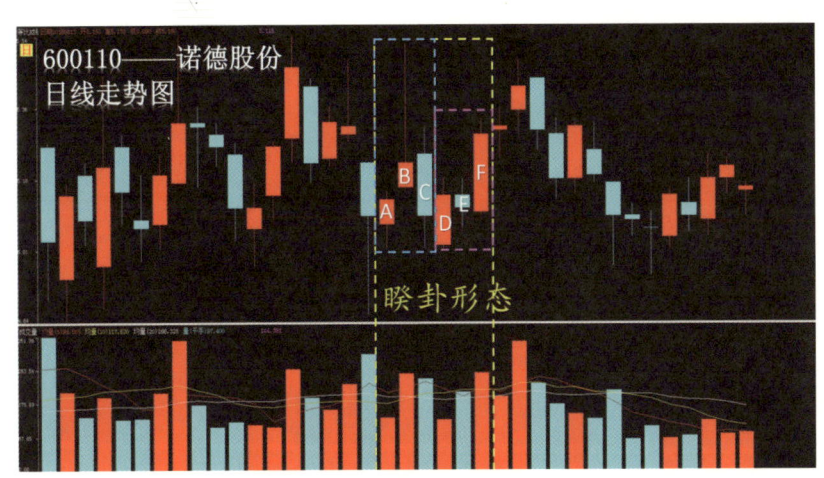

图 5.3.6　睽卦形态横盘持续实战案例

黄色虚线框中的六根 K 线依次标记为 A、B、C、D、E、F。可以看到，K 线 A、B、D、F 都是阳线，且收盘价都高于其前一根 K 线，故都为真阳线。K 线 C 和 K 线 E 都阴线，且收盘价相比于其前一根 K 线都降低，故都为真阴线。符合睽卦形态的第二个条件。

构成睽卦形态的第三个要求是 K 线 C 的收盘价必须要高于 K 线 A 的最低价。本案例中 K 线 C 为 2018 年 7 月 19 日，最低价为 5.01 元，K 线 A 为 2018 年 7 月 17 日最低价为 5.01 元，K 线 A 与 K 线 C 最低价相等，属于极少数情况。此类情况下可以认为走势明显符合条件。

至此，我们可以确定黄色虚线框中的走势构成一个睽卦形态。图中用蓝色框线标记了 K 线 A、B、C，上沿为三个交易日的最高价，下沿为三个交易日的最低价。用粉色框线标记了 K 线 D、E、F，上沿为三个交易日的最高价，下沿为三个交易日的最低价。我们可以明显看出，K 线 A、B、C 的最高价高于 K 线 D、E、F 的最高价，则黄色框线中的睽卦形态不满足 K 线 D、E、F 的最

高价高于K线A、B、C的最高价，且K线D、E、F的最低价高于K线A、B、C的最低价的条件。据此我们可以初步判断，此处大概率为持续形态。

在实际走势中，睽卦形态出现之后，股价果然继续之前的宽幅震荡。

第四节　兑宫八卦之中孚卦

中孚卦是兑宫八卦中的第四卦，其卦形以及卦爻辞如下图所示。

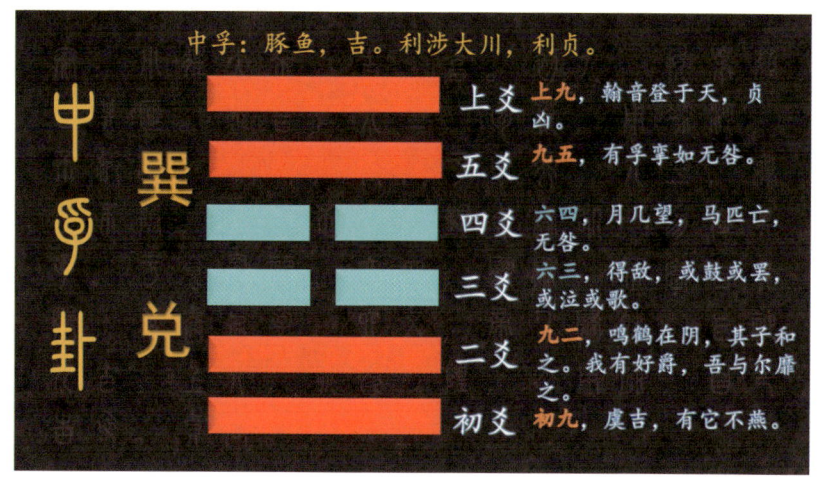

图 5.4.1　中孚卦形态及卦爻辞

关于中孚卦的相关内容，我们可以从卦名、卦状、卦象和义理四个方面来进行阐述。

【卦名】

中孚卦的卦名为中孚，孚本义为孵，因为孵卵出壳的日期非常准确，有"信"的含义，所以中孚卦象征诚信。

中孚卦是六十四卦中第六十一卦。

【卦状】

中孚卦的卦状是"上巽下兑"，在图 5.4.1 中间用红色的阳爻和绿色的阴爻表示。其中只有初爻、四爻和五爻当位，二爻、三爻和上爻不当位，主卦和客卦的上爻和下爻有应。

【卦象】

象曰：泽上有风，中孚。君子以议狱缓死。

俊鸟乘机出笼中，月光灾难大逃通，寻人费力逃难好，官司疾病皆无凶。合伙如意，迁移如心，买卖兴旺，求财得意。

孚者，信也，信而中正应呼天，故有俊鸟出笼之象。

【义理】

卦辞释义

中孚卦的卦辞为"豚鱼吉，利涉大川，利贞"。

豚鱼都是常见的祭品，所以豚鱼代指用豚鱼祭祀，利有利于、应该的含义。所以中孚卦辞的意思是用猪和鱼祭祀先祖，吉利，利于涉越大河大川，应该坚持下去。

形态解析

中孚卦在市场中对应的形态是两阳＋两阴＋两阳，即"阳阳阴阴阳阳"的走势，如图 5.4.2 所示：

象数理形态模型

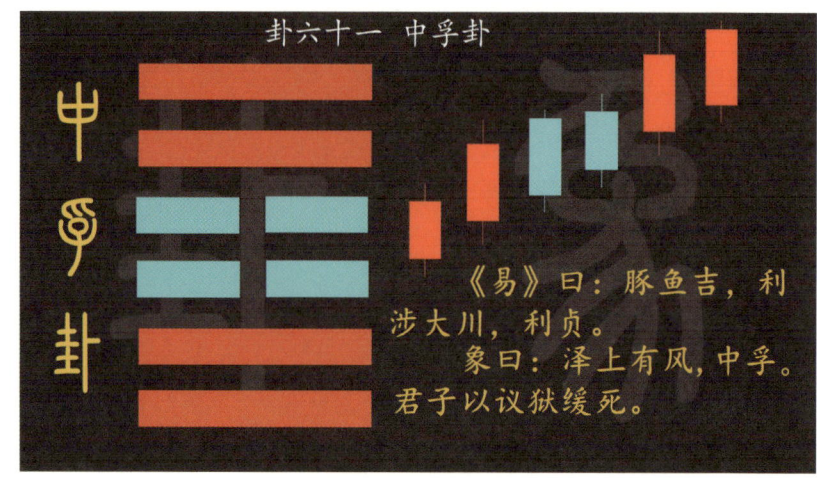

图 5.4.2 中孚卦对应的走势形态

如图 5.4.2，左侧是中孚卦的卦状，右侧是中孚卦所对应的走势形态，即"阳阳阴阴阳阳"的走势，我们称这种形态为中孚卦形态。

中孚卦的形态是一个简单的"上涨—调整—上涨"的走势，多数情况下这种形态意味着多方力量较强。既然存在调整，那么暴涨的概率就不高，更可能是和缓而稳定的上涨。这种运动可以出现在趋势的任何位置。

形态要求

图 5.4.3 是中孚卦标准形态示意图，图中白色虚线框标识的形态即为标准的中孚卦形态，其中包含的六根 K 线从左到右标记为 K 线 A 到 K 线 F，形态之前一根 K 线标记为 K 线 0，K 线形态下方为成交量变化示意图。

中孚卦形态的构成要求是：

第一，形态之前的一根 K 线必须是阴线。

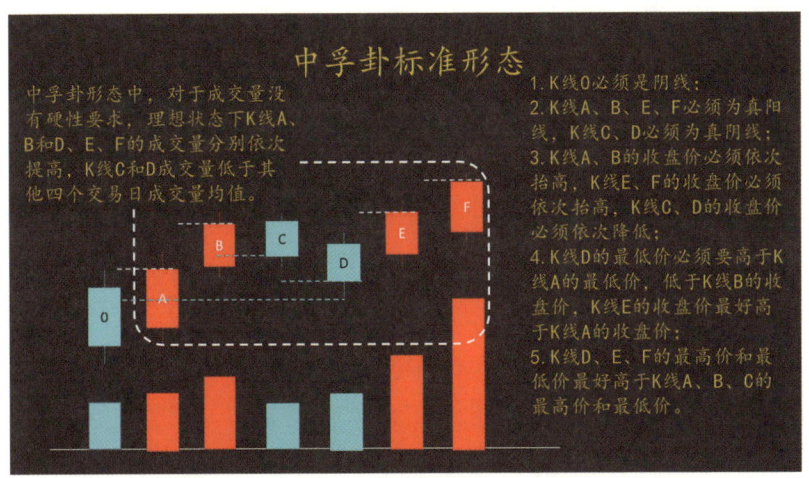

图 5.4.3　中孚卦标准形态示意图

第二，K线A、B、E、F必须是真阳线，K线C、D必须为真阴线。

第三，K线D的最低价必须要高于K线A的最低价，并且低于K线B的收盘价。

若中孚卦形态满足K线D、E、F的最高价高于K线A、B、C的最高价，且K线D、E、F的最低价高于K线A、B、C的最低价的条件，则其代表的走势相对强势。反之，若不满足这一条件，则其代表的走势相对弱势。

中孚卦形态中，对于成交量没有硬性要求，理想状态下K线A、B和D、E、F的成交量分别依次提高，K线C和D成交量低于其他四个交易日成交量均值。

形态性质

严格来说，中孚卦形态属于"反转"形态，在实际的走势中多为底部反转形态，几乎不会成为顶部反转形态。

然而通过对走势的统计，我们发现中孚卦形态也经常会作为持续形态，一般多为上涨持续形态，有时也出现在横盘走势中作为持续形态。

接下来我们通过案例详细解读。

买卖条件

中孚卦的买卖条件如下图所示。

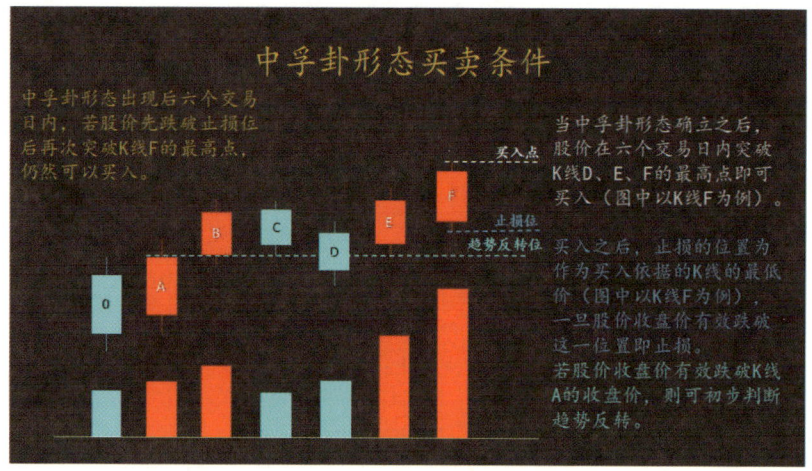

图 5.4.4　中孚卦形态的买卖条件

图 5.4.4 是中孚卦形态的买卖条件示意图，图中给出了当中孚卦形态出现之后的买入点、止损位和趋势反转位。

买入点：当走势中出现中孚卦形态之后，我们以中孚卦形态中的最后三根 K 线的最高价（即 K 线 D、E、F 的最高价中较高的一个）作为买入依据（图中以 K 线 F 为例），如图中白色虚线所示。在形态形成后六个交易日内，若股价突破这一点位即可买入。

止损位：买入之后的止损位为"后三根 K 线中最高价对应 K 线的最低价"（图中以 K 线 F 为例），一旦股价在睽卦形态形成之后的六个交易日内有效跌破此位置，则应减仓或者止损。需要注意的是，这一止损位并非灵敏止损位，其代表的风险比灵敏止损位要大。

趋势反转位：当中孚卦形态确立之后，如果股价一直调整，直到某一日收盘价跌破了 K 线 A 的收盘价，即趋势反转位，则说明趋势可能反转，此时应该果断止损清仓。

关于二次买入方面，中孚卦形态虽然允许二次买入，但需要注意的是，中孚卦走势中一般出现二次买入多为横盘的情况。所以，一般来说中孚卦形态是不考虑二次买入的。

案例解析

前文中提到，中孚卦形态作为低位启动形态和横盘持续心态都比较常见，下面我们来看中孚卦形态作为低位启动形态的案例，如下图所示。

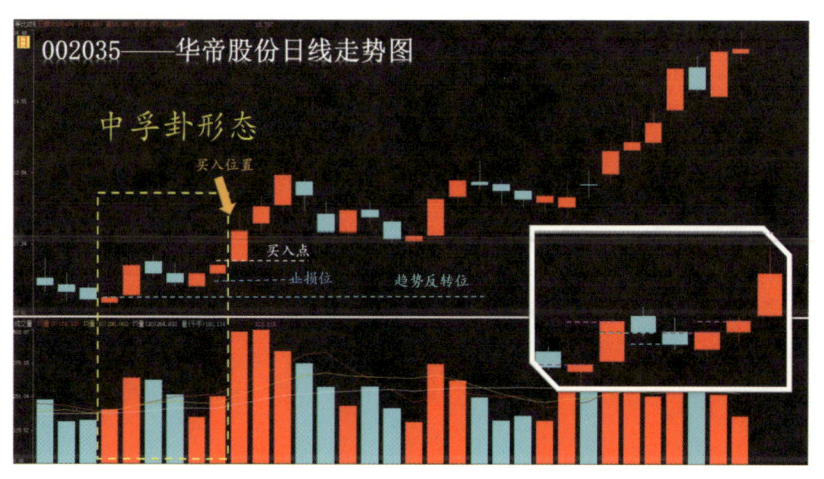

图 5.4.5　中孚卦形态实战案例

图 5.4.5 是 002035——华帝股份从 2019 年 2 月 19 日到 4 月 4 日的日 K 线走势图，图中在 2019 年 2 月 22 日到 3 月 1 日六个交易日之间出现了"阳阳阴阴阳阳"的走势，疑似为中孚卦形态，

在图中用黄色虚线框标识。

　　首先，我们要确定这个形态确实为中孚卦形态。中孚卦形态要求形态前一根K线必须是阴线，图中可以看到黄色虚线框前的第一根K线为阴线，符合中孚卦形态的第一个条件。

　　中孚卦形态的第二个条件是形态中所有阳线都为真阳线，所有阴线都为真阴线。图中右侧折角矩形处将黄色框线中的走势放大，用粉色虚线标记阳线的收盘价，浅蓝色虚线标记阴线的收盘价。可以看到，框线中所有阳线的收盘价都相对于前一交易日抬高，都为真阳线。所有阴线的收盘价都相对于前一交易日降低，都为真阴线。所以，黄色虚线框中的走势满足中孚卦形态的第二个条件。

　　构成中孚卦形态的第三个要求是K线D的收盘价必须要高于K线A的最低价。在右侧折角矩形中放大的走势中可以看到符合这一条件。

　　至此，我们可以确定黄色虚线框中的走势构成一个中孚卦形态。根据中孚卦形态的买卖条件，我们以黄色框线中后三根K线中的最高价即K线F的最高点为买入依据，如图中白色虚线所示。以K线F的最低价作最低点为止损依据，如图中深蓝色虚线。以框线中第一根阳线（即K线A）的收盘价为判断趋势转折依据，如图中浅蓝色虚线所示。

　　在实际的走势中，在中孚卦形态形成之后的下个交易日股价即拉升突破买入点，买入之后股价即开始了震荡上涨的走势。

　　本案例中是中孚卦形态作为低位起涨点的案例，接下来我们来看中孚卦形态作为持续形态的案例，如下图所示。

　　图5.4.6是600058——五矿发展从2018年4月20日到6月11日的日K线走势图，图中在2018年4月27日到5月8日六个交易日之间出现了"阳阳阴阴阳阳"的走势，疑似为中孚卦形态，

在图中用黄色虚线框标识。

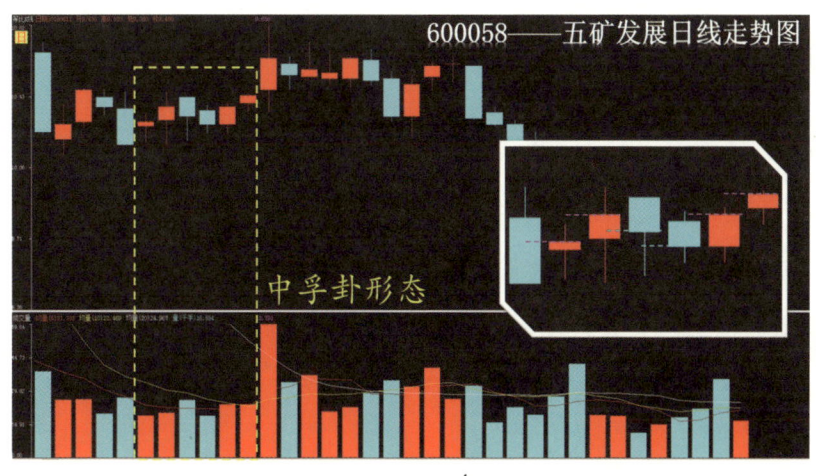

图 5.4.6　中孚卦形态横盘持续实战案例

首先，我们要确定这个形态确实为中孚卦形态。中孚卦形态要求形态前一根 K 线必须是阴线。从图中可以看到黄色虚线框前的第一根 K 线为阴线，符合中孚卦形态的第一个条件。

中孚卦形态的第二个条件是形态中所有阳线都为真阳线，所有阴线都为真阴线。图中右侧折角矩形处将黄色框线中的走势放大，用粉色虚线标记阳线的收盘价，浅蓝色虚线标记阴线的收盘价。可以看到，框线中所有阳线的收盘价相对于前一交易日抬高，都为真阳线。所有阴线的收盘价都相对于前一交易日降低，都为真阴线。所以，黄色虚线框中的走势满足中孚卦形态的第二个条件。

构成中孚卦形态的第三个要求是黄色框线中第四根 K 线的收盘价必须要高于第一根 K 线的最低价，在右侧折角矩形中放大的走势中可以看到符合这一条件。

至此，我们可以确定黄色虚线框中的走势构成一个中孚卦形态。从图中可以看到，这个中孚卦形态的空间比较小。形象点说，这个形态比较扁，整个形态的最高价和最低价之间的空间距离并不大，甚至最高点和最低点都出现在一根K线上（第二根K线）。这种情况多意味着此处的中孚卦形态是一个横盘中继形态。

在实际走势中，中孚卦形态出现之后，股价果然继续之前的横盘震荡走势。

实际上，除了横盘中继之外，中孚卦形态往往还会出现在上涨走势中作为上涨中继形态，此时可以提供额外的买入或者止损依据，但这种情况一般都是出现在"上涨—横盘—上涨"中的横盘阶段。

第五节　兑宫八卦之归妹卦

归妹卦是兑宫八卦中的第五卦，其卦形以及卦爻辞如下图所示。

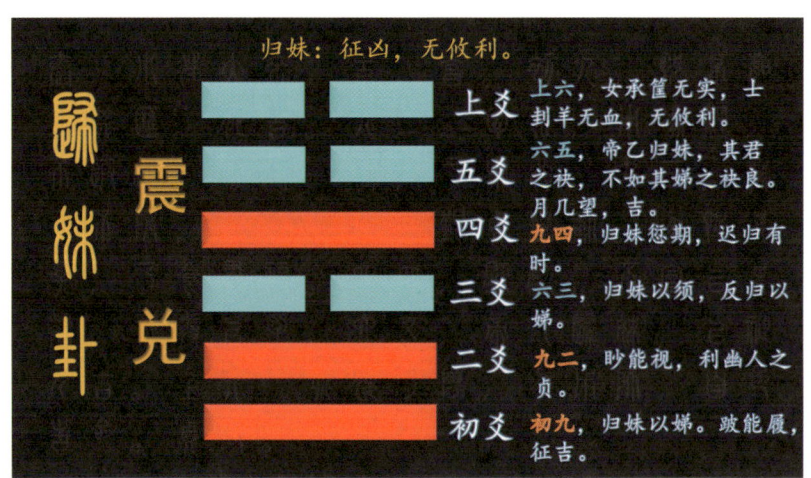

图 5.5.1　归妹卦形态及卦爻辞

接下来我们从卦名、卦状、卦象和义理四个方面来阐述归妹卦的相关信息。

【卦名】

归妹卦的卦名为归妹，归妹是嫁女的意思，乃言办事急于求成，欲速则不达。

归妹卦是六十四卦中第五十四卦。

【卦状】

归妹卦的卦状是"上震下兑"，在图 5.5.1 中间用红色的阳爻和绿色的阴爻表示。归妹卦很有趣，它只有初爻和上爻当位，其余爻线全不当位。也就是说，归妹卦只有最上面和最下面的爻线是当位的，这也就决定了归妹卦中只有主卦和客卦的中爻有应。

【卦象】

象曰：泽上有雷，归妹。君子以永终知敝。

缘木求鱼事多难，虽不得鱼后无灾，行险弄巧费尽心，事不遂意妄安排。月令不好，做事颠倒，打算得多，遂心得少。

归妹者，少女从长男，阴阳不交，故有缘木求鱼之象。

【义理】

卦辞释义

归妹卦的卦辞为"征凶，无攸利"。

此处"征"是按迹象讲的意思，"攸"是助词，相当于"所"的意思。所以，归妹卦辞的意思是按迹象来说有凶险，没有什么有利之处。

形态解析

归妹卦在市场中对应的形态是一种阴阳对应交错的走势，即"阳阳阴阳阴阴"，如图 5.5.2 所示：

象数理形态模型

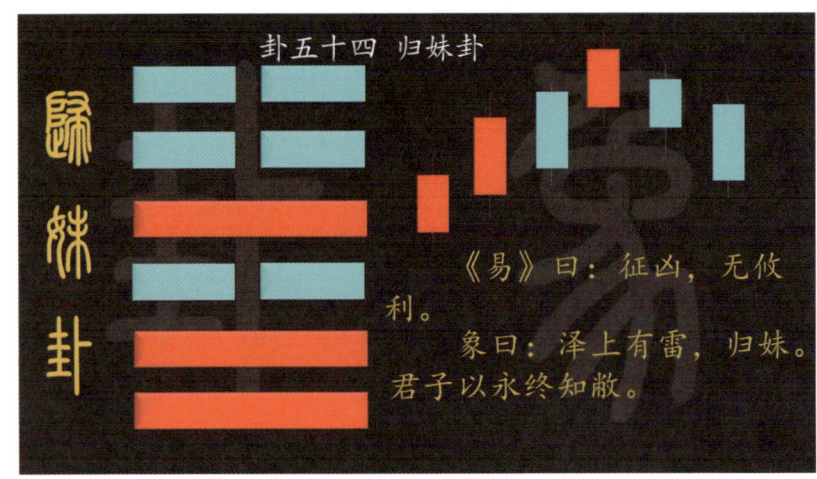

图 5.5.2 归妹卦对应的走势形态

如图 5.5.2，归妹卦的卦状如图中左侧所示，归妹卦所对应的走势形态如图中右侧所示，即"阳阳阴阳阴阴"的走势，我们称这种形态为归妹卦形态。

前文中提到，归妹卦的形态是一种阴阳交错对应的走势，即意味着多空之间势均力敌，也意味着双方的对抗很激烈。

形态要求

归妹卦的标准形态如图 5.5.3 所示，图中白色虚线框标识的形态即为标准的归妹卦形态，其中包含的六根 K 线从左到右标记为 K 线 A 到 K 线 F，形态之前一根 K 线标记为 K 线 0，K 线形态下方为成交量变化示意图。

归妹卦形态的构成要求有以下两条：

第一，形态之前的一根 K 线必须是阴线。

第二，K 线 A、B、D 必须是真阳线，K 线 C、E、F 必须为真阴线。

一般来说，若归妹卦形态满足 K 线 A、B、D 收盘价依次抬

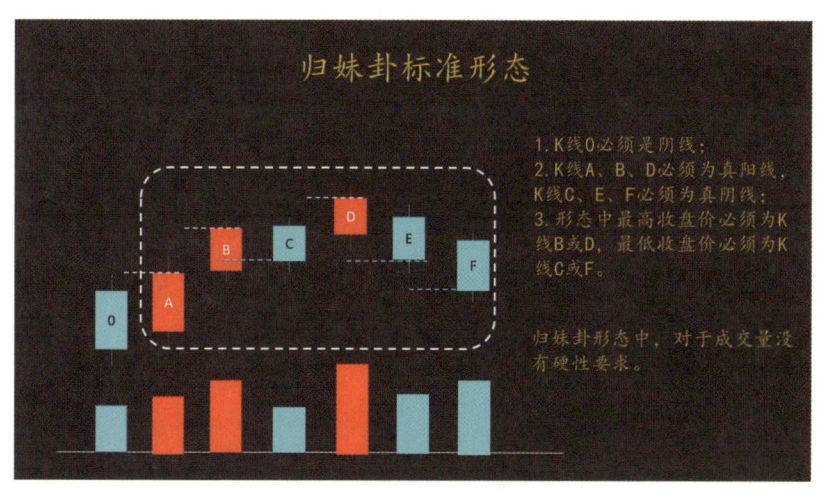

图 5.5.3　归妹卦标准形态示意图

高而 K 线 C、E、F 收盘价依次降低的话，则此形态有可能会成为高位转折形态。

归妹卦形态中，对于成交量没有硬性要求，也没有理想形态下的成交量形态。

形态性质

归妹卦形态属于"持续"形态，一方面它代表多方之间的力量均衡，另一方面它也代表着多空双方竞争激烈，多出现在横盘走势中作为持续形态，有时也作为单边走势中横盘调整的形态出现。

在满足 K 线 A、B、D 收盘价依次抬高而 K 线 C、E、F 收盘价依次降低的条件时，归妹卦形态还有可能会成为高位转折形态。

买卖条件

作为持续形态，归妹卦的买卖条件与作为转折形态的中孚卦形态、睽卦形态、兑卦形态和履卦形态都不相同，它虽然也提供

买卖依据，但这种依据多是将形态作为箱体来确定买卖的条件，如下图所示。

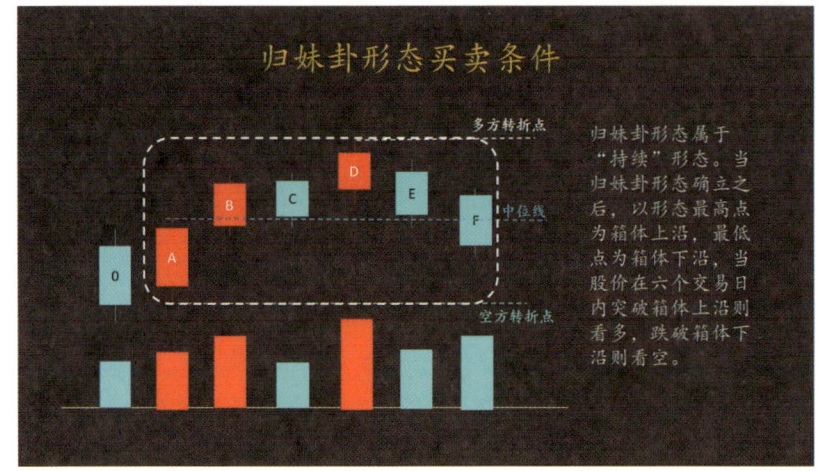

图 5.5.4　归妹卦形态的买卖条件

图 5.5.4 是归妹卦形态的买卖条件示意图，归妹卦形态作为持续形态，可以提供一个多方转折点（买入依据），空方转折点（止损依据）和一条中位线（多空力量权重对比依据）。除此之外，整个形态的空间大小也是判断市场走势的重要依据。

多方转折点（买入依据）：当归妹卦形态确立之后，我们以整个形态的最高点为上沿，最低点为下沿建立箱体，则箱体的上沿为多方转折点。当股价有效突破这一位置时则可以考虑买入，此买入依据在形态确立后六个交易日内有效。

需要注意的是，归妹卦本身的含义就有欲速则不达的意思，归妹卦形态在市场中也代表着多空双方的交错对应（在归妹卦形态中 K 线 A 与 F、B 与 E、C 与 D 都是一阴一阳相对应的），后市的方向其实并不好判断，而且也容易出现反复。所以，归妹卦形态出现之后不宜激进。

空方转折点（止损依据）：以归妹卦形态为依据建立箱体，箱体的下沿即为空方转折点，当股价有效跌破这一位置时，则应果断止损。若已经买入，则以买入当日的最低价为止损价。若股价有效跌破这一点位，则应果断止损。

中位线（多空力量权重对比依据）：以归妹卦形态为依据建立箱体，箱体上沿和下沿之间的中线即为中位线。我们可以根据K线实体在中位线两边的比重来判断接下来的走势。若K线实体集中在中位线之下，则说明空方动能强大，未来股价下跌概率较高。反之，若K线实体集中在中位线之上，则说明多方动能强大，未来股价上涨概率表较高。

另一方面，归妹卦形态代表的含义还和形态中最低价出现的位置有关。一般来说，最低价出现在前两根阳线，那么多为多方强势。反之，若最低价出现在后两根阴线，则多为空方强势。

归妹卦形态属于持续形态，不涉及二次买入。

接下来我们通过案例详细解读。

案例解析

归妹卦作为持续形态对于投资者来说，最大的意义就是多方转折点提供的买入机会，我们来看归妹卦买入的案例，如下图所示。

图5.5.5是002007——华兰生物从2018年12月27日到2019年2月12日的日K线走势图，图中在2019年1月3日到1月10日六个交易日之间出现了"阳阳阴阳阴阴"的走势，疑似为归妹卦形态，在图中用黄色虚线框标识。

首先，我们要确定这个形态确实为归妹卦形态。归妹卦形态要求形态前一根K线必须是阴线。从图中可以看到，黄色虚线框前的第一根K线为阴线，符合归妹卦形态的第一个条件。

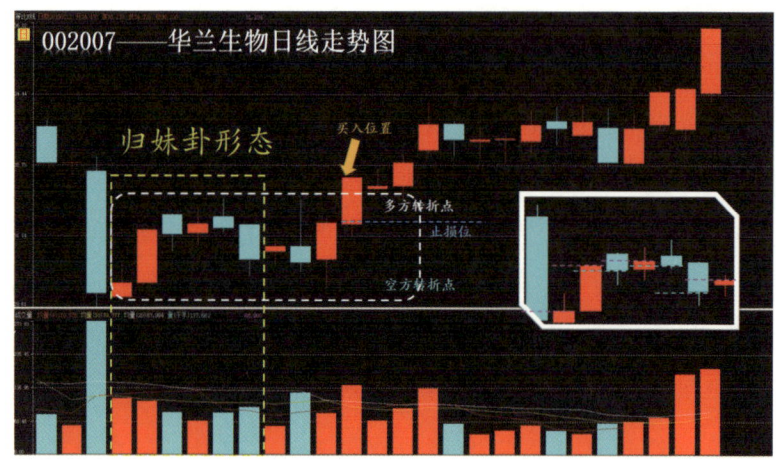

图 5.5.5　归妹卦形态多方转折点实战案例

　　归妹卦形态的第二个条件是形态中所有阳线都为真阳线，所有阴线都为真阴线。图中右侧折角矩形处将黄色框线中的走势放大，用粉色虚线标记阳线的收盘价，浅蓝色虚线标记阴线的收盘价。可以看到，框线中所有阳线的收盘价都相对于前一交易日抬高，都为真阳线。所有阴线的收盘价都相对于前一交易日降低，都为真阴线。形态中 K 线 A、B、D 的收盘价依次抬高，但 K 线 C、E、F 的收盘价却没有依次降低（K 线 E 的收盘价高于 K 线 C 的收盘价）。所以，黄色虚线框中的走势满足归妹卦形态的第二个条件。

　　至此，我们可以确定黄色虚线框中的走势构成一个归妹卦形态。根据归妹卦形态的买卖条件，我们以归妹卦形态最高价为上沿，最低价为下沿建立箱体，则箱体上沿为多方转折点，下沿为空方转折点。

　　在实际的走势中，股价在归妹卦形态形成之后的第四个交易日，以长阳线拉升突破买入点（如图中橙色箭头处标识），买入之后股价即开始了震荡上涨的走势。

这里需要注意的是，买入之后止损位就变成了买入当日的最低价，如图中深蓝色虚线所示，一旦后期股价有效跌破这一位置，则应该止损。

本案例中是归妹卦形态多方转折点提供的买入机会，接下来我们来看归妹卦形态空方转折点作为买入依据的案例，如下图所示。

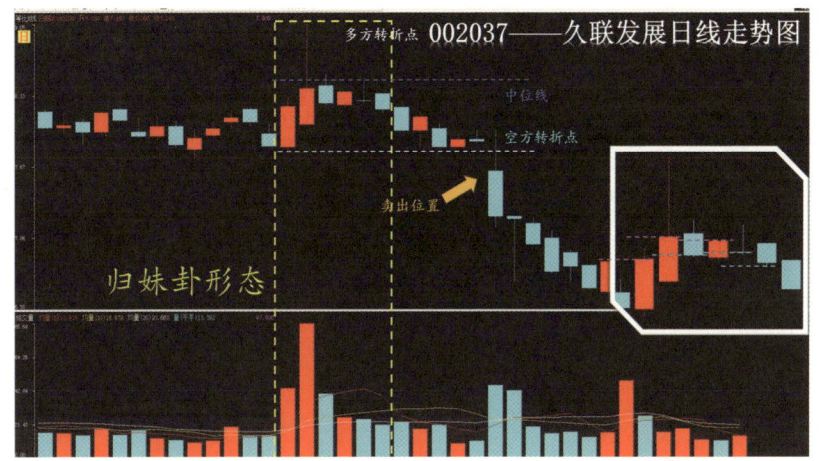

图 5.5.6　归妹卦形态空方转折点实战案例

图 5.5.6 是 002037——久联发展从 2018 年 8 月 30 日到 10 月 30 日的日 K 线走势图，图中在 2018 年 9 月 18 日到 26 日六个交易日之间出现了"阳阳阴阳阴阴"的走势，疑似为归妹卦形态，在图中用黄色虚线框标识。

归妹卦形态要求形态前一根 K 线必须是阴线，图中可以看到黄色虚线框前的第一根 K 线为阴线，符合归妹卦形态的第一个条件。

归妹卦形态的第二个条件是形态中所有阳线都为真阳线，所有阴线都为真阴线。图中右侧折角矩形处将黄色框线中的走势放大，用粉色虚线标记阳线的收盘价，浅蓝色虚线标记阴线的收盘价。可以看到，框线中所有阳线的收盘价都相对于前一交易日抬高，都为真阳线。所有阴线的收盘价都相对于前一交易日降低，都为真阴线。所以，黄色虚线框中的走势满足归妹卦形态的第二个条件。

至此，我们可以确定黄色虚线框中的走势构成一个归妹卦形态。根据归妹卦形态的买卖条件，我们以归妹卦形态最高价为上沿，最低价为下沿建立箱体，则箱体上沿为多方转折点，下沿为空方转折点，箱体的中线为中位线。

从图中可以看到，本案例中归妹卦形态的 K 线实大都集中在中位线之下，则后市下跌的概率较大。

在实际的走势中，股价果然在归妹卦形态形成之后的第六个交易日开始加速下跌，跌破空方转折点，此时应该果断卖出，随后市场开始了连续收阴的下跌走势。

前文中提到，归妹卦形态属于持续形态，所以多数情况下，归妹卦形态还是出现在上涨、下跌或者横盘的走势中作为持续形态的，如下图所示。

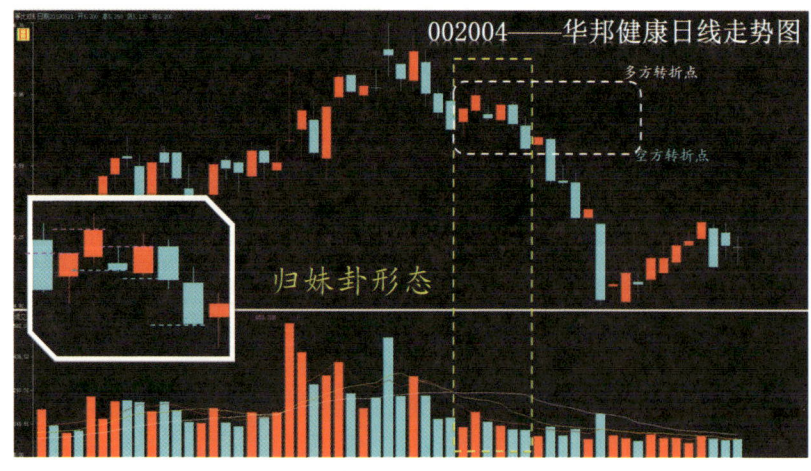

图 5.5.7　归妹卦形态下跌持续实战案例

图 5.5.7 是 002004——华邦健康从 2019 年 2 月 26 日到 5 月 21 日的日 K 线走势图，图中在 2019 年 4 月 16 日到 23 日六个交易日之间出现了"阳阳阴阳阴阴"的走势，疑似为归妹卦形态，在图中用黄色虚线框标识。

归妹卦形态要求形态前一根 K 线必须是阴线，从图中可以看到黄色虚线框前的第一根 K 线为阴线，符合归妹卦形态的第一个条件。

归妹卦形态的第二个条件是形态中所有阳线都为真阳线，所有阴线都为真阴线。图中左侧折角矩形处将黄色框线中的走势放大，用粉色虚线标记阳线的收盘价，浅蓝色虚线标记阴线的收盘价。可以看到，框线中所有阳线的收盘价都相对于前一交易日抬高，都为真阳线。所有阴线的收盘价都相对于前一交易日降低，都为真阴线。所以，黄色虚线框中的走势满足归妹卦形态的第二个条件。

至此，我们可以确定黄色虚线框中的走势构成一个归妹卦形态。根据归妹卦形态的买卖条件，我们以归妹卦形态最高价为上沿，最低价为下沿建立箱体，则箱体上沿为多方转折点，下沿为空方转折点，箱体的中线为中位线。

从图中可以看到，本案例中归妹卦形态的最低点出现在最后一根阴线的位置，则说明空方强势，后市继续下跌的概率较大。

归妹卦形态出现在下跌走势之中，作为下跌持续形态，可以为投资者提供额外的止损依据。若后市出现反转，则可以提供额外的买入点。

这里需要注意的是，有些研究者可能会疑惑：为什么上一个案例中就是用中位线来预期后市变化，而本案例中却用最低价出现的位置来预期后市变化呢？

实际上，这两种方式是有使用条件的。首先，形态中最低价和次低价距离过近的不宜适用最低价出现的位置来预期后市（最低点和次低点相邻的情况除外）。其次，形态中没有长影线的不宜用中位线来预期后市变化，上一个案例中形态中存在长上影线，而本案例中最低价与次低价差距较大。若两个条件都符合的情况，应该用中位线来预期后市变化。

第六节　兑宫八卦之节卦

接下来我们来了解兑宫八卦中的第六卦——节卦，其卦形以及卦爻辞如下图所示。

图 5.6.1　节卦形态及卦爻辞

接下来我们从卦名、卦状、卦象和义理四个方面来阐述节卦的相关信息。

【卦名】

节卦的卦名为节，节是节制的意思，万物有节，如水在泽中，无节则溢。

节卦是六十四卦中第六十卦。

【卦状】

节卦的卦状是"上坎下兑",在图 5.6.1 中间用红色的阳爻和绿色的阴爻表示。节卦很有趣,它的初爻、四爻、五爻和上爻当位,其余爻线全不当位,主卦和客卦的下爻有应。

【卦象】

象曰:泽上有水,节。君子以制数度,议德性。

太公封神不非凡,谋求钱财不费难,交易合伙大吉庆,疾病口舌消除安。月令高强,名声大扬,走失有信,官事无妨。

节,有限而止也。故有斩将封神之象。姜太公灭纣王后,一切鬼魂尽赴台前,俱各受神得位,占此卦者,有百无禁忌之兆。

【义理】

卦辞释义

节卦的卦辞为"亨,苦节,不可贞"。

节卦辞的意思是节制可致亨通,但过分的节制也不可以的,应当持正、适中。

形态解析

节卦在市场中对应的形态是一种阴阳交错但不对应的走势,即"阳阳阴阴阳阴",如图 5.6.2 所示。

节卦的卦状如图中左侧所示,节卦所对应的走势形态如图中右侧所示,即"阳阳阴阴阳阴"的走势,我们称这种形态为"节卦形态"。

象数理形态模型

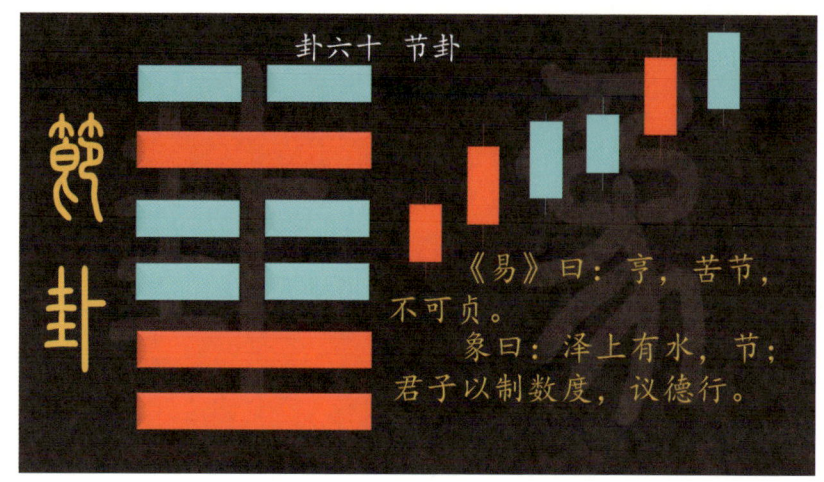

图 5.6.2　节卦对应的走势形态

节卦形态和归妹卦形态一样是一种阴阳交错的走势，但是两者不同的是，节卦形态代表的走势并不对应，阴阳之间虽然平衡但是混乱无序。这直接造成了节卦形态所代表的走势更没有规律。多空双方这种势均力敌且缺乏规律的争夺，造成其后市不会出现强势的上涨或者下跌走势，同时这也意味着后市有众多的可能性，投资者对后市的判断更加艰难。具体该如何判断，在接下来阐述形态性质和买卖条件时会有详细的说明。

形态要求

节卦的标准形态如图 5.6.3 所示，图中白色虚线框标识的形态即为标准的节卦形态，其中包含的六根 K 线从左到右标记为 K 线 A 到 K 线 F，形态之前一根 K 线标记为 K 线 0，K 线形态下方为成交量变化示意图。

节卦形态的构成要求有以下两条：

第一，形态之前的一根 K 线必须是阴线。

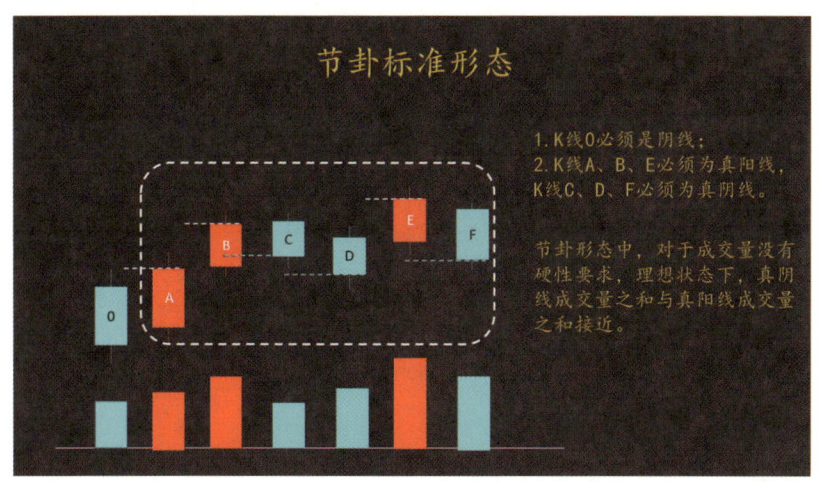

图 5.6.3　节卦标准形态示意图

第二，K线A、B、E必须是真阳线，K线C、D、F必须为真阴线。

一般来说，若节卦形态满足K线A、B、E收盘价依次抬高而K线C、D、F收盘价依次降低的话，则此形态有可能会成为高位转折形态（注意：这不代表不满足条件的节卦形态不能成为高位转折形态）。

节卦形态中，对于成交量没有硬性要求，理想状态下，真阴线成交量之和与真阳线成交量之和接近。

形态性质

节卦形态属于"持续"形态，一方面它代表多方之间的力量均衡，另一方面它也代表着多空双方竞争激烈，多出现在横盘走势中作为持续形态，有时也以单边走势中横盘调整的形态出现。

在满足K线A、B、E收盘价依次抬高而K线C、D、F收盘价依次降低的条件时，节卦形态还有可能会成为高位转折形态。

买卖条件

节卦形态作为持续形态,其提供的买卖条件如下图所示。

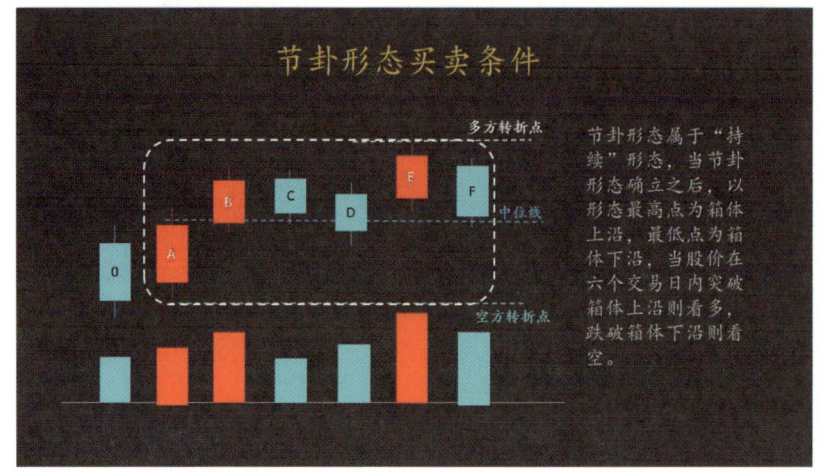

图 5.6.4　节卦形态的买卖条件

图 5.6.4 是节卦形态的买卖条件示意图。节卦形态作为持续形态,可以为投资者提供一个多方转折点(买入依据),空方转折点(止损依据)和一条中位线(多空力量权重对比依据)。

多方转折点(买入依据):当节卦形态确立之后,我们以整个形态的最高点为上沿,最低点为下沿建立箱体,则箱体的上沿为多方转折点,当股价有效突破这一位置时则可以考虑买入。注意,此买入依据在形态确立后六个交易日内有效。

与归妹卦形态相似,节卦形态出现之后也不宜激进,因为节卦形态本身代表着多空双方的力量均衡与激烈争夺。

空方转折点(止损依据):以节卦形态为依据建立箱体,箱体的下沿即为空方转折点。当股价有效跌破这一位置时,则应果断止损。若已经买入,则以买入当日的最低价为止损价。若股价有效跌破这一点位,则应果断止损。

中位线（多空力量权重对比依据）：以节卦形态为依据建立箱体，箱体上沿和下沿之间的中线即为中位线，我们可以根据K线实体在中位线两边的比重来判断接下来的走势。若K线实体集中在中位线之下，则说明空方动能强大，未来股价下跌概率较高。反之，若K线实体集中在中位线之上，则说明多方动能强大，未来股价上涨概率较高。

当形态中存在长影线时，通过中位线来判断股价未来走势会更加准确。而当形态中最低点与次低点之间间隔超过两根K线且存在明显差距的时候，更适宜根据最低点出现的位置——是在形态中靠前的位置还是靠后的位置——来判断未来股价的涨跌倾向。一般来说，最低点出现在形态前两根K线中，则说明未来股价上涨的概率较高；若最低点出现在形态后两根K线中，则说明未来股价下跌的概率较高；最低点在形态中间的两根K线的情况下不宜用此方法。

形态中既有长影线同时最低点和次低点之间间隔超过两根K线且存在明显差距的情况下，优先采用中位线来判断未来的股价走势。

需要注意的是，这种判断方法只是对股价未来的走势做一个初步的预期，并不是百分百准确的。

节卦形态属于持续形态，不涉及二次买入。

接下来我们通过案例详细解读。

案例解析

节卦形态体现多空双方力量均衡，一般出现在某段走势中作为持续形态，如下图所示。

象数理形态模型

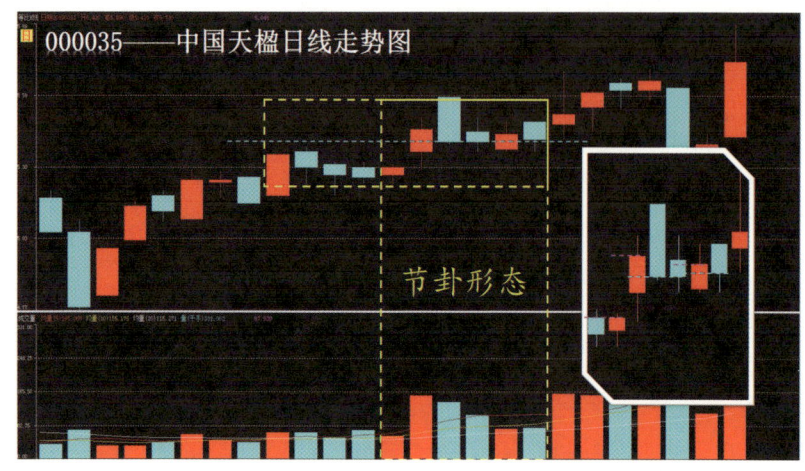

图 5.6.5　节卦形态上涨持续实战案例

图 5.6.5 是 000035——中国天楹从 2019 年 1 月 30 日到 2019 年 3 月 12 日的日 K 线走势图，图中在 2019 年 2 月 22 日到 3 月 1 日六个交易日之间出现了"阳阳阴阴阳阴"的走势，疑似为节卦形态，在图中用黄色虚线框标识。

首先，我们要确定这个形态确实为节卦形态。节卦形态要求形态前一根 K 线必须是阴线，从图中可以看到黄色虚线框前的第一根 K 线为阴线，符合节卦形态的第一个条件。

节卦形态的第二个条件是形态中所有阳线都为真阳线，所有阴线都为真阴线。图中右侧折角矩形处将黄色框线中的走势放大，用粉色虚线标记阳线的收盘价，浅蓝色虚线标记阴线的收盘价。可以看到，框线中所有阳线的收盘价都相对于前一交易日抬高，都为真阳线。

形态中第二根 K 线和第三根 K 线（2019 年 2 月 26 日与 27 日）都为阴线，但这两根阴线的收盘价相等，都为 5.40 元。这种情况极少出现，可以算作符合真阴线的条件。我们可以认为形态中所有阴线的收盘价都相对于前一交易日降低，都为真阴线。

至此，我们可以确定黄色虚线框中的走势构成一个节卦形态。根据节卦形态的买卖条件，我们以节卦形态最高价为上沿，最低价为下沿建立箱体，则箱体上沿为多方转折点，下沿为空方转折点。

从图中可以看到，本案例中的节卦形态中没有长影线，但最低点与次低点之间差距较为明显，可以根据最低点出现的位置来对后市做出预期，最低点出现在形态中第一根K线的位置。所以，我们预测后市会继续上涨。

在实际的走势中，节卦形态出现之后股价果然如我们所判断继续上涨。所以，本案例中的节卦形态属于典型的上涨持续形态。

这里需要注意的是，本案例中如果选择用多方趋势转折点作为买入或加仓依据的话，买入之后止损位就变成了买入当日的最低价。

本案例中是节卦形态作为上涨持续形态的情况，接下来我们来看节卦形态作为转折形态的案例，如下图所示。

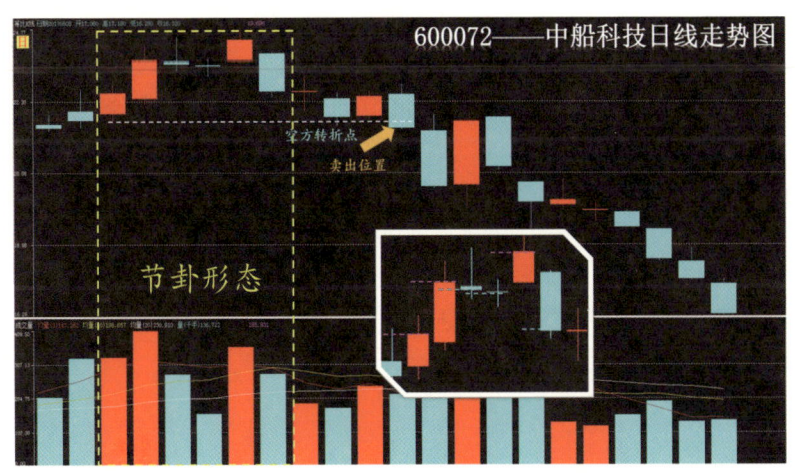

图 5.6.6　节卦形态高位转折实战案例

象数理形态模型

图 5.6.6 是 600072——中船科技从 2017 年 4 月 6 日到 5 月 8 日的日 K 线走势图，图中在 2017 年 4 月 10 日到 17 日六个交易日之间出现了"阳阳阴阴阳阴"的走势，疑似为节卦形态，在图中用黄色虚线框标识。

节卦形态要求形态前一根 K 线必须是阴线，从图中可以看到黄色虚线框前的第一根 K 线为阴线，符合节卦形态的第一个条件。

节卦形态的第二个条件是形态中所有阳线都为真阳线，所有阴线都为真阴线。图中右侧折角矩形处将黄色框线中的走势放大，用粉色虚线标记阳线的收盘价，浅蓝色虚线标记阴线的收盘价。可以看到，框线中所有阳线的收盘价都相对于前一交易日抬高，都为真阳线，所有阴线的收盘价都相对于前一交易日降低，都为真阴线。所以，黄色虚线框中的走势满足节卦形态的第二个条件。

至此，我们可以确定黄色虚线框中的走势构成一个节卦形态，并且 K 线 A、B、E 的收盘价依次抬高，而 K 线 C、D、F 的收盘价依次降低。前文中提到，节卦形态如果符合这样的走势条件，则大概率为高位转折形态。

根据节卦形态的买卖条件，我们以节卦形态最高价为上沿，最低价为下沿建立箱体，则箱体上沿为多方转折点，下沿为空方转折点，如图中白色虚线所示，箱体的中线为中位线。

在实际的走势中，股价果然开始下跌，在节卦形态形成之后的第四个交易日正是跌破空方转折点，此时出现卖点，如图中黄色箭头所示。随后，市场开始了持续下跌，投资者可以根据节卦形态及时回避风险。

谨慎的投资者在发现节卦形态满足 K 线 A、B、E 的收盘价依次抬高，而 K 线 C、D、F 的收盘价依次降低的条件时，就应该考虑止损或者减仓了。

第七节　兑宫八卦之损卦

接下来我们来了解兑宫八卦中的第七卦——损卦，其卦形以及卦爻辞如下图所示。

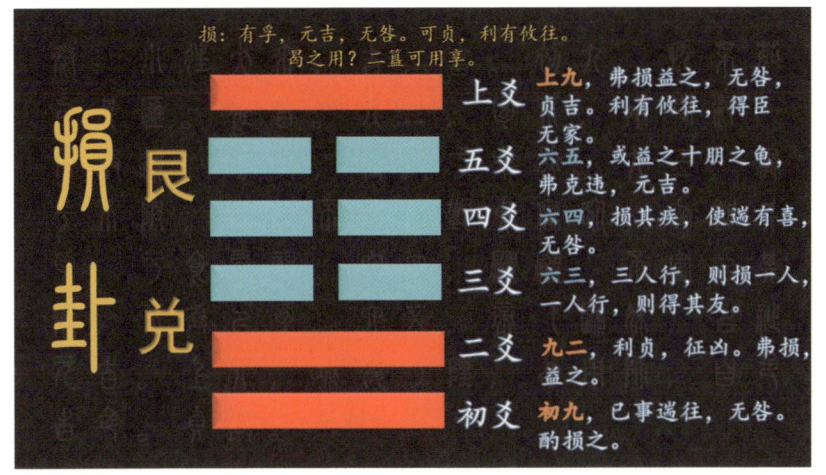

图 5.7.1　损卦形态及卦爻辞

接下来我们从卦名、卦状、卦象和义理四个方面来阐述损卦的相关信息。

【卦名】

损卦的卦名为损，损乃论述与敌国交往中不需要受损就获得利益，或在万不得已的情况下适当减损自己一部分利益去获得更大利益。

君子以惩忿窒欲。君子从中得到启示，要遏制怒气，杜绝嗜欲。

损卦是六十四卦中第四十一卦。

【卦状】

损卦的卦状是"上艮下兑",在图 5.7.1 中间用红色的阳爻和绿色的阴爻表示。损卦很有趣,它只有初爻、四爻当位,其余爻线全不当位,主卦和客卦的上、中、下爻全都有应。

【卦象】

象曰:山下有泽,损。君子以惩忿窒欲。

时运不及费心多,比作推车受折磨,山路崎岖掉下耳,左插右按不着边。时运不及,不要胡为,交节换月,自然顺妥。

损者,减也,损内益外,如同车夫推车下坡,不料下到中间掉下耳来,左右安插不上,费力之兆也。

【义理】

卦辞释义

损卦的卦辞为"有孚,元吉,无咎。可贞,利有攸往。曷之用?二簋可用享"。

"孚"是信任的意思,"簋"是古代盛食物的器具,圆口,两耳,"曷"表示疑问。

损卦辞的意思是有了信任,非常吉利,无所怪罪,可以坚持下去,有利于往前发展。怎么作享祀?用二簋食物即可作享祀。

形态解析

损卦在市场中对应的形态是一种阴线聚集,阳线分散但大体上阴阳平衡的走势,即"阳阳阴阴阴阳",如图 5.7.2 所示:

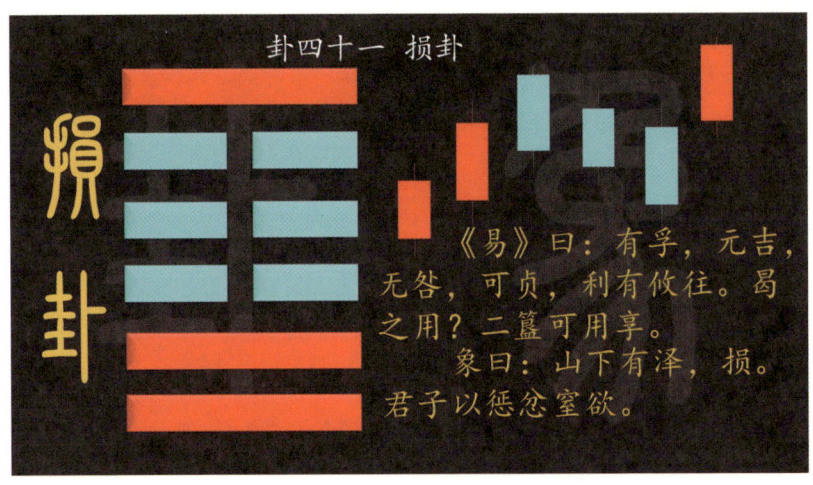

图 5.7.2　损卦对应的走势形态

如图 5.7.2，损卦的卦状如图中左侧所示，损卦所对应的走势形态如图中右侧所示，即"阳阳阴阴阴阳"的走势，我们称这种形态为损卦形态。

最后一根 K 线收阳，这一点极大地削弱了三连阴代表的空方力量。损卦形态所代表的走势同样是阴阳平衡交错，只不过形态中的阴线集中在一起，又处于阳线的包围之中，所以空方会稍微强势，但不会影响平衡。

形态要求

损卦的标准形态如图 5.7.3 所示，图中白色虚线框标识的形态即为标准的损卦形态，其中包含的六根 K 线从左到右标记为 K 线 A 到 K 线 F，形态之前一根 K 线标记为 K 线 0，K 线形态下方为成交量变化示意图。

损卦形态的构成要求有以下两条：

第一，形态之前的一根 K 线必须是阴线。

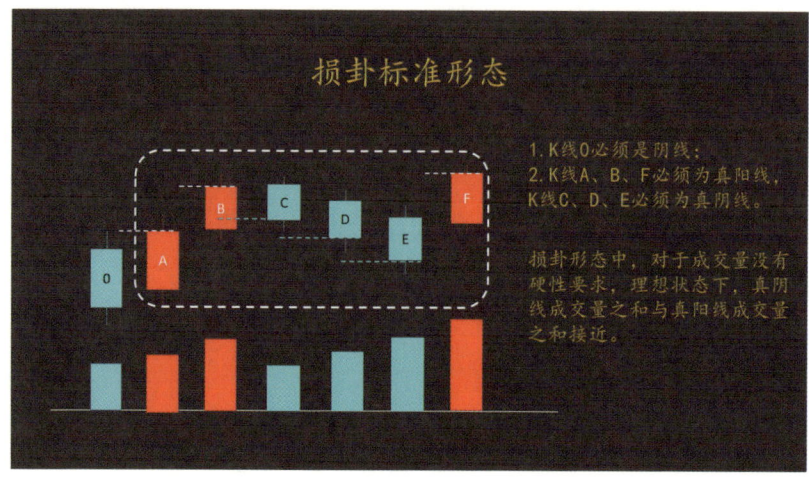

图 5.7.3　损卦标准形态示意图

第二，K 线 A、B、F 必须是真阳线，K 线 C、D、E 必须为真阴线。

损卦形态中，对于成交量没有硬性要求，理想状态下，真阴线成交量之和与真阳线成交量之和接近。

需要注意的是，损卦形态中可没有满足 K 线 A、B、F 收盘价依次抬高，K 线 C、D、E 收盘价依次降低，则多为高位转折形态的性质。

形态性质

损卦形态属于"持续"形态，代表着多空双方力量的平衡，但这种平衡非常脆弱，连在一起的三根真阴线代表着下跌走势的孕育，最后一根阳线却又消除了下跌的惯性，因此若形态中最后一根阳线实体较大的话，后市持续或者低位反转的可能性较高；反之，若形态中最后一根阳线的实体较小的话，则后市出现下跌走势的概率较高。

一般来说，衡量损卦形态中最后一根阳线实体的大小要是比较其与形态中最后一根阴线的实体之间大小关系，但若最后一根阴线实体很小的话（比如十字星或者接近十字星的形态），则需比较最后一根阳线与形态中实体最大的阴线。

买卖条件

损卦的买卖条件如下图所示。

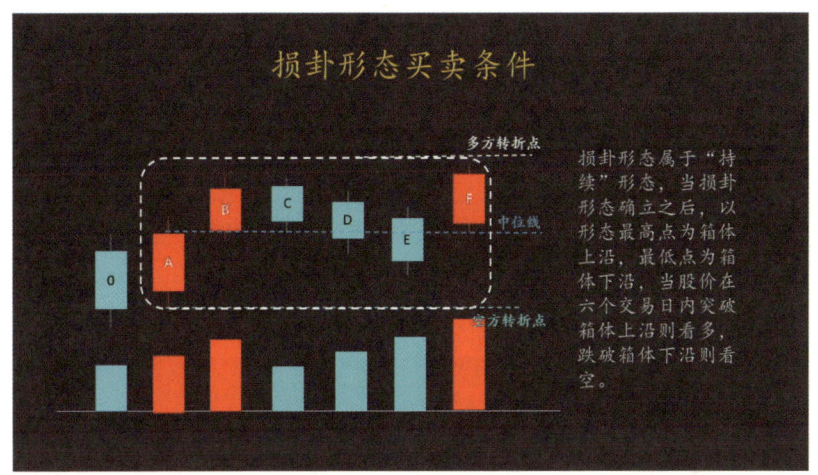

图 5.7.4　损卦形态的买卖条件

图 5.7.4 是损卦形态的买卖条件示意图，损卦形态作为持续形态，可以提供一个多方转折点（买入依据），空方转折点（止损依据）和一条中位线（多空力量权重对比依据）。

多方转折点（买入依据）：当损卦形态确立之后，我们以整个形态的最高点为上沿，最低点为下沿建立箱体，则箱体的上沿为多方转折点。当股价有效突破这一位置时则可以考虑买入，此买入依据在形态确立后六个交易日内有效。

需要注意的是，损卦本身就有损失的含义，损卦形态中空方比多方稍稍强势，所以损卦形态出现之后不宜激进。

空方转折点（止损依据）：以损卦形态为依据建立箱体，箱体的下沿即为空方转折点，当股价有效跌破这一位置时，则应果断止损。若已经买入，则以买入当日的最低价为止损价。若股价有效跌破这一点位，则应果断止损。

中位线（多空力量权重对比依据）：以节卦形态为依据建立箱体，箱体上沿和下沿之间的中线即为中位线，但损卦形态的中位线实战意义不大，对于后市的预期多是通过前文中提到的最后一根阳线与阴线的大小比对。

接下来我们通过案例详细解读。

案例解析

损卦是一种持续形态，在市场中常作为横盘或者下跌走势中的持续形态出现，如下图所示。

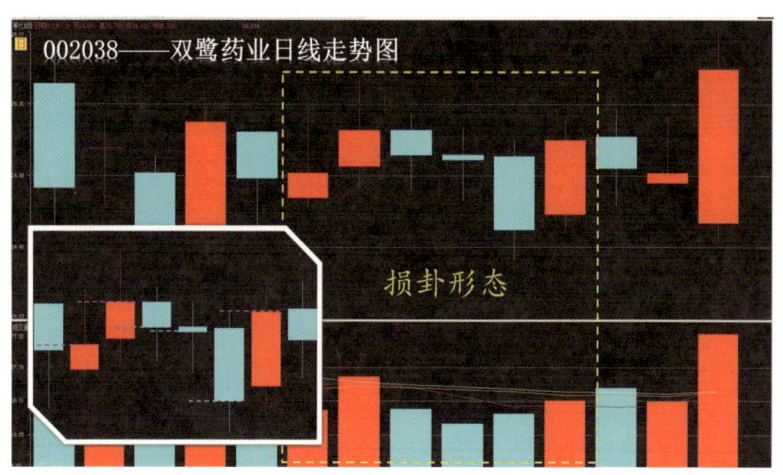

图 5.7.5　损卦形态横盘持续实战案例

图 5.7.5 是 002038——双鹭药业从 2018 年 12 月 28 日到 2019 年 1 月 18 日的日 K 线走势图，图中在 2019 年 1 月 8 日到 1 月 15 日六个交易日之间出现了"阳阳阴阴阴阳"的走势，疑似为损卦形态，在图中用黄色虚线框标识。

首先，我们要确定这个形态确实为损卦形态。损卦形态要求形态前一根 K 线必须是阴线，从图中可以看到黄色虚线框前的第一根 K 线为阴线，符合损卦形态的第一个条件。

节卦形态的第二个条件是形态中所有阳线都为真阳线，所有阴线都为真阴线。图中右侧折角矩形处将黄色框线中的走势放大，用粉色虚线标记阳线的收盘价，浅蓝色虚线标记阴线的收盘价。可以看到，框线中所有阳线的收盘价都相对于前一交易日抬高，都为真阳线。所有阴线的收盘价都相对于前一交易日降低，都为真阴线。所以，黄色虚线框中的走势满足节卦形态的第二个条件。

至此，我们可以确定黄色虚线框中的走势构成一个损卦形态。图中可以看到，在实际的走势中，股价在损卦形态出现之后继续维持了横盘的走势，损卦在这里作为横盘持续形态。

本案例中是损卦形态作为持续形态的案例，接下来我们来看损卦形态作为转折形态的案例，如下图所示。

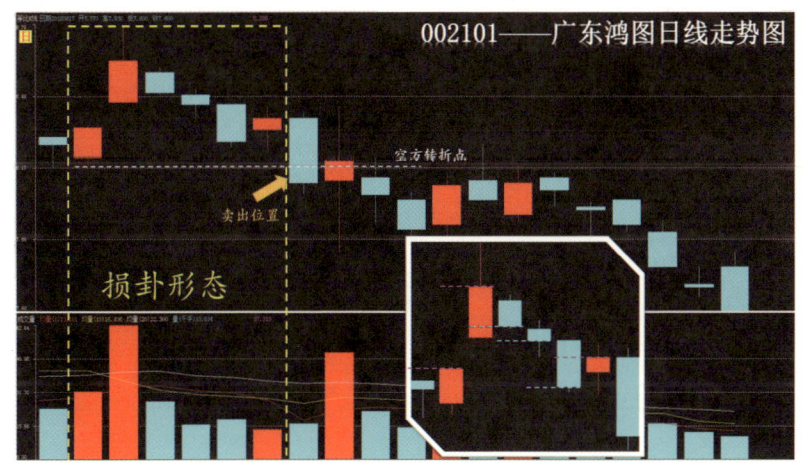

图 5.7.6　损卦形态顶部转折实战案例

图 5.7.6 是 002101——广东鸿图从 2018 年 7 月 23 日到 8 月 17 日的日 K 线走势图，图中在 2018 年 7 月 24 日到 31 日六个交

易日之间出现了"阳阳阴阴阴阳"的走势，疑似为损卦形态，在图中用黄色虚线框标识。

首先，我们要确定这个形态确实为损卦形态。损卦形态要求形态前一根K线必须是阴线，从图中可以看到黄色虚线框前的第一根K线为阴线，符合损卦形态的第一个条件。

节卦形态的第二个条件是形态中所有阳线都为真阳线，所有阴线都为真阴线。图中右侧折角矩形处将黄色框线中的走势放大，用粉色虚线标记阳线的收盘价，浅蓝色虚线标记阴线的收盘价。可以看到，框线中所有阳线的收盘价都相对于前一交易日抬高，都为真阳线。所有阴线的收盘价都相对于前一交易日降低，都为真阴线。所以，黄色虚线框中的走势满足节卦形态的第二个条件。

至此，我们可以确定黄色虚线框中的走势构成一个损卦形态，且形态中最后一根阳线实体明显比最后一根阴线的实体小，不到前者的三分之一。所以，我们可以初步推断后市大概率为下跌走势。

根据损卦形态的买卖条件，我们损卦形态最高价为上沿，最低价为下沿建立箱体，则箱体上沿为多方转折点，下沿为空方转折点，如图中白色虚线所示。

在实际的走势中，股价果然在损卦形态出现之后开始下跌，形态形成之后的第一个交易日股价即跌破空方转折点，应果断止损。

第八节 兑宫八卦之临卦

接下来我们来了解兑宫八卦中的最后一卦——临卦，其卦形以及卦爻辞如下图所示。

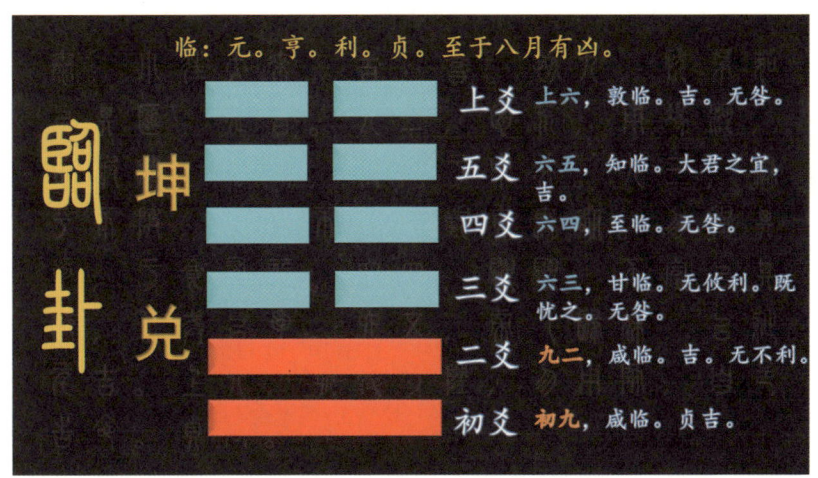

图 5.8.1　临卦形态及卦爻辞

接下来我们从卦名、卦状、卦象和义理四个方面来阐述临卦的相关信息。

【卦名】

临卦的卦名为临，临，就是以上临下，有统御的含义，君子以教思无穷，容保民无疆。

临卦是六十四卦中第十九卦，是一个中上卦。

【卦状】

临卦的卦状是"上坤下兑"，在图5.8.1中间用红色的阳爻和绿色的阴爻表示。临卦很有趣，它只有初爻、四爻和上爻当位，二爻、三爻和五爻不当位，主卦和客卦的中爻和下爻都有应。

【卦象】

象曰：泽上有地，临。君子以教思无穷。容保民无疆。

临者，上临下也，坤居兑上似临民之意，故有发政施仁之象。

发政施仁志量高，出外求财任逍遥，交易婚姻大有意，走失行人有音消。口舌消散，疾病见痊，求名如意，家宅平安。

象数理形态模型

【义理】

卦辞释义

临卦的卦辞为"元。亨。利。贞。至于八月有凶"。

临卦辞的意思是进展很顺利,利于坚持下去,一段时间以后可能有凶险。

卦辞中说的"至于八月有凶"中的"八月",形象地表示了一个不长不短的时间。这个八月不是实际的时间,不是八月份,也不是指从现在起的第八个月。实际上,这句话的意思是警告主方在可以预见的未来,其有利的形势(即元亨利贞)将会变化。主方应当紧紧抓住良好机遇果断地决策,积极行动,切不要错失良机。

正确地解读这句话对于在市场中投资有着重要的意义。

形态解析

临卦在市场中对应的形态是两根阳线加四根阴线,即"阳阳阴阴阴阴"的形态,如图5.8.2所示:

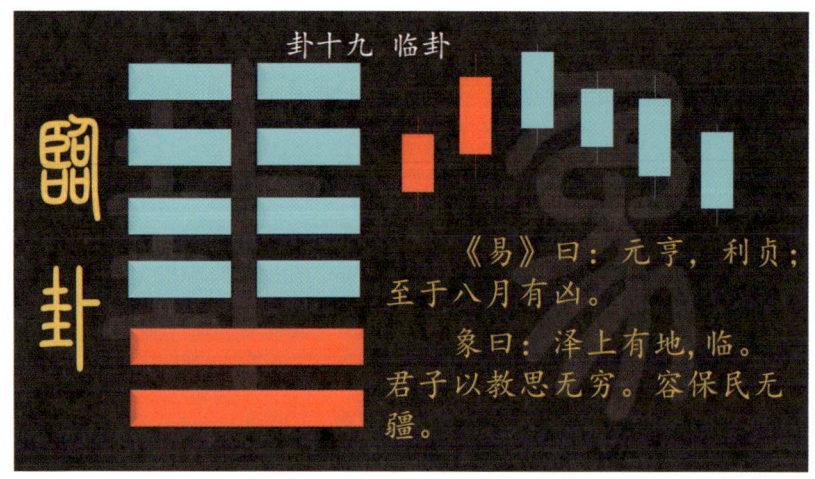

图 5.8.2　临卦对应的走势形态

如图 5.8.2，临卦的卦状如图中左侧所示，临卦所对应的走势形态如图中右侧所示，即"阳阳阴阴阴阴"的走势，我们称这种形态为临卦形态。

临卦形态代表空方强势，但正如临卦本身是一个中上卦有发施仁政的含义一样，这种形态本身就会孕育一些机会，可能是下跌走势中的报复性反弹，或者干脆就演化成反转。

这一点接下来会结合形态性质详细阐述。

形态要求

临卦形态的构成要求如下图所示。

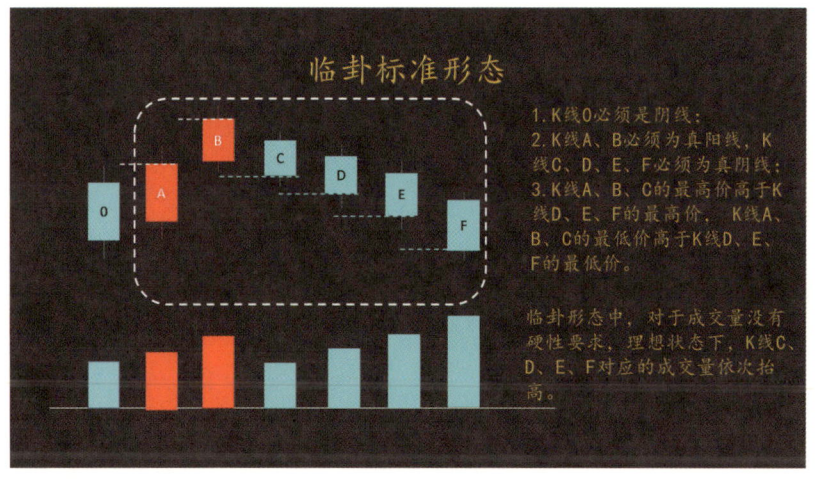

图 5.8.3　临卦标准形态示意图

临卦的标准形态如图 5.8.3 所示，图中白色虚线框标识的形态即为标准的临卦形态，其中包含的六根 K 线从左到右标记为 K 线 A 到 K 线 F，形态之前一根 K 线标记为 K 线 0，K 线形态下方为成交量变化示意图。

临卦形态的构成要求有以下两条：

第一，形态之前的一根 K 线必须是阴线。

第二，K线A、B必须为真阳线，K线C、D、E、F必须为真阴线。

第三，K线A、B、C的最高价高于K线D、E、F的最高价，K线A、B、C的最低价高于K线D、E、F的最低价。

一般来说，在临卦形态中，阴线实体的长度之和要远大于阳线实体的长度之和，但这并非是必需的。也就是说，不管是阴线实体之和比较长，还是阳线实体之和比较长，都不会影响到临卦形态的确立。

临卦形态中，对于成交量没有硬性要求，理想状态下，K线C、D、E、F对应的成交量依次抬高。

形态性质

临卦形态属于"转折"形态，形态中阴线较多，代表空方的强势，但是这种强势既可以是下跌走势的开始，也可能是耗尽下跌动能的最后一波下跌。

简单来说，临卦形态作为转折形态，既可以出现在顶部作为顶部转折形态，也可以出现在走势底部作为底部转折形态。

买卖条件

图5.8.4是临卦形态的买卖条件示意图，临卦形态作为转折形态，可以提供一个买入依据和一个卖出依据，前者用来把握临卦形态底部转折的情况，后者用来回避临卦形态顶部转折的风险。

买入依据：当临卦形态确立之后，我们以整个形态的最高点为买入依据点。当股价有效突破这一位置时则可以考虑买入，此买入依据在形态确立后六个交易日内有效。

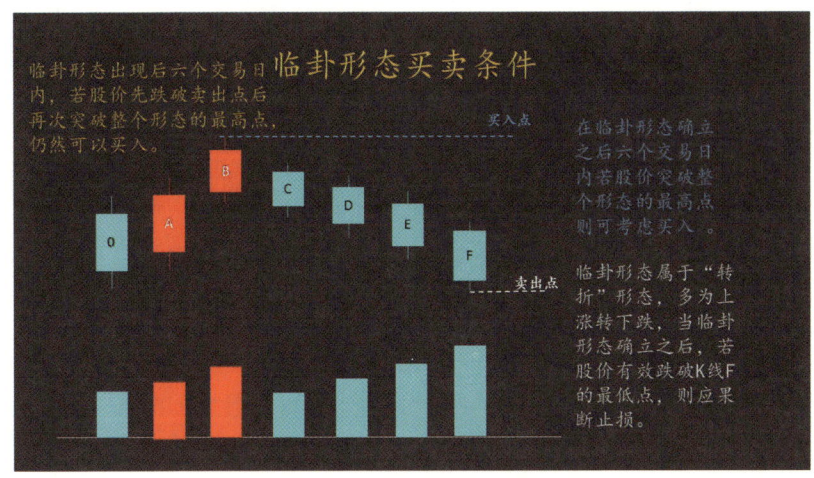

图 5.8.4　临卦形态的买卖条件

卖出依据：当临卦形态确立之后，以 K 线 F 的最低价为卖出依据，若股价收盘价有效跌破这一点位，则应果断止损。

临卦形态二次买入的情况并不多见，但若临卦形态出现后六个交易日内，股价先跌破卖出点后再次突破整个形态的最高点，仍然可以买入。

接下来我们通过案例详细解读。

案例解析

前文中提到，临卦是一种转折形态，最常见的情况就是作为顶部转折形态出现，如下图所示。

图 5.8.5 是 002101——广东鸿图从 2018 年 6 月 6 日到 7 月 23 日的日 K 线走势图，图中在 2018 年 6 月 8 日到 15 日六个交易日之间，出现了疑似为临卦形态的"阳阳阴阴阴阴"走势，在图中用黄色虚线框标识。

首先我们来看临卦形态的构成条件：

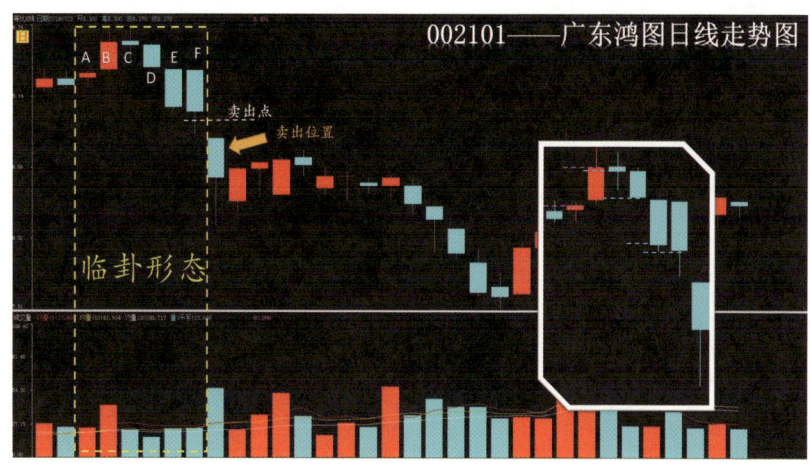

图 5.8.5 临卦形态顶部转折实战案例

第一个条件是形态前一根 K 线必须是阴线，图中可以看到黄色虚线框前的第一根 K 线为阴线，符合临卦形态的第一个条件。

第二个条件是 K 线 A、B 必须为真阳线，K 线 C、D、E、F 必须为真阴线。也就是说，形态中所有阳线都为真阳线，所有阴线都为真阴线。图中右侧折角矩形处将黄色框线中的走势放大，用粉色虚线标记阳线的收盘价，浅蓝色虚线标记阴线的收盘价。可以看到，框线中所有阳线的收盘价都相对于前一交易日抬高，都为真阳线，所有阴线的收盘价都相对于前一交易日降低，都为真阴线。

构成临卦形态的第三个条件是 K 线 A、B、C 的最高价高于 K 线 D、E、F 的最高价，K 线 A、B、C 的最低价高于 K 线 D、E、F 的最低价。图中是一个典型的左高右低的形态，明显符合这一条件。

至此，我们可以确定黄色虚线框中的走势构成一个临卦形态，根据临卦形态的买卖条件，我们以形态中最高的最高价（K 线 C 的最高点）作为买入依据，以 K 线 F 的最低点做水平线，如图中白色虚线，则这根白色虚线即为临卦形态的卖出依据，一旦股价有效跌破这一点位则应果断止损。

在实际的走势中，股价在临卦形态出现之后的第一个交易日即跳空低开跌破了卖出点，此时应果断止损，回避接下来下跌走势带来的风险。

本案例中是临卦形态作为顶部转折形态的案例，接下来我们来看临卦形态作为底部转折形态的案例，如下图所示。

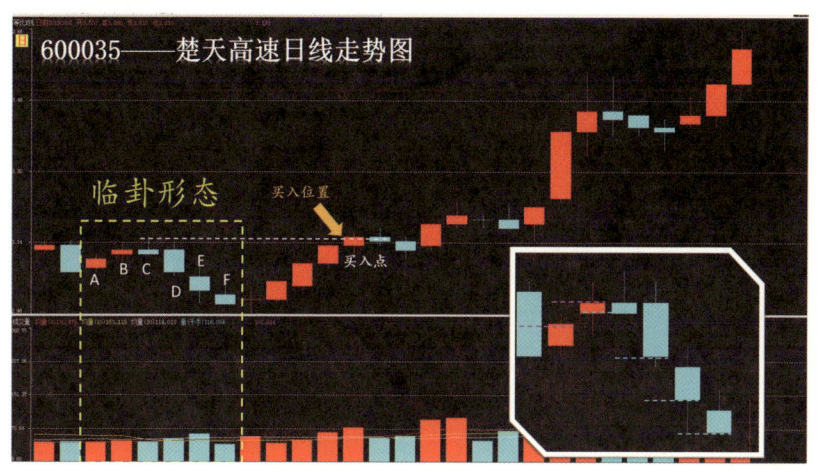

图 5.8.6　临卦形态底部转折实战案例

图 5.8.6 是 600035——楚天高速从 2019 年 1 月 21 日到 3 月 5 日的日 K 线走势图，图中在 2019 年 1 月 23 日到 30 日六个交易日之间出现了疑似为临卦形态的"阳阳阴阴阴阴"走势，在图中用黄色虚线框标识。

首先我们来看临卦形态的构成条件：

第一个条件是形态前一根 K 线必须是阴线，图中可以看到黄色虚线框前的第一根 K 线为阴线，符合临卦形态的第一个条件。

第二个条件是 K 线 A、B 必须为真阳线，K 线 C、D、E、F 必须为真阴线。也就是说，形态中所有阳线都为真阳线，所有阴

线都为真阴线。图中右侧折角矩形处将黄色框线中的走势放大，用粉色虚线标记阳线的收盘价，浅蓝色虚线标记阴线的收盘价。可以看到，框线中所有阳线的收盘价相对于前一交易日都有所抬高，都为真阳线，所有阴线的收盘价相对于前一交易日都有所降低，都为真阴线，符合临卦形态的第二个条件。

构成临卦形态的第三个条件是 K 线 A、B、C 的最高价高于 K 线 D、E、F 的最高价，K 线 A、B、C 的最低价高于 K 线 D、E、F 的最低价。图中是一个典型的左高右低的形态，明显符合这一条件。

至此，我们可以确定黄色虚线框中的走势构成一个临卦形态。根据临卦形态的买卖条件，我们以形态中最高的最高价（K 线 C 的最高点）做水平线，如图中白色虚线，作为买入依据，后市股价一旦突破这一点位则可以买入，以 K 线 F 的最低点作为临卦形态的卖出依据。

在实际的走势中，股价在临卦形态出现之后不但没有继续下跌，反而开始连续的收阳上涨，在形态出现之后第五个交易日突破买入点。此时买入，这一波上涨持续 25 个交易日，涨幅达 44.52%。

第六章　离宫八卦

导读 主卦为【离】的性质

通过第四章和第五章的学习，我们发现在六十四卦形态中，同一宫中的形态由于其主卦相同，会有一定的相似性。这种相似性转化在形态上，就是前三根K线都是相同的。而这种相同会衍生出很多性质上的相似性，比如乾宫八卦的形态中，很多形态的趋势反转位都是形态中第三根K线的收盘价（即出现灵敏止损位的情况）。这种灵敏止损位在兑宫八卦的形态中一个都没有，这就是由主卦所带来的相似性。

接下来我们将要阐述的是离宫八卦所对应的形态，它们的特点就是主卦为【离】，主卦为【离】所带来的共性有哪些呢？

首先主卦为【离】很容易形成一个下分形，这种形态作为底部转折的可能性就会比较高。同时，离卦由两根阳线和一根阴线构成，搭配两根阴线和一根阳线的卦形很容易就构成持续形态。所以，离宫八卦中有三个持续形态。

第一节　离宫八卦之同人卦

离宫八卦是指以离卦为主卦的八种别卦，由同人卦、革卦、离卦、家人卦、丰卦、既济卦、贲卦和明夷卦构成。

首先我们来阐述同人卦，它的卦形、卦辞以及每一爻所对应的爻辞如下图所示。

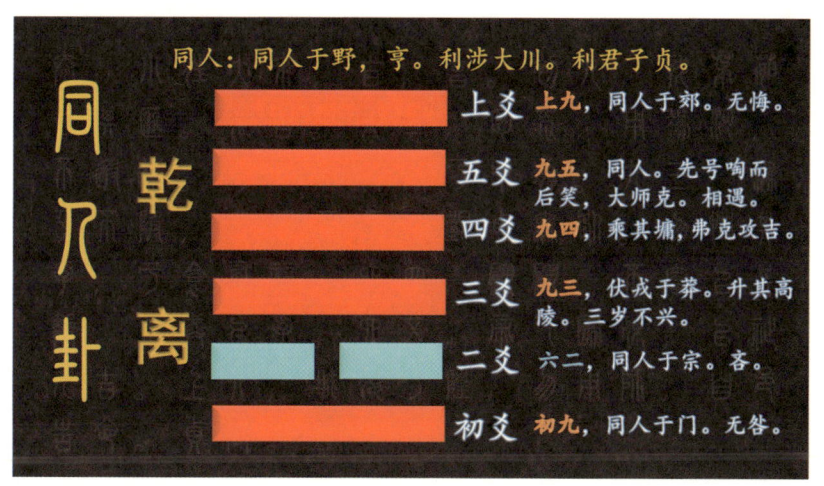

图 6.1.1　同人卦形态及卦爻辞

我们可以从卦名、卦状、卦象和义理四个方面来详细阐述同人卦。

【卦名】

同人卦的卦名为同人，同人的意思是会同他人。

同人卦为六十四卦中的第十三卦。

【卦状】

同人卦的卦状是"乾上离下"，在图 6.1.1 中间用红色和绿

色爻线表示。其中初爻、二爻、三爻和五爻当位,其余两爻不当位,主卦和客卦的中爻有应,阴阳相合。

【卦象】

象曰:天与火,同人。君子以类族辨物。

仙人指路大运通,劝君任意走西东,交易求财不费力,婚姻合伙有响应。婚姻有成,行人归家,走失可见,做事无差。

同人者,与人同也,同心同德,故有仙人指路之象。

【义理】

卦辞释义

同人卦的卦辞是"同人于野。亨。利涉大川。利君子贞"。

意思是:与他人在野外会同,顺利,有利于涉越大江大河,有利于像君子一样坚持下去。

形态解析

同人卦在市场中对应的形态是五阳夹一阴,阴线出现在第二根K线处,即"阳阴阳阳阳阳"的走势,如图6.1.2所示:

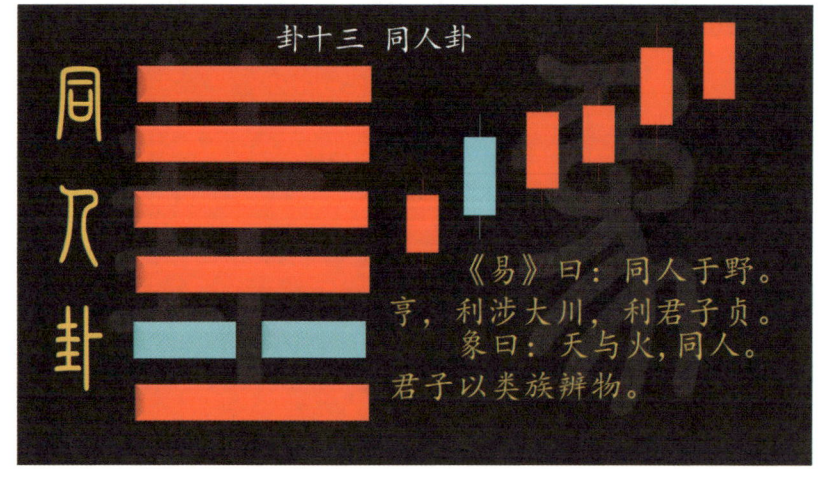

图 6.1.2　同人卦对应的走势形态

如图 6.1.2，图中左侧是同人卦的卦状，右侧是同人卦所对应的走势形态，即"阳阴阳阳阳阳"的走势，我们称这种形态为同人卦形态。

同人卦形态由五根阳线和一根阴线组成，代表多方强势。

形态要求

同人卦形态对于构成形态的细节的要求如下图所示。

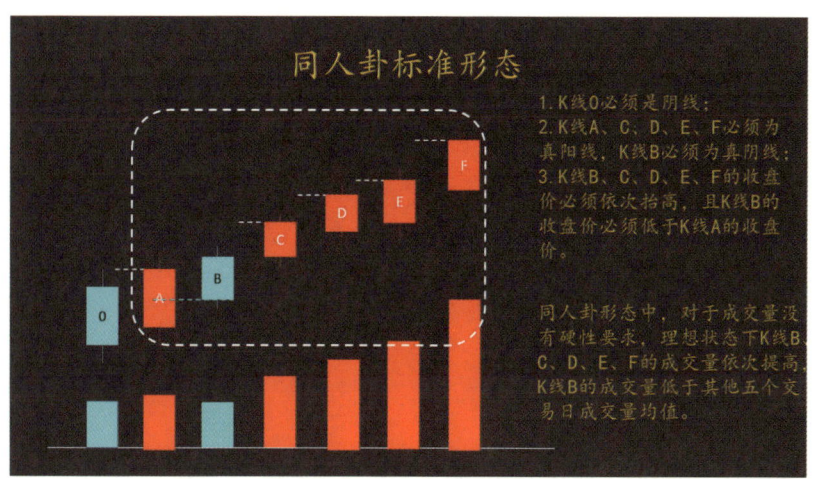

图 6.1.3　同人卦标准形态示意图

图 6.1.3 是同人卦标准形态示意图，图中白色虚线框标识的形态即为标准的同人卦形态，其中包含的六根 K 线从左到右标记为 K 线 A 到 K 线 F，形态之前一根 K 线标记为 K 线 0，K 线形态下方为成交量变化示意图。

构成同人卦形态的要求是：

第一，同人卦形态之前的一根 K 线必须是阴线。

第二，K 线 A、C、D、E、F 必须为真阳线，K 线 B 必须为真阴线。

模型理论 8

象数理形态模型

同人卦形态中,对于成交量没有硬性要求,理想状态下K线B、C、D、E、F的成交量依次提高,K线B的成交量低于其他五个交易日成交量均值。

需要注意的是,同人卦形态中没有要求K线B的最低价高于K线A的最低价,这是初学者非常容易混淆的一点。

买卖条件

同人卦的买卖条件如下图所示。

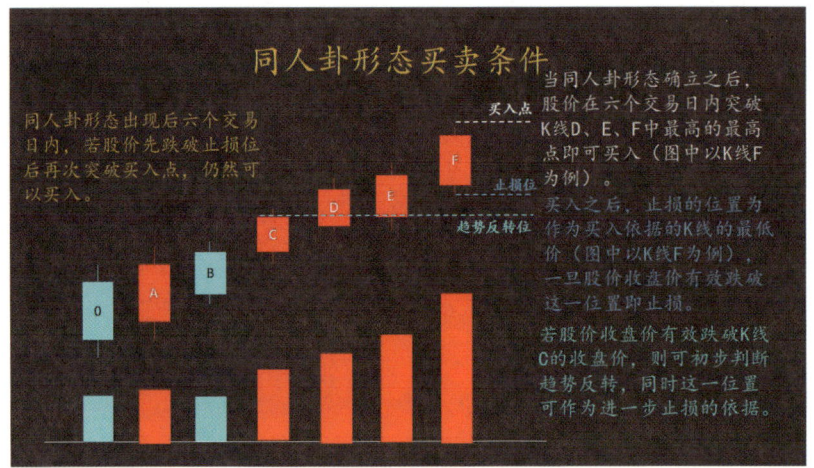

图6.1.4 同人卦形态的买卖条件

图6.1.4是同人卦形态的买卖条件示意图,图中显示了当同人卦形态出现之后的买入点、止损位和趋势反转位。

买入点:当走势中出现同人卦形态之后,我们以同人卦形态中的后三根K线中的最高价(图中以K线F的最高价为例)作为买入依据,如图中白色虚线所示,在形态形成后六个交易日内若股价突破这一点位即可买入。

止损位:买入之后的止损位为同人卦形态中的作为买入依据的那一根K线(图中以K线F为例)的最低价,一旦股价在同人卦形态形成之后的六个交易日内有效跌破此位置，则应减仓或者止损，这一止损位属于灵敏止损位。

趋势反转位：当同人卦形态确立之后，如果股价一直调整，直到某一日收盘价跌破了 K 线 C 的收盘价，即趋势反转位，则说明趋势可能反转，此时应该果断止损清仓。

关于二次买入方面，同人卦形态允许二次买入。若股价在同人卦形态后六个交易日内跌破止损位或趋势反转位后再次突破买入点，仍然可以二次买入或加仓。

形态性质

很明显的，同人卦形态属于"反转"形态的一种，一般会出现在上涨趋势的起点，代表着趋势由下跌转为上涨，有时也可能出现在某一段上涨走势的中间，提供额外的加仓或止损依据。

由于同人卦形态的前三根 K 线很容易形成一个小的下分形，所以这一形态出现之后的走势大概率会快速上涨。

接下来我们通过案例详细解读。

案例解析

同人卦形态是非常典型的启涨形态，往往代表着快速上涨的走势，如下图所示。

图 6.1.5 是 600094——大名城从 2019 年 1 月 28 日到 2019 年 3 月 18 日的日 K 线走势图，图中可以看到 2019 年 1 月 30 日到 2 月 13 日六个交易日之间出现了"阳阴阳阳阳阳"的走势，疑似同人卦形态，在图中用黄色虚线框标识。

同人卦形态要求形态前一根 K 线必须是阴线。从图中可以看到，黄色虚线框前的第一根 K 线是一根阴线，所以符合第一个条件。

象数理形态模型

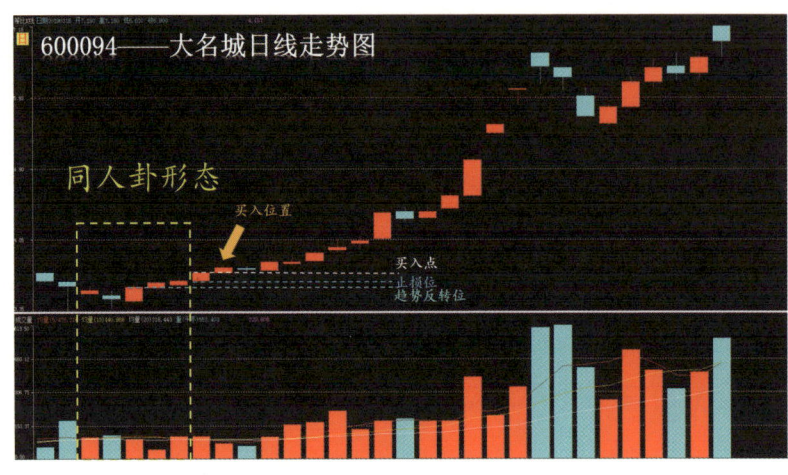

图 6.1.5 同人卦形态低位转折案例解析

  同人卦形态要求构成形态的阴线必须为真阴线，阳线必须为真阳线。可以看到，本案例中的走势还是非常明显的符合这一条件的。然而这里需要研究者注意的一个细节是，严格来说本案例中形态中的第一根阳线并不是真阳线。因为它的收盘价低于前一根阴线的收盘价，但是作为六十四卦形态来说，我们考虑得更多的是形态之内的真阴线和真阳线。所以，类似于本案例中这种情况中的第一根 K 线是可以被视为真阳线的。

  至此，我们可以确定黄色虚线框中的走势构成一个同人卦形态。根据同人卦形态的买卖条件，我们以黄色框线中后三根 K 线中的最高价（即第六根 K 线的最高价）为买入依据，如图中白色虚线所示。

  以第六根 K 线的最低点为止损依据，如图中深蓝色虚线所示。

  以框线中第三根 K 线的收盘价为趋势转折依据，如图中浅蓝色虚线所示。

  在实际的走势中，同人卦形态出现之后下个交易日股价即突破白色虚线，此时买入，股价即开始拉升，在随后的 46 个交易日中，股价的涨幅达 169.27%。

第二节　离宫八卦之革卦

接下来我们来看离宫八卦中的第二卦——革卦。革卦卦形以及卦爻辞如下图所示。

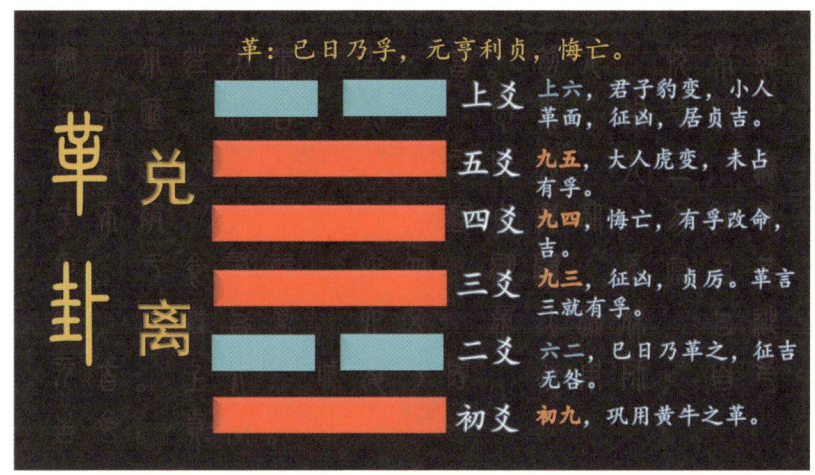

图 6.2.1　革卦形态及卦爻辞

我们同样从四个方面来阐述革卦，即卦名、卦状、卦象和义理。

【卦名】

革卦的卦名为革，革是变革的意思（《象》曰：革，水火相息）。革卦是六十四卦中的第四十九卦。

【卦状】

革卦的卦状是"上兑下离"，在图 6.2.1 中间用红色和绿色爻线表示。其中只有一根爻线不当位，即四爻，其余五根要先全部当位，主卦和客卦的上爻和中爻有应。

象数理形态模型

【卦象】

象曰：泽中火，革。君子以治历明时。

苗逢旱天渐渐衰，幸得天恩降雨来，忧去喜来能变化，谋望求财遂心怀。出门大喜，走失能找，行人来信，百般凑巧。

革者，变革也。凶变为吉，故有旱苗得雨之象。春苗久旱，夏天无雨，苗枯，幸得油然作云，沛然作雨，苗则勃然而生。占此卦者，时来运转。

【义理】

卦辞释义

革卦的卦辞是"已日乃孚，元亨利贞，悔亡"。

其含义为几天以后就有了信任，很顺利，利于坚持下去，悔恨消失。

形态解析

革卦在市场中对应的形态是四阳夹二阴的走势，即"阳阴阳阳阳阴"的形态，如图 6.2.2 所示：

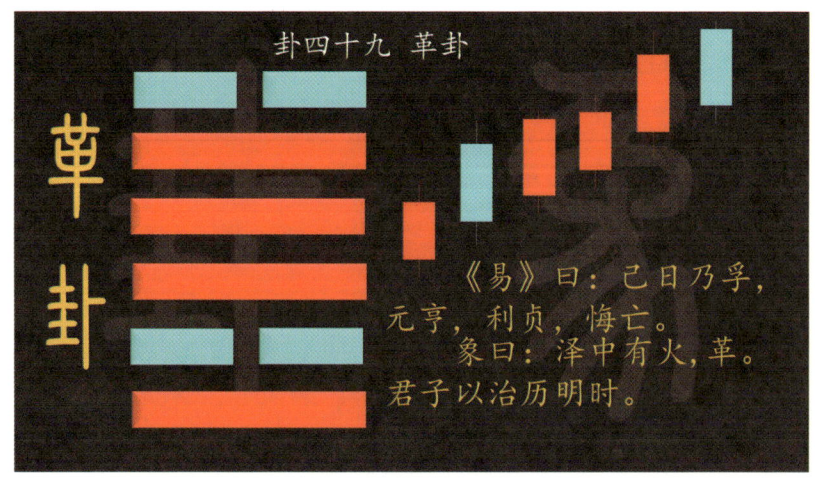

图 6.2.2　革卦对应的走势形态

如图 6.2.2，图中左侧是革卦的卦状，右侧是革卦所对应的走势形态，即"阳阳阴阳阳阴"的走势，我们称这种形态为革卦形态。

革卦形态的出现体现了多方力量比空方力量稍强，但最后一根 K 线为阴线，所以革卦形态既可以作为底部转折形态，也可以作为顶部转折形态。

形态要求

对于构成形态的细节，革卦的要求，如下图所示。

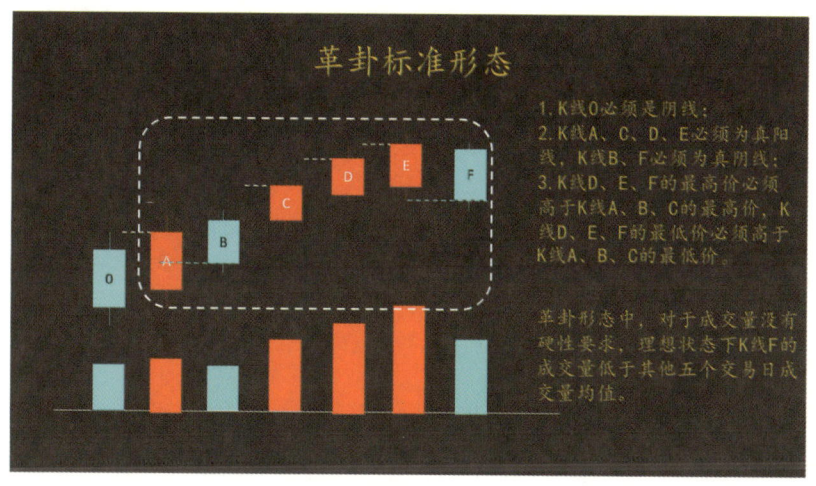

图 6.2.3　革卦标准形态示意图

图 6.2.3 是革卦标准形态示意图，图中白色虚线框标识的形态即为标准的革卦形态，其中包含的六根 K 线从左到右标记为 K 线 A 到 K 线 F，形态之前一根 K 线标记为 K 线 0，K 线形态下方为成交量变化示意图。

革形态的构成要求是：

第一，形态之前的一根 K 线必须是阴线。

第二，K线A、C、D、E必须为真阳线，K线B、F必须为真阴线。

第三，K线D、E、F的最高价必须高于K线A、B、C的最高价，K线D、E、F的最低价必须高于K线A、B、C的最低价（注：革卦形态作为顶部转折时可能不满足这一条件，这一性质可用来推断顶部形态的出现）。

革卦形态中，对于成交量没有硬性要求，理想状态下K线F的成交量低于其他五个交易日成交量均值。

买卖条件

革卦的买卖条件如下图所示。

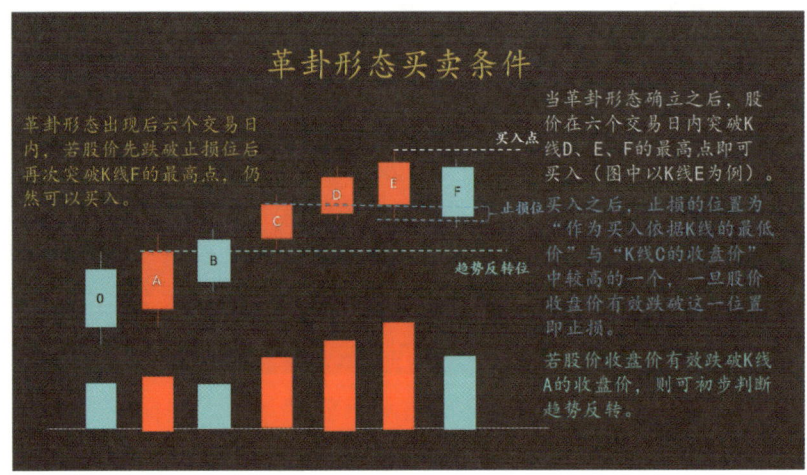

图6.2.4　革卦形态的买卖条件

图6.2.4是革卦形态的买卖条件示意图，图中给出了当革卦形态出现之后的买入点、止损位和趋势反转位。

买入点：当走势中出现革卦形态之后，我们以革卦形态中的后三根K线的最高价（即K线D、E、F的最高价中较高的一个）作为买入依据（图中以K线E为例），如图中白色虚线所示。

在形态形成后六个交易日内，若股价突破这一点位即可买入。

止损位：买入之后的止损位为"后三根 K 线中最高价对应 K 线的最低价"和"K 线 C 的收盘价"中比较高的一个，一旦股价在革卦形态形成之后的六个交易日内有效跌破此位置，则应减仓或者止损。需要注意的是，这一止损位并非灵敏止损位，其代表的风险比灵敏止损位要大。

趋势反转位：当革卦形态确立之后，如果股价一直调整，直到某一日收盘价跌破了 K 线 A 的收盘价，即趋势反转位，则说明趋势可能反转，此时应该果断止损清仓。

关于二次买入方面，革卦形态允许二次买入。若股价在革卦形态后六个交易日内跌破止损位或趋势反转位后再次突破买入点，仍然可以二次买入或加仓。

形态性质

革卦形态属于"反转"形态的一种，实际上革卦形态也确实多出现在趋势的底部或者顶部作为转折形态，少数情况下，革卦形态也会作为持续形态出现。

接下来我们通过案例详细解读。

案例解析

作为转折形态，革卦形态对于投资者来说最大的意义就是作为底部启动形态，如下图所示。

图 6.2.5 是 000005——世纪星源从 2018 年 12 月 26 日到 2019 年 1 月 14 日的日 K 线走势图，图中可以看到 2018 年 12 月 28 日到 2019 年 1 月 8 日六个交易日之间出现了"阳阴阳阳阳阴"的走势，疑似为革卦形态，在图中用黄色虚线框标识。

革卦形态要求形态前一根 K 线必须是阴线，图中可以看到黄

象数理形态模型

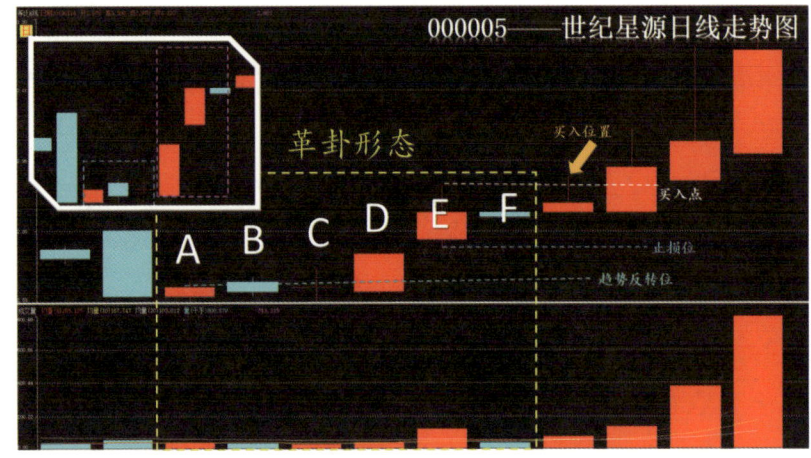

图 6.2.5　革卦形态底部转折实战案例

色虚线框前的第一根 K 线是一根阴线，所以符合第一个条件。

黄色虚线框中的六根 K 线依次标记为 A、B、C、D、E、F。可以看到，K 线 A、D、E 都是阳线，且收盘价都高于其前一根 K 线，故都为真阳线。K 线 B 和 K 线 F 都阴线，且收盘价相比于其前一根 K 线都降低，故都为真阴线。K 线 C 的开盘价和收盘价相等，是一根十字星 K 线，其收盘价大于 K 线 B 的收盘价，在形态中可以被视为真阳线。所以，黄色虚线框中的走势符合革卦形态的第二个条件。

构成革卦形态的第三个要求是 K 线 D、E、F 的最高价必须高于 K 线 A、B、C 的最高价，K 线 D、E、F 的最低价必须高于 K 线 A、B、C 的最低价。图中左侧折角矩形所示为黄色框线内走势的放大图，用蓝色虚线框标识前三根 K 线构成的箱体，用粉色虚线框标识后三根 K 线构成的箱体，可以看到前三根 K 线与后三根 K 线之间的最高价和最低价是依次抬高的，所以走势符合革卦形态的第三个条件。

至此，我们可以确定黄色虚线框中的走势构成一个革卦形态。根据革卦形态的买卖条件，我们以黄色框线中后三根 K 线中的最高价即 K 线 E 的最高点为买入依据，如图中白色虚线所示。

革卦形态的止损依据为"K 线 E 的最低价"与"K 线 C 的收盘价"中较高的一个，如图可知，K 线 E（2019 年 1 月 7 日）的最低价为 2.76 元，而 K 线 C（2019 年 1 月 3 日）的收盘价为 2.68 元，明显 K 线 E 的最低价比较高，因此以此作最低点为止损依据，如图中深蓝色虚线。

以框线中第一根阳线（即 K 线 A）的收盘价为判断趋势转折依据，如图中浅蓝色虚线所示。

在实际的走势中，在革卦形态形成之后的下一个交易日股价即拉升突破买入点，买入之后股价略作横盘即开始上涨。在随后的 40 个交易日中，股价的涨幅达 40.49%。

除了作为底部启动的形态，革卦形态还经常作为顶部转折形态出现，如下图所示。

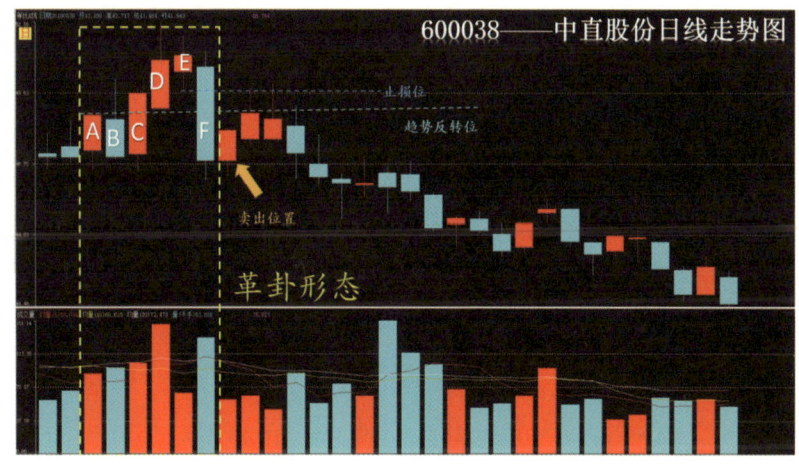

图 6.2.6　革卦形态顶部转折实战案例

图 6.2.6 是 600038——中直股份从 2018 年 4 月 12 日到 5 月 25 日的日 K 线走势图，图中可以看到 2018 年 4 月 16 日到 23 日六个交易日之间出现了"阳阴阳阳阳阴"的走势，疑似为革卦形态，

在图中用黄色虚线框标识。

革卦形态要求形态前一根K线必须是阴线，图中可以看到黄色虚线框前的第一根K线是一根阴线，所以符合第一个条件。

黄色虚线框中的六根K线依次标记为A、B、C、D、E、F。可以看到，K线A、C、D、E都是阳线，且收盘价都相对于其前一根K线抬高，故都为真阳线。K线B和K线F都阴线，且收盘价相比于其前一根K线都降低，故都为真阴线。符合革卦形态的第二个条件。

构成革卦形态的第三个要求是K线D、E、F的最高价必须高于K线A、B、C的最高价，K线D、E、F的最低价必须高于K线A、B、C的最低价。我们发现本案例中K线F作为一根长阴线其最低点为整个形态的最低点，所以此处形态明显不符合这一条件。

前文中提到，当革卦形态作为顶部转折形态时，可能会出现符合前两个条件而不符合第三个条件的走势，那么我们可以初步判断此处革卦形态为顶部转折形态。

我们可以根据革卦形态的买卖条件确定止损位，革卦形态的止损依据为"形态后三根K线中最高价对应K线（本案例中为K线E）的最低价"与"K线C的收盘价"中较高的一个。如图可知，K线E（2018年4月20日）的最低价为49.72元，而K线C（2019年4月18日）的收盘价为49.61元，明显K线E的最低价比较高，因此以此作最低点为止损依据，如图中深蓝色虚线。

以框线中第一根阳线（即K线A）的收盘价为判断趋势转折依据，如图中浅蓝色虚线所示。

在实际的走势中，在革卦形态形成之后的下一个交易日开盘股价即低于止损位，此时即应该果断止损，随后市场开始了长期的下跌走势。在随后的 74 个交易日中，股价的跌幅达 29.62%。

第三节　离宫八卦之离卦

在每一宫中，都会有一个主卦和客卦相同的卦，称为"同卦"（与之相对应的主卦和客卦不同的称为"异卦"）。在乾宫八卦中有乾卦，兑宫八卦中有兑卦，而离宫八卦中的同卦就是离卦，它是离宫八卦中的第三卦，其卦形以及卦爻辞如下图所示。

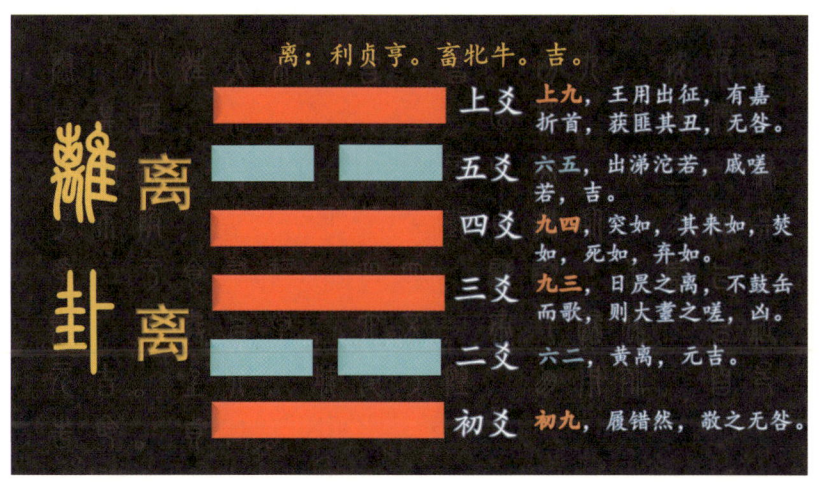

图 6.3.1　离卦形态及卦爻辞

接下来我们从卦名、卦状、卦象和义理四个方面来阐述离卦的相关信息。

【卦名】

离卦的卦名为离，离为火，主附和依托，有明亮之意。

离卦是六十四卦中第三十卦。

象数理形态模型

【卦状】

离卦的卦状是"上离下离",在图6.3.1中间用红色的阳爻和绿色的阴爻表示。离卦很有趣,它的主卦三爻全部当位,即初爻、二爻、三爻当位,客卦的三根爻线全不当位,这也就决定了离卦中主卦与客卦全然无应。

【卦象】

象曰:明两作,离。大人以继明照于四方。

来人占卦遇天官,必然富禄降人间,一切谋望皆吉庆,忧愁消散主平安。月令皆善,诸事亨通,出门见喜,灾消病散。

离者,光明也,阴丽乎阳,故有天官赐福之象。

【义理】

卦辞释义

离卦的卦辞为"利贞亨。畜牝牛吉"。

"畜"是蓄养的意思,"牝牛"是母牛的意思,所以离卦的卦辞含义为坚持下去有利,顺利;蓄养母牛吉利。

形态解析

离卦在市场中对应的形态是"阳阴阳"的走势连续重复两次,即"阳阴阳阳阴阳",离卦的卦状如图6.3.2中左侧所示,离卦所对应的走势形态如图中右侧所示,即"阳阴阳阳阴阳"的走势,我们称这种形态为离卦形态。

前文中提到,离卦的形态中阴阳交错,这意味着多空之间的对抗很激烈。虽然多方强势,但走势很难形成单边急涨急跌。

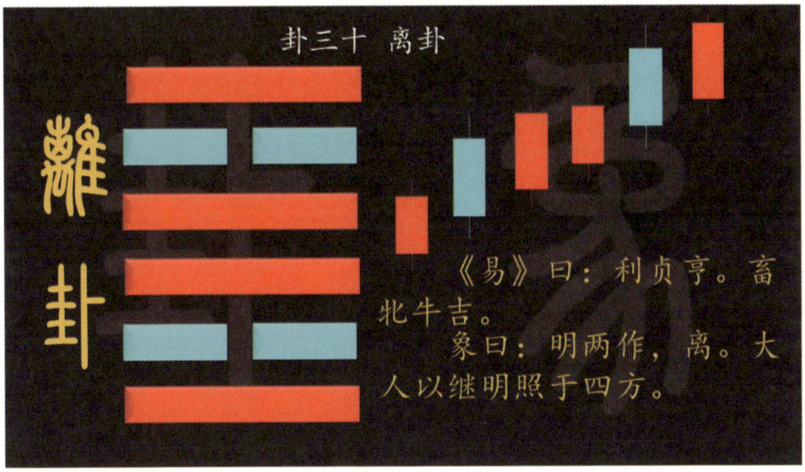

图 6.3.2 离卦对应的走势形态

形态要求

离卦形态的构成要求如下图所示。

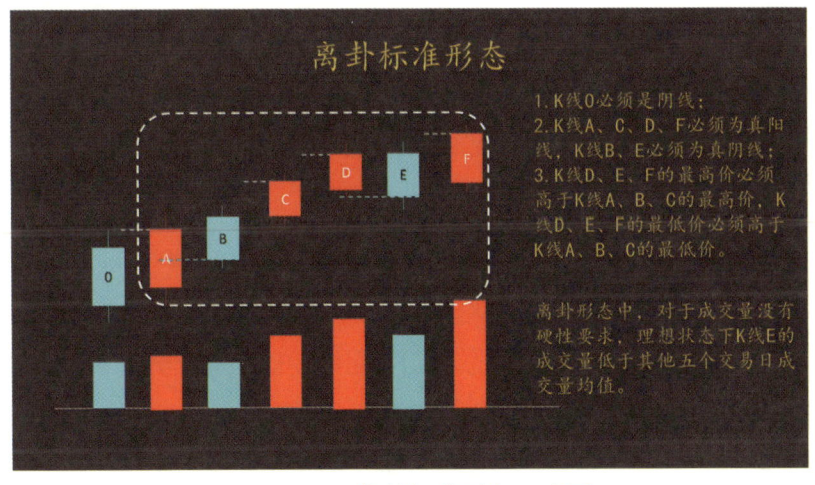

图 6.3.3 离卦标准形态示意图

离卦的标准形态如图 6.3.3 所示，图中白色虚线框标识的形态即为标准的离卦形态，其中包含的六根 K 线从左到右标记为 K

线 A 到 K 线 F，形态之前一根 K 线标记为 K 线 0，K 线形态下方为成交量变化示意图。

离卦形态的构成要求有以下两条：

第一，形态之前的一根 K 线必须是阴线。

第二，K 线 A、C、D、F 必须为真阳线，K 线 B、E 必须为真阴线。

第三，K 线 D、E、F 的最高价必须高于 K 线 A、B、C 的最高价，K 线 D、E、F 的最低价必须高于 K 线 A、B、C 的最低价。

一般来说，满足第三个条件的离卦形态代表着多方强势，根据形态中阳线与阴线的实体对比可以判断其强势程度。

离卦形态中，对于成交量没有硬性要求，理想状态下 K 线 E 的成交量低于其他五个交易日成交量均值。

形态性质

离卦形态属于"转折"形态，它代表多方力量较强，但这种较强不一定会转化成上涨，也可能代表着上涨走势末期多方能量衰落到仅比空方稍强的情况。也就是说，离卦形态可能出现在低位代表着上涨的起始，也可能出现在高位，代表着顶部转折即将到来。这里需要注意的是，离卦形态很少直接作为转折形态，更多的是出现在高位转折形态之前，代表转折即将到来。

少数情况下，离卦形态也可能出现在上涨走势中作为持续形态。

买卖条件

作为转折形态，离卦可以提供一个买入依据、一个卖出依据，和一个判断趋势转折的依据，如下图所示。

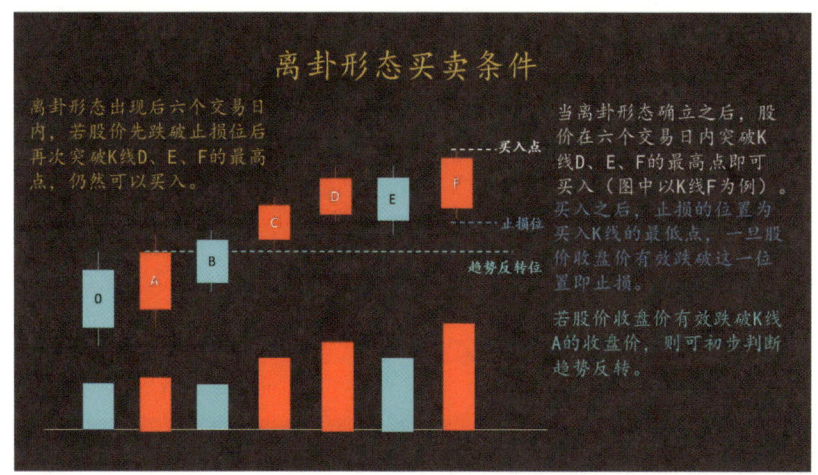

图 6.3.4　离卦形态的买卖条件

图 6.3.4 是离卦形态的买卖条件示意图，离卦形态作为转折形态，图中给出了当离卦形态出现之后的买入点、止损位和趋势反转位。

买入点：当走势中出现离卦形态之后，我们以离卦形态中的最后三根 K 线的最高价（即 K 线 D、E、F 的最高价中较高的一个）作为买入依据（图中以 K 线 F 为例），如图中白色虚线所示。在形态形成后六个交易日内，若股价突破这一点位即可买入。

止损位：买入之后的止损位为"后三根 K 线中最高价对应 K 线的最低价"（图中以 K 线 F 为例），一旦股价在离卦形态形成之后的六个交易日内有效跌破此位置，则应减仓或者止损。需要注意的是，这一止损位并非灵敏止损位，其代表的风险比灵敏止损位要大。

趋势反转位：当离卦形态确立之后，如果股价一直调整，直到某一日收盘价跌破了 K 线 A 的收盘价，即趋势反转位，则说明趋势可能反转，此时应该果断止损清仓。

关于二次买入方面，离卦形态允许二次买入，若股价在离卦形态出现后六个交易日内，先跌破止损位后再次突破 K 线 D、E、F 的最高点，仍然可以买入。

接下来我们通过案例详细解读。

案例解析

离卦作为转折形态，多见于顶部或者底部，首先我们来看离卦形态出现在底部的案例，如下图所示。

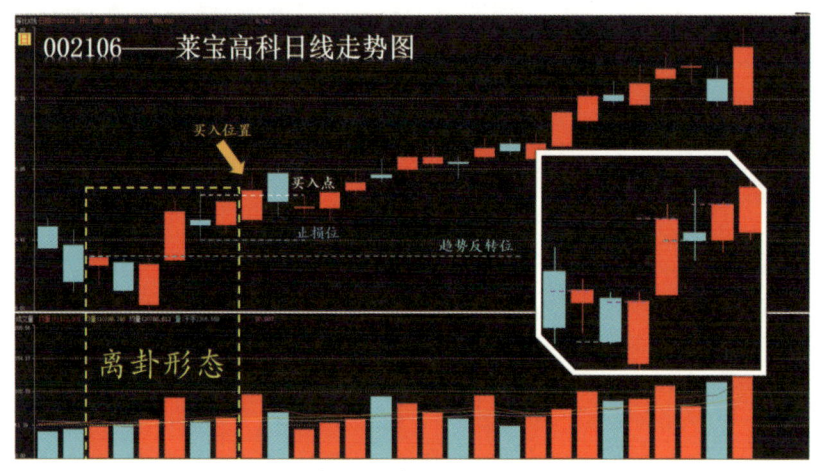

图 6.3.5　离卦形态低位转折实战案例

图 6.3.5 是 002106——莱宝高科从 2018 年 10 月 15 日到 2018 年 11 月 21 日的日 K 线走势图，图中在 2018 年 10 月 17 日到 24 日六个交易日之间出现了"阳阴阳阳阴阳"的走势，疑似为离卦形态，在图中用黄色虚线框标识。

首先，我们要确定这个形态确实为离卦形态。离卦形态要求形态前一根 K 线必须是阴线，图中可以看到黄色虚线框前的第一根 K 线为阴线，符合离卦形态的第一个条件。

离卦形态的第二个条件是形态中所有阳线都为真阳线，所有阴线都为真阴线。图中右侧折角矩形处将黄色框线中的走势放大，用粉色虚线标记阳线的收盘价，浅蓝色虚线标记阴线的收盘价。可以看到，框线中所有阳线的收盘价都相对于前一交易日抬高，都为真阳线。所有阴线的收盘价都相对于前一交易日降低，都为真阴线。而且形态中 K 线 A、B、C 的最高价低于 K 线 D、E、F 的最高价，最低价低于 K 线 D、E、F 的最低价。所以，黄色虚线框中的走势满足离卦形态的所有条件。

至此，我们可以确定黄色虚线框中的走势构成一个离卦形态。根据离卦形态的买卖条件，我们以离卦形态中后三根 K 线的最高价买入点，如图中白色虚线所示（如图可知，本案例中离卦形态后三根 K 线中最高价对应的是 K 线 E），以 K 线 E 的最低价为止损位，如图中深蓝色虚线所示，以 K 线 A 的收盘价为趋势反转位，如图中浅蓝色虚线所示。

在实际的走势中，股价在离卦形态形成之后的第一个交易日即收阳突破买入点，在买入之后，股价一路拉升，开始了上涨的走势。

如图可知，这段上涨的走势并不强势，是一种较为缓慢的上涨，符合我们在前文中提到的离卦形态所代表的多方稍强的性质。

离卦形态除了会出现在底部作为启涨形态之外，还有可能出现在趋势的顶部，但很少作为转折形态，一般都是出现在转折形态之前，如下图所示。

图 6.3.6 是 600048——保利地产从 2019 年 3 月 25 日到 2019 年 5 月 9 日的日 K 线走势图，图中在 2019 年 3 月 27 日到 4 月 3 日六个交易日之间出现了"阳阴阳阳阴阳"的走势，疑似为离卦形态，在图中用黄色虚线框标识。

首先，我们要确定这个形态确实为离卦形态。离卦形态要求形态前一根 K 线必须是阴线，图中可以看到黄色虚线框前的第一根 K 线为阴线，符合离卦形态的第一个条件。

象数理形态模型

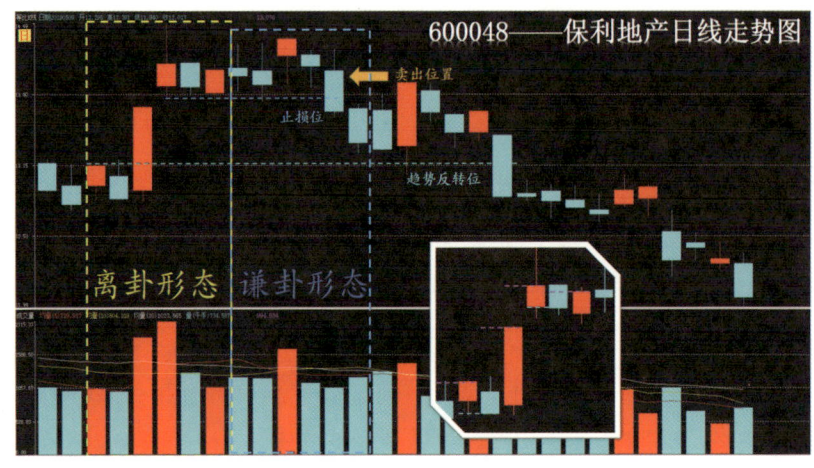

图 6.3.6　离卦形态高位实战案例

　　离卦形态的第二个条件是形态中所有阳线都为真阳线，所有阴线都为真阴线。图中右侧折角矩形处将黄色框线中的走势放大，用粉色虚线标记阳线的收盘价，浅蓝色虚线标记阴线的收盘价。可以看到，框线中所有阳线的收盘价都相对于前一交易日抬高，都为真阳线，所有阴线的收盘价都相对于前一交易日降低，都为真阴线。

　　离卦形态的最后一个条件是形态中后三根 K 线的最高价必须高于前三根 K 线的最高价，后三根 K 线的最低价必须高于前三根 K 线的最低价。从图中可以看到，在本案例中离卦形态前三根 K 线和后三根 K 线之间甚至出现了缺口，明显符合第三个条件。

　　至此，我们可以确定黄色虚线框中的走势构成了一个离卦形态。根据离卦形态的买卖条件，我们以离卦形态中后三根 K 线的最高价买入点（如图可知，本案例中离卦形态后三根 K 线中最高价对应的是第四根 K 线，因为走势并没有突破买入点，所以图中并没有标示买入点的位置），以第四根 K 线的最低价为止损位，如图中深蓝色虚线所示，以第一根 K 线的收盘价为趋势反转位，如图中浅蓝色虚线所示。

在实际的走势中,股价在离卦形态形成之后横盘了几个交易日之后才开始下跌,离卦形态之后第五个交易日股价才有效跌破卖出点。

实际上,此处离卦形态并非是作为高位转折形态的,此处的转折形态是一个"谦卦形态",在图中用深蓝色虚线框标识。离卦形态出现在谦卦形态之前,符合前文中提到的离卦形态性质。至于乾卦形态,属于艮宫八卦之一,在后文中会做详细阐述。

第四节　离宫八卦之家人卦

离宫八卦中的第四卦为家人卦,其卦形以及卦爻辞如下图所示。

图 6.4.1　家人卦形态及卦爻辞

象数理形态模型

接下来我们从卦名、卦状、卦象和义理四个方面来阐述家人卦的相关信息。

【卦名】

家人卦的卦名为家人，象征家庭，特别注重女主人在家庭中的作用。如果她能够坚守正道，始终如一，将会非常有利。

家人卦是六十四卦中第三十七卦。

【卦状】

家人卦的卦状是"上巽下离"，故称"风火家人"，其图样在图 6.4.1 中间用红色的阳爻和绿色的阴爻表示。家人卦中除了上爻不当位，其余爻线全部当位，主卦与客卦的重要和下爻全都有应。

【卦象】

象曰：风自火出，家人。君子以言有物，而行有恒。

君子应该特别注意自己的一言一行，说话要有根据和内容，行动要有准则和规矩，不能朝三暮四和半途而废。

镜里观花休认真，谋望求财不遂心，交易慢成婚姻合，走失行人无信音。出行不好，疾病未愈，求名无难，谋事不宜。

家人者，一家之人也。内外各失其真，故有镜里观花之象。

【义理】

卦辞释义

家人卦的卦辞很简单，为"利女贞"，意思是利于像女人一样地坚持下去。

形态解析

家人卦在市场中对应的形态是"阳阴阳阴阳阳"如图 6.4.2

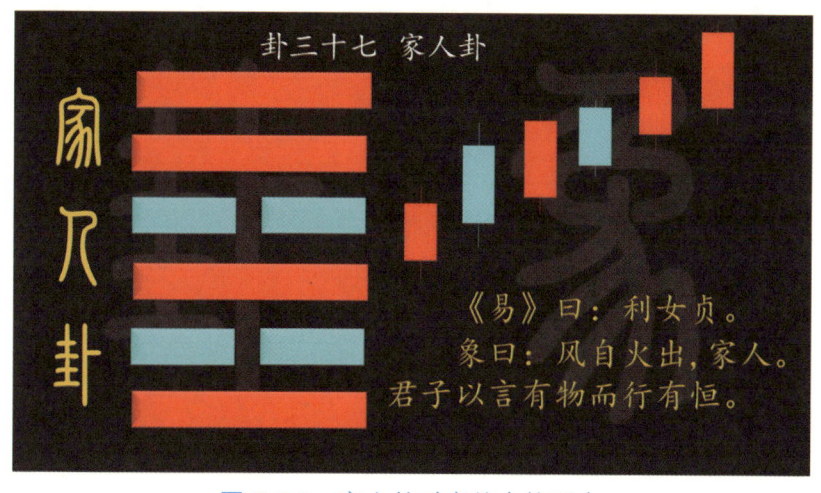

图 6.4.2　家人卦对应的走势形态

所示：

如图 6.4.2，家人卦的卦状如图中左侧所示，家人卦所对应的走势形态如图中右侧所示，即"阳阴阳阳阴阳"的走势，我们称这种形态为家人卦形态。

家人卦的形态中阴阳交错，这一点与前一节中的离卦形态相同，都意味着多空之间的对抗很激烈。虽然多方强势，但走势很难形成单边的急涨急跌。

同样是由四根阳线和两根阴线构成的形态，家人卦形态所代表的走势比离卦形态要强势一些。因为家人卦形态的最后是一个两连阳，而离卦形态只有一根，根据尾权最重原则，家人卦形态所代表走势更加强势一些。

形态要求

家人卦形态的构成要求如下图所示。

家人卦的标准形态如图 6.4.3 所示，图中白色虚线框标识的形态即为标准的家人卦形态，其中包含的六根 K 线从左到右标记为 K 线 A 到 K 线 F，形态之前一根 K 线标记为 K 线 0，K 线形

象数理形态模型

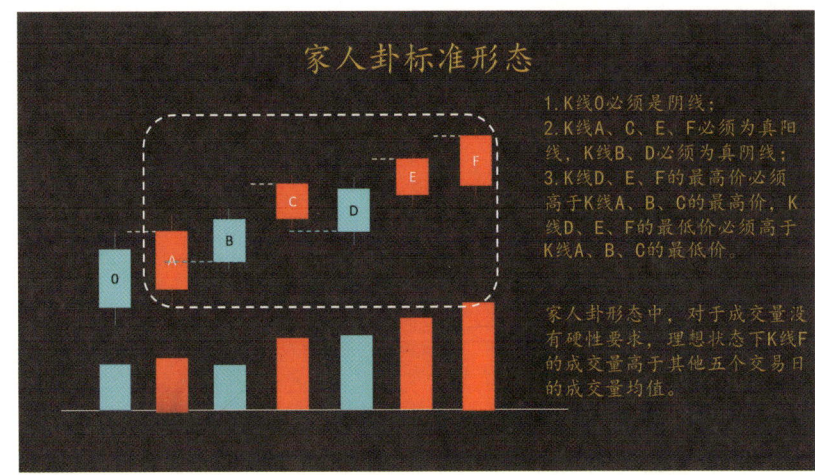

图 6.4.3　家人卦标准形态示意图

态下方为成交量变化示意图。

家人卦形态的构成要求有以下两条：

第一，形态之前的一根 K 线必须是阴线。

第二，K 线 A、C、E、F 必须为真阳线，K 线 B、D 必须为真阴线。

第三，K 线 D、E、F 的最高价必须高于 K 线 A、B、C 的最高价，K 线 D、E、F 的最低价必须高于 K 线 A、B、C 的最低价。

与离卦形态相同，家人卦形态代表着多方强势，根据形态中阳线与阴线的实体对比可以判断其强势程度。

实际上，家人卦形态的不少特性都与离卦形态相同。

家人卦形态中，对于成交量没有硬性要求，理想状态下 K 线 F 的成交量高于其他五个交易日的成交量均值。

需要注意的是，若仅不满足第三个形态条件，也可以被视为家人卦形态，但此种家人卦形态多为顶部转折形态。

形态性质

家人卦形态属于"转折"形态，代表多方力量较强，多出现在上涨趋势的起始，少数情况下也会出现在顶部作为转折形态或者出现在上涨走势中作为持续形态。

买卖条件

作为转折形态，家人卦可以提供一个买入依据、一个卖出依据，和一个判断趋势转折的依据，如下图所示。

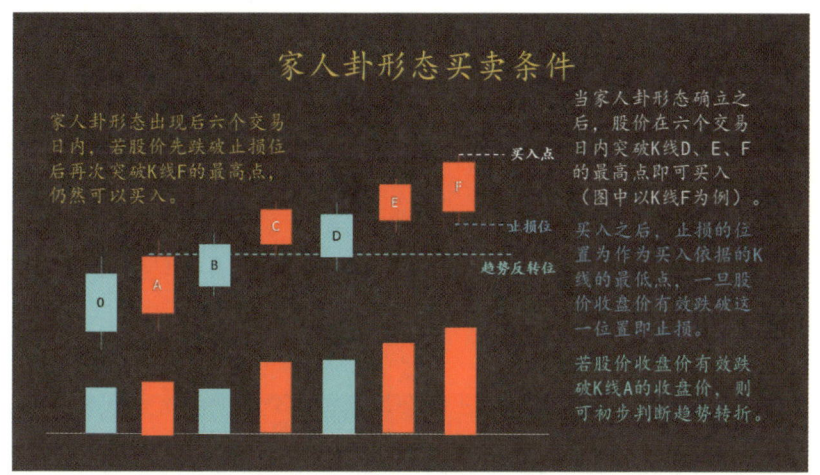

图 6.4.4　家人卦形态的买卖条件

图 6.4.4 是家人卦形态的买卖条件示意图，家人卦形态作为转折形态，图中给出了当家人卦形态出现之后的买入点、止损位和趋势反转位。

买入点：当走势中出现家人卦形态之后，我们以家人卦形态中的最后三根 K 线的最高价（即 K 线 D、E、F 的最高价中较高的一个）作为买入依据（图中以 K 线 F 为例），如图中白色虚线所示，在形态形成后六个交易日内若股价突破这一点位即可买入。

止损位：买入之后的止损位为"作为买入依据的 K 线的最低价"（图中以 K 线 F 为例），一旦股价在家人卦形态形成之后的六个交易日内有效跌破此位置，则应减仓或者止损。同样，这一止损位并非灵敏止损位。

趋势反转位：在家人卦形态中，趋势反转位出现在 K 线 A 的收盘价，一旦股价在形态形成之后六个交易日内跌破了这一位置，则说明趋势可能反转，此时应该果断止损清仓。

关于二次买入方面，家人卦形态允许二次买入，若股价在家人卦形态出现后六个交易日内，先跌破止损位后再次突破 K 线 D、E、F 的最高点，仍然可以买入。

接下来我们通过案例详细解读。

案例解析

家人卦作为转折形态，多见于底部作为低位转折，如下图所示。

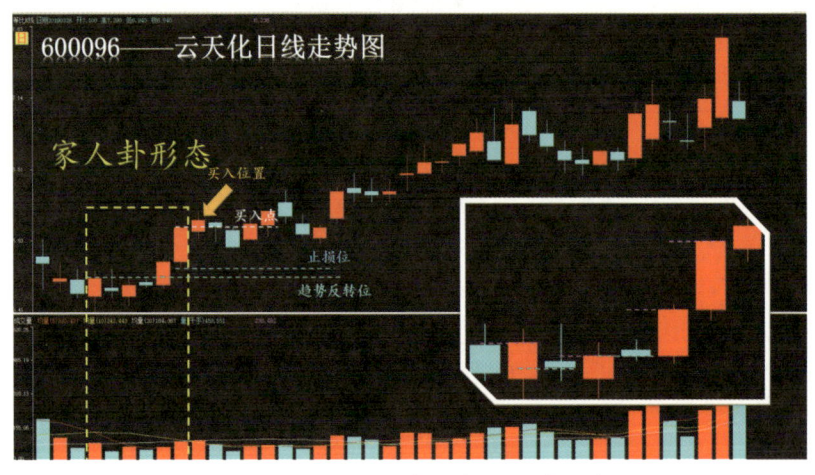

图 6.4.5　家人卦形态低位转折实战案例

图 6.4.5 中是 600096——云天化从 2019 年 1 月 24 日到 2019 年 3 月 28 日之间的走势，图中在 2019 年 1 月 29 日到 2 月 12 日六个交易日之间出现了"阳阴阳阴阳阳"的走势，疑似为家

人卦形态，在图中用黄色虚线框标识。

首先，我们要确定这个形态确实为家人卦形态。家人卦形态要求形态前一根 K 线必须是阴线，图中可以看到黄色虚线框前的第一根 K 线为阴线，符合家人卦形态的第一个条件。

家人卦形态的第二个条件是形态中所有阳线都为真阳线，所有阴线都为真阴线。图中右侧折角矩形处将黄色框线中的走势放大，用粉色虚线标记阳线的收盘价，浅蓝色虚线标记阴线的收盘价。可以看到，框线中除了第四根阴线之外，所有阳线的收盘价都相对于前一交易日抬高，都为真阳线。所有阴线的收盘价都相对于前一交易日降低，都为真阴线。第三根阳线和第四根阴线的收盘价相等属于极限情况，第四根阴线可被视为真阴线。所以，虚线框中的走势符合家人卦形态的第二个条件。

此外，家人卦形态还要求形态中第一、二、三根 K 线的最高价低于第四、五、六根 K 线的最高价，第一、二、三根 K 线的最低价低于第四、五、六根 K 线的最低价，可以看到走势明显符合这一条件。

至此，我们可以确定黄色虚线框中的走势构成一个家人卦形态。根据家人卦形态的买卖条件，我们以家人卦形态中后三根 K 线的最高价为买入点，如图中白色虚线所示（如图可知，本案例中家人卦形态后三根 K 线中最高价对应的是第六根 K 线），以第六根 K 线的最低价为止损位，如图中深蓝色虚线所示，以第一根 K 线的收盘价为趋势反转位，如图中浅蓝色虚线所示。

在实际的走势中，股价在家人卦形态形成之后的第一个交易日即收阳有效突破买入点。在买入之后，股价略有震荡后一路拉升，开始了长期上涨的走势，持续上涨了 46 个交易日，涨幅达 31.67%。

从数据上看，这段上涨的走势并不强势，符合我们在前文中提到的家人卦形态所代表的多方稍强的性质。

前文中提到，若仅不满足第三个形态条件，也可以被视为家人卦形态，但此种家人卦形态多为顶部转折形态，下面我们来看一下实际走势中的例子，如下图所示。

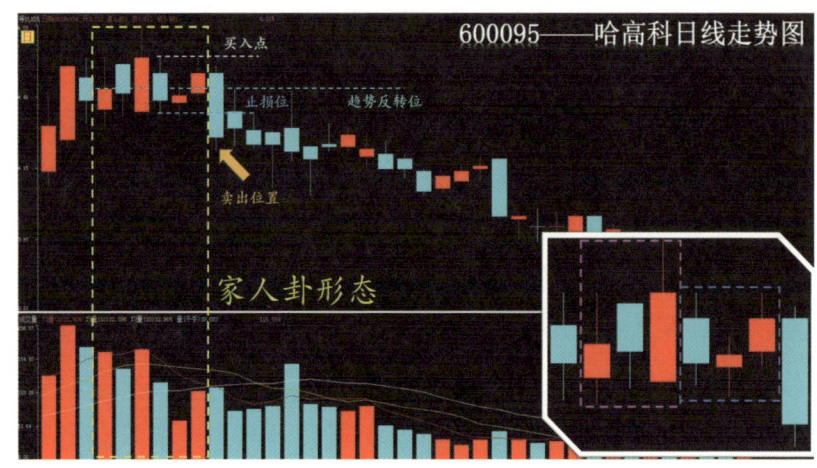

图 6.4.6　家人卦形态低位转折实战案例

图 6.4.6 中是 600095——哈高科的日线走势图，图中涵盖了从 2018 年 11 月 12 日到 2019 年 1 月 4 日之间的走势，图中在 2018 年 11 月 15 日到 22 日六个交易日之间出现了"阳阴阳阴阳阳"的走势，疑似为家人卦形态，在图中用黄色虚线框标识。

首先，我们要确定这个形态确实为家人卦形态。家人卦形态要求形态前一根 K 线必须是阴线，图中可以看到黄色虚线框前的第一根 K 线为阴线，符合家人卦形态的第一个条件。

家人卦形态的第二个条件是形态中所有阳线都为真阳线，所有阴线都为真阴线。本案例中黄色虚线框内的走势很明显所有阳线收盘价都相对于前一个交易日抬高，都为真阳线。所有阴线的收盘价都相对于前一个交易日降低，都为真阴线。符合第二个条件。

家人卦形态的第三个条件要求形态中后三根K线的最高价高于前三根K线的最高价，后三根K线的最低价高于前三根K线的最低价。图中右侧折角矩形处将黄色框线中的走势放大，用粉色虚线框标记前三根K线的最高价和最低价（最高价为虚线框上沿，最低价为虚线框下沿），蓝色虚线框标记后三根K线的最高价和最低价（最高价为虚线框上沿，最低价为虚线框下沿）。可以看到，前三根K线的最高价明显高于后三根K线最高价，最低价低于后三根K线最低价，所以黄色虚线框中的走势不符合第三个条件。

前文中提到，若走势仅不符合这一条件，仍可被视为家人卦形态，但这种形态多见于顶部转折。

所以，我们将这段走势作为家人卦形态。根据家人卦形态的买卖条件，我们以家人卦形态中后三根K线的最高价买入点，如图中白色虚线所示（如图可知，本案例中家人卦形态后三根K线中最高价对应的是第四根K线），以第四根K线的最低价为止损位，如图中深蓝色虚线所示，以K线A的收盘价为趋势反转位，如图中浅蓝色虚线所示。

从图中可以看到，在本案例中，趋势反转位反而在止损位之上，此时一旦股价跌破趋势反转位即可止损。

在实际的走势中，股价在家人卦形态形成之后的第一个交易日即以长阴线连续有效跌破趋势反转位和止损位，此时止损，之后股价进入下跌趋势。本案例中的家人卦形态作为顶部转折，符合之前的判断。

第五节　离宫八卦之丰卦

接下来我们来了解离宫八卦中的第五卦——丰卦，其卦形以及卦爻辞如下图所示。

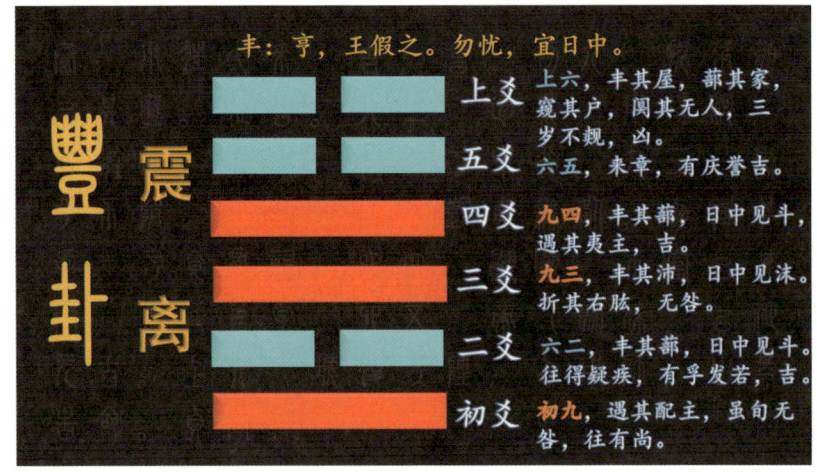

图 6.5.1　丰卦形态及卦爻辞

接下来我们从卦名、卦状、卦象和义理四个方面来阐述丰卦的相关信息。

【卦名】

丰卦的卦名为丰，本卦乃论述君王帅军亲自征伐其他邑国之卦。

丰卦是六十四卦中五十五卦。

【卦状】

丰卦的卦状是"上震下离",在图6.5.1中间用红色的阳爻和绿色的阴爻表示。丰卦的主卦三爻全部当位,客卦中上爻当位,也就是说,丰卦的初爻、二爻、三爻和上爻当位,四爻和五爻不当位,主卦和客卦的上爻有应。

【卦象】

象曰:雷电皆至,丰。君子以折狱致刑。

古镜重明甚光显,主人目下运气转,婚姻求财多吉庆,走失行人去不远。出行有益,交易得魁,疾病见好,求名必遂。

丰者,大也,以明而动,故有古镜重明之象,似一多年古镜,日久不甚光明,忽然遇一匠人磨明,又极光明。占此卦者,有时来运转之兆。

【义理】

卦辞释义

丰卦的卦辞为"亨。王假之。勿忧,宜日中"。

"假"在这里不是古文中常见的假托或者借助的意思,而是现代常见的"假期"的意思,也就是照规定或请求暂时离开工作、学习场所。

所以,丰卦卦辞的意思是顺利,王来了,不要忧虑,应该如日中天。

形态解析

丰卦在市场中对应的形态是一种阴阳交错平衡的走势,即"阳阴阳阳阴阴",如图6.5.2所示:

图 6.5.2　丰卦对应的走势形态

如图 6.5.2，丰卦的卦状如图中左侧所示，丰卦所对应的走势形态如图中右侧所示，即"阳阴阳阳阴阴"的走势，我们称这种形态为丰卦形态。

虽然在丰卦形态中阴线和阳线的数量是相同的，但是形态中最后两根 K 线都是阴线，根据尾权最重原则，丰卦形态代表着阴阳整体平衡，空方稍强的走势。

形态要求

丰卦的标准形态如图 6.5.3 所示，图中白色虚线框标识的形态即为标准的丰卦形态，其中包含的六根 K 线从左到右标记为 K 线 A 到 K 线 F，形态之前一根 K 线标记为 K 线 0，K 线形态下方为成交量变化示意图。

丰卦形态的构成要求有以下两条：

第一，形态之前的一根 K 线必须是阴线。

第二，K 线 A、C、D 必须为真阳线，K 线 B、E、F 必须为真阴线。

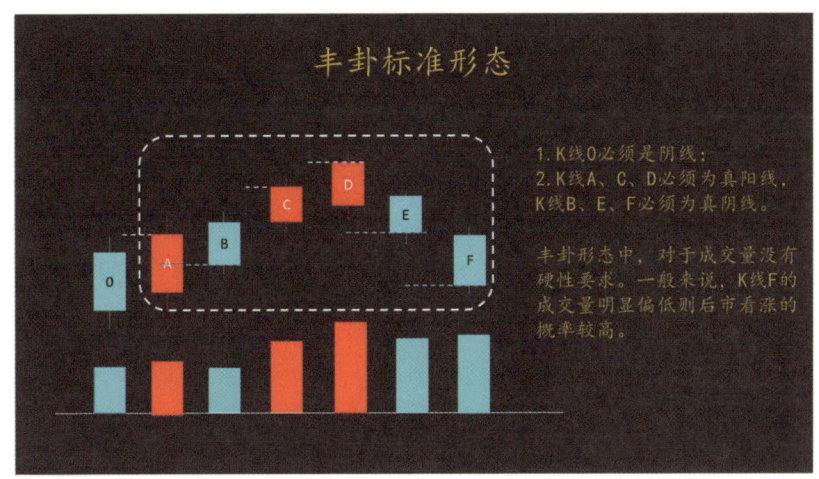

图 6.5.3　丰卦标准形态示意图

丰卦形态中，对于成交量没有硬性要求。一般来说，K 线 F 的成交量明显偏低，则后市看涨的概率较高。

形态性质

丰卦形态属于"持续"形态，代表着多空双方力量的平衡，但这种平衡非常脆弱，连在一起的三根真阴线代表着下跌走势的孕育，最后一根阳线却又消除了下跌的惯性，因此若形态中最后一根阳线实体较大，后市持续或者低位反转的可能性较高；反之，若形态中最后一根阳线的实体较小，则后市出现下跌走势的概率较高。

一般来说，衡量丰卦形态中最后一根阳线实体的大小是比较其与形态中最后一根阴线的实体之间大小关系，但若最后一根阴线实体很小（比如十字星或者接近十字星的形态），则需比较最后一根阳线与形态中实体最大的阴线。

买卖条件

丰卦的买卖条件如下图所示。

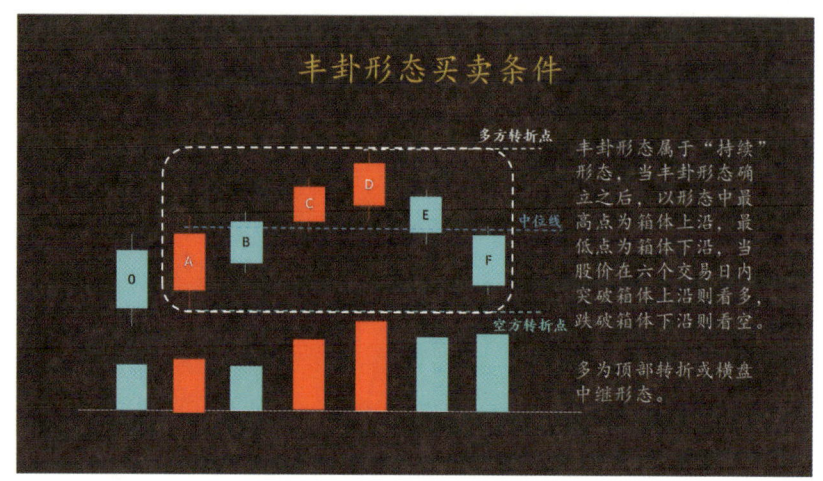

图 6.5.4　丰卦形态的买卖条件

图 6.5.4 是丰卦形态的买卖条件示意图，丰卦形态作为持续形态，可以提供一个多方转折点（买入依据）、空方转折点（止损依据）和一条中位线（多空力量权重对比依据）。

多方转折点（买入依据）：当丰卦形态确立之后，我们以整个形态的最高点为上沿，最低点为下沿建立箱体，则箱体的上沿为多方转折点。当股价有效突破这一位置时则可以考虑买入，此买入依据在形态确立后六个交易日内有效。

需要注意的是，丰卦代表空方稍强，所以丰卦形态出现之后不宜激进。

空方转折点（止损依据）：以丰卦形态为依据建立箱体，箱体的下沿即为空方转折点，当股价有效跌破这一位置时，则应果断止损。若已经买入，则以买入当日的最低价为止损价。若股价有效跌破这一点位，则应果断止损。

中位线（多空力量权重对比依据）：以丰卦形态为依据建立箱体，箱体上沿和下沿之间的中线即为中位线，我们可以根据K线实体在中位线两边的比重来判断接下来的走势，若K线实体集中在中位线之下，则说明空方动能强大，未来股价下跌概率较高。反之，若K线实体集中在中位线之上，则说明多方动能强大，未来股价上涨概率比较高。

当形态中存在长影线时，通过中位线来判断股价未来走势会更加准确。当形态中最低点与次低点之间间隔超过两根K线且存在明显差距的时候，更适宜根据最低点出现的位置是在形态中靠前的位置还是靠后的位置来判断未来股价的涨跌倾向。一般来说，最低点出现在形态中前两根K线，则说明未来股价上涨的概率较高；若最低点出现在形态中后两根K线，则说明未来股价下跌的概率较高；最低点出现在形态中间的两根K线的情况下多为低位转折形态。

形态中既有长影线，同时最低点和次低点之间间隔超过两根K线且存在明显差距的情况下，优先采用中位线来判断未来的股价走势。

需要注意的是，这种判断方法只是对股价未来的走势做一个初步的预期，并不是百分百准确的。

接下来我们通过案例详细解读。

案例解析

丰卦是一种持续形态，在市场中常作为横盘或者下跌走势中的持续形态出现，如下图所示。

图6.5.5是002111——威海广泰从2019年2月21日到2019年4月3日的日K线走势图，图中在2019年3月14日到3月21日六个交易日之间出现了"阳阴阳阳阴阴"的走势，疑似为丰卦形态，在图中用黄色虚线框标识。

首先，我们要确定这个形态确实为丰卦形态。丰卦形态要求形态前一根K线必须是阴线，图中可以看到黄色虚线框前的第一根K线为阴线，符合丰卦形态的第一个条件。

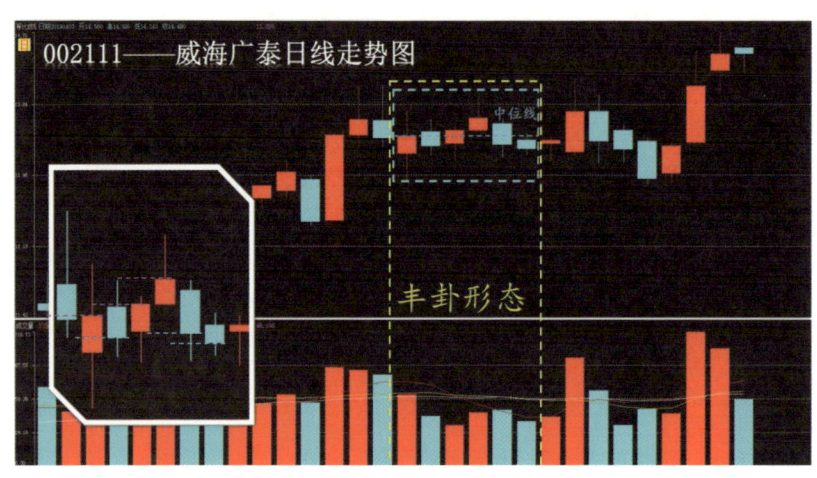

图 6.5.5　丰卦形态横盘持续实战案例

节卦形态的第二个条件是形态中所有阳线都为真阳线，所有阴线都为真阴线。图中左侧折角矩形处将黄色框线中的走势放大，用粉色虚线标记阳线的收盘价，浅蓝色虚线标记阴线的收盘价。可以看到，框线中所有阳线的收盘价都相对于前一交易日抬高，都为真阳线。所有阴线的收盘价都相对于前一交易日降低，都为真阴线。所以，黄色虚线框中的走势满足丰卦形态的第二个条件。

在本案例中，我们还通过中位线对后市做出了预期，图中蓝色虚线框是以丰卦形态最高点为上沿，最低点为下沿建立的箱体，其中线为中位线，如图中蓝色虚线所示，丰卦形态中K线的实体在中位线上下相差不大。所以，这个丰卦形态大概率为持续形态。

另一方面，这个丰卦形态的最低点与次低点之间间隔一根K线，且两者相差不大，仅有 0.263 元，所以不宜采用最低点的位置来对后市做出预期。

至此，我们可以确定黄色虚线框中的走势构成一个丰卦形态。

在实际的走势中，从短期看，股价在丰卦形态出现之后继续横盘，丰卦形态属于持续形态；从长期看，丰卦形态出现在"上涨—横盘—上涨"的横盘部分，丰卦形态也属于持续形态。符合丰卦形态的性质和我们通过中位线对它的判断。

第六节　离宫八卦之既济卦

接下来我们来了解离宫八卦中的第六卦——既济卦，其卦形以及卦爻辞如下图所示。

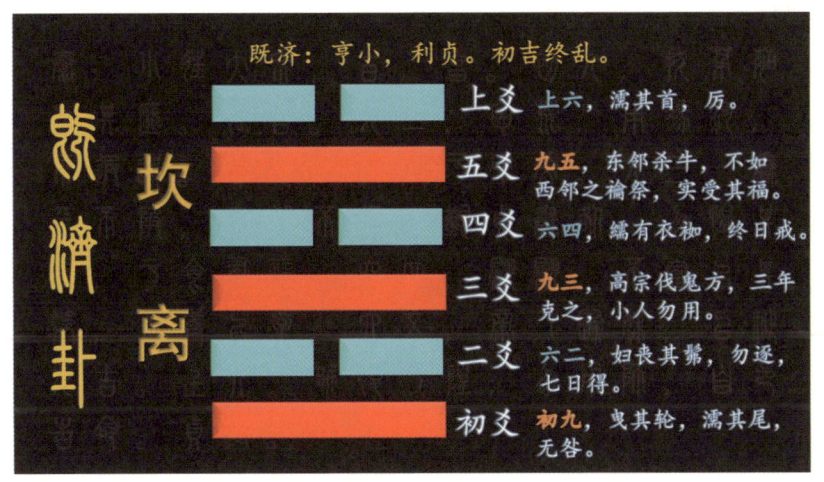

图 6.6.1　既济卦形态及卦爻辞

接下来我们从卦名、卦状、卦象和义理四个方面来阐述既济卦的相关信息。

【卦名】

既济卦的卦名为既济。既济卦象征成功，功德完满，连弱小者都亨通顺利，有利于坚守正道；开始时是吉祥的，但如有不慎，必导致混乱。

既济卦是六十四卦中的倒数第二卦，即第六十三卦。

【卦状】

既济卦的卦状是"上坎下离"，水在火上，故有"水火既济"的说法，在图6.6.1中间用红色的阳爻和绿色的阴爻表示。既济卦的主卦三爻全部当位，客卦中上爻当位，也就是说，既济卦的初爻、二爻、三爻和上爻当位，四爻和五爻不当位，主卦和客卦的上爻有应。

【卦象】

象曰：水在火上，既济。君子以思患而豫防之。

金榜题名喜气新，求财到手利婚姻，如今交了顺当运，步步登高大遂心。月令即善，寻人得见，走失能找，口舌消散。

既济者，既成之事也，像金榜题名。

【义理】

卦辞释义

既济卦的卦辞为"亨小利贞。初吉终乱"。意思是顺利，坚持下去小见吉利；初始吉利，最终危乱。

形态解析

既济卦是多空均衡的典型，在市场中对应的形态是一种阴阳交错且均衡的走势，即"阳阴阳阴阳阴"，如图6.6.2，既济卦的卦状如图中左侧所示，既济卦所对应的走势形态如图中右侧所示，即"阳阴阳阴阳阴"的走势，我们称这种形态为既济卦形态。

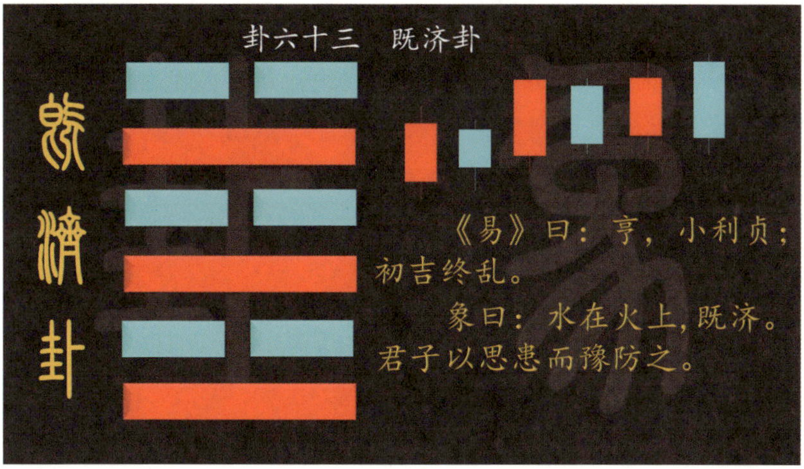

图 6.6.2　既济卦对应的走势形态

既济卦代表着多空双方势均力敌且竞争激烈，是一种平衡状态，但是这种平衡非常脆弱，因为这种平衡没有多空的倾向性，所以对于接下来的走势不容易做出预期。

形态要求

既济卦形态的构成要求如下图所示。

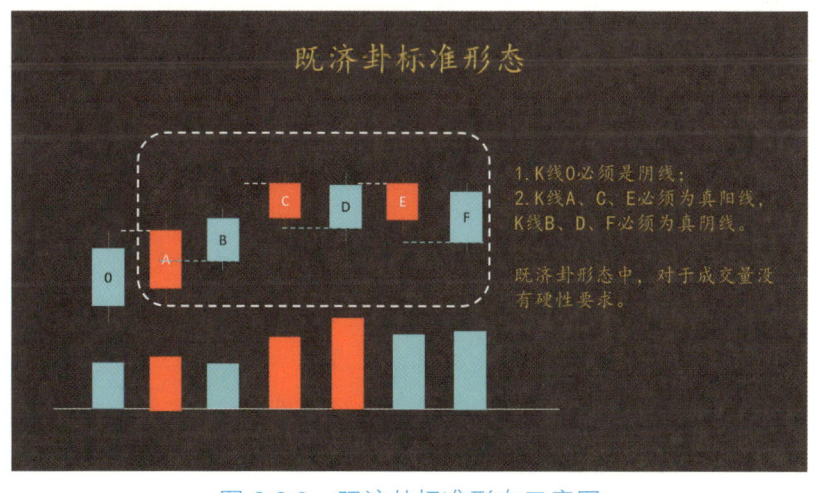

图 6.6.3　既济卦标准形态示意图

既济卦的标准形态如图 6.6.3 所示，图中白色虚线框标识的形态即为标准的既济卦形态，其中包含的六根 K 线从左到右标记为 K 线 A 到 K 线 F，形态之前一根 K 线标记为 K 线 0，K 线形态下方为成交量变化示意图。

既济卦形态的构成要求有以下两条：

第一，形态之前的一根 K 线必须是阴线。

第二，K 线 A、C、E 必须为真阳线，K 线 B、D、F 必须为真阴线。

既济卦形态中，对于成交量没有硬性要求。

形态性质

既济卦形态属于"持续"形态，代表着多空双方力量的平衡，但这种平衡非常脆弱。这种脆弱并非源自本身结构的不稳定，而是因为自身过于均衡而非常容易受到外力的影响。所以，在既济卦形态中，长影线以及形态整体的趋势最低点出现的位置等都是重要的判断因素。

既济卦形态因其绝对均衡的性质，可能出现在趋势的任何位置，预期任何走势（多为顶部转折或者横盘持续形态），具体可以通过其出现时的形态特征来进行区分，在接下来的内容中会有详细阐述。

买卖条件

既济卦的买卖条件如下图所示。

图 6.6.4 是既济卦形态的买卖条件示意图，既济卦形态作为持续形态，可以提供一个多方转折点（买入依据）、空方转折点（止损依据）和一条中位线（多空力量权重对比依据）。

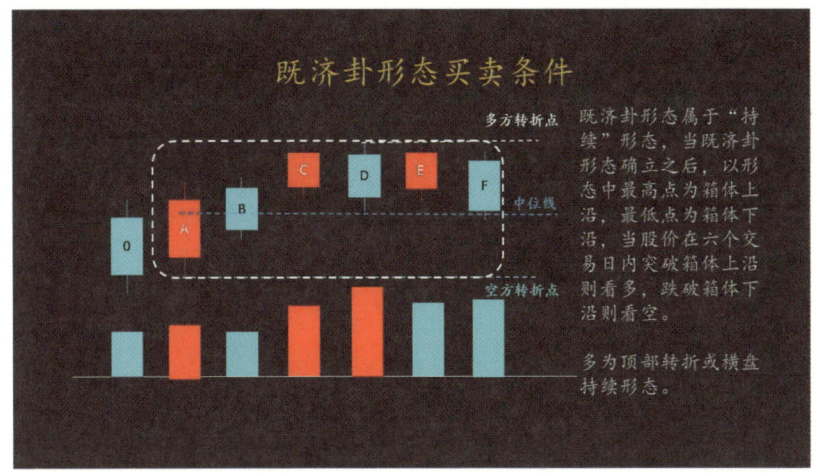

图 6.6.4　既济卦形态的买卖条件

多方转折点（买入依据）：当既济卦形态确立之后，我们以整个形态的最高点为上沿，最低点为下沿建立箱体，则箱体的上沿为多方转折点。当股价有效突破这一位置时则可以考虑买入，此买入依据在形态确立后六个交易日内有效。

需要注意的是，既济卦代表空方稍强，所以既济卦形态出现之后不宜激进。

空方转折点（止损依据）：以既济卦形态为依据建立箱体，箱体的下沿即为空方转折点，当股价有效跌破这一位置时，则应果断止损。若已经买入，则以买入当日的最低价为止损价。若股价有效跌破这一点位，则应果断止损。

中位线（多空力量权重对比依据）：以既济卦形态为依据建立箱体，箱体上沿和下沿之间的中线即为中位线，我们可以根据K线实体在中位线两边的比重来判断接下来的走势。若K线实体集中在中位线之下，则说明空方动能强大，未来股价下跌概率较高。反之，若K线实体集中在中位线之上，则说明多方动能强大，未来股价上涨概率比较高。

当形态中存在长影线时，通过中位线来判断股价未来走势会更加准确。而当形态中最低点与次低点之间间隔超过两根K线且存在明显差距的时候，更适宜根据最低点出现的位置是在形态中靠前的位置还是靠后的位置来判断未来股价的涨跌倾向。一般来说，最低点出现在形态中前两根K线，说明未来股价上涨的概率较高；若最低点出现在形态中后两根K线则说明未来股价下跌的概率较高；最低点出现在形态中间的两根K线的情况下多为低位转折形态。

形态中既有长影线，同时最低点和次低点之间间隔超过两根K线且存在明显差距的情况下，优先采用中位线来判断未来的股价走势。

除此之外，还有一种方法是比较形态中前三根K线与后三根K线的最高价和最低价。如果前三根K线的最高价和最低价都比后三根K线的低，那么接下来大概率为上涨走势；反之则大概率为下跌走势；如果有高有低，则不宜作为判断依据。

需要注意的是，这种判断方法只是对股价未来的走势做一个初步的预期，并不是百分百准确的。

接下来我们通过案例详细解读。

案例解析

既济卦是一种持续形态，严格来说可能出现在走势的任何位置，但是比较常见的是作为横盘或者下跌走势中的持续形态出现，如下图所示。

图6.6.5是600037——歌华有线从2018年9月19日到2018年10月18日的日K线走势图，图中在2018年9月21日到10月8日六个交易日之间出现了"阳阴阳阴阳阴"的走势，疑似为既济卦形态，在图中用黄色虚线框标识。

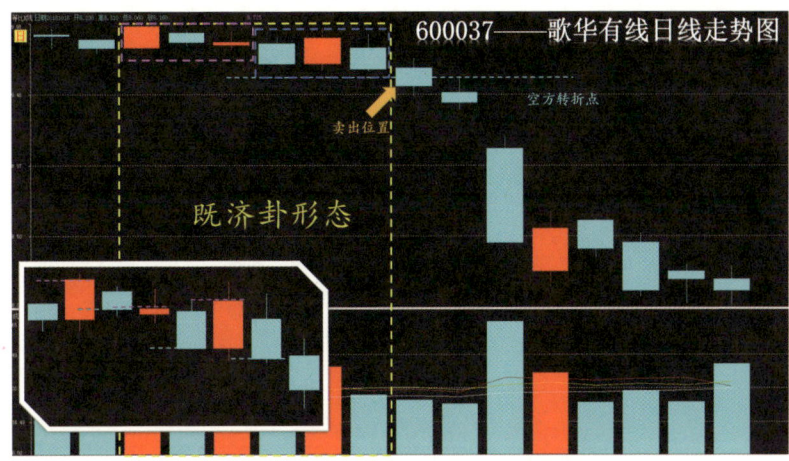

图 6.6.5 既济卦形态顶部转折实战案例

首先，我们要确定这个形态确实为既济卦形态。既济卦形态要求形态前一根 K 线必须是阴线，图中可以看到黄色虚线框前的第一根 K 线为阴线，符合既济卦形态的第一个条件。

节卦形态的第二个条件是形态中所有阳线都为真阳线，所有阴线都为真阴线。图中左侧折角矩形处将黄色框线中的走势放大，用粉色虚线标记阳线的收盘价，浅蓝色虚线标记阴线的收盘价。可以看到，框线中所有阳线的收盘价都相对于前一交易日抬高，都为真阳线。所有阴线的收盘价都相对于前一交易日降低，都为真阴线。所以，黄色虚线框中的走势满足既济卦形态的第二个条件。

至此，我们可以确定黄色虚线框中的走势构成一个既济卦形态。在本案例中，当既济卦形态成型之后，我们可以通过其形态对后市做出预期。图中粉色虚线框是以前三根 K 线的最高点为上沿，最低点为下沿建立的箱体，蓝色框线是以后三根 K 线的最高点为上沿，最低点为下沿建立的箱体。可以看到，图中粉色框线上沿下沿都高于蓝色框线，则可以初步判断，接下来大概率为下跌走势。

根据既济卦形态的买卖条件，我们以整个形态的最高点为多方转折点，最低点为空方转折点（如图中浅蓝色虚线所示）。在实际的走势中，股价在既济卦形态形成之后的第一个交易日即有效跌破空方转折点，卖出之后即开始急速下跌，符合我们前期做出的判断。

第七节　离宫八卦之贲卦

接下来我们来了解离宫八卦中的第七卦——贲（音同"毕"）卦，其卦形以及卦爻辞如下图所示。

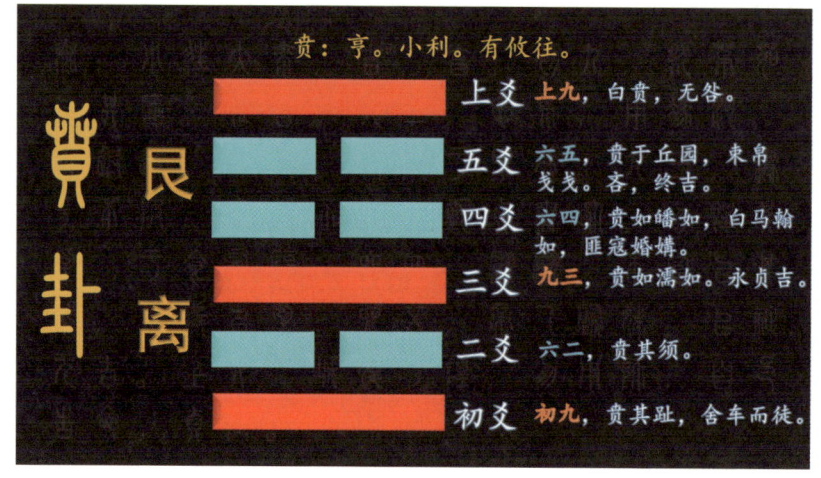

图 6.7.1　贲卦形态及卦爻辞

接下来我们从卦名、卦状、卦象和义理四个方面来阐述贲卦的相关信息。

【卦名】

贲卦的卦名为贲。贲的意思是装饰得很好。

贲卦是六十四卦中第二十二卦。

【卦状】

贲卦的卦状是"上艮下离"，在图 6.7.1 中间用红色的阳爻和绿色的阴爻表示。贲卦的主卦三爻全部当位，客卦下爻当位，也就是说，贲卦的初爻、二爻、三爻和四爻当位，五爻和上爻不当位，主卦和客卦的下爻有应。

【卦象】

象曰：山下有火，贲。君子以明庶政，无敢折狱。

卦逢吉神在运中，纵是有凶不为凶，婚姻合伙渐渐好，生意财源日日增。出行吉祥，百事无妨，失物得见，月令高强。

贲者，饰也，物之有饰，故有喜气盈门之象。

【义理】

卦辞释义

贲卦的卦辞为"亨。小利。有攸往"。

意思是顺利，有小利可以前往。

形态解析

贲卦在市场中对应的形态是一种阴阳交错平衡的走势，即"阳阴阳阴阴阳"，如图 6.7.2，贲卦的卦状如图中左侧所示，贲卦所对应的走势形态如图中右侧所示，即"阳阴阳阴阴阳"的走势，我们称这种形态为贲卦形态。

虽然在贲卦形态中阴线和阳线的数量是相同的，但是形态中最后一根 K 线是阳线，根据尾权最重原则，贲卦形态代表着阴阳整体平衡，多方稍强的走势。

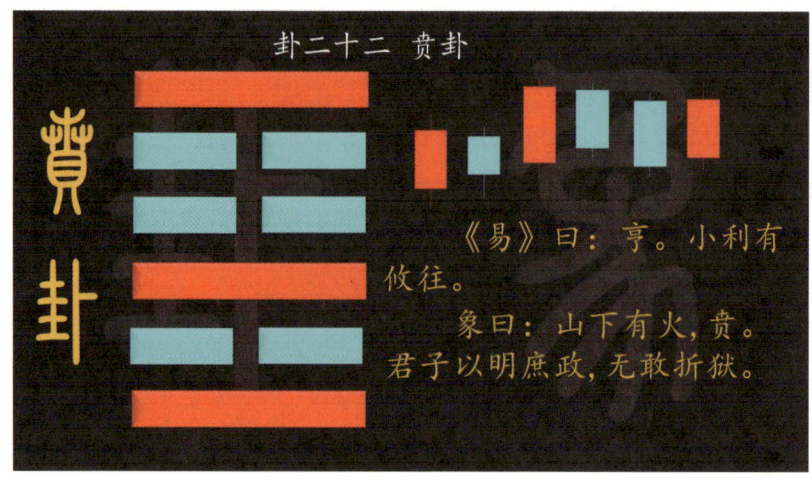

图 6.7.2 贲卦对应的走势形态

形态要求

贲卦形态的构成要求如下图所示。

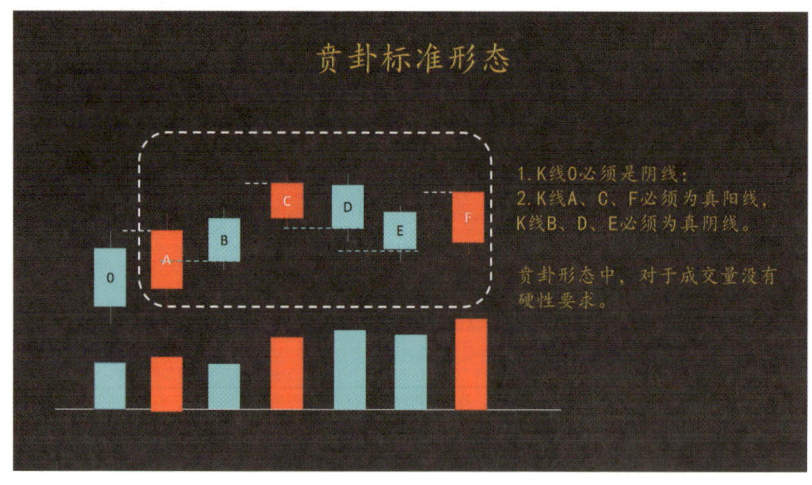

图 6.7.3 贲卦标准形态示意图

贲卦的标准形态如图 6.7.3 所示，图中白色虚线框标识的形态即为标准的贲卦形态，其中包含的六根 K 线从左到右标记为 K 线 A 到 K 线 F，形态之前一根 K 线标记为 K 线 0，K 线形态下方为成交量变化示意图。

贲卦形态的构成要求有以下两条：

第一，形态之前的一根 K 线必须是阴线。

第二，K 线 A、C、F 必须为真阳线，K 线 B、D、E 必须为真阴线。

贲卦形态中，对于成交量没有硬性要求。一般来说，K 线 F 的成交量明显偏高则后市看涨的概率较高。

形态性质

贲卦形态属于"持续"形态，代表多空双方力量平衡，同时由于阴阳线之间交错而不连贯，所以形态本身很难反映出明显的多空倾向性。所以，贲卦形态在走势中出现的位置并不固定，可能出现在任何位置作为持续或者转折形态。

具体可以根据出现时形态的特点对后市进行预期。

买卖条件

贲卦的买卖条件如下图所示。

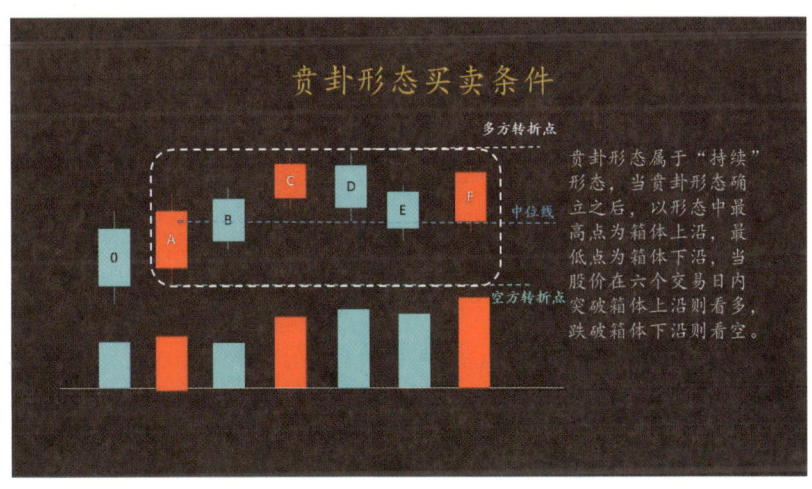

图 6.7.4　贲卦形态的买卖条件

图 6.7.4 是贲卦形态的买卖条件示意图，贲卦形态作为持续形态，可以提供一个多方转折点（买入依据）、空方转折点（止损依据）和一条中位线（多空力量权重对比依据）。

多方转折点（买入依据）：当贲卦形态确立之后，我们以整个形态的最高点为上沿，最低点为下沿建立箱体，则箱体的上沿为多方转折点。当股价有效突破这一位置时则可以考虑买入，此买入依据在形态确立后六个交易日内有效。

空方转折点（止损依据）：以贲卦形态为依据建立箱体，箱体的下沿即为空方转折点。当股价有效跌破这一位置时，应果断止损。若已经买入，则以买入当日的最低价为止损价。若股价有效跌破这一点位，则应果断止损。

中位线（多空力量权重对比依据）：以贲卦形态为依据建立箱体，箱体上沿和下沿之间的中线即为中位线，我们可以根据K线实体在中位线两边的比重来判断接下来的走势。若K线实体集中在中位线之下，则说明空方动能强大，未来股价下跌概率较高；反之若K线实体集中在中位线之上，则说明多方动能强大，未来股价上涨概率比较高。

当形态中存在长影线时通过中位线来判断股价未来走势会更加准确。当形态中最低点与次低点之间间隔超过两根K线且存在明显差距的时候，更适宜根据最低点出现的位置是在形态中靠前的位置还是靠后的位置来判断未来股价的涨跌倾向。一般来说，最低点出现在形态中前两根K线，说明未来股价上涨的概率较高；若最低点出现在形态中后两根K线则说明未来股价下跌的概率较高；最低点出现在形态中间的两根K线的情况下多为低位转折形态。

形态中既有长影线，同时最低点和次低点之间间隔超过两根 K 线且存在明显差距的情况下，优先采用中位线来判断未来的股价走势。

接下来我们通过案例详细解读。

案例解析

贡卦是一种持续形态，在市场中常作为横盘或者下跌走势中的持续形态出现，如下图所示。

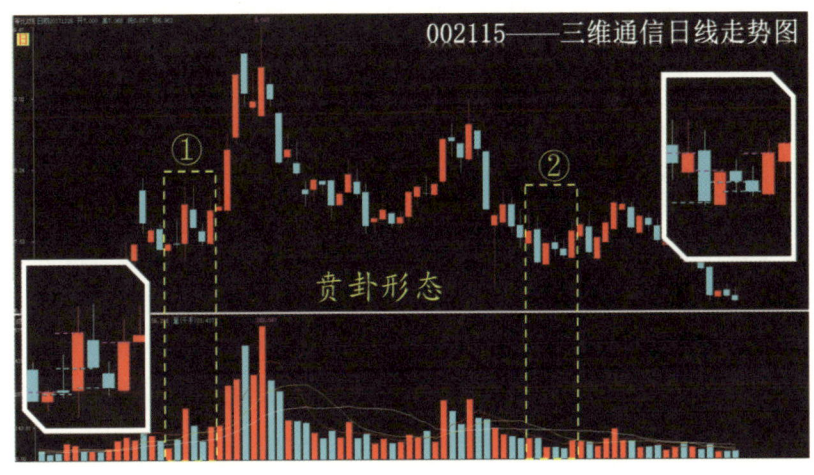

图 6.7.5　贡卦形态持续实战案例

图 6.7.5 是 002115——三维通信从 2017 年 8 月 22 日到 2017 年 12 月 28 日的日 K 线走势图，图中在 2017 年 9 月 20 日到 27 日六个交易日之间和 11 月 27 日到 12 月 1 日六个交易日之间都出现了"阳阴阳阴阴阳"的走势，疑似为贡卦形态，在图中分别用黄色虚线框①和②标识。

首先我们来看虚线线①中的走势：

要确定这个形态确实为贡卦形态要满足两个条件，贡卦形态要求形态前一根 K 线必须是阴线。从图中可以看到虚线框①前面的第一根 K 线为阴线，符合贡卦形态的第一个条件。

象数理形态模型

贲卦形态的第二个条件是形态中所有阳线都为真阳线,所有阴线都为真阴线。图中左侧折角矩形处将虚线框①中的走势放大,用粉色虚线标记阳线的收盘价,浅蓝色虚线标记阴线的收盘价。可以看到,框线中所有阳线的收盘价都相对于前一交易日抬高,都为真阳线。所有阴线的收盘价都相对于前一交易日降低,都为真阴线。所以,黄色虚线框中的走势满足贲卦形态的第二个条件。

至此,我们可以确定黄色虚线框①中的走势构成一个贲卦形态。在实际的走势中,贲卦形态出现在上涨走势中作为持续形态。

接下来我们来看虚线框②中的走势:

要确定这个形态确实为贲卦形态要满足两个条件,贲卦形态要求形态前一根K线必须是阴线从图中可以看到黄色虚线框②前面的第一根K线为阴线,符合贲卦形态的第一个条件。

贲卦形态的第二个条件是形态中所有阳线都为真阳线,所有阴线都为真阴线。图中右侧折角矩形处将虚线框②中的走势放大,用粉色虚线标记阳线的收盘价,浅蓝色虚线标记阴线的收盘价。可以看到,框线中所有阳线的收盘价都相对于前一交易日抬高,都为真阳线。所有阴线的收盘价都相对于前一交易日降低,都为真阴线。所以,黄色虚线框中的走势满足贲卦形态的第二个条件。

至此,我们可以确定黄色虚线框②中的走势构成一个贲卦形态。在实际的走势中,贲卦形态出现在下跌走势中作为持续形态。

第八节 离宫八卦之明夷卦

接下来我们来了解离宫八卦中的最后一卦——明夷卦，其卦形以及卦爻辞如下图所示。

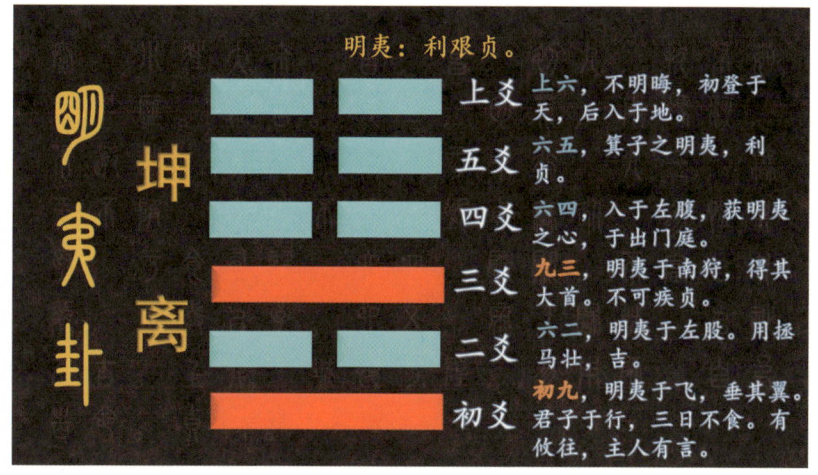

图 6.8.1 明夷卦形态及卦爻辞

接下来我们从卦名、卦状、卦象和义理四个方面来阐述明夷卦的相关信息。

【卦名】

明夷卦的卦名为明夷。明夷是失意的意思。

明夷卦是六十四卦中第三十六卦。

【卦状】

明夷卦的卦状是"上坤下离"，地火明夷，晦而转明，在图 6.8.1 中间用红色的阳爻和绿色的阴爻表示。明夷卦只有五爻不当位，其他五个爻全都当位，主卦和客卦的上爻和下爻都有应。

【卦象】

象曰：明入地中，明夷。君子以莅众，用晦而明。

过河拆桥事堪伤，交易出行有灾殃，谋望求财空费力，婚姻合伙不相当。行人未至，头绪不准，口舌要避，凡事不稳。

明夷者，伤也，明而见伤，故有过河拆桥之象。如同与人修桥渡河，不想人先过去，将桥拆掉，不能前进。占得此卦，主临事难为，多有不顺之兆。

【义理】

卦辞释义

明夷卦的卦辞为"利艰贞"。意思是利于艰苦坚持下去。

形态解析

明夷卦在市场中对应的形态是四阴夹二阳，即"阳阴阳阴阴阴"的形态，如图6.8.2所示：

如图6.8.2，明夷卦的卦状如图中左侧所示，明夷卦所对应的走势形态如图中右侧所示，即"阳阴阳阴阴阴"的走势，我们

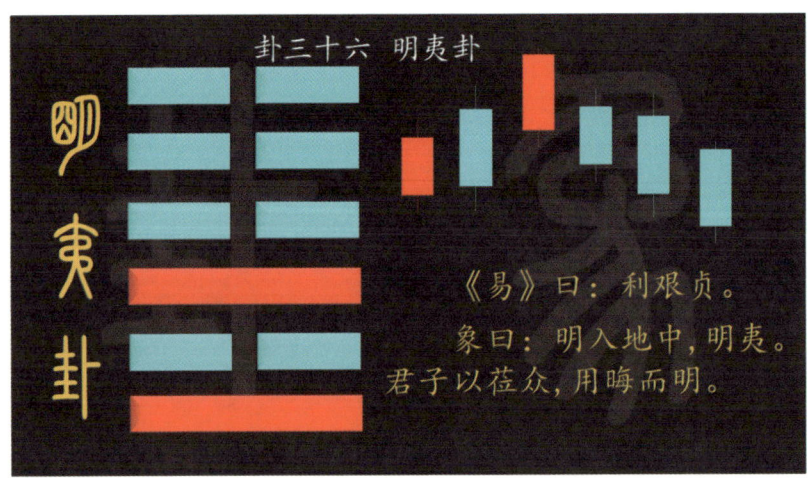

图6.8.2　明夷卦对应的走势形态

称这种形态为明夷卦形态。

明夷卦形态代表空方强势，明夷卦本身像过河拆桥，多有不顺，故明夷卦多代表空方强势。

这一点接下来会结合形态性质详细阐述。

形态要求

明夷卦形态的构成要求如下图所示。

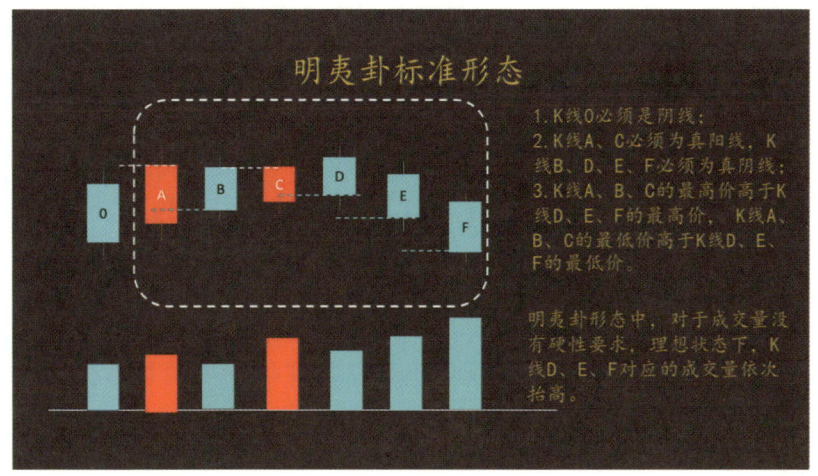

图 6.8.3　明夷卦标准形态示意图

明夷卦的标准形态如图 6.8.3 所示，图中白色虚线框标识的形态即为标准的明夷卦形态，其中包含的六根 K 线从左到右标记为 K 线 A 到 K 线 F，形态之前一根 K 线标记为 K 线 0，K 线形态下方为成交量变化示意图。

明夷卦形态的构成要求有以下两条：

第一，形态之前的一根 K 线必须是阴线。

第二，K 线 A、C 必须为真阳线，K 线 B、D、E、F 必须为真阴线。

第三，K 线 A、B、C 的最高价高于 K 线 D、E、F 的最高价，

K线A、B、C的最低价高于K线D、E、F的最低价。

一般来说，在明夷卦形态中，阴线实体的长度之和要远大于阳线实体的长度之和，但这并非是必须的。也就是说，不管是阴线实体之和比较长，还是阳线实体之和比较长，都不会影响到明夷卦形态的确立。

明夷卦形态中，若仅不符合第三个形态条件，也可被视为明夷卦形态，但此时的明夷卦形态往往不意味着空方强势。

明夷卦形态中，对于成交量没有硬性要求，理想状态下，K线D、E、F对应的成交量依次抬高。

形态性质

明夷卦形态属于"转折"形态，形态中阴线较多，代表空方的强势，多出现在下跌趋势的起始和下跌趋势中作为下跌持续形态。

少数情况下，明夷卦形态会出现在其他位置代表其他含义（这种情况下的明夷卦形态多是不符合第三个形态条件的）。

买卖条件

图6.8.4是明夷卦形态的买卖条件示意图，明夷卦形态作为转折形态，可以提供一个趋势转折依据和一个卖出依据，前者用来把握明夷卦形态底部转折的情况，后者用来回避明夷卦形态作为底部转折或下跌持续形态带来的风险。

趋势转折依据：当明夷卦形态确立之后，我们以整个形态的最高点为买入依据点。当股价有效突破这一位置时则可以考虑买入，此买入依据在形态确立后六个交易日内有效。

卖出依据：当明夷卦形态确立之后，以K线F的最低价为卖出依据（注意，这不一定是整个形态的最低价）。若股价收盘价

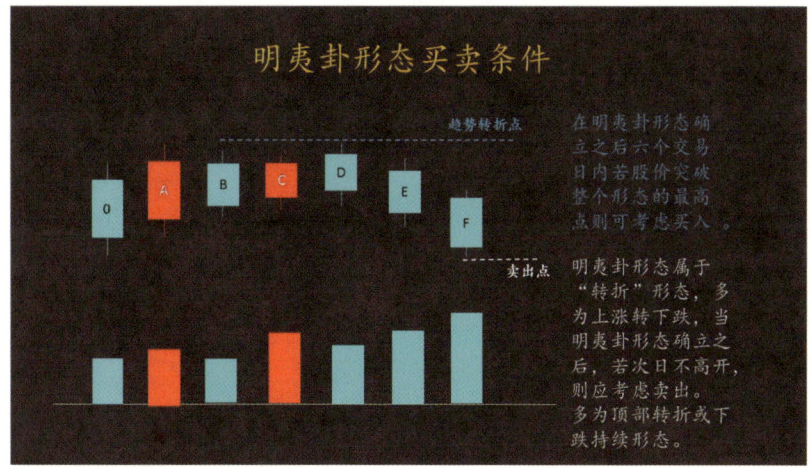

图 6.8.4 明夷卦形态的买卖条件

有效跌破这一点位，则应果断止损。

明夷卦形态二次买入的情况并不多见，但若明夷卦形态出现后六个交易日内，股价先跌破卖出点后再次突破整个形态的最高点，仍然可以买入。

接下来我们通过案例详细解读。

案例解析

前文中提到，明夷卦是一种转折形态，最常见的情况就是作为顶部转折形态出现，如下图所示。

图 6.8.5 是 002118——紫鑫药业从 2019 年 4 月 4 日到 6 月 10 日的日 K 线走势图，图中在 2019 年 4 月 19 日到 26 日六个交易日之间出现了疑似为明夷卦形态的"阳阴阳阴阴阴"走势，在图中用黄色虚线框标识。

首先我们来看明夷卦形态的构成条件：

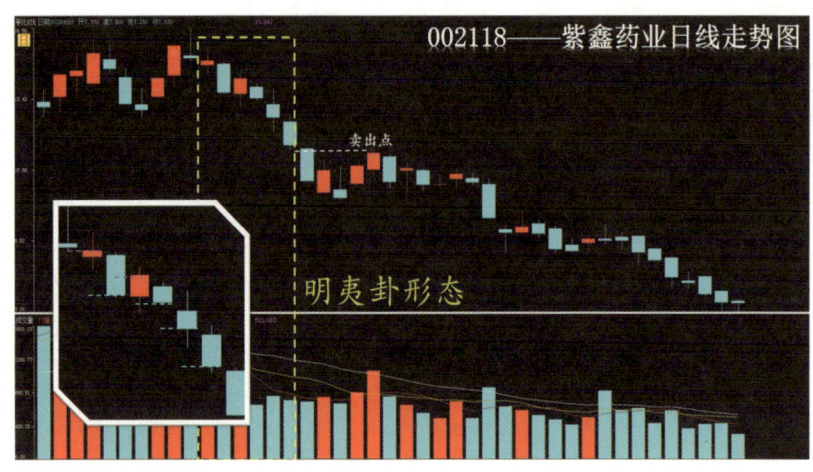

图 6.8.5　明夷卦形态顶部转折实战案例

第一个条件是形态前一根 K 线 0 必须是阴线。从图中可以看到黄色虚线框前的第一根 K 线为阴线，符合明夷卦形态的第一个条件。

第二个条件是 K 线 A、C 必须为真阳线，K 线 D、D、E、F 必须为真阴线，也就是形态中所有阳线都为真阳线，所有阴线都为真阴线。图中左侧折角矩形处将黄色框线中的走势放大，用粉色虚线标记阳线的收盘价，浅蓝色虚线标记阴线的收盘价。可以看到，框线中所有阳线的收盘价都相对于前一交易日有所抬高，都为真阳线。所有阴线的收盘价都相对于前一交易日降低，都为真阴线。

构成明夷卦形态的第三个条件是 K 线 A、B、C 的最高价高于 K 线 D、E、F 的最高价，K 线 A、B、C 的最低价高于 K 线 D、E、F 的最低价。图中的明夷卦形态是一个典型的左高右低形态，明显符合这一条件。

至此，我们可以确定黄色虚线框中的走势构成一个明夷卦形态。根据明夷卦形态的买卖条件，我们以形态中的最高价（K 线

A 的最高点）作为买入依据，以 K 线 F 的最低点做水平线，如图中白色虚线，则这根白色虚线即为明夷卦形态的卖出依据，一旦股价有效跌破这一点位则应果断止损。

在实际的走势中，股价在明夷卦形态出现之后的第一个交易日即收阴跌破了卖出点，此时应果断止损，回避接下来下跌的风险。

本案例中明夷卦形态作为顶部转折形态，接下来我们来看明夷卦形态作为下跌持续形态的案例，如下图所示。

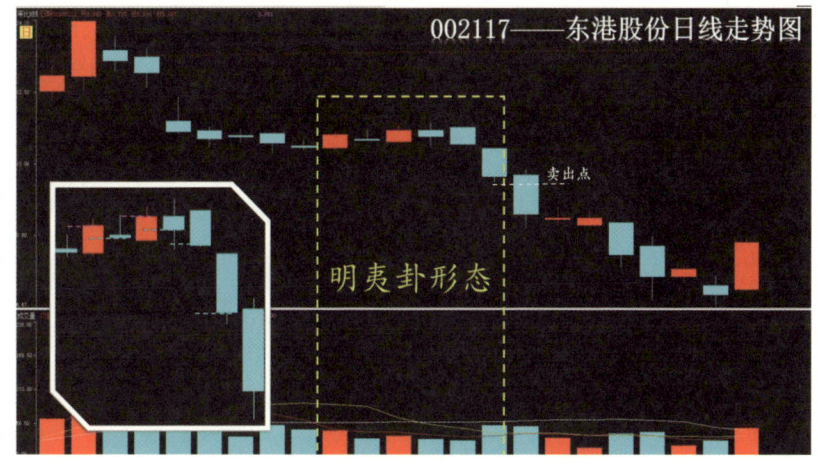

图 6.8.6　明夷卦形态底部转折实战案例

图 6.8.6 是 002117——东港股份从 2018 年 1 月 11 日到 2 月 12 日的日 K 线走势图，图中在 2018 年 1 月 24 日到 31 日六个交易日之间出现了疑似为明夷卦形态的"阳阴阳阴阴阴"走势，在图中用黄色虚线框标识。

首先我们来看明夷卦形态的构成条件：

第一个条件是形态前一根 K 线必须是阴线。从图中可以看到黄色虚线框前的第一根 K 线为阴线，符合明夷卦形态的第一个条件。

第二个条件是 K 线 A、C 必须为真阳线，K 线 B、D、E、F 必须为真阴线，也就是形态中所有阳线都为真阳线，所有阴线都为真阴线。图中左侧折角矩形处将黄色框线中的走势放大，用粉色虚线标记阳线的收盘价，浅蓝色虚线标记阴线的收盘价。可以看到，框线中所有阳线的收盘价都相对于前一交易日有所抬高，都为真阳线。所有阴线的收盘价都相对于前一交易日降低，都为真阴线。符合明夷卦形态的第二个条件。

构成明夷卦形态的第三个条件是 K 线 A、B、C 的最高价高于 K 线 D、E、F 的最高价，K 线 A、B、C 的最低价高于 K 线 D、E、F 的最低价。图中的明夷卦形态同样是一个典型的左高右低形态，明显符合这一条件。

至此，我们可以确定黄色虚线框中的走势构成一个明夷卦形态。根据明夷卦形态的买卖条件，我们以形态中最高的最高价（K 线 D 的最高点）做水平线，如图中白色虚线，作为买入依据，后市股价一旦突破这一点位则可以买入，以 K 线 F 的最低点作为明夷卦形态的卖出依据。

在实际的走势中，明夷卦形态出现在下跌的走势中作为持续形态。

MODEL THEORY
The Pattern From Mathematical Logic

模型理论⑧(下)
象数理形态模型

孙国生◎著

山西出版传媒集团
山西人民出版社

图书在版编目（CIP）数据

模型理论 8：象数理形态模型 / 孙国生著 . —太原：山西人民出版社，2022.9
ISBN 978-7-203-12077-3

Ⅰ.①模… Ⅱ.①孙… Ⅲ.①股票投资—经济模型—经济理论 Ⅳ.① F830.91

中国版本图书馆 CIP 数据核字 (2021) 第 277053 号

模型理论 8：象数理形态模型

| 著　　者：孙国生
| 责任编辑：徐　琼
| 复　　审：傅晓红
| 终　　审：梁晋华
| 装帧设计：王　峥

出 版 者：山西出版传媒集团·山西人民出版社
地　　址：太原市建设南路 21 号
邮　　编：030012
发行营销：0351-4922220　4955996　4956039　4922127（传真）
天猫官网：https://sxrmcbs.tmall.com　电话：0351-4922159
E-mail：sxskcb@163.com　发行部
　　　　　sxskcb@126.com　总编室
网　　址：www.sxskcb.com

经 销 者：山西出版传媒集团·山西人民出版社
承 印 厂：廊坊市祥丰印刷有限公司

开　　本：710mm×1000mm　1/16
印　　张：38
字　　数：460 千字
印　　数：1-5000 册
版　　次：2022 年 9 月　第 1 版
印　　次：2022 年 9 月　第 1 次印刷
书　　号：ISBN 978-7-203-12077-3
定　　价：398.00 元（上、下）

如有印装质量问题请与本社联系调换

第七章　巽宮八卦

象数理形态模型

导读 巽宫八卦的共同性质

巽宫八卦是指以巽卦为主卦的八种别卦，由姤卦、大过卦、鼎卦、巽卦、恒卦、井卦、蛊卦和升卦构成。

巽宫八卦的共性是主卦为【巽】，巽卦转化为市场中的形态组合是"阴阳阳"，这就决定巽宫八卦的所有形态前三根K线都是"阴阳阳"的组合。这是至今为止首次出现以阴线起始的形态，直接造成的影响就是所有巽卦形态的构成条件第一条是要求K线0必须为阳线（在这之前K线0都被要求必须是阴线）。

另一方面，因为前三根K线中就有两根连续的阳线，所以巽宫八卦的形态很容易出现形态中间连续阳线的情况。需要注意的是，这并不一定意味着多方的强势。连续收阳的走势很容易造成多方动能的耗竭，加之尾权最重原则的影响，会出现像大过卦这种明明形态中阳线较多，反而经常代表风险的形态。

第一节　巽宫八卦之姤卦

姤（音同"够"）卦是巽宫八卦中的第一卦，其卦形以及卦爻辞如下图所示。

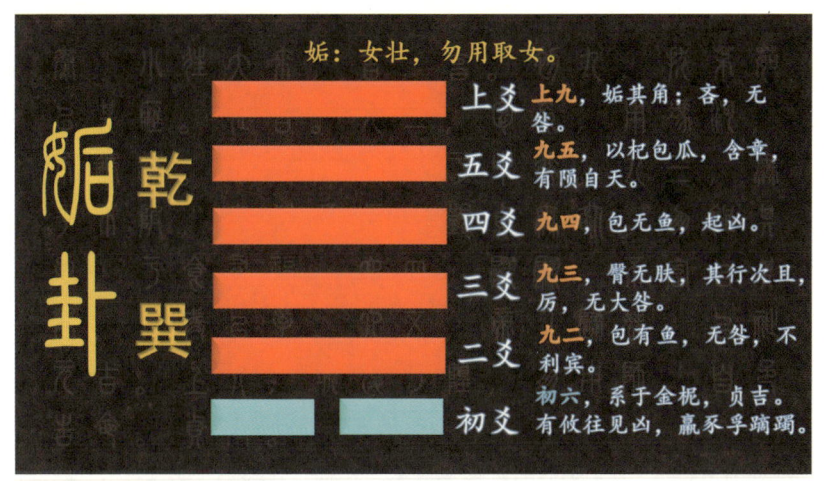

图 7.1.1　姤卦形态及卦爻辞

关于姤卦的含义，我们可以从卦名、卦状、卦象和义理四个方面来阐述。

【卦名】

姤卦的卦名为姤，姤是相遇的意思。

姤卦为六十四卦中的第四十四卦。

【卦状】

姤卦的卦状是"乾上巽下"，在图 7.1.1 中间用红色和绿色爻线表示。其中三爻和五爻当位，其余爻线全不当位，主卦和客卦的下爻有应，阴阳相合。

【卦象】

象曰：天下有风，姤。后以施命诰四方。

交易有成，官事有理，走失可寻，出门见喜。

姤者，遇也，不期而遇，行人久困在外，举目无亲，偶然遇友相亲相爱，甚是得意，时来运转，困穷他乡志不伸，忧愁寂寞到如今，时来喜逢遇知音，面对相谈大放心。

【义理】

卦辞释义

姤卦的卦辞是"女壮，勿用取女"。意思是此女强壮，不要娶她。

形态解析

姤卦在市场中对应的形态是"阴阳阳阳阳阳"的走势，如图7.1.2所示：

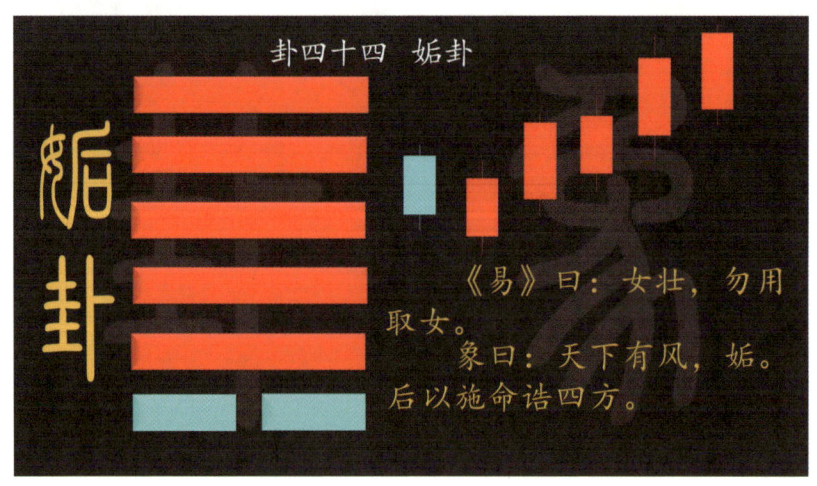

图 7.1.2　姤卦对应的走势形态

如图7.1.2，图中左侧是姤卦的卦状，右侧是姤卦所对应的走势形态，即"阴阳阳阳阳阳"的走势，我们称这种形态为姤卦形态。

姤卦形态由五根阳线和一根阴线组成，并且阳线连在一起，最后一根K线也是阳线，代表多方强势。

形态要求

姤卦形态对于构成形态的细节的要求如下图所示。

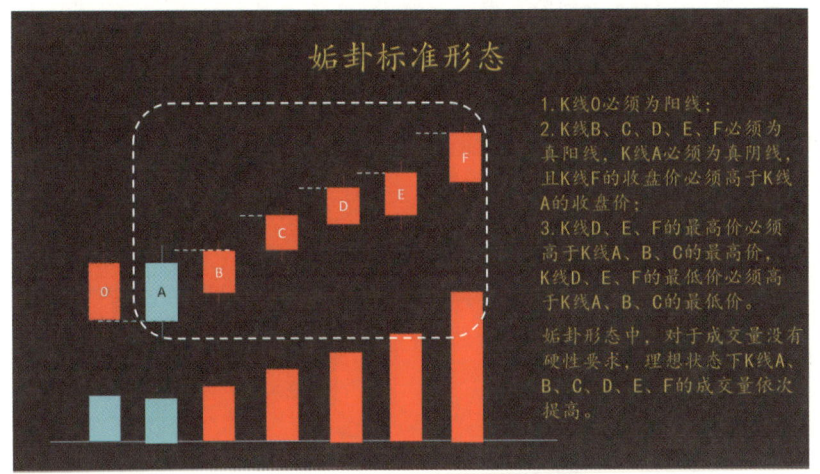

图 7.1.3　姤卦标准形态示意图

图7.1.3是姤卦标准形态示意图，图中白色虚线框标识的形态即为标准的姤卦形态，其中包含的六根K线从左到右标记为K线A到K线F，形态之前一根K线标记为K线0，K线形态下方为成交量变化示意图。

构成姤卦形态的要求是：

第一，姤卦形态之前的一根K线必须是阳线。

第二，K线B、C、D、E、F必须为真阳线，K线A必须为真阴线。

第三，K线D、E、F的最高价必须高于K线A、B、C的最高价，K线D、E、F的最低价必须高于K线A、B、C的最低价。

姤卦形态中，对于成交量没有硬性要求，理想状态下K线A、B、C、D、E、F的成交量依次提高。

买卖条件

姤卦的买卖条件如下图所示。

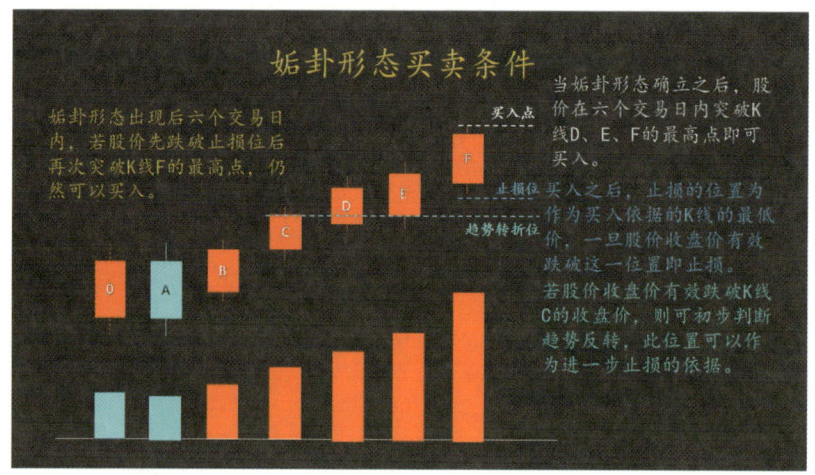

图7.1.4　姤卦形态的买卖条件

图7.1.4是姤卦形态的买卖条件示意图，图中显示了当姤卦形态出现之后的买入点、止损位和趋势反转位。

买入点：当走势中出现姤卦形态之后，我们以姤卦形态中的后三根K线的最高价（即K线D、E、F的最高价）作为买入依据，如图中白色虚线所示（图中以K线F为例），在形态形成后六个交易日内若股价突破这一点位即可买入。

止损位：买入之后的止损位为姤卦形态中的作为买入依据的那根K线的最低价（图中为K线F）。一旦股价在姤卦形态形成之后的六个交易日内有效跌破此位置，则应减仓或者止损。需要注意的是，这一止损位属于灵敏止损位。

趋势反转位：当姤卦形态确立之后，如果股价一直调整，直到某一日收盘价跌破了 K 线 C 的收盘价，即趋势反转位，则说明趋势可能反转，此时应该果断止损清仓。

关于二次买入方面，姤卦形态允许二次买入。若股价在姤卦形态后六个交易日内跌破止损位或趋势反转位后再次突破买入点，仍然可以二次买入或加仓。因为姤卦形态的止损位是灵敏止损位，所以出现二次买入的概率较大。

形态性质

姤卦形态属于"反转"形态的一种，一般会出现在上涨趋势的起点，代表着趋势由下跌转为上涨，有时也可能出现在某一段上涨走势的中间，作为持续形态，提供额外的加仓或止损依据。

姤卦形态出现之后走势往往会在近期有一个调整期，这是因为连续的上涨造成的报复性反弹，这一点与乾卦形态类似。但是姤卦形态带来的调整期一般会在形态形成后 2-3 个交易日或者更长一些时间才会出现，而乾卦形态则会在形成后几乎立刻出现调整期。

接下来我们通过案例详细解读。

案例解析

姤卦形态往往会出现在上涨趋势的起点或中间。对于投资者来说，姤卦形态作为启动形态自然是最有价值的，下面我们来看姤卦形态作为启涨形态的案例，如下图所示。

图 7.1.5 是 600028——中国石化从 2018 年 8 月 15 日到 9 月 28 日的日 K 线走势图，图中可以看到 2018 年 8 月 17 日到 24 日

六个交易日之间出现了"阴阳阳阳阳阳"的走势，疑似妩卦形态，在图中用黄色虚线框标识。

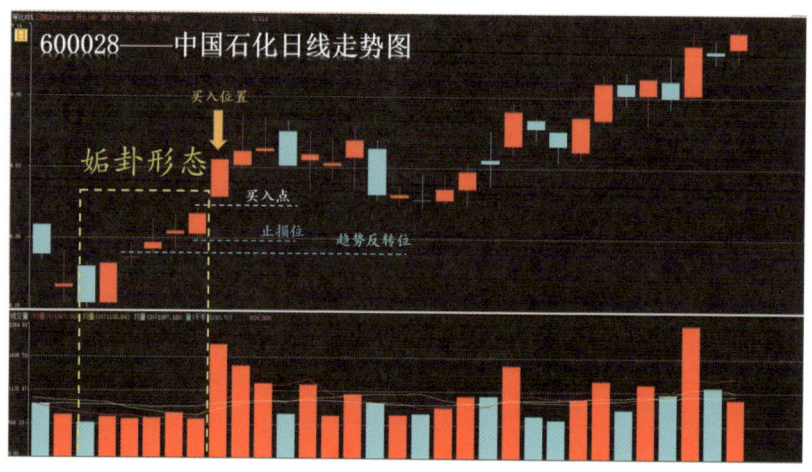

图 7.1.5　妩卦形态低位转折案例解析

妩卦形态要求形态前一根 K 线必须是阳线，图中可以看到黄色虚线框前的第一根 K 线是一根阳线，所以符合第一个条件。

黄色虚线框中所有 K 线的收盘价依次抬高，故所有阳线都是真阳线。第一根 K 线为阴线，且收盘价相对于前一交易日降低，故为真阴线。符合妩卦形态的第二个条件。

妩卦形态的第三个条件是 K 线 D、E、F 的最高价必须高于 K 线 A、B、C 的最高价，K 线 D、E、F 的最低价必须高于 K 线 A、B、C 的最低价，图中妩卦形态左低右高，明显符合这一条件。

至此，我们可以确定黄色虚线框中的走势构成一个妩卦形态。根据妩卦形态的买卖条件，我们以黄色框线中后三根 K 线的最高点为买入依据（本案例中为 K 线 F），如图中白色虚线所示。以 K 线 F 的最低点为止损依据，如图中深蓝色虚线所示。以框线中第三根 K 线的收盘价为趋势转折依据，如图中浅蓝色虚线所示。

在实际的走势中，姤卦形态出现之后的那个交易日股价即拉升突破白色虚线，此时买入，买入之后股价即继续拉升了一段时间，开始横盘，之后再次拉升。

第二节 巽宫八卦之大过卦

巽宫八卦中最值得大书特书的就是第二卦大过卦了，其形态是最容易误导投资者的形态之一，大过卦卦形以及卦爻辞如下图所示。

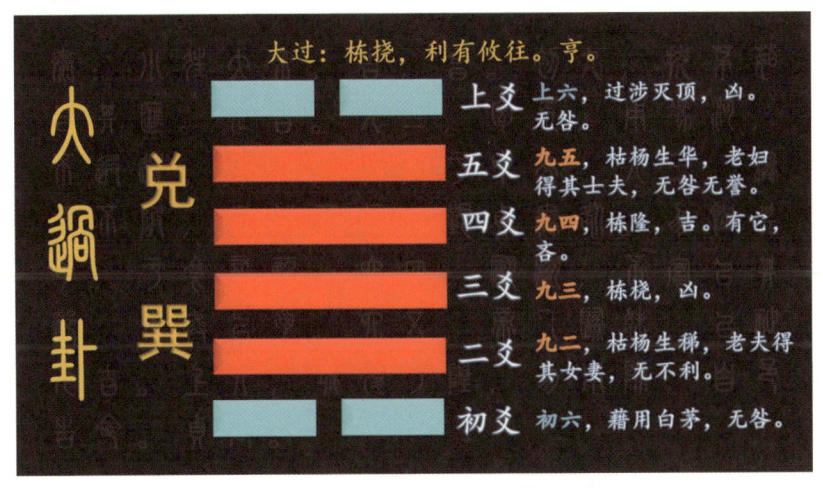

图 7.2.1　大过卦形态及卦爻辞

我们同样从四个方面来阐述大过卦，即卦名、卦状、卦象和义理。

【卦名】

大过卦的卦名为大过，过是过分的意思。大过意思是太过分。

大过卦是六十四卦中的第二十八卦。

【卦状】

大过卦的卦状是"上兑下巽",在图 7.2.1 中间用红色和绿色爻线表示。其中三爻、五爻和上爻当位,初爻、二爻和四爻不当位,主卦和客卦的上爻和下爻有应。

【卦象】

象曰:泽灭木,大过。君子以独立不惧,遯世无闷。

夜梦金银醒来空,求名求利大不通,婚姻难成交易散,走失行人不见踪。月令不和,做事无着,凡事忍耐,休去琢磨。

大过者,祸也。二阴不胜其重,故有夜梦金钱之象。

【义理】

卦辞释义

大过卦的卦辞是"栋桡,利有攸往。亨"。

桡是弯曲的意思,所以大过卦卦辞的含义为栋梁弯曲,利于有所前进,顺利。

形态解析

大过卦在市场中对应的形态是二阴夹四阳的走势,即"阴阳阳阳阳阴"的形态,如图 7.2.2,图中左侧是大过卦的卦状,右侧是大过卦所对应的走势形态,即"阴阳阳阳阳阴"的走势,我们称这种形态为大过卦形。

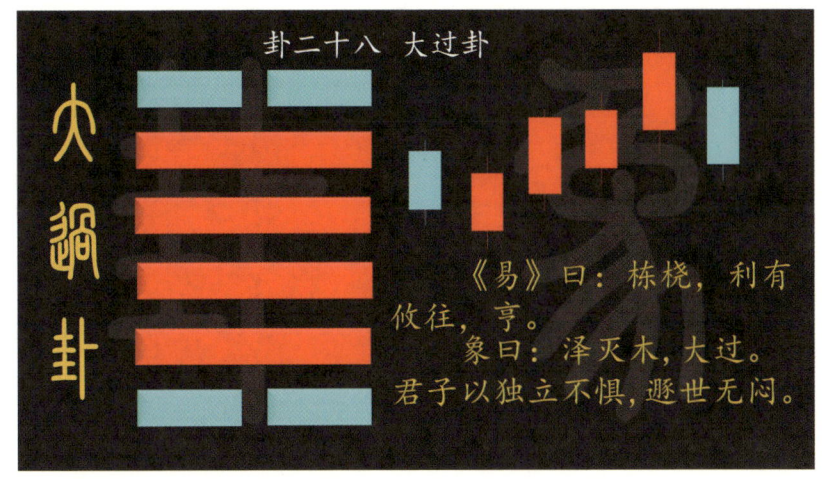

图 7.2.2　大过卦对应的走势形态

大过卦形态由四根阳线和两根阴线构成，体现多方比空方稍强，并且四根阳线相连，更是体现多方强势。但第一根 K 线和最后一根 K 线都是阴线，就带来了很大的风险。首先根据尾权最重原则，最后一根是阴线，整体形态代表的风险就不小。另一方面，两根阴线把阳线夹在中间，说明这段连续的阳线很可能是上涨动能耗竭的最后一波挣扎，或者下跌途中的报复性反弹。

所以，大过卦形态往往意味着风险。

形态要求

图 7.2.3 是大过卦标准形态示意图，图中白色虚线框标识的形态即为标准的大过卦形态，其中包含的六根 K 线从左到右标记为 K 线 A 到 K 线 F，形态之前一根 K 线标记为 K 线 0，K 线形态下方为成交量变化示意图。

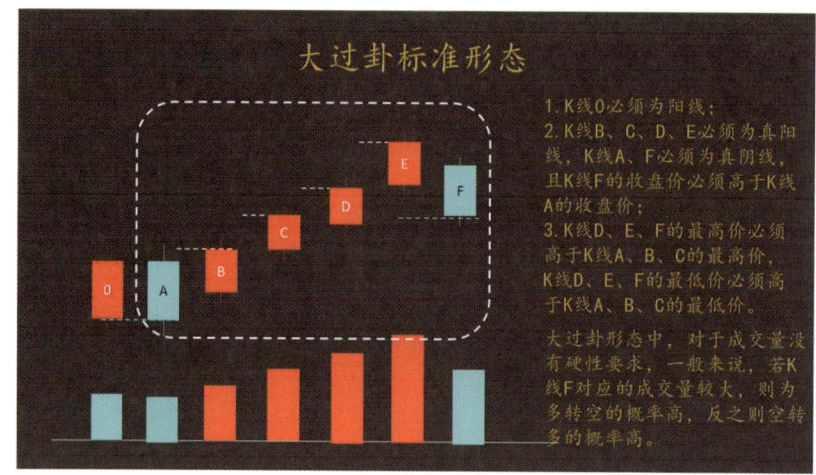

图 7.2.3　大过卦标准形态示意图

大过形态的构成要求是：

第一，形态之前的一根 K 线必须是阳线。

第二，K 线 B、C、D、E 必须为真阳线，K 线 A、F 必须为真阴线，且 K 线 F 的收盘价必须高于 K 线 A 的收盘价。

第三，K 线 D、E、F 的最高价必须高于 K 线 A、B、C 的最高价，K 线 D、E、F 的最低价必须高于 K 线 A、B、C 的最低价。（需要注意的是，特殊情况下，大过卦形态可能不会满足这一条件，这并不影响大过卦形态的形成，但会影响其代表的含义，这一点在后文中会有详细说明）

大过卦形态中，对于成交量没有硬性要求，一般来说，若 K 线 F 对应的成交量较大，则为多转空的概率高，反之则空转多的概率高。

买卖条件

图 7.2.4 是大过卦形态的买卖条件示意图，图中给出了当大过卦形态出现之后的买入点、止损位和趋势反转位。

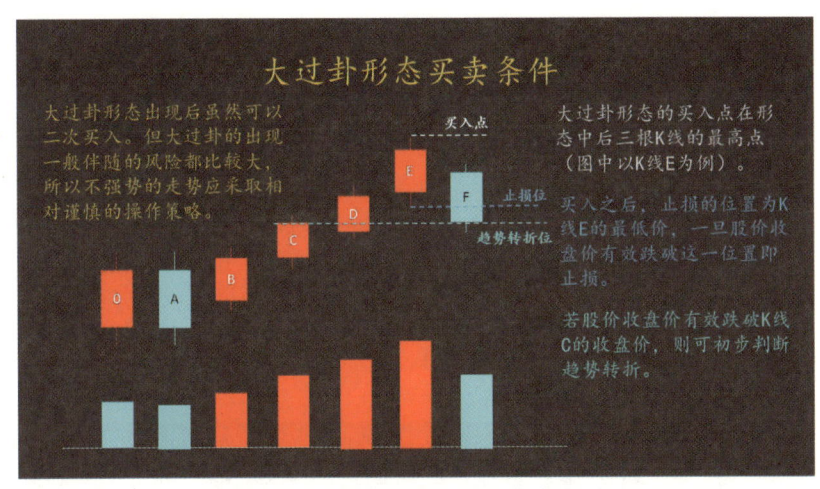

图 7.2.4　大过卦形态的买卖条件

买入点：当走势中出现大过卦形态之后，我们以大过卦形态中的后三根 K 线的最高价（即 K 线 D、E、F 的最高价中较高的一个）作为买入依据（图中以 K 线 E 为例），如图中白色虚线所示。在形态形成后六个交易日内若股价突破这一点位即可买入，但多数情况下，大过卦形态不建议买入。

止损位：买入之后的止损位为后三根 K 线中最高价对应 K 线的最低价。一旦股价在大过卦形态形成之后的六个交易日内有效跌破此位置，则应减仓或者止损。需要注意的是，这一止损位是灵敏止损位。

趋势反转位：当大过卦形态确立之后，如果股价一直调整，直到某一日收盘价跌破了 K 线 C 的收盘价，即趋势反转位，则说明趋势可能反转，此时应该果断止损清仓。

关于二次买入方面，大过卦形态出现后虽然可以二次买入。但大过卦的出现一般伴随的风险都比较大，所以对不强势的走势应采取相对谨慎的操作策略。

形态性质

大过卦形态属于"反转"形态的一种，实际上大过卦形态也确实多出现在趋势的底部作为转折形态，少数情况下，大过卦形态也会作为持续形态出现。

接下来我们通过案例详细解读。

案例解析

作为转折形态，大过卦形态对于投资者来说最大的意义就是作为底部启动形态，如下图所示。

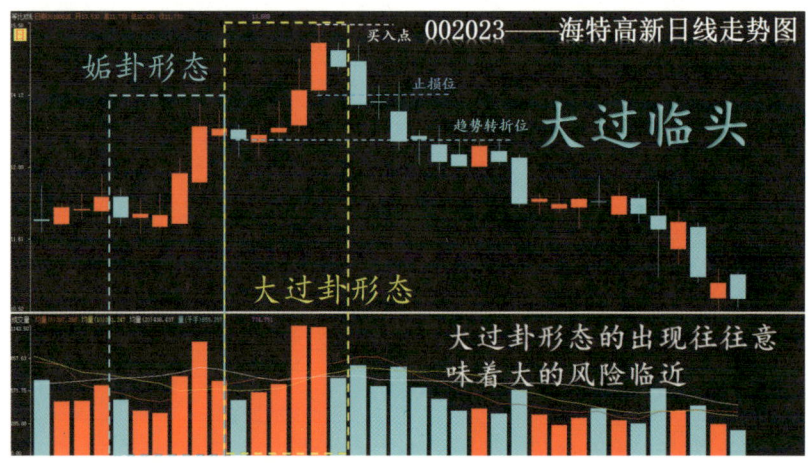

图 7.2.5　大过卦形态底部转折实战案例

图 7.2.5 是 002023——海特高新从 2018 年 5 月 4 日到 6 月 25 日的日 K 线走势图，图中可以看到 2018 年 5 月 8 日到 25 日六个交易日之间出现了"阴阳阳阳阳阴"的走势，疑似为大过卦形态，在图中用黄色虚线框标识。

大过卦形态要求形态前一根 K 线必须是阳线，图中可以看到黄色虚线框前的第一根 K 线是一根阳线，所以符合第一个条件。

黄色虚线框中的六根 K 线依次标记为 A、B、C、D、E、F，可以看到 K 线 B、C、D、E 都是阳线，且收盘价都高于其前一根 K 线，故都为真阳线。K 线 A 和 K 线 F 都阴线，且收盘价相比于其前一根 K 线都降低，故都为真阴线。K 线 F 的收盘价明显大于 K 线 A 的收盘价。所以，黄色虚线框中的走势符合大过卦形态的第二个条件。

构成大过卦形态的第三个要求是 K 线 D、E、F 的最高价必须高于 K 线 A、B、C 的最高价，K 线 D、E、F 的最低价必须高于 K 线 A、B、C 的最低价。如图可知，本案例中的大过卦形态是一个明显的左低右高形态，符合大过卦形态的第三个条件。

至此，我们可以确定黄色虚线框中的走势构成一个大过卦形态。根据大过卦形态的买卖条件，我们以黄色框线中后三根 K 线中的最高价即 K 线 E 的最高点为买入依据，如图中白色虚线所示。

大过卦形态的止损依据为 K 线 E 的最低价，如图中蓝色虚线所示。

以框线中第三根 K 线（即 K 线 C）的收盘价为判断趋势转折依据，如图中浅蓝色虚线所示。

在实际的走势中，在大过卦形态形成之后的下一个交易日股价即收出大阴线，跌破止损位。此时止损，就可以回避接下来的长期下跌走势。

本案例中大过卦形态就是典型的顶部转折形态，形态中的四连阳看似强势，实际上是将上涨的动能耗竭了。同时在图中标记了在大过卦形态前面还有一个作为底部转折形态的姤卦形态，通过这种连续的形态，我们可以更好地把握整段的走势。这部分的具体内容属于高端复杂的卦象组合内容，之后会详细说明。

第三节　巽宫八卦之鼎卦

鼎卦是巽宫八卦中的第三卦，其卦形以及卦爻辞如下图所示。

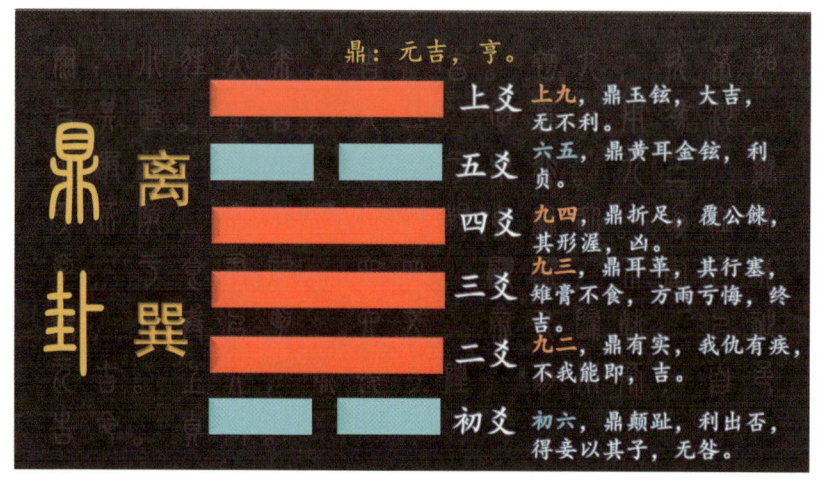

图 7.3.1　鼎卦形态及卦爻辞

关于鼎卦的相关内容，我们可以从卦名、卦状、卦象和义理四个方面来进行阐述。

【卦名】

鼎卦的卦名为鼎，鼎为重宝大器，三足稳重之象。鼎不仅是一种炊具，也是一种政权的象征，自古就有问鼎、定鼎之说，鼎卦为改革之卦，其意义深远。

鼎卦是六十四卦中第五十卦。

【卦状】

鼎卦的卦状是"上离下巽"，离为火，巽为风，风五行属木，木在下火在上,正是生火烹鼎之象,故为"火风鼎"。图样在图7.3.1

中间用红色和绿色爻线表示。其中只有三爻当位，其余全不当位，主卦和客卦的中爻和下爻有应，阴阳相合。

【卦象】

象曰：木上有火，鼎。君子以正位凝命。

渔翁得利喜自然，谋望求财两周全，婚姻合伙双得利，卦者适值喜气添。出门有利，交易可成，官司无妨，生意兴隆。

鼎者，烹饪之物，烹以养贤，故有渔人得利之象。

【义理】

卦辞释义

鼎卦的卦辞很短，含义也很简单"元吉，亨"，就是很吉利，顺利的意思。

形态解析

鼎卦在市场中对应的形态是"阴阳阳阳阴阳"的走势，如图7.3.2所示：

如图7.3.2，图中左侧是鼎卦的卦状，右侧是鼎卦所对应的

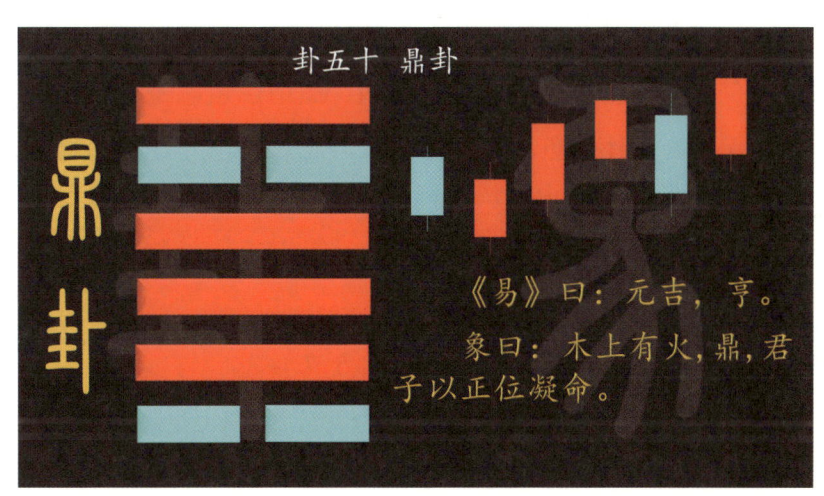

图7.3.2　鼎卦对应的走势形态

走势形态，即"阴阳阳阳阴阳"的走势，我们称这种形态为鼎卦形态。

鼎卦形态的出现体现了多方力量比空方力量稍强，同时由于最后一根K线是阳线（尾权最重原则），实际上鼎卦形态的出现往往代表了机会的来临。当然，少数情况下也可能代表风险。

形态要求

对于构成形态的细节，鼎卦的要求，如下图所示。

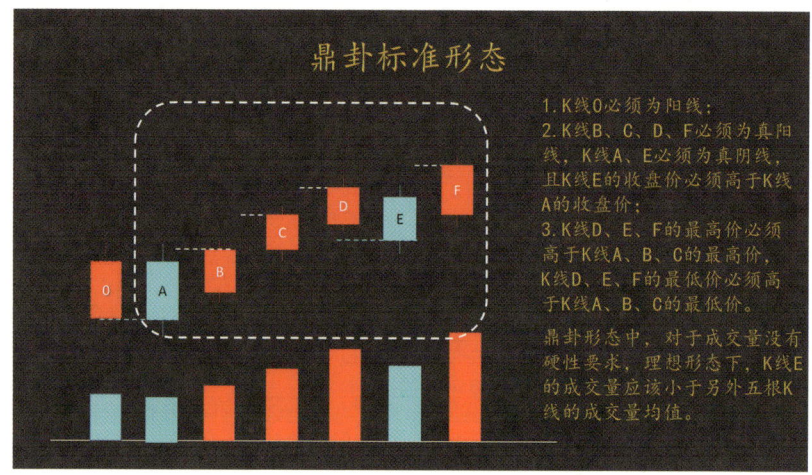

图 7.3.3　鼎卦标准形态示意图

图 7.3.3 是鼎卦标准形态示意图，图中白色虚线框标识的形态即为标准的鼎卦形态，其中包含的六根K线从左到右标记为K线A到K线F，形态之前一根K线标记为K线0，K线形态下方为成交量变化示意图。

鼎形态的构成要求是：

第一，形态之前的一根K线必须是阳线。

第二，K线B、C、D、F必须为真阳线，K线A、E必须为真阴线，且K线E的收盘价必须高于K线A的收盘价。

第三，K线D、E、F的最高价必须高于K线A、B、C的最高价，K线D、E、F的最低价必须高于K线A、B、C的最低价。

鼎卦形态中，对于成交量没有硬性要求，理想形态下，K线E的成交量应该小于另外五根K线的成交量均值。

买卖条件

鼎卦的买卖条件如下图所示。

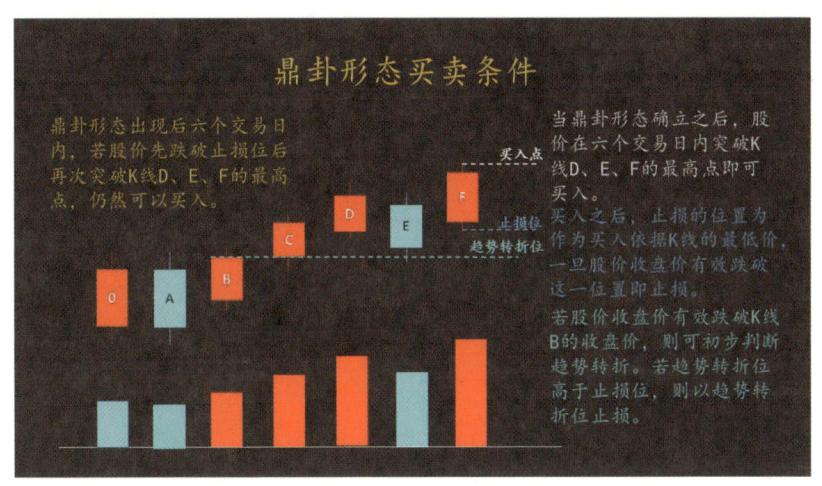

图7.3.4 鼎卦形态的买卖条件

图7.3.4是鼎卦形态的买卖条件示意图，图中给出了当鼎卦形态出现之后的买入点、止损位和趋势反转位。

买入点：当走势中出现鼎卦形态之后，我们以鼎卦形态中的最后三根K线的最高价（即K线D、E、F的最高价中较高的一个）作为买入依据（图中以K线F为例），如图中白色虚线所示。在形态形成后六个交易日内，若股价突破这一点位即可买入。

止损位：买入之后的止损位为"后三根K线中最高价对应K线的最低价"（图中以K线F为例）。一旦股价在鼎卦形态形

成之后的六个交易日内有效跌破此位置，则应减仓或者止损。需要注意的是，这一止损位并非灵敏止损位，其代表的风险比灵敏止损位要大。

趋势反转位：当鼎卦形态确立之后，如果股价一直调整，直到某一日收盘价跌破了K线B的收盘价，即趋势反转位，则说明趋势可能反转，此时应该果断止损清仓。

关于二次买入方面，鼎卦形态允许二次买入。若股价在鼎卦形态后六个交易日内跌破止损位或趋势反转位后再次突破买入点，仍然可以二次买入或加仓。

形态性质

鼎卦形态属于"反转"形态，多数情况下作为低位转折形态或者上涨持续形态，少数情况下也会作为高位转折形态，但此时一般形态上会有一定程度的变形，这一点在接下来的内容中会做详细阐述。

接下来我们通过案例详细解读。

案例解析

前文中提到，鼎卦形态属于"反转"形态，首先我们来看鼎卦形态作为低位启动形态的案例，如下图所示。

图7.3.5是002063——远光软件从2018年12月28日到2019年3月13日的日K线走势图，图中可以看到2019年1月3日到10日六个交易日之间出现了"阴阳阳阳阴阳"的走势，疑似为鼎卦形态，在图中用黄色虚线框标识。

鼎卦形态要求形态前一根K线必须是阳线，图中可以看到黄色虚线框前的第一根K线是一根阳线，所以符合第一个条件。

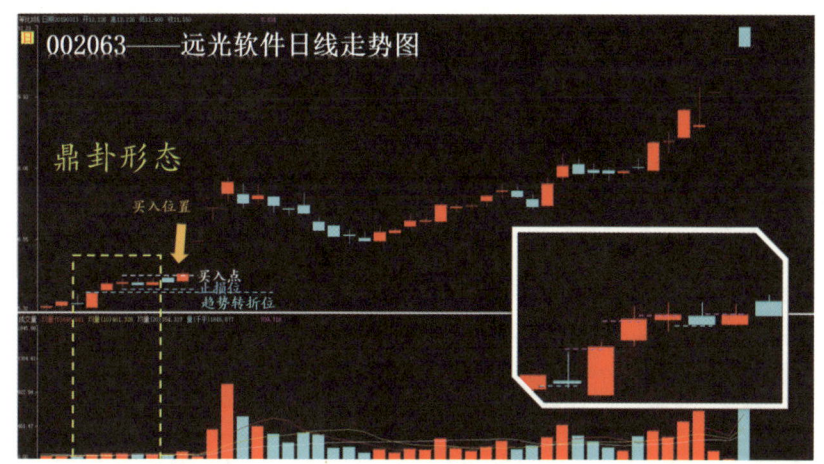

图 7.3.5　鼎卦形态低位启动实战案例

黄色虚线框中的六根 K 线依次标记为 A、B、C、D、E、F。可以看到，K 线 B、C、D、F 都是阳线，K 线 A 和 K 线 E 都阴线。在图中右侧折角矩形中将黄色虚线框中的走势放大，并以粉色虚线标记阳线的收盘价，浅蓝色虚线标记阴线的收盘价。虚线框中所有阳线的收盘价都相对于前一交易日有所抬高，都是真阳线。所有阴线的收盘价都相对于前一交易日降低，都是真阴线。符合鼎卦形态的第二个条件。

构成鼎卦形态的第三个要求是 K 线 D、E、F 的最高价必须高于 K 线 A、B、C 的最高价， K 线 D、E、F 的最低价必须高于 K 线 A、B、C 的最低价，虚线框中的走势呈现明显的左低右高，符合这一条件。

至此，我们可以确定黄色虚线框中的走势构成一个鼎卦形态。根据鼎卦形态的买卖条件，我们以黄色框线中后三根 K 线中的最高价即 K 线 D 的最高点为买入依据，如图中白色虚线所示。以 K 线 D 的最低价作最低点为止损依据，如图中深蓝色虚线。以框线中第一根阳线（即 K 线 B）的收盘价为判断趋势转折依据，如图中浅蓝色虚线所示。

在实际的走势中，在鼎卦形态形成之后的第二个交易日股价即突破买入点，买入之后股价即开始了短期急速上涨，随后短暂调整，之后开始长期的上涨走势。

本案例中是鼎卦形态作为低位起涨点的案例，接下来我们来看鼎卦形态作为高位转折的案例，如下图所示。

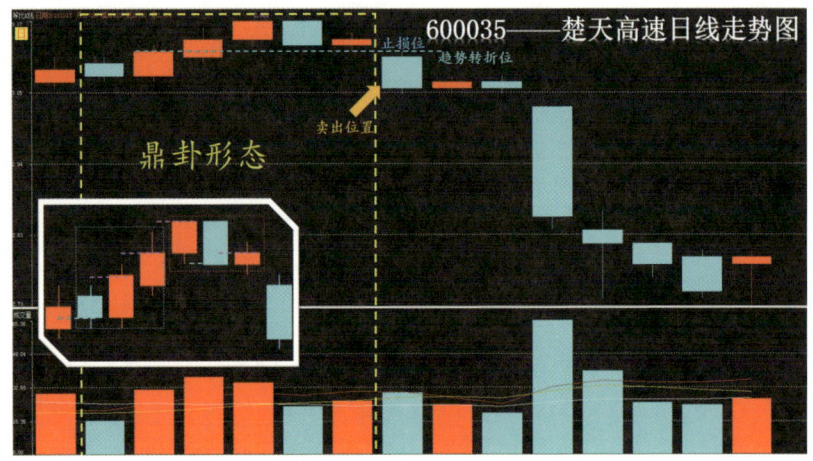

图 7.3.6　鼎卦形态横盘持续实战案例

图 7.3.6 是 600035——楚天高速从 2018 年 9 月 19 日到 10 月 17 日的日 K 线走势图，图中可以看到 2018 年 9 月 20 日到 28 日六个交易日之间出现了"阴阳阳阳阴阳"的走势，疑似为鼎卦形态，在图中用黄色虚线框标识。

鼎卦形态要求形态前一根 K 线必须是阳线，图中可以看到黄色虚线框前的第一根 K 线是一根阳线，所以符合第一个条件。

黄色虚线框中的六根 K 线依次标记为 A、B、C、D、E、F。可以看到，K 线 B、C、D、F 都是阳线，K 线 A 和 K 线 E 都阴线。在图中左侧折角矩形中将黄色虚线框中的走势放大，并以粉色虚线标记阳线的收盘价，浅蓝色虚线标记阴线的收盘价。虚线框中所有阳线的收盘价都相对于前一交易日有所抬高，都是真阳线。

所有阴线的收盘价都相对于前一交易日降低，都是真阴线。符合鼎卦形态的第二个条件。

构成鼎卦形态的第三个要求是K线D、E、F的最高价必须高于K线A、B、C的最高价，K线D、E、F的最低价必须高于K线A、B、C的最低价，虚线框中的走势呈现明显的左低右高，符合这一条件。

至此，我们可以确定黄色虚线框中的走势构成一个鼎卦形态。根据鼎卦形态的买卖条件，我们以黄色框线中后三根K线中的最高价即K线D或E（两者的最高价与最低价均相同）的最高点为买入依据。以K线D或E的最低价作最低点为止损依据，如图中深蓝色虚线。以框线中第一根阳线（即K线B）的收盘价为判断趋势转折依据，如图中浅蓝色虚线所示。

在实际的走势中，股价在鼎卦形态形成之后第一个交易日即收阴跌破止损位和趋势反转位，此时卖出可以回避接下来的下跌风险。

对于鼎卦形态的研究，最让投资者头疼的就是如何预期鼎卦形态的出现代表上涨还是下跌。因为本节中的两个案例中的形态极为相似，但却一个上涨一个下跌。其他卦形态的涨跌预期还可以通过前三根K线与后三根K线的最高最低价对比来判断，但是鼎卦形态中这样却是行不通的。对鼎卦形态的后市预期要通过一个小技巧，如下图所示。

图7.3.7是图7.3.6中黄色虚线框走势的放大图，图中依次用A、B、C、D、E、F标记了构成定卦形态的六根K线，一般来说，后市会下跌的鼎卦形态会有这样的特点：

1.K线E的实体远大于K线F的实体。

2.K线E的最高点与最低点分别大于K线F的最高点与最低点。

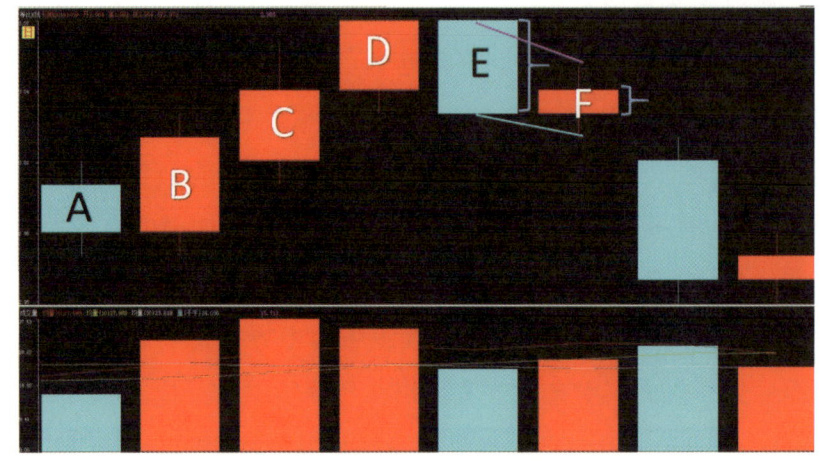

图 7.3.7　鼎卦形态后市预期小技巧

如图 7.3.7 中所示，我们可以明显地看出 K 线 E 的实体几乎是 K 线 F 实体的三倍，同时我们用粉色线段连接 K 线 E 与 K 线 F 的最高点，用绿色线段连接 K 线 E 与 K 线 F 的最低点，可以看到，两条线段都是向下的。所以，图中形态也满足第二个特点，我们可以预期这个鼎卦形态出现之后，后市看跌。

需要注意的是，有这样特点的鼎卦形态往往后期看跌，但这并不意味着所有后期看跌的鼎卦形态都会有着这样的特点。

无论何时，防范风险对有投资者来说都是最重要的一件事情。

第四节　巽宫八卦之巽卦

巽卦是巽宫八卦中的第四卦，是巽宫八卦中的同卦，其卦形以及卦爻辞如下图所示：

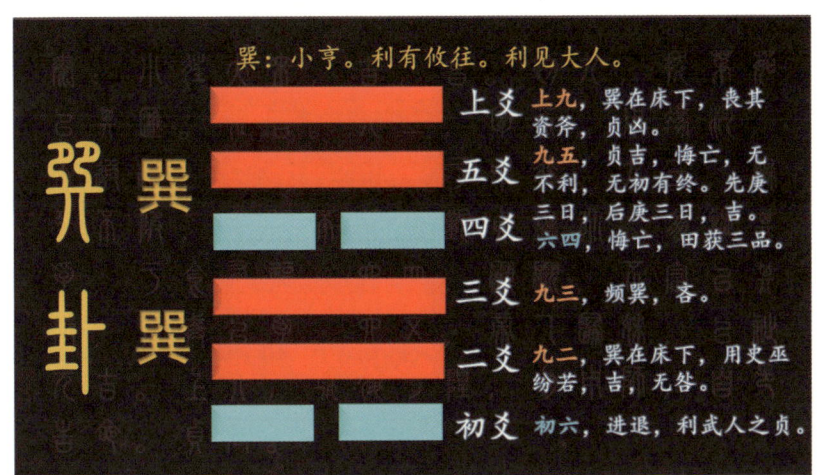

图 7.4.1　巽卦形态及卦爻辞

关于巽卦的相关内容，我们可以从卦名、卦状、卦象和义理四个方面来进行阐述。

【卦名】

巽卦的卦名为巽，巽古同逊，是谦让恭顺的意思。

巽为风卦，是六十四卦中第五十七卦。

【卦状】

巽卦的卦状是"上巽下巽"，巽为风，为谦受益之象。其图样在图 7.4.1 中间用红色和绿色爻线表示。其中三爻、四爻、五爻当位，其余初爻、二爻和上爻不当位，主卦和客卦中的爻线全无应。

【卦象】

象曰：随风，巽。君子以申命行事。

孤舟得水出沙滩，出外行人把家还，是非口舌皆无碍，婚姻合伙多周全。功名称意，求财得利，交易可成，疾病痊愈。

巽者，顺也，巽顺而入，故有孤舟得水之象。

【义理】

卦辞释义

巽卦的卦辞为:"小亨,利有攸往,利见大人。"

"小"是少的意思,"亨"是顺利的意思,"攸"是有所的意思,"见"通现,表现的意思。

所以,巽卦卦辞的意思是少许顺利,利于有所前进,利于像大人物一样有所表现。

形态解析

巽卦在市场中对应的形态是"阴阳阳阴阳阳"的走势,如图7.4.2所示:

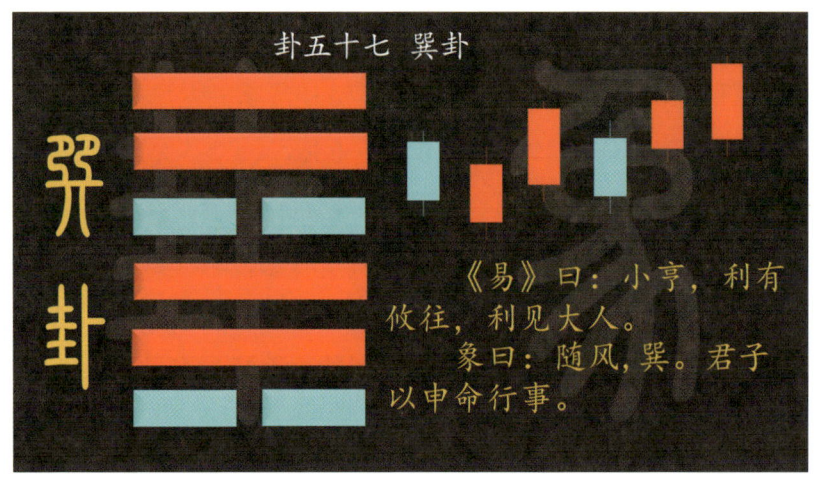

图 7.4.2 巽卦对应的走势形态

如图7.4.2,图中左侧是巽卦的卦状,右侧是巽卦所对应的走势形态,即"阴阳阳阴阳阳"的走势,我们称这种形态为巽卦形态。

巽卦形态的出现体现了多方力量比空方力量强势,其形态是一种连续阴少阳多的规律性上涨。同时，由于最后两根 K 线是阳线（尾权最重原则），巽卦形态的出现往往代表了机会的来临，但根据市场的惯性，有时会伴有短期之内的小风险。

形态要求

对于构成形态的细节，巽卦的要求，如下图所示：

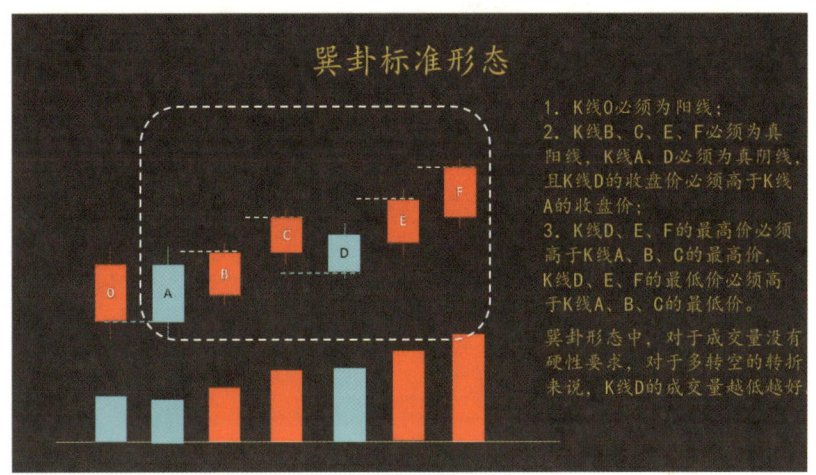

图 7.4.3　巽卦标准形态示意图

图 7.4.3 是巽卦标准形态示意图，图中白色虚线框标识的形态即为标准的巽卦形态，其中包含的六根 K 线从左到右标记为 K 线 A 到 K 线 F，形态之前一根 K 线标记为 K 线 0，K 线形态下方为成交量变化示意图。

巽卦形态的构成要求是：

第一，形态之前的一根 K 线必须是阳线。

第二，K 线 B、C、E、F 必须为真阳线，K 线 A、D 必须为真阴线，且 K 线 D 的收盘价必须高于 K 线 A 的收盘价。

第三，K 线 D、E、F 的最高价必须高于 K 线 A、B、C 的最高价，K 线 D、E、F 的最低价必须高于 K 线 A、B、C 的最低价。

巽卦形态中，对于成交量没有硬性要求，对于多转空的转折来说，K线D的成交量越低越好。

买卖条件

巽卦的买卖条件如下图所示：

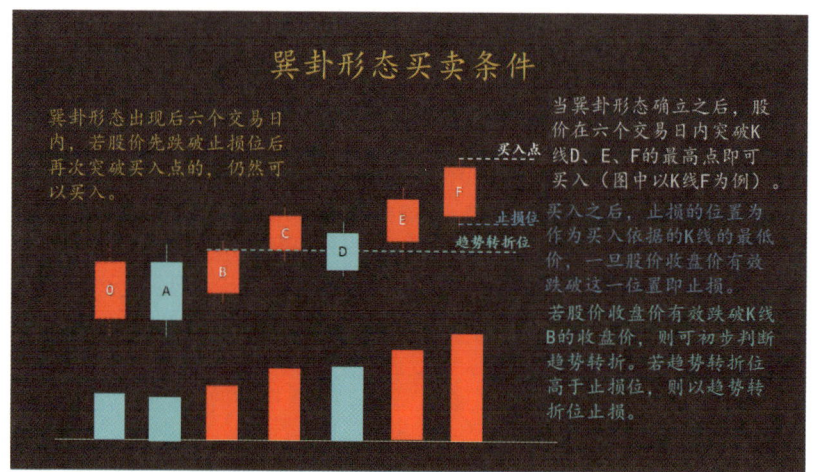

图 7.4.4　巽卦形态的买卖条件

图 7.4.4 是巽卦形态的买卖条件示意图，图中给出了当巽卦形态出现之后的买入点、止损位和趋势反转位。

买入点：当走势中出现巽卦形态之后，我们以巽卦形态中的最后三根 K 线的最高价（即 K 线 D、E、F 的最高价中较高的一个）作为买入依据（图中以 K 线 F 为例），如图中白色虚线所示，在形态形成后六个交易日内若股价突破这一点位即可买入。

止损位：买入之后的止损位为"后三根 K 线中最高价最高的 K 线的最低价"（图中以 K 线 F 为例），一旦股价在巽卦形态形成之后的六个交易日内有效跌破此位置，则应减仓或者止损。这一止损位并非灵敏止损位。

趋势反转位：当巽卦形态确立之后，如果股价一直调整，直到某一日收盘价跌破了 K 线 B 的收盘价，即趋势反转位，则说明趋势可能反转，此时应该果断止损清仓。

关于二次买入方面，巽卦形态允许二次买入。若股价在巽卦形态后六个交易日内跌破止损位或趋势反转位后再次突破买入点，仍然可以二次买入或加仓。

形态性质

巽卦形态属于"反转"形态，多数情况下作为低位转折形态或者上涨持续形态，少数情况下也会出现在其他位置。

接下来我们通过案例详细解读。

案例解析

巽卦形态属于"反转"形态，首先我们来看巽卦形态作为低位启动形态的案例，如下图所示：

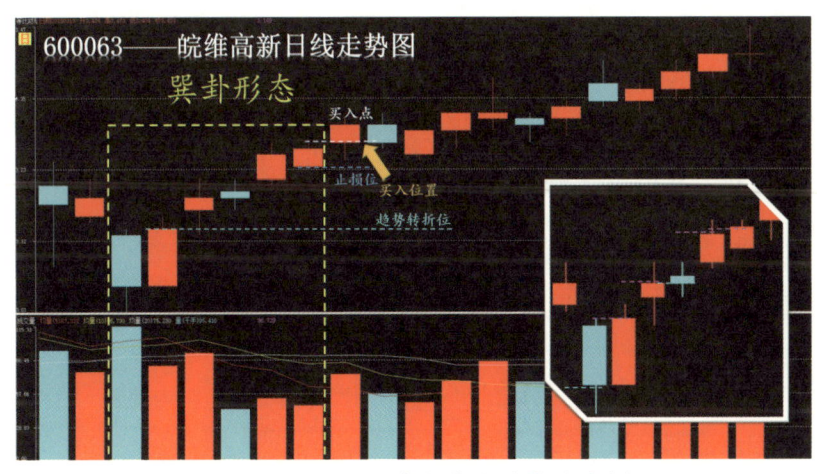

图 7.4.5　巽卦形态低位启动实战案例

图 7.4.5 是 600063——皖维高新从 2018 年 2 月 7 日到 3 月 13 日的日 K 线走势图，图中可以看到 2018 年 2 月 9 日到 23 日

象数理形态模型

六个交易日之间出现了"阴阳阳阴阳阳"的走势,疑似为巽卦形态,在图中用黄色虚线框标识。

巽卦形态要求形态前一根 K 线必须是阳线,图中可以看到黄色虚线框前的第一根 K 线是一根阳线,所以符合第一个条件。

黄色虚线框中的六根 K 线依次标记为 A、B、C、D、E、F。可以看到,K 线 B、C、E、F 都是阳线,K 线 A 和 K 线 D 都阴线。在图中右侧折角矩形中将黄色虚线框中的走势放大,并以粉色虚线标记阳线的收盘价,绿色虚线标记阴线的收盘价。可以看到,虚线框中除了第三根 K 线和第四根 K 线收盘价相同之外,所有阳线的收盘价都相对于前一交易日有所抬高,都是真阳线。所有阴线的收盘价都相对于前一交易日有所降低,都是真阴线,而第四根 K 线属于极少数的情况,也可以被视为真阴线。所以,黄色虚线框中的走势符合巽卦形态的第二个条件。

构成巽卦形态的第三个要求是 K 线 D、E、F 的最高价必须高于 K 线 A、B、C 的最高价,K 线 D、E、F 的最低价必须高于 K 线 A、B、C 的最低价,虚线框中的走势基本上是依次抬高的,明显符合这一条件。

至此,我们可以确定黄色虚线框中的走势构成一个巽卦形态。根据巽卦形态的买卖条件,我们以黄色框线中后三根 K 线中的最高价即 K 线 F 的最高点为买入依据,如图中白色虚线所示。以 K 线 F 的最低价作为止损依据,如图中蓝色虚线所示。以框线中第一根阳线(即 K 线 B)的收盘价为判断趋势转折依据,如图中绿色虚线所示。

在实际的走势中,在巽卦形态形成之后的第二个交易日股价即突破买入点,买入之后股价即收阳突破买入点,短暂横盘之后开始了上涨走势。

第五节　巽宫八卦之恒卦

接下来我们来了解巽宫八卦中的第五卦——恒卦，其卦形以及卦爻辞如下图所示：

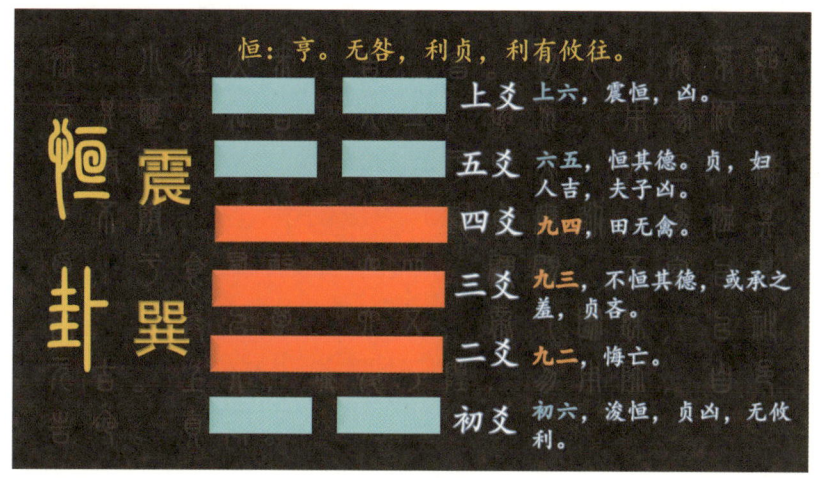

图 7.5.1　恒卦形态及卦爻辞

接下来我们从卦名、卦状、卦象和义理四个方面来阐述恒卦的相关信息。

【卦名】

恒卦的卦名为恒，《说文》中解释为"恒，常也"，有恒心和宇宙规则或者社会风气等含义，这些都是长久存在的。

恒卦是六十四卦中三十二卦。

【卦状】

恒卦的卦状是"上震下巽"，雷风恒，正如自然界的风雷激荡，永不改变一样。所以，雷风曰恒。从五行来说，震巽皆属木，

象数理形态模型

木主长生,故曰恒。恒卦的图样在图 7.5.1 中间用红色的阳爻和绿色的阴爻表示。恒卦的主卦三爻全部当位,客卦下爻当位。也就是说,恒卦的三爻和上爻当位,其余爻线全不当位。主卦和客卦的上中下三爻全都有应,都是一阴一阳成对,处于完全和谐状态。

【卦象】

象曰:雷风,恒。君子以立不易方。

鱼来撞网乐自然,卦占行人很快还,交易出行两成全,谋望成事不费难。出行凑巧,有病即好,虽然口舌,自然消了。

恒者,久也。故有鱼来撞网之象。

【义理】

卦辞释义

恒卦的卦辞为"亨。无咎,利贞,利有攸往"。意思是顺利,无所怪罪,利于坚持,利于有所前进。

形态解析

恒卦在市场中对应的形态是一种阴阳交错平衡的走势,即"阴阴阳阳阴阴",如图 7.5.2,恒卦的卦状如图中左侧所示,恒卦所对应的走势形态如图中右侧所示,即"阴阳阳阳阴阴"的走势,我们称这种形态为恒卦形态。

虽然在恒卦形态中阴线和阳线的数量是相同的,但是形态中最后一根 K 线是阴线,根据尾权最重原则,恒卦形态代表着阴阳整体平衡,空方稍强的走势。

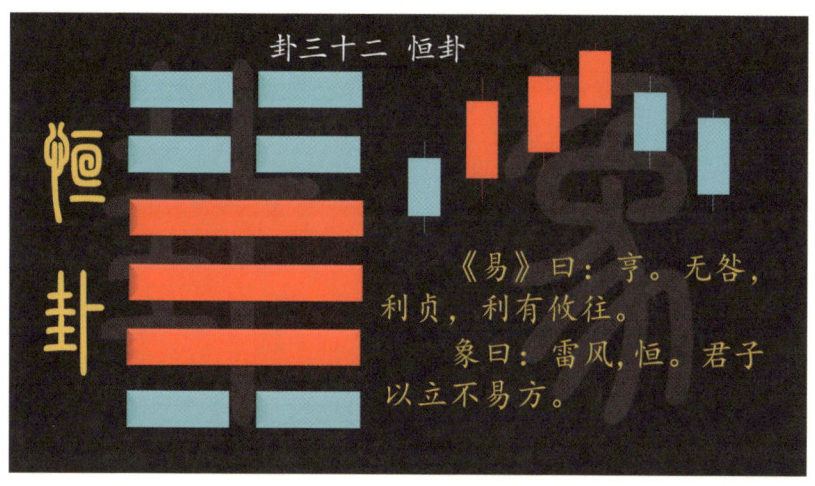

图 7.5.2　恒卦对应的走势形态

如图 7.5.2 中右侧所示，恒卦形态的构成决定了其多数情况下都呈现类似于圆弧顶的形态，所以多作为顶部转折形态，有时也会作为上涨或者下跌走势中的持续形态，极少数情况下甚至可能作为底部转折形态。

形态要求

恒卦形态的构成要求如下图所示：

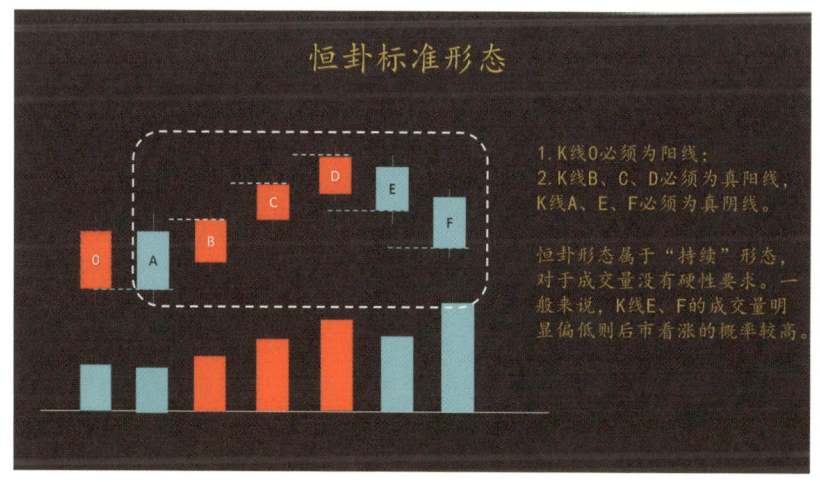

图 7.5.3　恒卦标准形态示意图

恒卦的标准形态如图 7.5.3 所示，图中白色虚线框标识的形态即为标准的恒卦形态，其中包含的六根 K 线从左到右标记为 K 线 A 到 K 线 F，形态之前一根 K 线标记为 K 线 0，K 线形态下方为成交量变化示意图。

恒卦形态的构成要求有以下两条：

第一，形态之前的一根 K 线必须是阳线。

第二，K 线 B、C、D 必须为真阳线，K 线 A、E、F 必须为真阴线。

恒卦形态属于"持续"形态，对于成交量没有硬性要求。一般来说，K 线 E、F 的成交量明显偏低则后市看涨的概率较高。

形态性质

恒卦形态属于"持续"形态，代表着多空双方力量的平衡。前文中提到，构成恒卦形态的阴阳线的顺序决定了其多数情况下都呈现类似于圆弧顶的形态，所以多作为顶部转折形态。有时也会作为上涨或者下跌走势中的持续形态，极少数情况下甚至可能作为底部转折形态。

买卖条件

图 7.5.4 是恒卦形态的买卖条件示意图，恒卦形态作为持续形态，可以提供一个多方转折点（买入依据）、空方转折点（止损依据）和一条中位线（多空力量权重对比依据）。

多方转折点（买入依据）：当恒卦形态确立之后，我们以整个形态的最高点为上沿，最低点为下沿建立箱体，则箱体的上沿为多方转折点。当股价有效突破这一位置时则可以考虑买入，此买入依据在形态确立后六个交易日内有效。

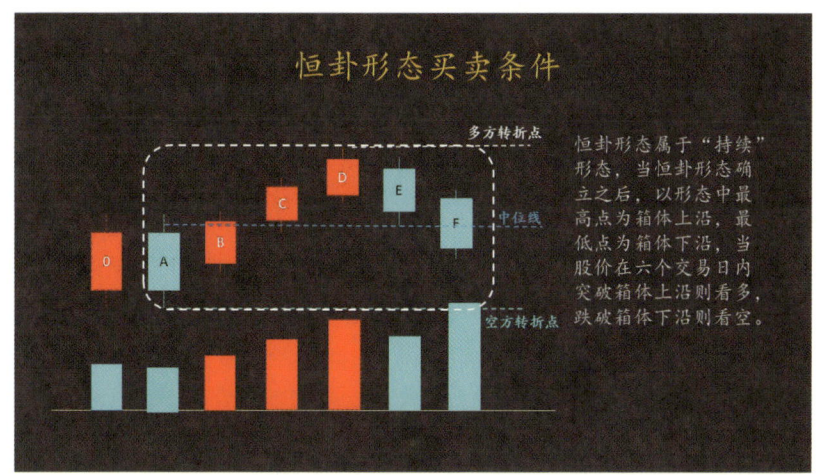

图 7.5.4　恒卦形态的买卖条件

空方转折点（止损依据）：以恒卦形态为依据建立箱体，箱体的下沿即为空方转折点。当股价有效跌破这一位置时，应果断止损。若已经买入，则以买入当日的最低价为止损价。若股价有效跌破这一点位，应果断止损。

中位线（多空力量权重对比依据）：以恒卦形态为依据建立箱体，箱体上沿和下沿之间的中线即为中位线，我们可以根据K线实体在中位线两边的比重来判断接下来的走势。若K线实体集中在中位线之下，说明空方动能强大，未来股价下跌概率较高。反之，若K线实体集中在中位线之上，则说明多方动能强大，未来股价上涨概率表较高。

当形态中存在长影线时通过中位线来判断股价未来走势会更加准确。而当形态中最低点与次低点之间间隔超过两根K线且存在明显差距的时候，更适宜根据最低点出现的位置是在形态中靠前的位置还是靠后的位置来判断未来股价的涨跌倾向。一般来说，最低点出现在形态中前两根K线，说明未来股价上涨的概率较高；若最低点出现在形态中后两根K线，说明未来股价下跌的概率较高；最低点出现在形态中间的两根 K 线的情况下多为低位转折形态。

形态中有长影线，同时最低点和次低点之间间隔超过两根 K 线，而且存在明显差距的情况下，优先采用中位线来判断未来的股价走势。

接下来我们通过案例详细解读。

案例解析

恒卦形态虽然是一种持续形态，但在市场中经常表现为顶部转折形态，如下图所示：

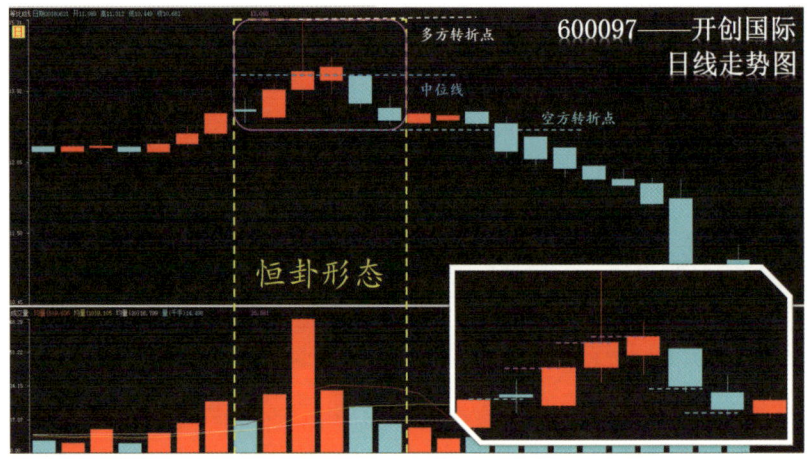

图 7.5.5　恒卦形态实战案例

图 7.5.5 是 600097——开创国际从 2018 年 5 月 17 日到 6 月 21 日的日 K 线走势图，图中在 2018 年 5 月 28 日到 6 月 4 日六个交易日之间出现了"阴阳阳阳阴阴"的走势，疑似为恒卦形态，在图中用黄色虚线框标识。

首先，我们要确定这个形态确实为恒卦形态。恒卦形态要求形态前一根 K 线必须是阳线，图中可以看到黄色虚线框前面的第一根 K 线为阳线，符合恒卦形态的第一个条件。

恒卦形态的第二个条件是形态中所有阳线都为真阳线，所有阴线都为真阴线。图中右侧折角矩形处将黄色框线中的走势放大，用粉色虚线标记阳线的收盘价，绿色虚线标记阴线的收盘价。可以看到，框线中所有阳线的收盘价都相对于前一交易日有所抬高，都为真阳线。所有阴线的收盘价都相对于前一交易日降低，都为真阴线（关于 K 线 A 收盘价高于前一交易日的问题，在前文中有过阐述，作为形态中第一根 K 线这种情况下是可以被视为真阴线的）。所以，黄色虚线框中的走势满足恒卦形态的第二个条件。

至此，我们可以确定黄色虚线框中的走势构成一个恒卦形态。根据恒卦形态的买卖条件，我们以形态的最高价为上沿，最低价为下沿建立箱体，则上沿为多方转折点，如图中白色虚线所示，下沿为空方转折点，如图中绿色虚线所示，箱体的中位线用蓝色虚线标识。

从图中可以看到，本案例中的恒卦形态明显属于有较长影线的情况，适合根据中位线对后市做出预期，可以看到形态中 K 线的实体多集中在中位线之下，则说明空方力量强盛，接下来出现下跌走势的概率较大。

在实际的走势中，股价在恒卦形态出现之后横盘了三个交易日，随后收阴跌破空方转折点，此时卖出，之后股价进入了下跌走势，符合我们的预期。

第六节 巽宫八卦之井卦

巽宫八卦中的第六卦名为井卦，它的卦形以及卦爻辞如下图所示：

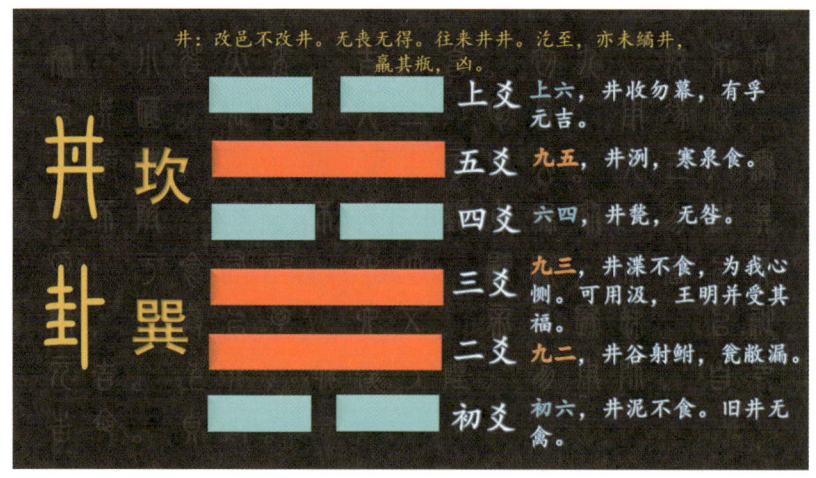

图 7.6.1 井卦形态及卦爻辞

接下来我们从卦名、卦状、卦象和义理四个方面来阐述井卦的相关信息。

【卦名】

井卦的卦名为"井"。井是指水井。

井卦是六十四卦中第四十八卦。

【卦状】

井卦的卦状是"上坎下巽"，水风井。井卦的图样在图 7.6.1 中间用红色的阳爻和绿色的阴爻表示。井卦的初爻和二爻不当位，其余爻线全都当位。主卦和客卦的上爻有应，处于完全和谐状态。

【卦象】

象曰：木上有水，井。君子以劳民劝相。

枯井生泉富禄加，名声喜气大光华，以前虽昌驳杂日，望后自然有发达。精神渐爽，富禄日增，出入皆吉，百事亨通。

井者，穴通也。水从井出，故有枯井生泉之象。

【义理】

卦辞释义

井卦的卦辞为"改邑不改井。无丧无得。往来井井。汔至，亦未繘井，羸其瓶，凶。"

"邑"是村落的意思，"丧"在这里代指净水干枯，"得"与之对应，代指净水溢出，"井井"形容整齐有秩序的样子，"汔"，水涸。"繘"，绠。"羸"，缠绕，困住。

所以井卦卦辞的含义是村邑改动而井不能迁走，井水既不会枯竭，也不会满溢，汲水者往来井井有序。井快要干涸，如果汲水几乎至井上，在绳子还没离开井口时，汲水的器具缠绕翻覆，有凶险。

形态解析

井卦在市场中对应的形态是一种阴阳交错平衡的走势，即"阴阳阳阴阳阴"，如图 7.6.2，井卦的卦状如图中左侧所示，井卦所对应的走势形态如图中右侧所示，即"阴阳阳阴阳阴"的走势，我们称这种形态为井卦形态。

象数理形态模型

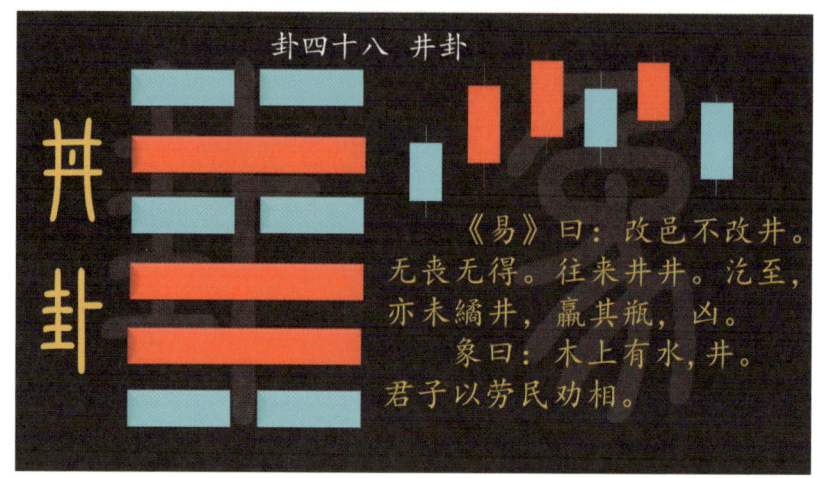

图 7.6.2　井卦对应的走势形态

虽然在井卦形态中阴线和阳线的数量是相同的，但是形态中最后一根 K 线是阴线，根据尾权最重原则，井卦形态代表着阴阳整体平衡，空方稍强的走势。

形态要求

井卦形态的构成要求如下图所示：

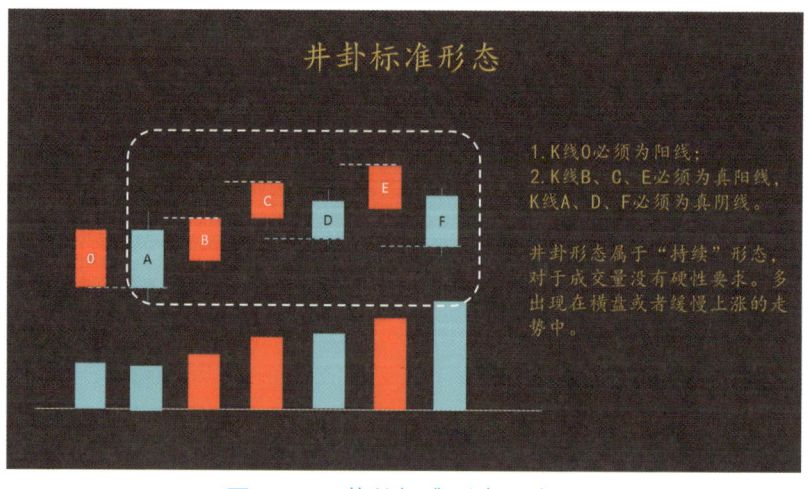

图 7.6.3　井卦标准形态示意图

井卦的标准形态如图 7.6.3 所示，图中白色虚线框标识的形态即为标准的井卦形态，其中包含的六根 K 线从左到右标记为 K 线 A 到 K 线 F，形态之前一根 K 线标记为 K 线 0，K 线形态下方为成交量变化示意图。

井卦形态的构成要求有以下两条：

第一，形态之前的一根 K 线必须是阳线。

第二，K 线 B、C、E 必须为真阳线，K 线 A、D、F 必须为真阴线。

井卦形态属于"持续"形态，对于成交量没有硬性要求。

形态性质

井卦形态属于"持续"形态，代表着多空双方力量的平衡，多出现在横盘或者缓慢上涨的走势中，有时也会出现在其他位置。

买卖条件

井卦的买卖条件如下图所示：

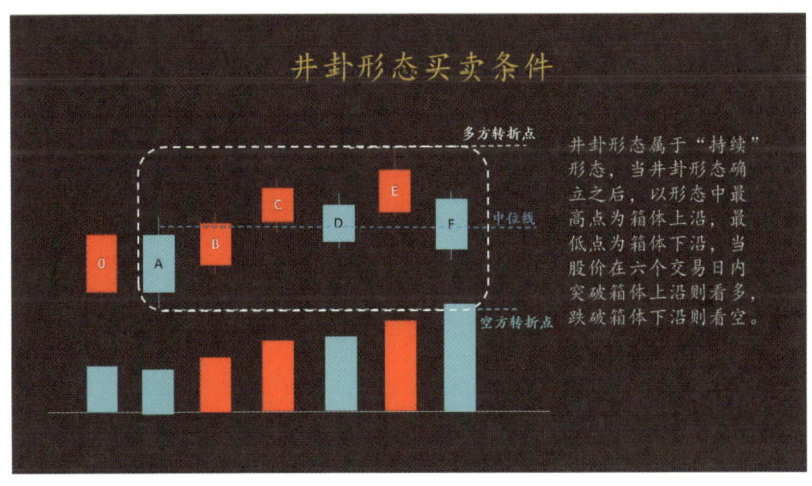

图 7.6.4 井卦形态的买卖条件

图 7.6.4 是井卦形态的买卖条件示意图，井卦形态作为持续形态，可以提供一个多方转折点（买入依据）、空方转折点（止损依据）和一条中位线（多空力量权重对比依据）。

多方转折点（买入依据）：当井卦形态确立之后，我们以整个形态的最高点为上沿，最低点为下沿建立箱体，则箱体的上沿为多方转折点。当股价有效突破这一位置时则可以考虑买入，此买入依据在形态确立后六个交易日内有效。

空方转折点（止损依据）：以井卦形态为依据建立箱体，箱体的下沿即为空方转折点，当股价有效跌破这一位置时，则应果断止损。若已经买入，则以买入当日的最低价为止损价。若股价有效跌破这一点位，应果断止损。

中位线（多空力量权重对比依据）：以井卦形态为依据建立箱体，箱体上沿和下沿之间的中线即为中位线，我们可以根据 K 线实体在中位线两边的比重来判断接下来的走势。若 K 线实体集中在中位线之下，则说明空方动能强大，未来股价下跌概率较高。反之，若 K 线实体集中在中位线之上，则说明多方动能强大，未来股价上涨概率比较高。

当形态中存在长影线时，通过中位线来判断股价未来走势会更加准确。当形态中最低点与次低点之间间隔超过两根 K 线且存在明显差距的时候，更适宜根据最低点出现的位置是在形态中靠前的位置还是靠后的位置来判断未来股价的涨跌倾向。一般来说，最低点出现在形态中前两根 K 线，说明未来股价上涨的概率较高；若最低点出现在形态中后两根 K 线则说明未来股价下跌的概率较高；最低点出现在形态中间的两根 K 线的情况下多为低位转折形态。

形态中有长影线，同时最低点和次低点之间间隔超过两根 K 线，而且存在明显差距的情况下，优先采用中位线来判断未来的股价走势。

井卦形态比较依赖这些小技巧来预期后市，因为当井卦形态出现的时候，后市出现各种变化的可能性都是存在的。

接下来我们通过案例详细解读。

案例解析

井卦形态虽然是一种持续形态，最典型的表现就是作为持续形态，出现再横盘走势中，如下图所示：

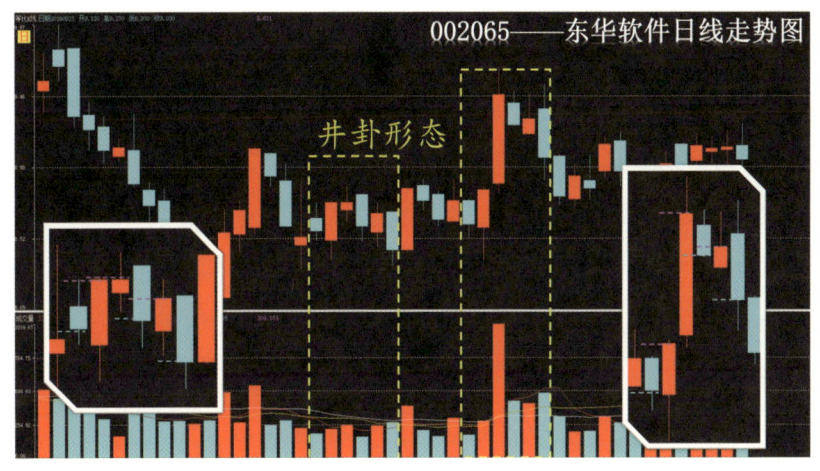

图 7.6.5　井卦形态实战案例

图 7.6.5 是 002065——东华软件从 2018 年 7 月 24 日到 9 月 27 日的日 K 线走势图，图中在 2018 年 8 月 17 日到 24 日六个交易日以及 8 月 31 日到 9 月 7 日六个交易日之间都出现了"阴阳阳阴阳阴"的走势，疑似为井卦形态，在图中分别用黄色虚线框①和②标识。

首先，我们要确定这两个形态确实为井卦形态。首先来看黄色虚线框①：

井卦形态需要满足两个条件，井卦形态要求形态前一根 K 线必须是阳线，图中可以看到黄色虚线框前面的第一根 K 线为阳线，

符合井卦形态的第一个条件。

井卦形态的第二个条件是形态中所有阳线都为真阳线，所有阴线都为真阴线。图中左侧折角矩形处将黄色虚线框①中的走势放大，用粉色虚线标记阳线的收盘价，绿色虚线标记阴线的收盘价。可以看到，框线中所有阳线的收盘价都相对于前一交易日有所抬高，都为真阳线。所有阴线的收盘价都相对于前一交易日降低，都为真阴线。所以，黄色虚线框中的走势满足井卦形态的第二个条件。

至此，我们可以确定黄色虚线框①中的走势构成一个井卦形态，在实际的走势中，股价在井卦形态出现之后继续维持横盘走势。

接下来来看黄色虚线框②中的形态：

构成井卦形态有两个要求，第一是形态前一根 K 线必须是阳线，图中可以看到黄色虚线框前面的第一根 K 线为阳线，符合井卦形态的第一个条件。

井卦形态的第二个条件是形态中所有阳线都为真阳线，所有阴线都为真阴线。图中右侧折角矩形处将黄色虚线框②中的走势放大，用粉色虚线标记阳线的收盘价，绿色虚线标记阴线的收盘价。可以看到，框线中所有阳线的收盘价都相对于前一交易日有所抬高，都为真阳线。所有阴线的收盘价都相对于前一交易日降低，都为真阴线。所以，黄色虚线框中的走势满足井卦形态的第二个条件。

至此，我们可以确定黄色虚线框②中的走势也构成了一个井卦形态，可以看到第二个井卦形态严格来说仍然是作为横盘持续形态。

实际上，井卦形态虽然可以作为买卖的依据，但因为其更多出现在横盘走势中作为持续形态，所以不建议在井卦形态上进行买卖。

第七节　巽宫八卦之蛊卦

接下来我们来了解离宫八卦中的第七卦——蛊卦，其卦形以及卦爻辞如下图所示：

图 7.7.1　蛊卦形态及卦爻辞

接下来我们从卦名、卦状、卦象和义理四个方面来阐述蛊卦的相关信息。

【卦名】

蛊卦的卦名为"蛊"。蛊的意思是祸乱。

蛊卦是六十四卦中第十八卦。

【卦状】

蛊卦的卦状是"上艮下巽"，山在上风在下，风行山止，打旋而邪，盛极而衰，凡事必须防患于未然。其图样在图 7.7.1 中

间用红色的阳爻和绿色的阴爻表示。蛊卦的三爻和四爻当位，其余初爻、二爻、五爻和上爻不当位，主卦和客卦的中爻有应。

【卦象】

象曰：山下有风，蛊。君子以振育德。

推磨贪道运不济，疾病口舌范忧愁，婚姻合伙心改变，走失不定在哪里。出行无益，婚姻不遂，走失难见，诸事难为。

蛊者，坏也。极而有此事，故有推磨贪道之象。

【义理】

卦辞释义

蛊卦的卦辞为"元。亨。利涉大川。先甲三日。后甲三日"。

意思是很顺利，有利于涉越大河大川；往前开始前进三天，再往后开始后退三天。

形态解析

蛊卦在市场中对应的形态是一种阴阳交错并且对应的走势，即"阴阳阳阴阴阳"，如图7.7.2，蛊卦的卦状如图中左侧所示，蛊卦所对应的走势形态如图中右侧所示，即"阴阳阳阴阴阳"的走势，走势中第一根与第六根K线、第二根与第五根K线，第三根与第四根K线阴阳对应，我们称这种形态为"蛊卦形态"。

虽然在蛊卦形态中阴线和阳线的数量是相同的，但是形态中最后一根K线是阳线，根据尾权最重原则，蛊卦形态代表着阴阳整体平衡，多方走势稍强。

图 7.7.2　蛊卦对应的走势形态

形态要求

蛊卦形态的构成要求如下图所示：

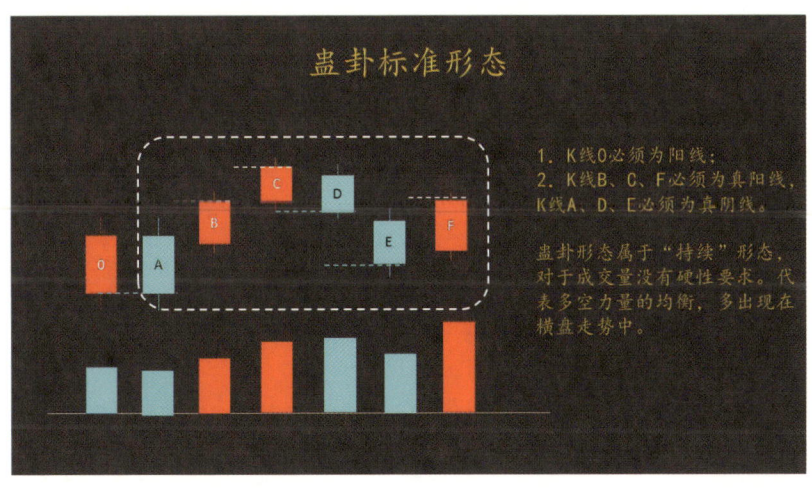

图 7.7.3　蛊卦标准形态示意图

蛊卦的标准形态如图 7.7.3 所示，图中白色虚线框标识的形态即为标准的蛊卦形态，其中包含的六根 K 线从左到右标记为 K 线 A 到 K 线 F，形态之前一根 K 线标记为 K 线 0，K 线形态下方为成交量变化示意图。

蛊卦形态的构成要求有以下两条：

第一，形态之前的一根K线必须是阳线。

第二，K线B、C、F必须为真阳线，K线A、D、E必须为真阴线。

蛊卦形态属于"持续"形态，对于成交量没有硬性要求。代表多空力量的均衡，多出现在横盘走势中。

形态性质

蛊卦形态属于"持续"形态，代表着多空双方力量的平衡，其阴阳线之间的对应关系使其代表的走势很难表达清晰。也就是说，其形态本身很难反映出明显的多空倾向性。所以，蛊卦形态在走势中出现的位置并不固定，可能出现在任何位置作为持续或者转折形态，多出现在横盘走势中。

买卖条件

蛊卦的买卖条件如下图所示：

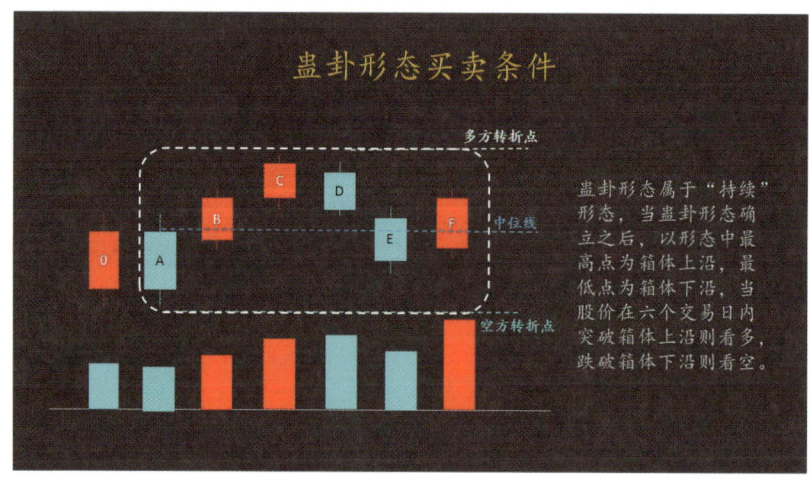

图 7.7.4　蛊卦形态的买卖条件

图 7.7.4 是蛊卦形态的买卖条件示意图，蛊卦形态作为持续形态，可以提供一个多方转折点（买入依据）、空方转折点（止损依据）和一条中位线（多空力量权重对比依据）。

多方转折点（买入依据）：当蛊卦形态确立之后，我们以整个形态的最高点为上沿，最低点为下沿建立箱体，则箱体的上沿为多方转折点。当股价有效突破这一位置时则可以考虑买入，此买入依据在形态确立后六个交易日内有效。

空方转折点（止损依据）：以蛊卦形态为依据建立箱体，箱体的下沿即为空方转折点，当股价有效跌破这一位置时，则应果断止损。若已经买入，则以买入当日的最低价为止损价。若股价有效跌破这一点位，则应果断止损。

中位线（多空力量权重对比依据）：以蛊卦形态为依据建立箱体，箱体上沿和下沿之间的中线即为中位线，我们可以根据 K 线实体在中位线两边的比重来判断接下来的走势。若 K 线实体集中在中位线之下，则说明空方动能强大；未来股价下跌概率较高，反之若 K 线实体集中在中位线之上，则说明多方动能强大；未来股价上涨概率表较高。

当形态中存在长影线时通过中位线来判断股价未来走势会更加准确。而当形态中最低点与次低点之间间隔超过两根 K 线且存在明显差距的时候，更适宜根据最低点出现的位置是在形态中靠前的位置还是靠后的位置来判断未来股价的涨跌倾向。一般来说，最低点出现在形态中前两根 K 线，说明未来股价上涨的概率较高；若最低点出现在形态中后两根 K 线，则说明未来股价下跌的概率较高；最低点出现在形态中间的两根 K 线的情况下多为低位转折形态。

形态中既有长影线，同时最低点和次低点之间间隔超过两根 K 线且存在明显差距的情况下，优先采用中位线来判断未来的股价走势。

接下来我们通过案例详细解读。

案例解析

前文中提到，虽然蛊卦是一种持续形态，但是可能出现在任何位置作为任何形态，如下图所示：

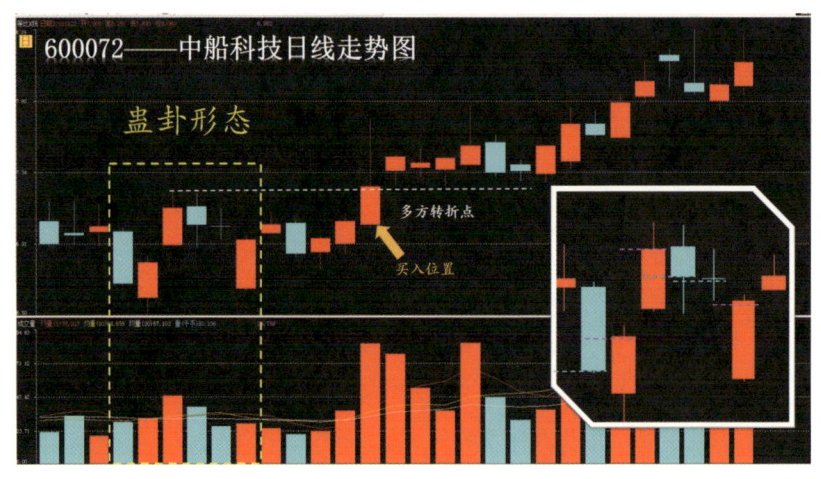

图 7.7.5　蛊卦形态实战案例

图 7.7.5 是 600072——中船科技从 2018 年 10 月 15 日到 11 月 22 日的日 K 线走势图，图中在 2018 年 10 月 18 日到 25 日六个交易日之间出现了"阴阳阳阴阴阳"的走势，疑似为蛊卦形态，在图中用黄色虚线标识。

要确定黄色虚线框中的形态确实为蛊卦形态要满足两个条件，蛊卦形态要求形态前一根 K 线必须是阳线。从图中可以看到黄色虚线框前面的第一根 K 线为阳线，符合蛊卦形态的第一个条件。

蛊卦形态的第二个条件是形态中所有阳线都为真阳线，所有阴线都为真阴线。图中右侧折角矩形处将黄色框线中的走势放大，用粉色虚线标记阳线的收盘价，绿色虚线标记阴线的收盘价。可以看到，框线中所有阳线的收盘价都相对于前一交易日有所抬高，都为真阳线。所有阴线的收盘价都相对于前一交易日降低，都为真阴线（形态中第四根 K 线的收盘价比第五根十字星的收盘价高 0.009 元，所以本案例中的十字星被视为真阴线）。所以，黄色虚线框中的走势满足蛊卦形态的第二个条件。

至此，我们可以确定黄色虚线框中的走势构成一个蛊卦形态，根据蛊卦形态的买卖条件，我们以蛊卦形态的最高点为上沿，最低点为下沿建立箱体，以上沿为多方转折点，如图中白色虚线所示，下沿为空方转折点。

在实际的走势中，股价在蛊卦形态出现后第五根 K 线以长阳线突破多方转折点，此时可以作为买入依据，随后股价开始缓慢上涨。

正因为蛊卦形态可能出现在任何位置作为任何形态，所以蛊卦形态在实战应用中非常依赖后市预期的技巧。但这些技巧都是有使用条件的，在实际的走势中，蛊卦形态提供的买入依据不宜作为大仓位介入点。

第八节　巽宫八卦之升卦

巽宫八卦中的最后一卦为升卦，其卦形以及卦爻辞如下图所示：我们将从卦名、卦状、卦象和义理四个方面来阐述升卦的相关信息。

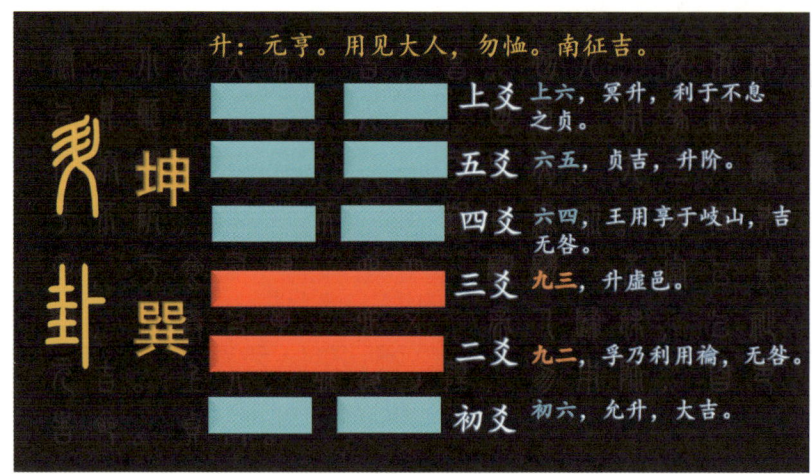

图 7.8.1　升卦形态及卦爻辞

【卦名】

升卦的卦名为升。"升"是提升、上升的意思。

升卦是六十四卦中第四十六卦。

【卦状】

升卦的卦状是"上坤下巽"。图样在图 7.8.1 中间用红色的阳爻和绿色的阴爻表示。升卦中三爻、四爻和上爻当位，其他三个爻全都不当位，主卦和客卦中没有爻有应。

【卦象】

象曰：地中生木，升。君子以慎德，积小以高大。

指日高升气象新，走失行人有音信，巧名出行遂心好，疾病口舌皆除根。求财到手，谋望有成，寻人得见，家宅安宁。

升者，进也，似乎升阶，故有指日高升之象。

【义理】

卦辞释义

升卦的卦辞为"元亨。用见大人，勿恤。南征吉"。

意思是很顺利，可以用见大人，不要担忧，向南方出行吉利。

形态解析

升卦在市场中对应的形态是四阴夹二阳,即"阴阳阳阴阴阴"的形态,如图 7.8.2 所示。

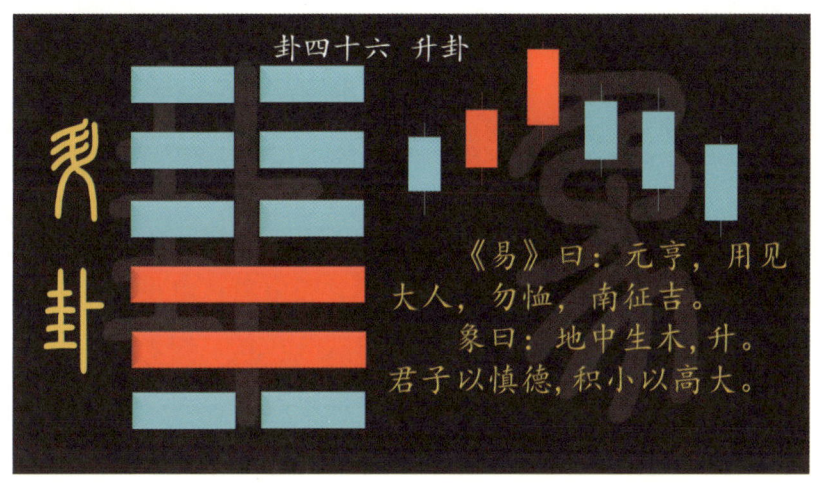

图 7.8.2　升卦对应的走势形态

如图 7.8.2,升卦的卦状如图中左侧所示,升卦所对应的走势形态如图中右侧所示,即"阴阳阳阴阴阴"的走势,我们称这种形态为升卦形态。

从形态中阴线和阳线的数目对比来看,升卦形态代表着空方的强势,但是升卦又象征着指日高升,在股市中也往往代表上升的走势或者形态,那么升卦形态到底是代表涨还是跌呢?

这一点接下来会结合形态性质详细阐述。

形态要求

升卦形态的构成要求如下图所示:

象数理形态模型

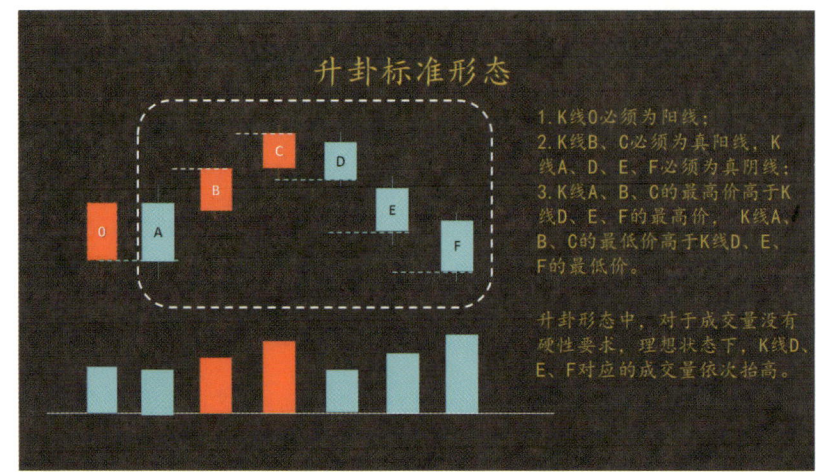

图 7.8.3　升卦标准形态示意图

升卦的标准形态如图 7.8.3 所示，图中白色虚线框标识的形态即为标准的升卦形态，其中包含的六根 K 线从左到右标记为 K 线 A 到 K 线 F，形态之前一根 K 线标记为 K 线 0，K 线形态下方为成交量变化示意图。

升卦形态的构成要求有以下三条：

第一，形态之前的一根 K 线必须是阴线。

第二，K 线 B、C 必须为真阳线，K 线 A、D、E、F 必须为真阴线。

第三，K 线 A、B、C 的最高价高于 K 线 D、E、F 的最高价，K 线 A、B、C 的最低价高于 K 线 D、E、F 的最低价。

一般来说，在升卦形态中，若仅不符合第三个形态条件，也可被视为升卦形态，但此时的升卦形态代表的含义与符合第三个条件的升卦形态代表的含义有所差别。

升卦形态中，对于成交量没有硬性要求，理想状态下，K 线 D、E、F 对应的成交量依次抬高。

形态性质

严格来说，升卦形态属于"转折"形态，但是却是转折形态中最为特殊的一个。虽然升卦形态中阴线较多，代表空方的强势，但是升卦形态出现在市场中更多的是代表机会而非风险。一般情况下，升卦形态出现之后，股价往往会出现"先抑后扬"的情况，也就是说，股价会在升卦形态之后先下跌一段时间再开始上涨。这波下跌往往持续时间并不长，但通常幅度不小，属于急跌。所以，升卦形态出现之后回避短期风险是很有必要的。

如果出现的升卦形态仅不符合第三个条件，则形态结束之后机会就可能来临，不会有短期急跌的现象。但是通常来说，这种情况下的上涨幅度也不会很令人满意。

当然，除了上述的情况之外，在少数情况下，升卦形态也会出现在走势的顶部作为下跌转折或者出现在下跌走势中作为持续形态。

接下来我们来了解一下升卦形态的买卖条件。

买卖条件

前文中提到，升卦形态多数情况下代表两种走势，一种是先抑后扬，一种是短期小幅上涨，那么升卦形态的买卖条件就要根据这两种情况来确定，同时还要能够防范少数下跌情况带来的风险。

如图7.8.4是升卦形态的买卖条件示意图，图中以K线F的最高价作为买入点，最低价作为止损点（或卖出点），以整个形态的最高价为趋势转折点（图中以K线C的最高价为例）。

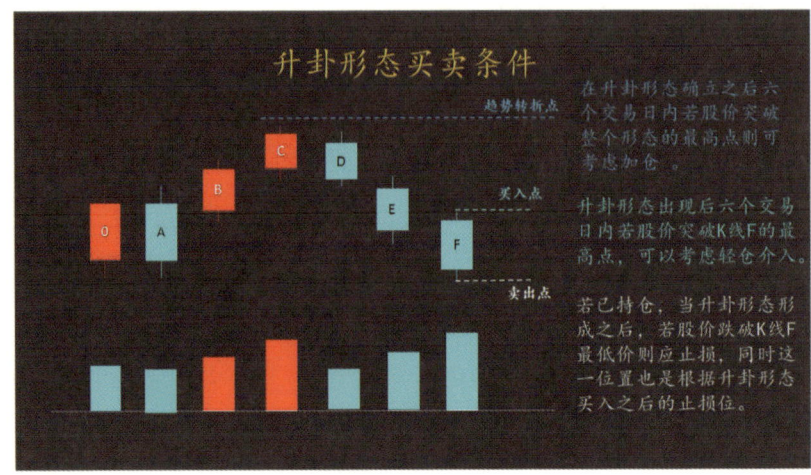

图 7.8.4　升卦形态的买卖条件

若出现先抑后扬的情况，则绝大多数情况下六个交易日内股价都可以突破买入点，有时也会需要比较长的时间来突破这一位置（一旦超过十五个交易日则不再考虑这一买入依据）。此时买入，既回避了急跌带来的风险，又能够把握后期升卦形态带来的机会。实际上，研究者如果能够掌握卦形结合的技巧，可以从更低的位置发现买入点。卦形结合分析法属于高端应用技巧，这里就不详细阐述了。

若出现短期小幅上涨的情况，则 K 线 F 的最高点作为买入依据，也会是良好的买入点，几乎可以确定将会买在出现最低价 K 线的附近。

若出现下跌情况，卖出点的存在也可以为研究者回避风险。所以，升卦形态提供的三个位置都是非常重要的，看似简单的买卖条件图里面蕴含着非常多的智慧。

接下来我们通过案例详细解读。

案例解析

前文中提到，升卦形态若符合第三个条件则多代表先抑后扬，我们来看实际走势中的案例：

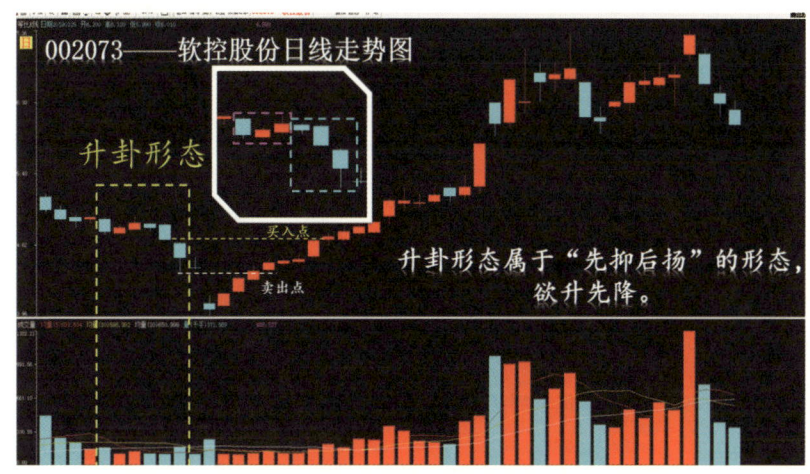

图 7.8.5　升卦形态先抑后扬实战案例

图 7.8.5 是 002073——软控股份从 2019 年 1 月 16 日到 3 月 28 日的日 K 线走势图，图中在 2019 年 1 月 22 日到 29 日六个交易日之间出现了疑似为升卦形态的"阴阳阳阴阴阴"走势，在图中用黄色虚线框标识。

首先我们来看升卦形态的构成条件：

第一个条件是形态前一根 K 线 0 必须是阳线。从图中可以看到黄色虚线框前的第一根 K 线为阳线，符合升卦形态的第一个条件。

第二个条件是 K 线 B、C 必须为真阳线，K 线 A、D、E、F 必须为真阴线，也就是形态中所有阳线都为真阳线，所有阴线都为真阴线。图中左侧折角矩形处将黄色框线中的走势放大，可以看到，框线中所有阳线的收盘价都相对于前一交易日有所抬高，都为真阳线，所有阴线的收盘价都相对于前一交易日降低，都为真阴线。

构成升卦形态的第三个条件是 K 线 A、B、C 的最高价高于 K 线 D、E、F 的最高价，K 线 A、B、C 的最低价高于 K 线 D、E、F 的最低价。在折角矩形处用粉色框线作为箱体标记 K 线 A、B、C 的最高价和最低价，绿色框线作为箱体标记 K 线 D、E、F 的最高价和最低价，可以看到，图中的升卦形态明显符合第三个条件。

因为符合第三个条件，所以我们预期升卦形态之后可能出现先抑后扬的走势。

至此，我们可以确定黄色虚线框中的走势构成一个升卦形态。根据升卦形态的买卖条件，我们以形态中最后一根K线的最低价（K线F的最低点）作为卖出依据，如图中白色虚线所示；以K线F的最高点做买入依据，如图中黄色虚线所示。

在实际的走势中，股价在升卦形态出现之后的第一个交易日即收阴跌破了卖出点，此时应果断止损，回避接下来急跌走势带来的风险。

随后股价开始缓慢上涨，十个交易日后突破了买入点，股价继续长期的上涨走势。

本案例中升卦形态属于典型的"先抑后扬"，接下来我们来看升卦形态后出现短期小幅上涨走势的情况，如下图所示：

图7.8.6是300032——金龙机电从2019年3月29日到5月23日的日K线走势图，图中分别在2019年4月8日到15日六个交易日之间和2019年5月13日到20日六个交易日之间出现了疑似为升卦形态的"阴阳阳阴阴阴"走势，在图中分别用黄色

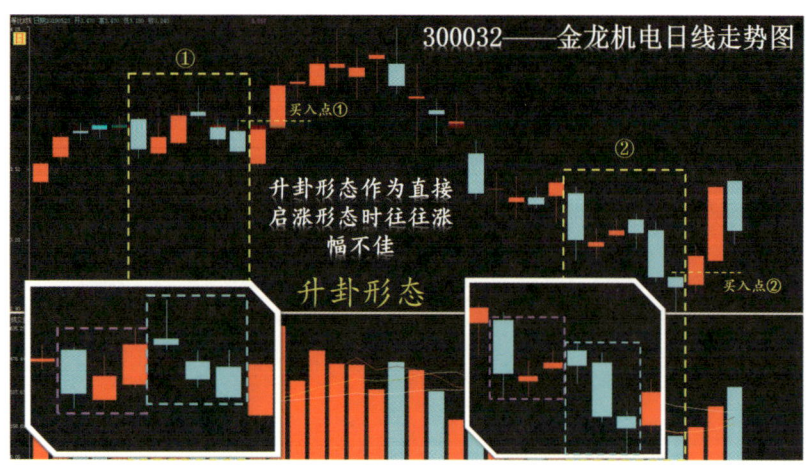

图7.8.6　升卦形态短期小幅上涨实战案例

虚线框①和②进行标识。

首先我们来看黄色虚线框①中的走势：

我们知道升卦形态有三个构成条件，第一个条件是形态前一根 K 线 0 必须是阳线，图中可以看到黄色虚线框①前的第一根 K 线为阳线，符合升卦形态的第一个条件。

第二个条件是 K 线 B、C 必须为真阳线，K 线 A、D、E、F 必须为真阴线。也就是形态中所有阳线都为真阳线，所有阴线都为真阴线，图中左侧折角矩形处将黄色框线①中的走势放大，可以看到，框线中所有阳线的收盘价都相对于前一交易日有所抬高，都为真阳线，所有阴线的收盘价都相对于前一交易日有所降低，都为真阴线。

构成升卦形态的第三个条件是 K 线 A、B、C 的最高价高于 K 线 D、E、F 的最高价，K 线 A、B、C 的最低价高于 K 线 D、E、F 的最低价。在折角矩形处用粉色框线作为箱体标记 K 线 A、B、C 的最高价和最低价，绿色框线作为箱体标记 K 线 D、E、F 的最高价和最低价，可以看到，图中框线①中的升卦形态明显不符合第三个条件。

因为不符合第三个形态，所以我们预期这个升卦形态之后可能出现短期小幅上涨。

至此，我们可以确定黄色虚线框①中的走势构成一个升卦形态。根据升卦形态的买卖条件，我们以形态中最后一根 K 线的最低价（K 线 F 的最低点）作为卖出依据，以 K 线 F 的最高点做买入依据，如图中黄色虚线所示。

在实际的走势中，股价在升卦形态出现之后的第一个交易日非但没有收阴反而收阳上涨，下个交易日即突破买入点，随后股价开始了短期小幅度的上涨走势。

接下来来看黄色虚线框②中的走势：

还是从升卦形态的构成条件入手，第一个条件是形态前一根K线0必须是阳线，图中可以看到黄色虚线框②前的第一根K线也为阳线，符合升卦形态的第一个条件。

第二个条件是K线B、C必须为真阳线，K线A、D、E、F必须为真阴线，也就是形态中所有阳线都为真阳线，所有阴线都为真阴线。图中右侧折角矩形处将黄色框线②中的走势放大，可以看到，框线中所有阳线的收盘价都相对于前一交易日有所抬高，都为真阳线，所有阴线的收盘价都相对于前一交易日有所降低，都为真阴线。

构成升卦形态的第三个条件是K线A、B、C的最高价高于K线D、E、F的最高价，K线A、B、C的最低价高于K线D、E、F的最低价。在折角矩形处用粉色框线作为箱体标记K线A、B、C的最高价和最低价，绿色框线作为箱体标记K线D、E、F的最高价和最低价，可以看到，图中框线②中的升卦形态明显符合第三个条件。

因为符合第三个形态，所以我们预期这个升卦形态之后可能先抑后扬的走势。

至此，我们可以确定黄色虚线框①中的走势构成一个升卦形态。根据升卦形态的买卖条件，我们以形态中最后一根K线的最低价（K线F的最低点）作为卖出依据，以K线F的最高点做买入依据，如图中黄色虚线所示。

在实际的走势中，股价在升卦形态出现之后的第一个交易日非但没有出现急跌，反而收阳突破了买入点。这与我们的与其不符，此时可以确定，这个升卦形态后的走势大概率为短期小幅度上涨走势。在实际的走势中，股价果然开始了短期小幅度的上涨走势。

升卦形态作为转折形态中最特殊的一个，而且在市场中出现的频率相对较高。活用升卦形态，其带来的投资机会并不会比大有卦形态或者大畜卦形态差多少。

第八章　震宮八卦

导读 震宫八卦的共同性质

震宫八卦是指以震卦为主卦的八种别卦，由无妄卦、随卦、噬嗑卦、益卦、震卦、屯卦、颐卦和复卦构成。

震宫八卦的共性是主卦为【震】，震卦转化为市场中的形态组合是"阳阴阴"。自此宫起，剩余四宫的主卦开始从阳线较多转为阴线较多，其对应的形态也从看涨较多转为看跌较多。这种现象会在坤宫八卦中达到顶峰。

震卦对应的形态中，首线为阳，这就决定震宫八卦的形态中前一根K线必为阴，两阴相连。这意味着形态初期的下跌，一旦与坤、艮、坎、巽等卦相接，则会形成三连阴以上的走势。这种走势出现在形态中往往代表着空方力量的强盛。

而若与兑、震、坎、坤等卦相接，最后一根K线收阴，两相呼应，也代表空方比较强盛。所以，纵览震宫八卦，阴多阳少。

第一节　震宫八卦之无妄卦

震宫八卦中的第一卦为无妄卦，其卦形以及卦爻辞如下图所示：

图 8.1.1　无妄卦形态及卦爻辞

关于无妄卦的含义，我们可以从卦名、卦状、卦象和义理四个方面来阐述。

【卦名】

无妄卦的卦名为无妄，"妄"是胡乱、荒诞、不合理、轻举妄动的意思。"无妄"是不测、意外的意思。

无妄卦为六十四卦中的第二十五卦。

【卦状】

无妄卦的卦状是"乾上震下"，故曰"天雷无妄"，在图 8.1.1 中间用红色和绿色爻线表示。其中初爻、二爻和五爻当位，其余爻线全不当位，主卦和客卦的中爻和上爻有应，阴阳相合。

【卦象】

象曰：天下雷行，物与无妄。先王以茂对时，育万物。

鸟被牢笼难出头，占者逢之失自由，谋望求财难定准，疾病口舌怨忧愁。出门不遇，合伙无利，婚姻走失，疾病不愈。

无妄者，无所期望也。故有鸟囚牢笼之象。

【义理】

卦辞释义

无妄卦的卦辞是"元亨利贞。其匪正有眚。不利有攸往"。

匪是"非"的意思，眚（音同"省"）是"眼睛长白翳"的意思，在这里代指"灾祸"。

所以无妄卦卦辞的意思是：很顺利，利于坚持下去。不正当的行为会带来灾祸，不利于向前发展。

形态解析

如图8.1.2，图中左侧是无妄卦的卦状，右侧是无妄卦所对应的走势形态，即"阳阴阴阳阳阳"的走势，我们称这种形态为无妄卦形态。

无妄卦形态由四根阳线和两根阴线组成，并且阴线连在一起，整体来说阳多阴少，并且形态中后三根K线都是阳线，根据尾权最重原则，无妄卦形态代表多方强势。

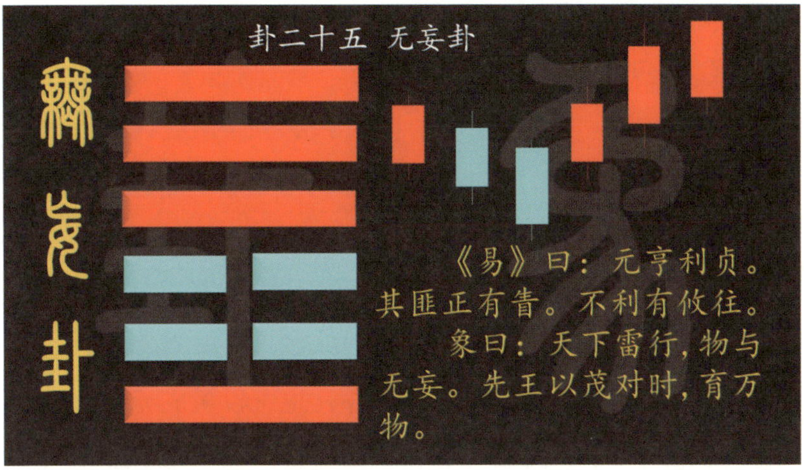

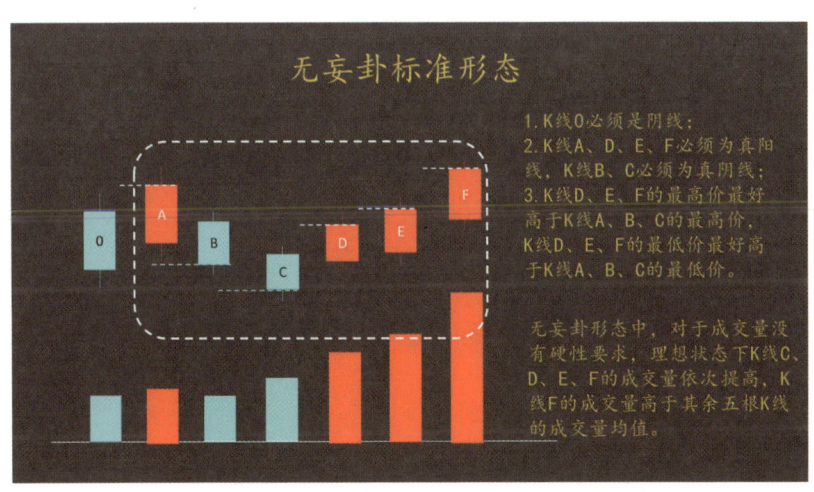

图 8.1.2 无妄卦对应的走势形态

形态要求

无妄卦形态对于构成形态的细节的要求如下图所示：

图 8.1.3 无妄卦标准形态示意图

图 8.1.3 是无妄卦标准形态示意图，图中白色虚线框标识的形态即为标准的无妄卦形态。其中包含的六根 K 线从左到右标记为 K 线 A 到 K 线 F，形态之前一根 K 线标记为 K 线 0，K 线形

态下方为成交量变化示意图。

构成无妄卦形态的要求是：

第一，无妄卦形态之前的一根 K 线必须是阴线；

第二，K 线 A、D、E、F 必须为真阳线，K 线 B、C 必须为真阴线；

第三，K 线 D、E、F 的最高价最好高于 K 线 A、B、C 的最高价，K 线 D、E、F 的最低价最好高于 K 线 A、B、C 的最低价。

实际上，若仅不符合第三个条件，也可以构成无妄卦形态，但这种无妄卦形态多出现在趋势底部作为急速反转形态，而符合第三个条件的无妄卦形态代表的反转往往相对缓慢。

无妄卦形态中，对于成交量没有硬性要求，理想状态下 K 线 C、D、E、F 的成交量依次提高，K 线 F 的成交量高于其余五根 K 线的成交量均值。

买卖条件

无妄卦的买卖条件如下图所示：

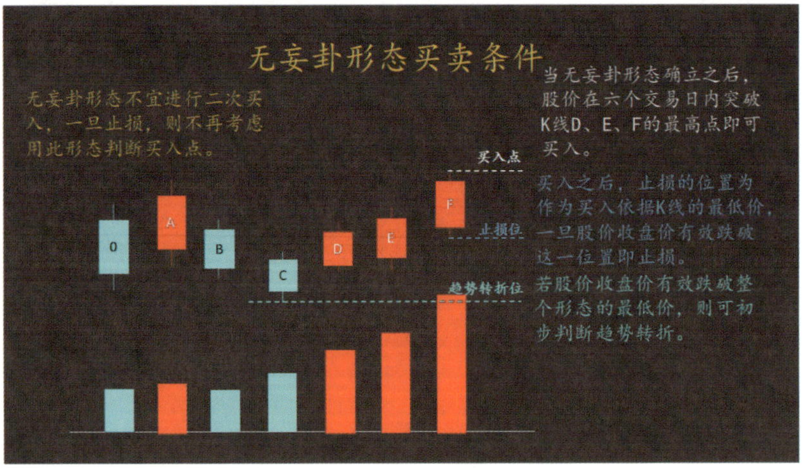
无妄卦形态买卖条件
无妄卦形态不宜进行二次买入，一旦止损，则不再考虑用此形态判断买入点。
当无妄卦形态确立之后，股价在六个交易日内突破K线D、E、F的最高点即可买入。
买入点
买入之后，止损的位置为作为买入依据K线的最低价，一旦股价收盘价有效跌破这一位置即止损。
止损位
趋势转折位
若股价收盘价有效跌破整个形态的最低价，则可初步判断趋势转折。
0
A
B
C
D
E
F

图 8.1.4　无妄卦形态的买卖条件

图8.1.4是无妄卦形态的买卖条件示意图，图中显示了当无妄卦形态出现之后的买入点、止损位和趋势反转位。

买入点：当走势中出现无妄卦形态之后，我们以无妄卦形态中的后三根K线的最高价（即K线D、E、F的最高价）作为买入依据，如图中白色虚线所示（图中以K线F为例），在形态形成后六个交易日内若股价突破这一点位即可买入。

止损位：买入之后的止损位为无妄卦形态中的作为买入依据的那根K线的最低价（图中为K线F）。一旦股价在无妄卦形态形成之后的六个交易日内有效跌破此位置，则应减仓或者止损。需要注意的是，这一止损位不属于灵敏止损位，其代表的风险会稍微大一些。

趋势反转位：当无妄卦形态确立之后，如果股价一直调整，直到某一日收盘价跌破了整个形态的最低价，即趋势反转位，则说明趋势可能反转，此时应该果断止损清仓。

关于二次买入方面，无妄卦形态不宜进行二次买入，一旦止损，则不再考虑用此形态判断买入点。

实际上，无妄卦形态很多情况下都可以通过二次买入获取收益，但是有很小的概率出现大幅亏损，而二次买入的缺陷就是只提供买点不提供止损位，有鉴于此，无妄卦形态不建议进行二次买入。

形态性质

无妄卦形态属于"反转"形态的一种，一般会出现在上涨趋势的起点，代表着趋势由下跌转为上涨，有时也可能出现在某一段上涨走势的中间，作为持续形态，提供额外的加仓或止损依据。

因为无妄卦形态中存在连续的两根阴线，所以无妄卦形态出现之后走势往往不会在短时间内（具体来说是指一到两个交易日内）出现调整，也就是说，如果无妄卦形态出现之后就收阴，那么后市大概率事件不值得期待的。

接下来我们通过案例详细解读。

案例解析

无妄卦形态往往会出现在上涨趋势的起点或中间，对于投资者来说，无妄卦形态作为启动形态自然是最有价值的，下面我们来看无妄卦形态作为启涨形态的案例，如下图所示：

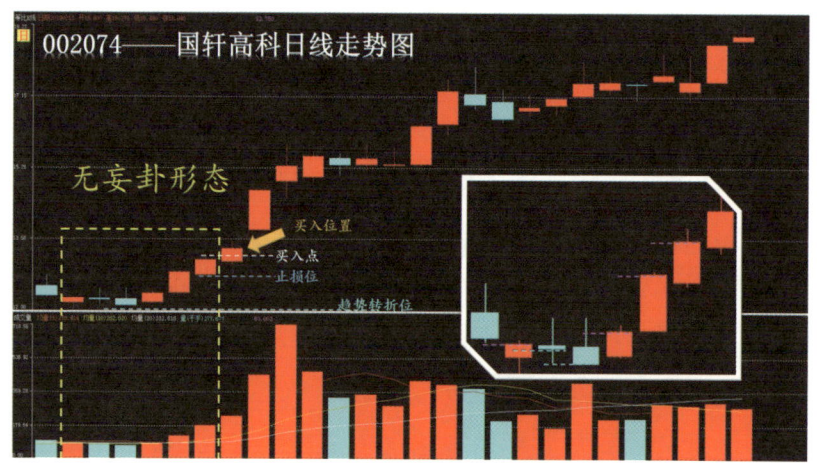

图 8.1.5　无妄卦形态低位转折案例解析

图 8.1.5 是 002074——国轩高科从 2019 年 1 月 28 日到 3 月 12 日的日 K 线走势图，图中可以看到 2019 年 1 月 29 日到 2 月 13 日六个交易日之间出现了"阳阴阴阳阳阳"的走势，疑似无妄卦形态，在图中用黄色虚线框标识。

无妄卦形态要求形态前一根 K 线必须是阴线，图中可以看到黄色虚线框前的第一根 K 线是一根阴线，所以符合第一个条件。

图中右侧折角矩形处是将黄色虚线框中的走势进行放大，并用粉色虚线标识阳线收盘价，绿色虚线标识阴线收盘价。可以看到，阳线的收盘价都相对于前一交易日有所提高，故所有阳线都是真阳线，所有阴线的收盘价相对于前一交易日有所降低，故为真阴线，符合无妄卦形态的第二个条件。

无妄卦形态的第三个条件是K线D、E、F的最高价最好高于K线A、B、C的最高价，K线D、E、F的最低价必须高于K线A、B、C的最低价，图中无妄卦形态左低右高，明显符合这一条件。

至此，我们可以确定黄色虚线框中的走势构成一个无妄卦形态，并且符合第三个条件，可以初步预期后市可能出现急速上涨。

根据无妄卦形态的买卖条件，我们以黄色框线中后三根K线的最高点为买入依据（本案例中为K线F），如图中白色虚线所示。

以K线F的最低点为止损依据，如图中蓝色虚线所示。

以框线中第三根K线的收盘价为趋势转折依据，如图中绿色虚线所示。

在实际的走势中，无妄卦形态出现之后，走势确实出现了急速上涨，符合我们的预期。股价在形态出现之后第一个交易日即拉升突破白色虚线，此时买入，买入之后股价继续拉升了一段时间，开始横盘，之后再次拉升。

第二节 震宫八卦之随卦

接下来我们来看震宫八卦中的第二卦——随卦。随卦的卦形以及卦爻辞如下图所示：

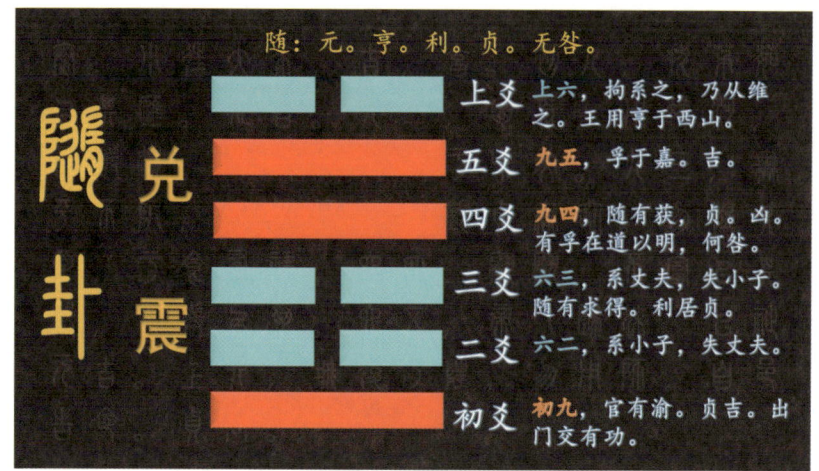

图 8.2.1 随卦形态及卦爻辞

我们同样从四个方面来阐述随卦，即卦名、卦状、卦象和义理。

【卦名】

随卦的卦名随，随是跟随的意思。

随卦在六十四卦中排名比较靠前，是第十七卦。

【卦状】

随卦的卦状是上兑下震，图样在图 8.2.1 中间用红色和绿色爻线表示。其中初爻、二爻、五爻和上爻当位，三爻和四爻不当位，主卦和客卦的中爻有应。

【卦象】

象曰：泽中有雷，随。君子以嚮晦入宴息。

推车靠涯道路干，谋望求财不费难，婚姻合伙无阻碍，疾病口舌得安然。苦极生荣，喜气盈盈，一切做事，不大离形。

随者，顺也。能顺物，故有推车靠涯之象。

【义理】

卦辞释义

随卦的卦辞很短"元。亨。利。贞。无咎"。

"亨"是顺利的意思，"贞"是坚持的意思，所以随卦的卦辞含意为如果随从、随和，便能始终亨通，和谐有利，固守正道，没有任何危险。

形态解析

随卦在市场中对应的形态是"阳阴阴阳阳阴"，如图8.2.2所示：

图 8.2.2　随卦对应的走势形态

如图8.2.2，图中左侧是随卦的卦状，右侧是随卦所对应的走势形态，即"阳阴阴阳阳阴"的走势，我们称这种形态为随卦形态。

随卦形态中阴阳线各三根，整体阴阳均衡，同时阴线和阳线的位置一一对应（即第一根K线与最后一根K线是一阳一阴，第二根K线与倒数第二根K线是一阴一阳，第三根K线与倒数第三根K线是一阴一阳），代表着多空双方的均衡。又因为最后一根K线是阴线，根据尾权最重原则，说明整体空方稍强，这种强势非常有限。

形态要求

对于构成形态的细节，随卦的要求，如下图所示：

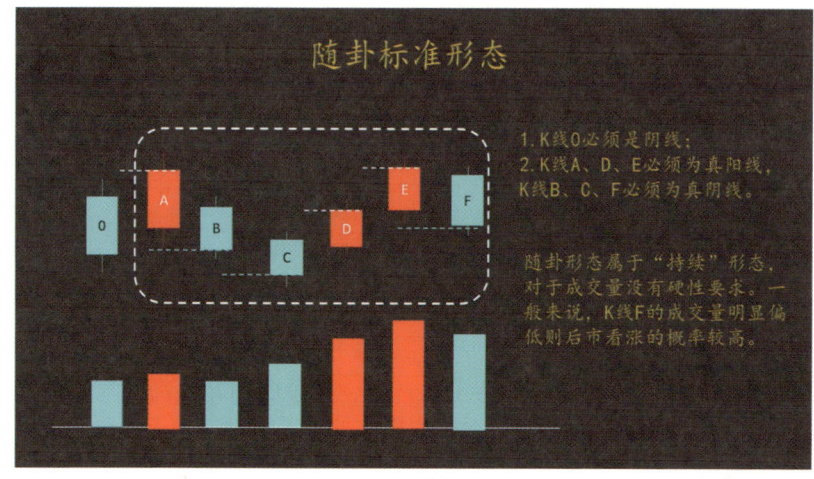

图 8.2.3 　随卦标准形态示意图

图 8.2.3 是随卦标准形态示意图，图中白色虚线框标识的形态即为标准的随卦形态，其中包含的六根 K 线从左到右标记为 K 线 A 到 K 线 F，形态之前一根 K 线标记为 K 线 0，K 线形态下方为成交量变化示意图。

随卦形态的构成要求是：

第一，形态之前的一根 K 线必须是阴线。

第二，K 线 A、D、E 必须是真阳线，K 线 B、C、F 必须为真阴线。

随卦形态属于"持续"形态，对于成交量没有硬性要求。一般来说，K 线 F 的成交量明显偏低则后市看涨的概率较高。

买卖条件

随卦的买卖条件如下图所示：

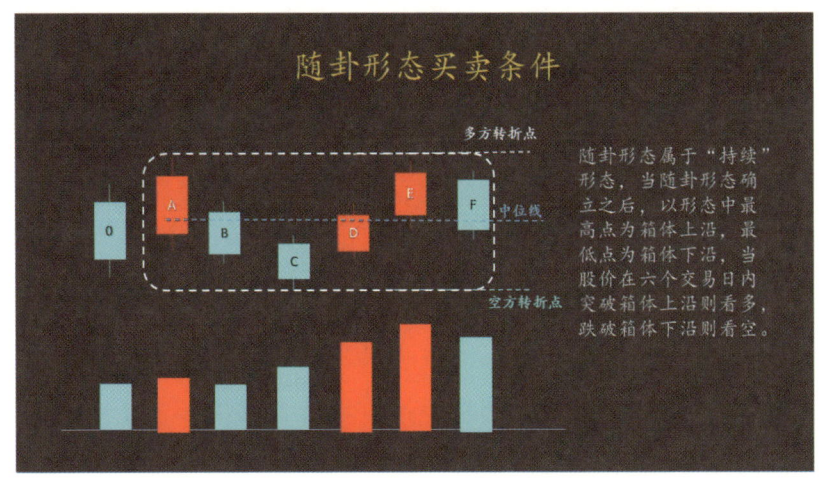

图 8.2.4　随卦形态的买卖条件

图 8.2.4 是随卦形态的买卖条件示意图，随卦形态作为持续形态，可以提供一个多方转折点（买入依据）、空方转折点（止损依据）和一条中位线（多空力量权重对比依据）。

多方转折点（买入依据）：当随卦形态确立之后，我们以整个形态的最高点为上沿，最低点为下沿建立箱体，则箱体的上沿为多方转折点。当股价有效突破这一位置时则可以考虑买入，此买入依据在形态确立后六个交易日内有效。

空方转折点（止损依据）：以随卦形态为依据建立箱体，箱体的下沿即为空方转折点，当股价有效跌破这一位置时，则应果断止损。若已经买入，则以买入当日的最低价为止损价，若股价有效跌破这一点位，则应果断止损。

中位线（多空力量权重对比依据）：以随卦形态为依据建立箱体，箱体上沿和下沿之间的中线即为中位线。我们可以根据 K 线实体在中位线两边的比重来判断接下来的走势，若 K 线实体集中在中位线之下，则说明空方动能强大，未来股价下跌概率较高；反之，若 K 线实体集中在中位线之上，则说明多方动能强大，未来股价上涨概率较高。

当形态中存在长影线时通过中位线来判断股价未来走势会更加准确。而当形态中最低点与次低点之间间隔超过两根K线，且存在明显差距的时候，更适宜根据最低点出现的位置是在形态中靠前的位置还是靠后的位置来判断未来股价的涨跌倾向。一般来说，最低点出现在形态中前两根K线则说明未来股价上涨的概率较高，若最低点出现在形态中后两根K线则说明未来股价下跌的概率较高，最低点出现在形态中间的两根K线的情况下多为低位转折形态。

形态中既有长影线，同时最低点和次低点之间间隔超过两根K线且存在明显差距的情况下，优先采用中位线来判断未来的股价走势。

形态性质

随卦形态属于"持续"形态的一种，多数情况下出现在横盘或下跌走势中作为持续形态，少数情况下也可能作为转折形态。

接下来我们通过案例详细解读。

案例解析

随卦的卦名为随，有跟随的含义，所以随卦形态作为持续形态，最常见便是出现在走势中间作为持续形态。

图 8.2.5 是 600075——新疆天业从 2018 年 8 月 10 日到 9 月 25 日的日 K 线走势图，图中可以看到 2018 年 8 月 29 日到 9 月 5 日六个交易日之间出现了"阳阴阴阳阳阴"的走势，疑似为随卦形态，在图中用黄色虚线框标识。

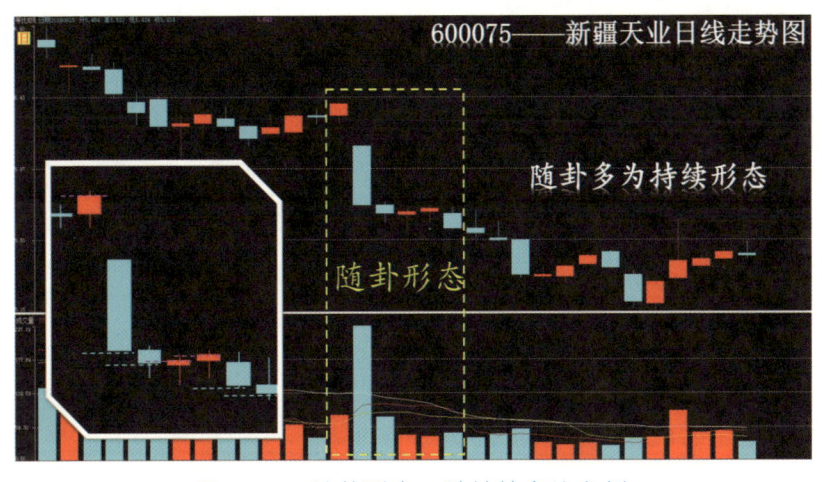

图 8.2.5　随卦形态下跌持续实战案例

随卦形态要求形态前一根 K 线必须是阴线，图中可以看到黄色虚线框前的第一根 K 线是一根阴线，所以符合第一个条件。

黄色虚线框中的走势在左侧折角矩形处放大，用粉色虚线标记阳线的收盘价，绿色虚线标记阴线的收盘价。可以看到图中阳线的收盘价都高于其前一根 K 线，故都为真阳线，阴线的收盘价相比于其前一根 K 线都降低，故都为真阴线，符合随卦形态的第二个条件。

至此，我们可以确定黄色虚线框中的走势构成一个随卦形态。在实际的走势中，随卦形态出现在下跌走势之中作为持续形态。

第三节　震宫八卦之噬嗑卦

噬嗑卦是巽宫八卦中的第三卦，其卦形以及卦爻辞如下图所示：

象数理形态模型

图 8.3.1　噬嗑卦形态及卦爻辞

关于噬嗑卦的相关内容，我们可以从卦名、卦状、卦象和义理四个方面来进行阐述。

【卦名】

噬嗑卦的卦名为噬嗑，噬嗑的含义是上下颚咬合，咀嚼。

噬嗑卦是六十四卦中第二十一卦。

【卦状】

噬嗑卦的卦状是"上离下震"，火雷噬嗑，刚柔相济。图样在图 8.3.1 中间用红色和绿色爻线表示。其中只有初爻和二爻当位，其余全不当位，主卦和客卦的上爻有应，阴阳相合。

【卦象】

象曰：雷电，噬嗑。先王以明罚敕法。

饥人遇食喜事来，凡事称心巧安排，疾病口舌消除散，生意合伙大发财。见官有理，出门见喜，婚姻成全，诸事如意。

噬嗑者，齿也、合也，故有饥人遇食之象。

【义理】

卦辞释义

噬嗑卦的卦辞很短 "亨。利用狱"。

"利用狱"的含义是宜于运用监狱作比喻。比喻将有灾困。

卦辞含义为通顺,将有灾困。

形态解析

噬嗑卦在市场中对应的形态是"阳阴阴阳阴阳"的走势,如图 8.3.2 所示:

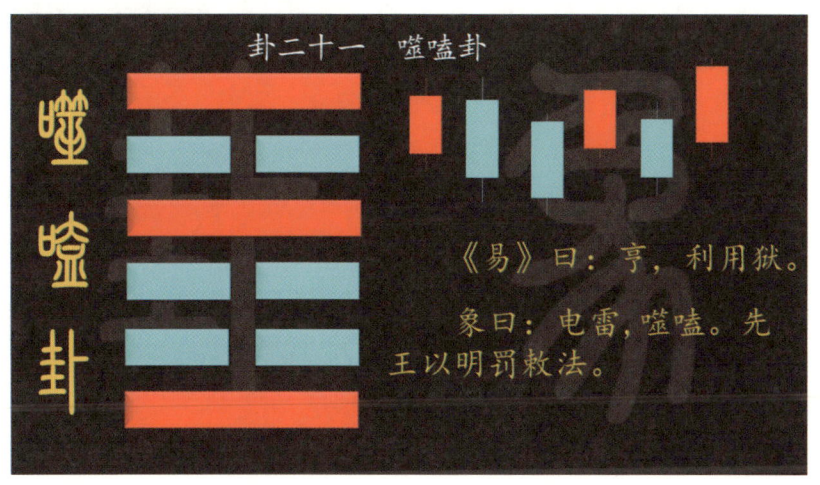

图 8.3.2　噬嗑卦对应的走势形态

如图 8.3.2,图中左侧是噬嗑卦的卦状,右侧是噬嗑卦所对应的走势形态,即"阳阴阴阳阴阳"的走势,我们称这种形态为噬嗑卦形态。

噬嗑卦形态的出现体现了多空双方力量均衡,但由于最后一根 K 线是阳线(尾权最重原则),所以代表多方稍强。

形态要求

对于构成形态的细节,噬嗑卦的要求,如下图所示:

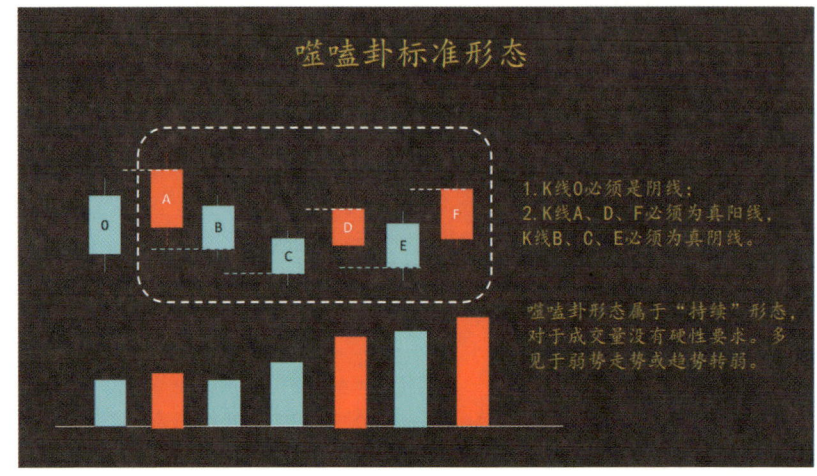

图 8.3.3 噬嗑卦标准形态示意图

图 8.3.3 是噬嗑卦标准形态示意图,图中白色虚线框标识的形态即为标准的噬嗑卦形态,其中包含的六根 K 线从左到右标记为 K 线 A 到 K 线 F,形态之前一根 K 线标记为 K 线 0,K 线形态下方为成交量变化示意图。

噬嗑卦形态的构成要求是:

第一,形态之前的一根 K 线必须是阴线。

第二,K 线 A、D、F 必须为真阳线,K 线 B、C、E 必须为真阴线。

噬嗑卦形态属于"持续"形态,对于成交量没有硬性要求。多见于弱势走势或趋势转弱。

买卖条件

噬嗑卦的买卖条件如下图所示:

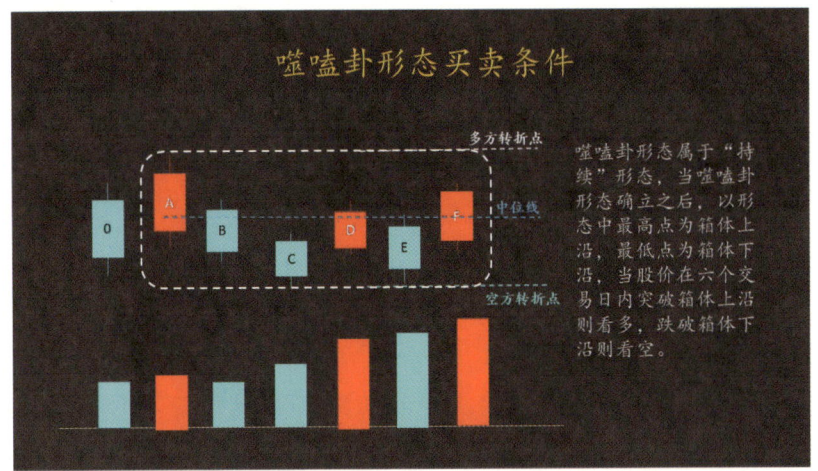

图 8.3.4 噬嗑卦形态的买卖条件

图 8.3.4 是噬嗑卦形态的买卖条件示意图，噬嗑卦形态作为持续形态，可以提供一个多方转折点（买入依据）、空方转折点（止损依据）和一条中位线（多空力量权重对比依据）。

多方转折点（买入依据）：当噬嗑卦形态确立之后，我们以整个形态的最高点为上沿，最低点为下沿建立箱体，则箱体的上沿为多方转折点。当股价有效突破这一位置时则可以考虑买入，此买入依据在形态确立后六个交易日内有效。

空方转折点（止损依据）：以噬嗑卦形态为依据建立箱体，箱体的下沿即为空方转折点。当股价有效跌破这一位置时，则应果断止损。若已经买入，则以买入当日的最低价为止损价。若股价有效跌破这一点位，则应果断止损。

中位线（多空力量权重对比依据）：以噬嗑卦形态为依据建立箱体，箱体上沿和下沿之间的中线即为中位线。我们可以根据 K 线实体在中位线两边的比重来判断接下来的走势，若 K 线实体集中在中位线之下，则说明空方动能强大，未来股价下跌概率较高；反之，若 K 线实体集中在中位线之上，则说明多方动能强大，未来股价上涨概率比较高。

当形态中存在长影线时，通过中位线来判断股价未来走势会更加准确。而当形态中最低点与次低点之间间隔超过两根K线且存在明显差距的时候，更适宜根据最低点出现的位置是在形态中靠前的位置还是靠后的位置来判断未来股价的涨跌倾向。一般来说，最低点出现在形态中前两根K线则说明未来股价上涨的概率较高，若最低点出现在形态中后两根K线则说明未来股价下跌的概率较高，最低点出现在形态中间两根K线的情况下多为低位转折形态。

形态中既有长影线，同时最低点和次低点之间间隔超过两根K线且存在明显差距的情况下，优先采用中位线来判断未来的股价走势。

形态性质

噬嗑卦形态属于"持续"形态，多数情况下作为高位转折形态或者下跌持续形态，少数情况下也会作为低位转折形态，因为形态中后三根K线很容易形成下分形。

接下来我们通过案例详细解读：

案例解析

噬嗑卦形态属于"持续"形态，少数情况下也可能作为低位转折形态，但是噬嗑卦形态即使作为低位转折形态，其实际的投资价值也不会很高。

图8.3.5是002014——永新股份从2018年2月1日到3月8日的日K线走势图，图中可以看到2018年2月5日到12日六个交易日之间出现了"阳阴阴阳阴阳"的走势，疑似为噬嗑卦形态，在图中用黄色虚线框标识。

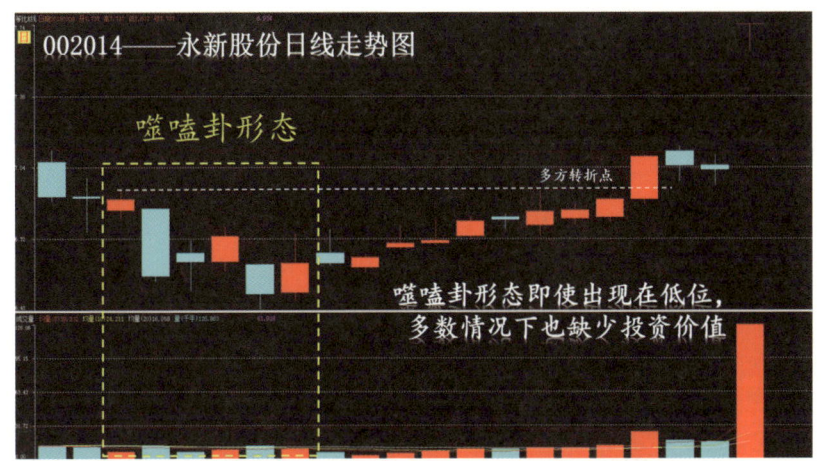

图 8.3.5 噬嗑卦形态低位启动实战案例

噬嗑卦形态要求形态前一根 K 线必须是阴线，图中可以看到黄色虚线框前的第一根 K 线是一根阴线，所以符合第一个条件。

黄色虚线框中可以看到，虚线框中所有阳线的收盘价都相对于前一交易日抬高，都是真阳线，所有阴线的收盘价都相对于前一交易日降低，都是真阴线，符合噬嗑卦形态的第二个条件。

至此，我们可以确定黄色虚线框中的走势构成一个噬嗑卦形态。根据噬嗑卦形态的买卖条件，我们以这个形态的最高价作为趋势转折点，如图中白色虚线所示。

在实际走势中，虽然噬嗑卦形态形成在低位，但买入点出现时，整个上涨已经接近尾声了，买入之后获利不大。

那么有人问了：我选一个更低的位置买入不就行了？

并非如此，因为噬嗑卦形态多数作为持续形态出现，所以如果把买入点设的很低，就要频繁面对"买入—止损"的过程，这一过程中的成本损耗积少成多也是非常可观的。

第四节 震宫八卦之益卦

益卦是震宫八卦中的第四卦，其卦形以及卦爻辞如下图所示：

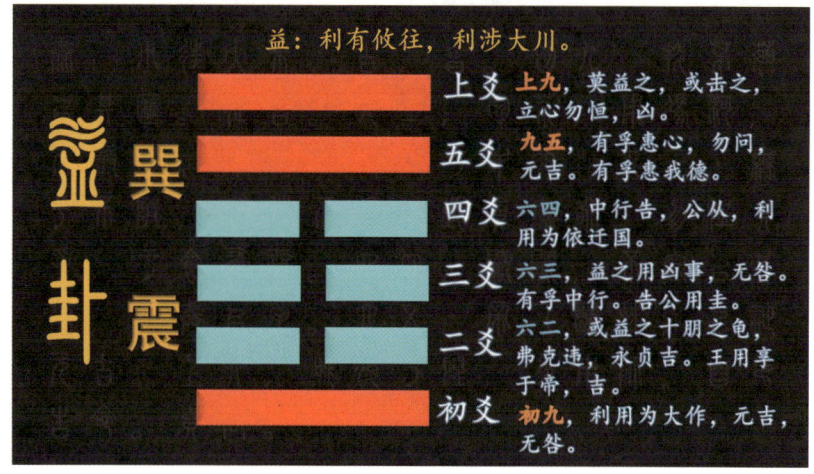

图 8.4.1 益卦形态及卦爻辞

按照惯例，我们从卦名、卦状、卦象和义理四个方面来阐述益卦的相关信息。

【卦名】

益卦的卦名为益，"益"是有利的意思。

益卦为六十四卦中的第四十二卦。

【卦状】

益卦的卦状就是"巽上震下"，风雷相益，风愈强，雷愈响，风雷相助互长，交相助益。图样在图 8.4.1 中间用红色和绿色爻线表示。其中三爻和上爻不当位，初爻、二爻、四爻和五爻当位，主卦和客卦的上中下三爻全有应，阴阳相合。

【卦象】

象曰：风雷，益。君子以见善则迁，有过则改。

断曰：枯木开花渐渐荣，主人事业大兴隆，婚姻求财大吉庆，口舌疾病得安宁。交易有成，见官得理，走失可寻，出门见喜。

益者，增益也，有益无损，故有枯木开花之象。

【义理】

卦辞释义

益卦的卦辞是"利有攸往，利涉大川"。

意思是利于有所前进，利于涉越大的河川。

形态解析

益卦在市场中对应的形态是三阳夹三阴，是一根阳线之后出现三根阴线，之后再出现两根阳线，呈现"阳阴阴阴阳阳"的走势，如图 8.4.2 所示：

如图 8.4.2，图中左侧是益卦的卦状，右侧是益卦所对应的

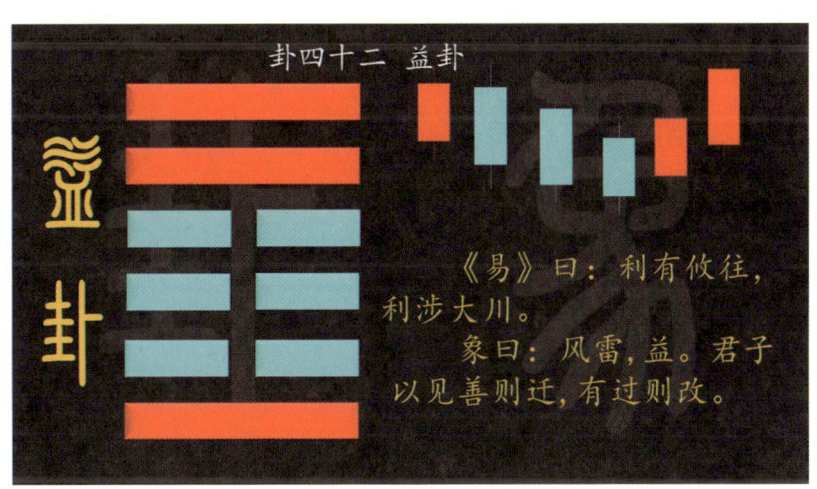

图 8.4.2　益卦对应的走势形态

走势形态，即"阳阴阴阴阳阳"的走势，我们称这种形态为益卦形态。

益卦形态的出现同样体现了多空双方力量的均衡，但这种均衡往往是空方极限、多方初始的情况。

形态要求

益卦形态对于构成形态的细节的要求如下图所示：

图 8.4.3 是益卦标准形态示意图，图中白色虚线框标识的形

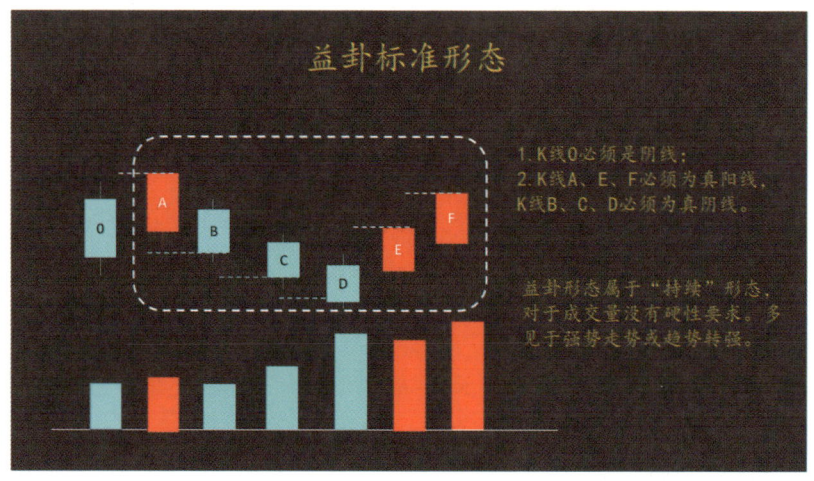

图 8.4.3　益卦标准形态示意图

态即为标准的益卦形态，其中包含的六根 K 线从左到右标记为 K 线 A 到 K 线 F，形态之前一根 K 线标记为 K 线 0，K 线形态下方为成交量变化示意图。

益卦形态的要求是：

第一，形态之前的一根 K 线必须是阴线。

第二，K 线 A、E、F 必须为真阳线，K 线 B、C、D 必须为真阴线。

益卦形态属于"持续"形态，对于成交量没有硬性要求。多

见于强势走势或趋势转强。

买卖条件

益卦的买卖条件如下图所示：

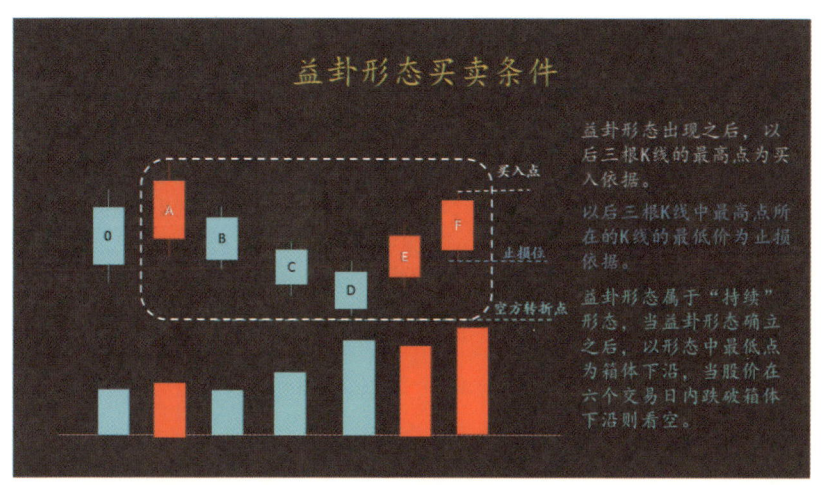

图 8.4.4　益卦形态的买卖条件

图 8.4.4 是益卦形态的买卖条件示意图，图中给出了当益卦形态出现之后的买入点、止损位和空方转折点。

猛一看去，益卦形态的买卖条件有点"不伦不类"，因为既有转折形态中才会出现的买入点和止损位，也有持续形态中才会出现的空方转折点。这是因为其特殊性质决定的。

虽然益卦形态代表多空均衡，但其形态往往是"V"字形，在市场中往往代表多方转折，所以优化其买入点就是十分必要的。要优化买入点就必须对止损位进行确定，否则风险就会变得不可控。而益卦形态中传统的空方转折位的价值经受住了时间的考验，所以被保留了下来。

因为有买入点，所以多方转折点的意义就不大了。另外因为益卦形态多为 V 字型，所以中位线辅助判断后市的价值也不大了。

所以，益卦形态没有多方转折点和中位线。

买入点：当走势中出现益卦形态之后，我们以益卦形态中的后三根K线的最高价（即K线D、E、F的最高价，图中以K线F为例）作为买入依据，如图中白色虚线所示。在形态形成后六个交易日内，若股价突破这一点位即可买入。

止损位：买入之后的止损位为形态中作为买入依据的K线的最低价（图中以K线F为例），一旦股价在益卦形态形成之后的六个交易日内有效跌破此位置，就应减仓或者止损。需要注意的是，这一止损位不属于灵敏止损位。

空方转折点：当益卦形态确立之后，如果股价一直调整，直到某一日收盘价跌破了整个形态的最低点，即空方转折点，则说明趋势可能已经转空，此时应该果断止损清仓。

关于二次买入方面，益卦形态作为持续形态，不考虑二次买入。

形态性质

益卦形态属于"持续"形态的一种——它在市场中往往扮演着"转折"形态的角色，一般会出现在上涨趋势的起点，代表着趋势由下跌转为上涨；有时也可能出现在某一段上涨走势的中间，提供额外的加仓或止损依据；极少数情况下可能出现在其他位置。

接下来我们通过案例详细解读。

案例解析

前文中提到，大多数情况下，益卦形态会出现在上涨趋势的起点，作为启涨形态出现，实战案例如下图所示：

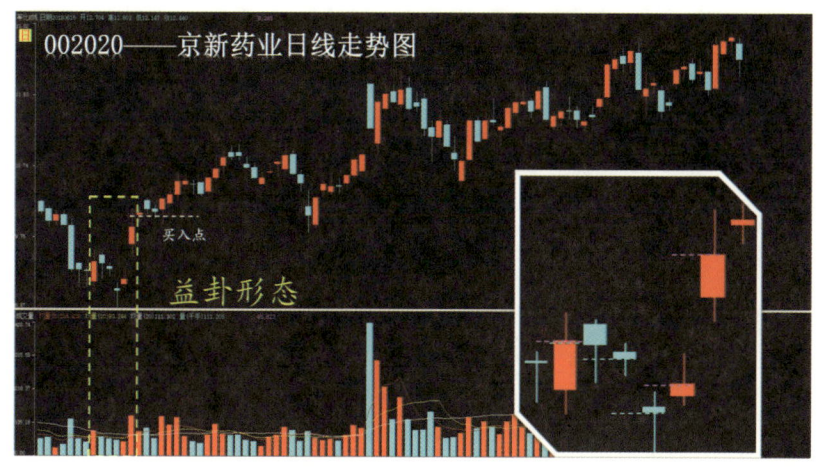

图 8.4.5 益卦形态低位启动实战案例

图 8.4.5 是 002020——京新药业从 2018 年 1 月 26 日到 6 月 13 日的日 K 线走势图,图中可以看到 2018 年 2 月 6 日到 13 日六个交易日之间出现了"阳阴阴阴阳阳"的走势,疑似为益卦形态,在图中用黄色虚线框标识。

益卦形态要求形态前一根 K 线必须是阴线,图中可以看到黄色虚线框前的第一根 K 线是一根阴线,所以符合第一个条件。

右侧折角矩形处将黄色虚线框中所有 K 线收盘价标记出来,阳线用粉色虚线,阴线用绿色虚线,可以看到所有阳线都是真阳线,所有阴线都是真阴线,符合益卦形态的第二个条件。

至此,我们可以确定黄色虚线框中的走势构成一个益卦形态。根据益卦形态的买卖条件,我们以黄色框线中后三根 K 线中的最高价即 K 线 F 的最高点为买入依据,如图中白色虚线所示。

在实际的走势中,在益卦形态形成之后的第一个交易日股价即拉升突破买入点,买入之后股价开始了长期的上涨走势。

接下来我们来看益卦形态出现在上涨走势中作为持续形态的案例,如下图所示:

象数理形态模型

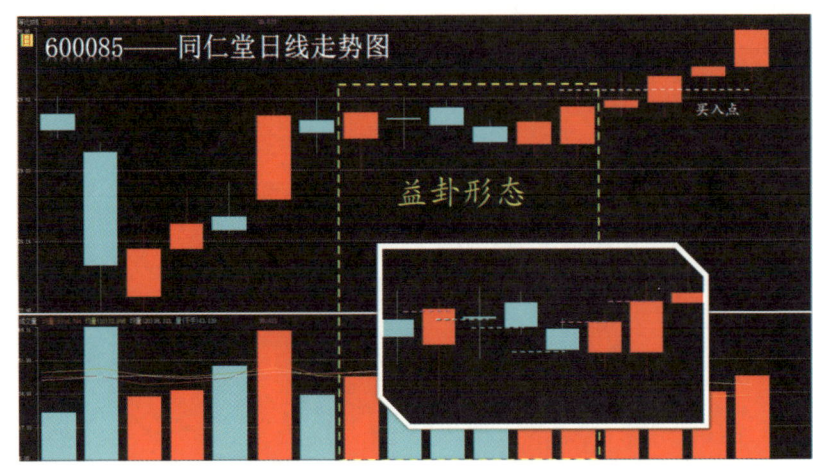

图 8.4.6　益卦形态上涨持续实战案例

图 8.4.6 是 600085——同仁堂从 2018 年 10 月 26 日到 11 月 19 日的日 K 线走势图，图中可以看到 2018 年 11 月 6 日到 13 日六个交易日之间出现了"阳阴阴阴阳阳"的走势，疑似为益卦形态，在图中用黄色虚线框标识。

益卦形态要求形态前一根 K 线必须是阴线，图中可以看到黄色虚线框前的第一根 K 线是一根阴线，所以符合第一个条件。

右侧折角矩形处将黄色虚线框中所有 K 线收盘价标记出来，阳线用粉色虚线，阴线用绿色虚线，可以看到所有阳线都是真阳线，所有阴线都是真阴线，符合益卦形态的第二个条件。

至此，我们可以确定黄色虚线框中的走势构成一个益卦形态。根据益卦形态的买卖条件，我们以黄色框线中后三根 K 线中的最高价即 K 线 F 的最高点为买入依据，如图中白色虚线所示。

在实际的走势中，益卦形态形成出现在上涨走势之中，作为持续形态。

第五节　震宫八卦之震卦

震卦是震宫八卦中的第五卦，也是震宫八卦中的同卦，其卦形以及卦爻辞如下图所示：

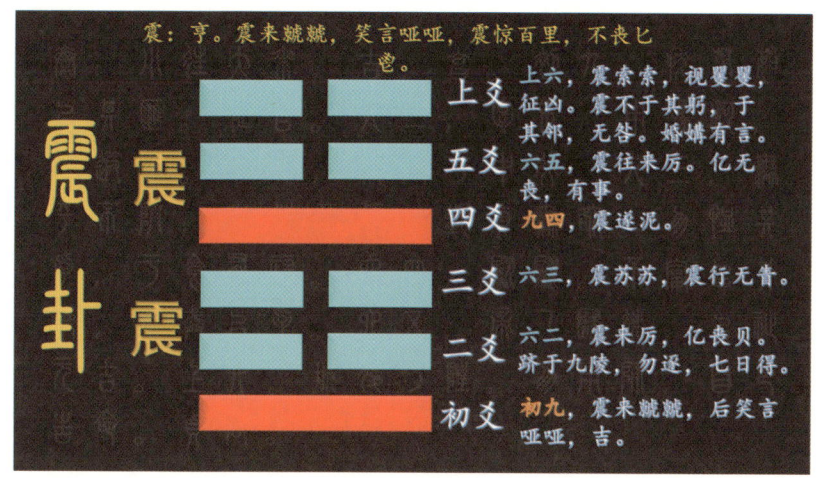

图 8.5.1　震卦形态及卦爻辞

关于震卦的相关内容，我们可以从卦名、卦状、卦象和义理四个方面来进行阐述。

【卦名】

震卦的卦名为震，有震动、震撼、震惊、震慑之意。

震为雷卦，是六十四卦中第五十一卦。

【卦状】

震卦的卦状是"上震下震"。其图样在图 8.5.1 中间用红色和绿色爻线表示。其中初爻、二爻、上爻当位，三爻、四爻和五爻不当位，主卦和客卦中的爻线全无应。

象数理形态模型

【卦象】

象曰：洊雷，震。君子以恐惧修省。

占者逢这撞金钟，时来运转响一声，谋望求财不费力，交易出行大有功。求名趁意，做事遂心，走失行人，自然有音。

震者，动也，震惊百里，故有金钟夜撞之象。一棵金钟埋没多时，忽然一日冲出，重新高卦，于夜间敲钟一下，声音响亮，占此卦者，诸事有成之兆。

【义理】

卦辞释义

震卦的卦辞为："亨。震来虩虩，笑言哑哑。震惊百里，不丧匕鬯。"

"虩"（音同细），形容恐惧的样子。"哑哑"，象声词，形容笑声。"匕"，这里不是指匕首，而是指勺、匙之类的取食用具。"鬯"（音同"唱"），是一种古代祭祀用的酒，用郁金草酿黑黍而成。"匕鬯"用来泛指饮食用具。

所以，震卦卦辞的意思是进展顺利。尽管雷声震撼，仍然笑声四起，百里都受到震动，没有人丢失筷子或汤勺。

形态解析

震卦在市场中对应的形态是连续出现的"阳阴阴"走势，即"阳阴阴阳阴阴"的形态。

图 8.5.2 中左侧是震卦的卦状，右侧是震卦所对应的走势形态，即"阳阴阴阳阴阴"的走势，我们称这种形态为震卦形态。

图 8.5.2　震卦对应的走势形态

震卦形态的出现体现了空方力量比多方力量强势，其形态是一种连续的阳少阴多的规律性下跌，同时由于最后两根 K 线是阴线（尾权最重原则），震卦形态的出现往往代表了风险的来临。

形态要求

对于构成形态的细节，震卦的要求，如下图所示：

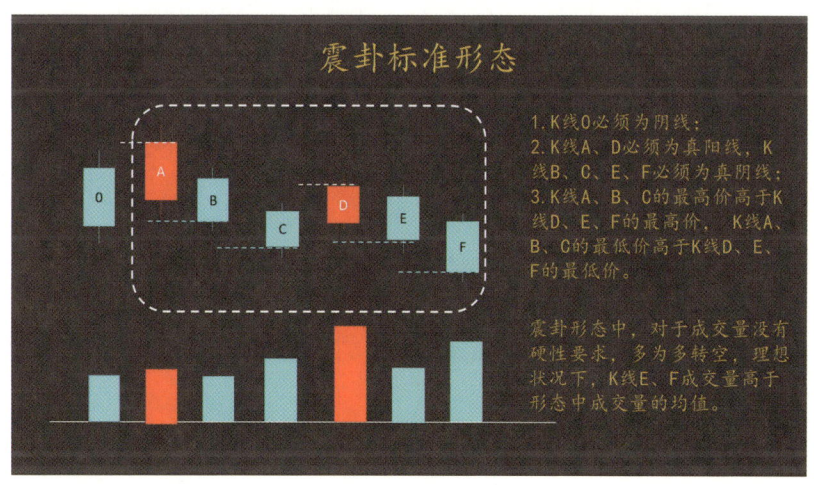

图 8.5.3　震卦标准形态示意图

图 8.5.3 是震卦标准形态示意图，图中白色虚线框标识的形态即为标准的震卦形态，其中包含的六根 K 线从左到右标记为 K 线 A 到 K 线 F，形态之前一根 K 线标记为 K 线 0，K 线形态下方为成交量变化示意图。

震卦形态的构成要求是：

第一，形态之前的一根 K 线必须是阴线。

第二，K 线 A、D 必须为真阳线，K 线 B、C、E、F 必须为真阴线。

第三，K 线 A、B、C 的最高价高于 K 线 D、E、F 的最高价，K 线 A、B、C 的最低价高于 K 线 D、E、F 的最低价。

震卦形态中，对于成交量没有硬性要求，多为多转空。理想状况下，K 线 E、F 成交量高于形态中成交量的均值。

买卖条件

震卦的买卖条件如下图所示：

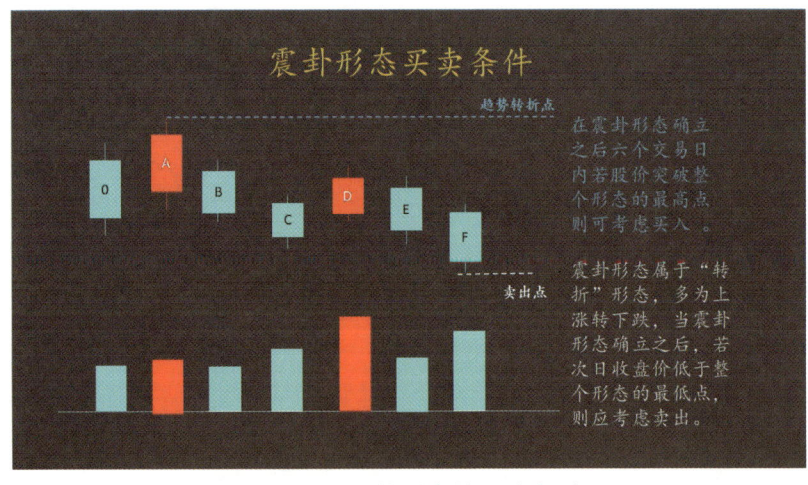

图 8.5.4　震卦形态的买卖条件

图 8.5.4 是震卦形态的买卖条件示意图，图中给出了当震卦形态出现之后的卖出点和趋势反转位。

卖出点：当震卦形态确立之后，若次日收盘价低于整个形态的最低点，则应考虑卖出。

趋势反转位：在震卦形态确立之后六个交易日内，若股价突破整个形态的最高点，则可考虑买入。

关于二次买入方面，震卦形态不考虑二次买入，大概率也不会出现二次买入的情况。

形态性质

震卦形态属于"反转"形态，多数情况下作为高位转折形态或者下跌持续形态，少数情况下也会出现在其他位置。

接下来我们通过案例详细解读：

案例解析

震卦形态属于"反转"形态，首先我们来看震卦形态作为高位转折形态的案例，如下图所示：

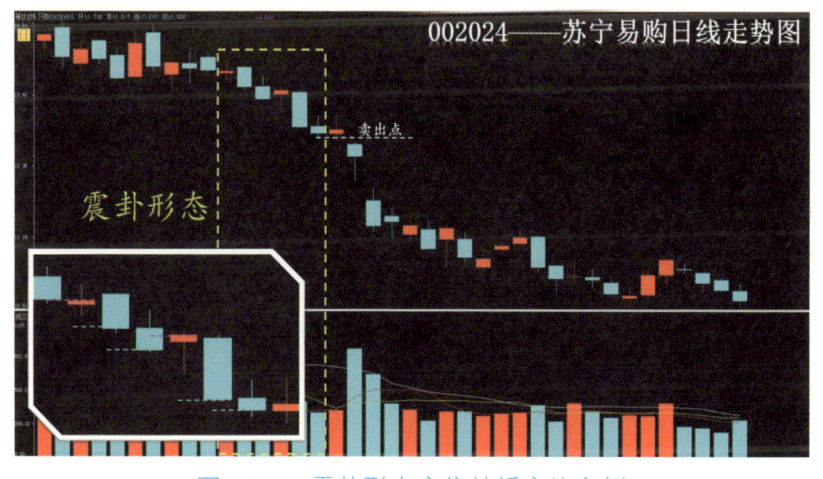

图 8.5.5　震卦形态高位转折实战案例

象数理形态模型

图 8.5.5 是 002024——苏宁易购从 2019 年 4 月 9 日到 6 月 3 日的日 K 线走势图，图中可以看到 2019 年 4 月 19 日到 26 日六个交易日之间出现了"阳阴阴阳阴阴"的走势，疑似为震卦形态，在图中用黄色虚线框标识。

震卦形态要求形态前一根 K 线必须是阴线，图中可以看到黄色虚线框前的第一根 K 线是一根阴线，所以符合第一个条件。

在图中右侧折角矩形中将黄色虚线框中的走势放大，并以粉色虚线标记阳线的收盘价，绿色虚线标记阴线的收盘价。可以看到，虚线框中所有阳线的收盘价都相对于前一交易日有所抬高，都是真阳线。所有阴线的收盘价都相对于前一交易日有所降低，都是真阴线，所以黄色虚线框中的走势符合震卦形态的第二个条件。

构成震卦形态的第三个要求是 K 线 A、B、C 的最高价高于 K 线 D、E、F 的最高价，K 线 A、B、C 的最低价高于 K 线 D、E、F 的最低价，虚线框中的走势基本上是依次降低的，明显符合这一条件。

至此，我们可以确定黄色虚线框中的走势构成一个震卦形态。根据震卦形态的买卖条件，我们以黄色框线中整个形态的最低价即 K 线 F 的最低点为卖出依据，如图中白色虚线所示；以整个形态的最高价作为买入依据。

在实际的走势中，在震卦形态形成之后的第二个交易日股价即跌破卖出点，此时卖出回避了接下来下跌走势带来的风险。

第六节　震宫八卦之屯卦

震宫八卦中的第六卦为屯卦，它的卦形以及卦爻辞如下图所示：

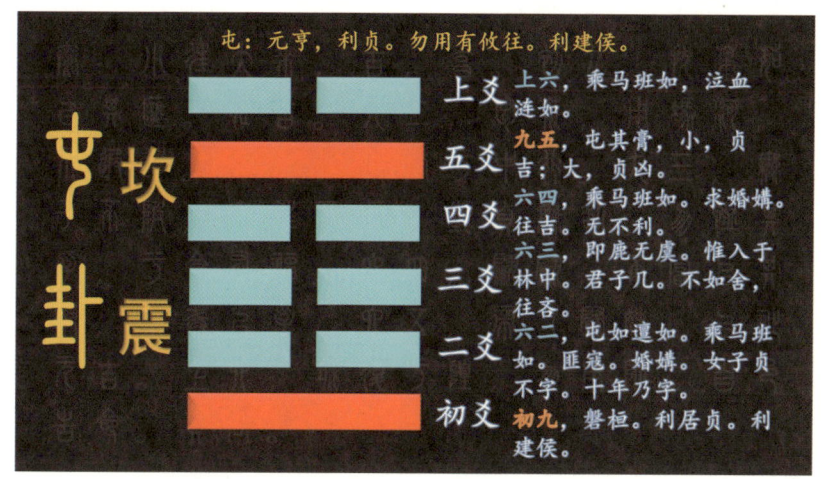

图 8.6.1　屯卦形态及卦爻辞

接下来我们从卦名，卦状，卦象和义理四个方面来阐述屯卦的相关信息。

【卦名】

屯卦的卦名为"屯"。"屯"是囤聚的意思。

屯卦是六十四卦中第三卦，排在乾卦和坤卦之后。

【卦状】

屯卦的卦状是"上坎下震"，水雷屯。屯卦的图样在图 8.6.1 中间用红色的阳爻和绿色的阴爻表示。屯卦中只有三爻不当位，其余爻线全都当位，主卦和客卦的中爻和下爻有应，处于完全和谐状态。

【卦象】

象曰：云雷，屯。君子以经纶。

交易求财无好处，谋事见贵心不遂，疾病难好，婚姻不巧，口舌琐碎，凡事打绞。

屯者，物始生而未遇也。故有乱丝无头之象。乃一机户在室外落丝，忽然狂风大作，将丝刮乱，左撕右扯找不出头来。此卦有颠倒错乱之象。

【义理】

卦辞释义

屯卦的卦辞为"元。亨。利。贞。勿用有攸往。利建侯"。

意思是"很顺利，利于坚持下去，不要往前走。利于建立侯国"。

形态解析

屯卦在市场中对应的形态是一种空方强势但阳线卡在关键位置的走势，即"阳阴阴阴阳阴"，如图 8.6.2 所示：

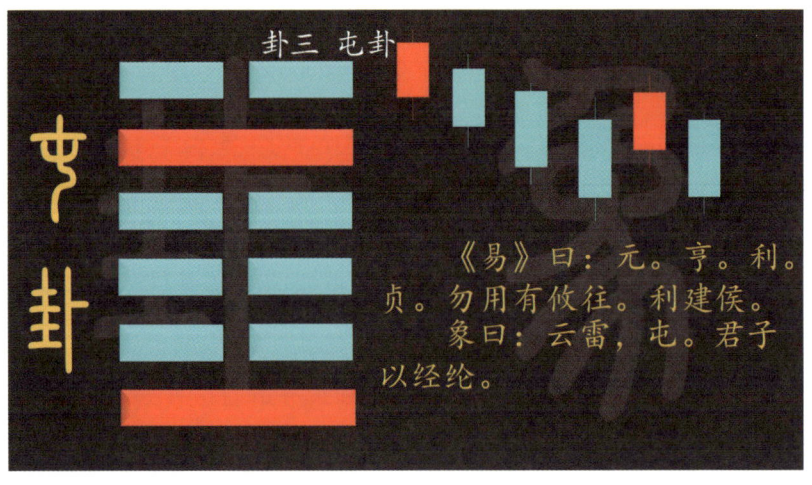

图 8.6.2　屯卦对应的走势形态

如图 8.6.2，屯卦的卦状如图中左侧所示，屯卦所对应的走势形态如图中右侧所示，即"阳阴阴阴阳阴"的走势，我们称这种形态为屯卦形态。

虽然在屯卦形态中出现了三连阴的走势，但是阳线卡的位置决定了后市的变化情况并不确定，虽然空方强势，但是后市是涨是跌还是需要多做观察，正如屯卦卦象所说，颠倒错乱，一团乱麻。

形态要求

屯卦形态的构成要求如下图所示：

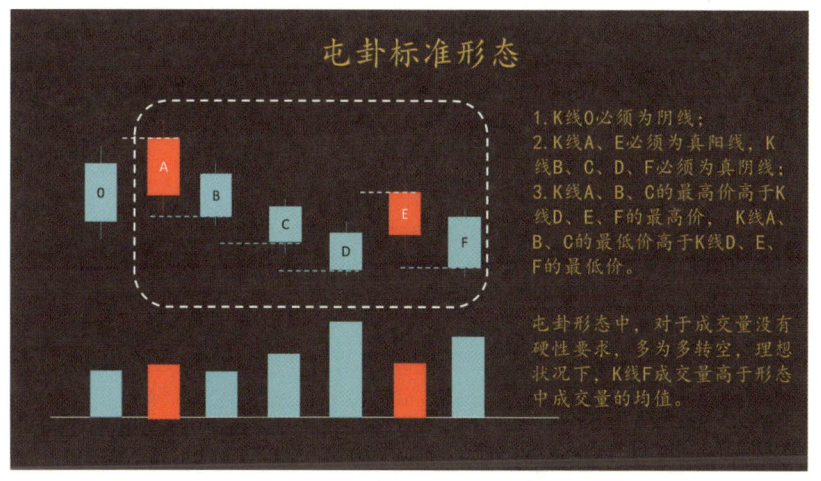

图 8.6.3　屯卦标准形态示意图

屯卦的标准形态如图 8.6.3 所示，图中白色虚线框标识的形态即为标准的屯卦形态，其中包含的六根 K 线从左到右标记为 K 线 A 到 K 线 F，形态之前一根 K 线标记为 K 线 0，K 线形态下方为成交量变化示意图。

屯卦形态的构成要求有以下三条：

第一，形态之前的一根 K 线必须是阴线。

第二，K 线 A、E 必须为真阳线，K 线 B、C、D、F 必须为真阴线。

第三，K 线 A、B、C 的最高价高于 K 线 D、E、F 的最高价，K 线 A、B、C 的最低价高于 K 线 D、E、F 的最低价。

屯卦形态中，对于成交量没有硬性要求，理想状况下，K 线 F 成交量高于形态中成交量的均值。

形态性质

屯卦形态属于"转折"形态，虽然多作为多转空的转折形态，但是后市变化的可能性比较多样，不宜作为判断依据。

多数情况下，屯卦形态出现之后，宜止损和观望，不宜买入。

买卖条件

屯卦的买卖条件如下图所示：

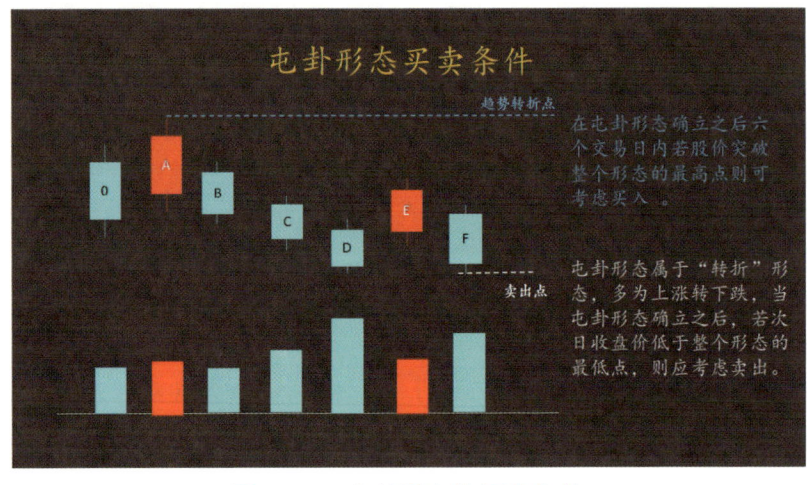

图 8.6.4　屯卦形态的买卖条件

图 8.6.4 是屯卦形态的买卖条件示意图，图中给出了当屯卦形态出现之后的卖出点和趋势反转位。

卖出点：当屯卦形态确立之后，若次日收盘价低于整个形态的最低点，应考虑卖出。

趋势反转位：在屯卦形态确立之后六个交易日内，若股价突破整个形态的最高点，可考虑买入。

关于二次买入方面，屯卦形态不考虑二次买入，大概率也不会出现二次买入的情况。

接下来我们通过案例详细解读。

案例解析

屯卦形态是一种转折形态，最典型的表现就是作为顶部转折形态，如下图所示：

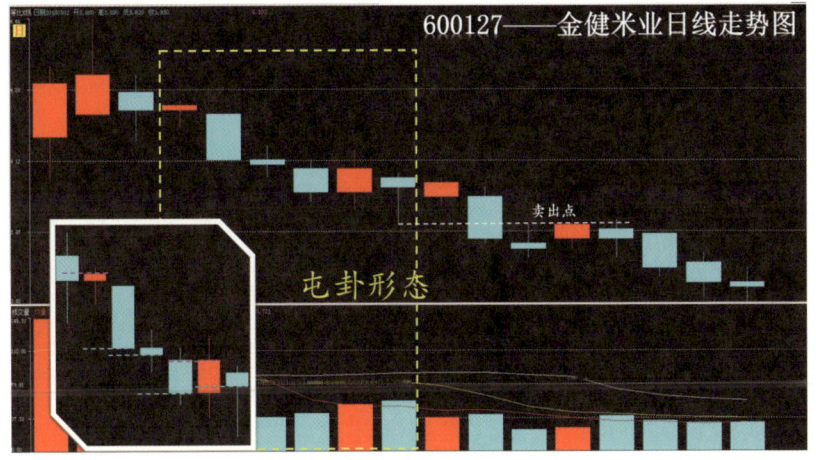

图 8.6.5　屯卦形态顶部转折实战案例

图 8.6.5 是 600127——金健米业从 2018 年 4 月 4 日到 5 月 2 日的日 K 线走势图，图中在 2018 年 4 月 11 日到 18 日六个交易日之间出现了"阳阴阴阴阳阴"的走势，疑似为屯卦形态，在图中用黄色虚线框标识。

首先，我们要确定这个形态确实为屯卦形态。屯卦形态需要满足三个条件，屯卦形态要求形态前一根 K 线必须是阴线，图中

象数理形态模型

可以看到黄色虚线框前面的第一根K线为阴线，符合屯卦形态的第一个条件。

屯卦形态的第二个条件是形态中所有阳线都为真阳线，所有阴线都为真阴线。图中左侧折角矩形处将黄色框线中的走势放大，用粉色虚线标记阳线的收盘价，绿色虚线标记阴线的收盘价。可以看到，框线中所有阳线的收盘价都相对于前一交易日有所抬高，都为真阳线；所有阴线的收盘价都相对于前一交易日有所降低，都为真阴线。所以，黄色虚线框中的走势满足屯卦形态的第二个条件。

屯卦形态的第三个条件要求前三根K线的最高价高于后三根K线的最高价，前三根K线的最低价高于后三根K线的最低价。从图中可以看到，黄色虚线框中的形态明显左高右低，符合这一条件。

至此，我们可以确定黄色虚线框中的走势构成一个屯卦形态。根据屯卦形态的买卖条件，我们以整个形态的最低价，即K线F的最低价为卖出点，如图中白色虚线所示。

在实际的走势中，股价在屯卦形态出现之后的第二个交易日即跌破这一位置，卖出之后可以回避接下来的下跌风险。

从本案例中可以看到，虽然屯卦形态作为高位转折形态，其提供的卖出点却不能回避大量风险，并且可能会错过接下来的机会，但是不卖又要面临长期下跌的可能风险。正如屯卦卦象所示，颠倒错乱，一团乱麻。

所以，对屯卦形态的操作宗旨就是以回避风险为主。

除了作为高位转折形态之外，屯卦形态在市场中还经常作为下跌持续形态，如下图所示：

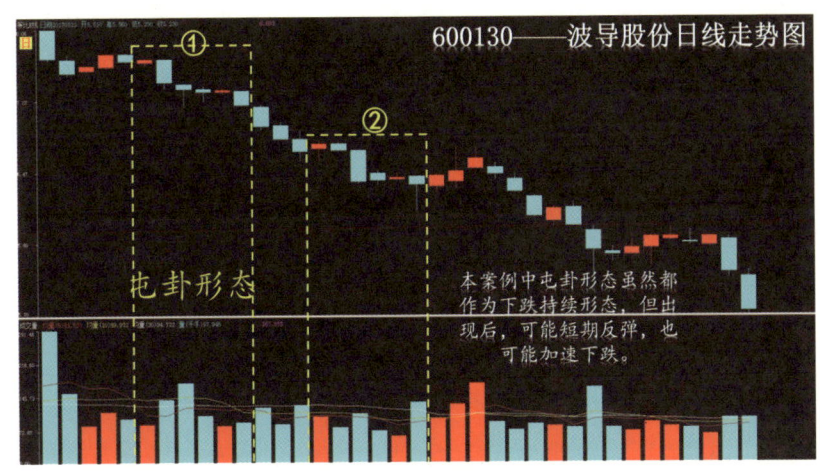

图 8.6.6 屯卦形态下跌持续实战案例

图 8.6.6 是 600130——波导股份从 2017 年 3 月 29 日到 5 月 23 日的日 K 线走势图，图中在 2017 年 4 月 20 日到 27 日六个交易日之间和 2017 年 4 月 7 日到 14 日六个交易日之间分别出现了"阳阴阴阴阳阴"的走势，疑似为屯卦形态，在图中分别用黄色虚线框①和②标识。

首先我们要确定这两个形态确实为屯卦形态，首先来看黄色虚线框①：

屯卦形态需要满足三个条件。屯卦形态要求形态前一根 K 线必须是阴线，从图中可以看到黄色虚线框①前面的第一根 K 线为阴线，符合屯卦形态的第一个条件。

屯卦形态的第二个条件是形态中所有阳线都为真阳线，所有阴线都为真阴线。可以看到，虚线框①中所有阳线的收盘价都相对于前一交易日有所抬高，都为真阳线；所有阴线的收盘价都相对于前一交易日有所降低，都为真阴线。所以黄色虚线框①中的走势满足屯卦形态的第二个条件。

屯卦形态的第三个条件要求前三根 K 线的最高价高于后三根

K线的最高价，前三根K线的最低价高于后三根K线的最低价。从图中可以看到，黄色虚线框①中的形态明显左高右低，符合这一条件。

至此，我们可以确定黄色虚线框①中的走势构成一个屯卦形态。可以看到，在实际的走势中，屯卦形态出现在下跌走势之中作为持续形态。

接下来我们来看黄色虚线框②：

屯卦形态的第一个条件要求形态前一根K线必须是阴线，从图中可以看到黄色虚线框②前面的第一根K线为阴线，符合屯卦形态的第一个条件。

屯卦形态的第二个条件是形态中所有阳线都为真阳线，所有阴线都为真阴线。可以看到，虚线框②中所有阳线的收盘价都相对于前一交易日有所抬高，都为真阳线；所有阴线的收盘价都相对于前一交易日有所降低，都为真阴线。所以黄色虚线框②中的走势满足屯卦形态的第二个条件。

屯卦形态的第三个条件要求前三根K线的最高价高于后三根K线的最高价，前三根K线的最低价高于后三根K线的最低价。从图中可以看到，黄色虚线框②中的形态明显左高右低，符合这一条件。

至此，我们可以确定黄色虚线框②中的走势构成一个屯卦形态。在实际的走势中，第二个屯卦形态特出现在下跌走势之中作为持续形态。

两者之间不同的是，黄色虚线框①中的屯卦形态出现之后，股价开始三连阴下跌，而黄色虚线框②中的屯卦形态出现之后，股价却开始三连阳反弹，甚至一度逼近了屯卦形态的趋势转折点，此时如果买入，风险可就大了。这也是屯卦形态多数情况下用卖不用买的原因。

而且同样是屯卦形态，两者的形态特征甚至很相似，但是后市一个短期加速下跌，一个短期反弹，结果完全不同，也符合屯卦的卦象，颠倒错乱，一团乱麻。

再次强调，实战中遇到屯卦形态以回避风险为主。

第七节　震宫八卦之颐卦

震宫八卦中的第七卦为颐卦，它的卦形以及卦爻辞如下图所示：

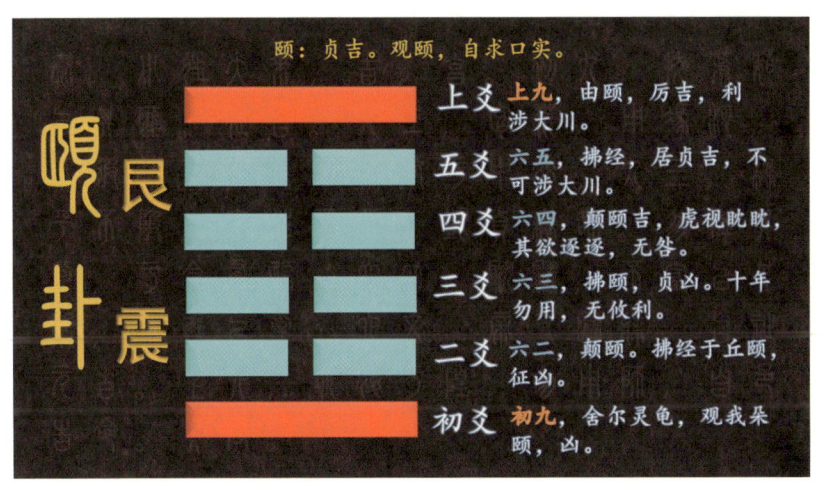

图 8.7.1　颐卦形态及卦爻辞

接下来我们从卦名、卦状、卦象和义理四个方面来阐述颐卦的相关信息。

【卦名】

颐卦的卦名为"颐"。"颐"是指面颊或者腮。

颐卦是六十四卦中第二十七卦。

【卦状】

颐卦的卦状是"上艮下震"。颐卦的图样在图 8.7.1 中间用红色的阳爻和绿色的阴爻表示。颐卦中初爻、二爻和四爻当位，其余爻线全都不当位，主卦和客卦的上爻和下爻有应，处于和谐状态。

【卦象】

象曰：山下有雷，颐。君子以慎言语，节饮食。

文王访贤在渭河，谋望求财皆遂心，交易出行方如意，疾病口舌皆离身。渭水访贤，大吉大利。占着此卦，好了运气。

颐者，养也，口食物以自养，故有渭水访贤之象。

【义理】

卦辞释义

颐卦的卦辞为"贞吉。观颐，自求口实"。

意思是占卜得吉兆。研究颐养之道，在于自食其力。

形态解析

颐卦在市场中对应的形态是两阳夹四阴的走势，即"阳阴阴阴阴阳"。

如图 8.7.2，颐卦的卦状如图中左侧所示，颐卦所对应的走势形态如图中右侧所示，即"阳阴阴阴阴阳"的走势，正如颐卦构成，上艮下震，震为雷，艮为山，山在上而雷在下，外实内虚，我们称这种形态为颐卦形态。

其实颐卦形态中即蕴含着机会也蕴含着风险，四连阴代表着空方的强势，然而第一根和最后一根 K 线都是阳线，外实内虚，既有可能作为高位转折形态，代表空方动能强大，也有可能作为低位转折形态，代表空方动能耗竭。

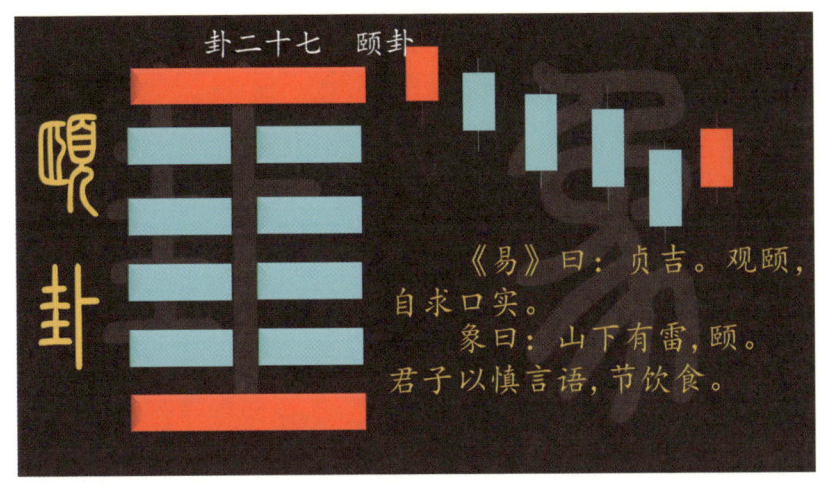

图 8.7.2 颐卦对应的走势形态

形态要求

颐卦形态的构成要求如下图所示：

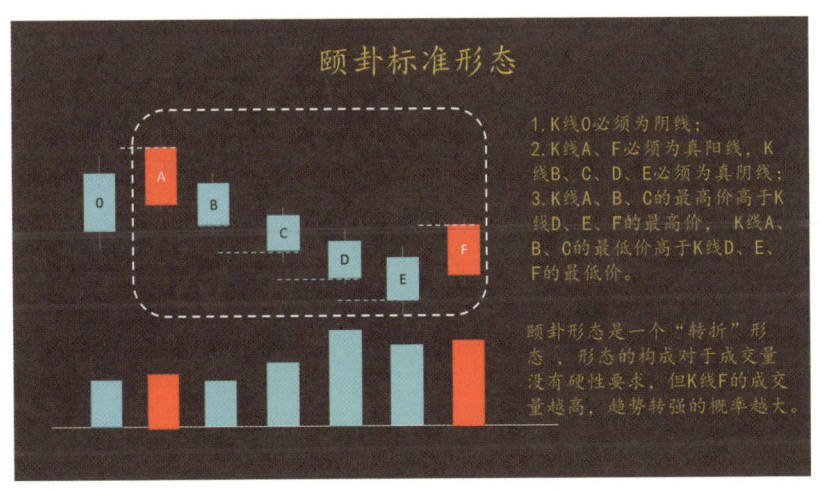

图 8.7.3 颐卦标准形态示意图

颐卦的标准形态如图 8.7.3 所示，图中白色虚线框标识的形态即为标准的颐卦形态，其中包含的六根 K 线从左到右标记为 K 线 A 到 K 线 F，形态之前一根 K 线标记为 K 线 0，K 线形态下方为成交量变化示意图。

颐卦形态的构成要求有以下三条：

第一，形态之前的一根K线必须是阴线。

第二，K线A、F必须为真阳线，K线B、C、D、E必须为真阴线。

第三，K线A、B、C的最高价高于K线D、E、F的最高价，K线A、B、C的最低价高于K线D、E、F的最低价。

颐卦形态是一个"转折"形态，形态的构成对于成交量没有硬性要求，但K线F的成交量越高，趋势转强的概率越大。

形态性质

颐卦形态属于"转折"形态，多为高位转折形态或者低位转折形态，有时也会作为下跌或者横盘走势中的持续形态。

需要注意的是，颐卦形态作为顶部转折形态时多不满足形态的第一个条件，即形态前一根K线是阴线的条件。

买卖条件

颐卦的买卖条件如下图所示：

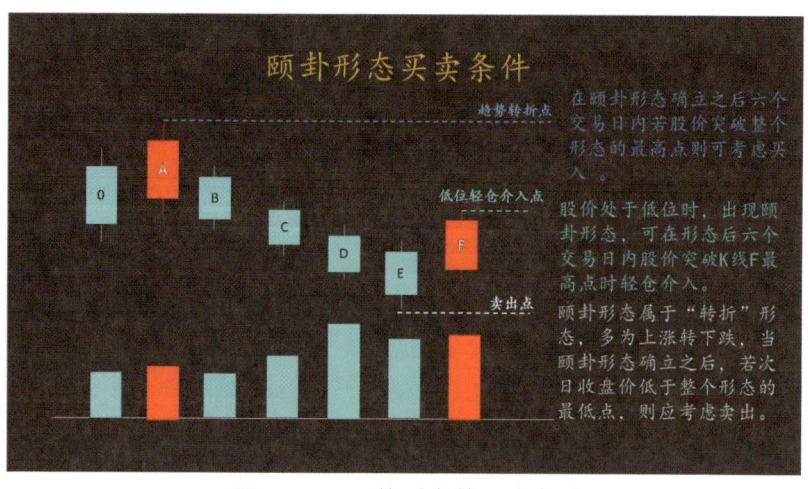

图 8.7.4　颐卦形态的买卖条件

图 8.7.4 是颐卦形态的买卖条件示意图，图中给出了当颐卦形态出现之后的卖出点、低位轻仓介入点和趋势反转位。

卖出点：当颐卦形态确立之后，若次日收盘价低于整个形态的最低点，则应考虑卖出。

低位轻仓介入点：股价处于低位时，出现颐卦形态，可在形态后六个交易日内，股价突破 K 线 F 最高点时轻仓介入。需要注意的是，高位不可用此点买入，甚至低位时也要注意风险。用此位买入后，止损位与卖出点同。

趋势反转位：在颐卦形态确立之后六个交易日内，若股价突破整个形态的最高点，则可考虑买入。

关于二次买入方面，颐卦形态不考虑二次买入。

接下来我们通过案例详细解读。

案例解析

颐卦形态是一种转折形态，首先我们来看底部转折形态，如下图所示：

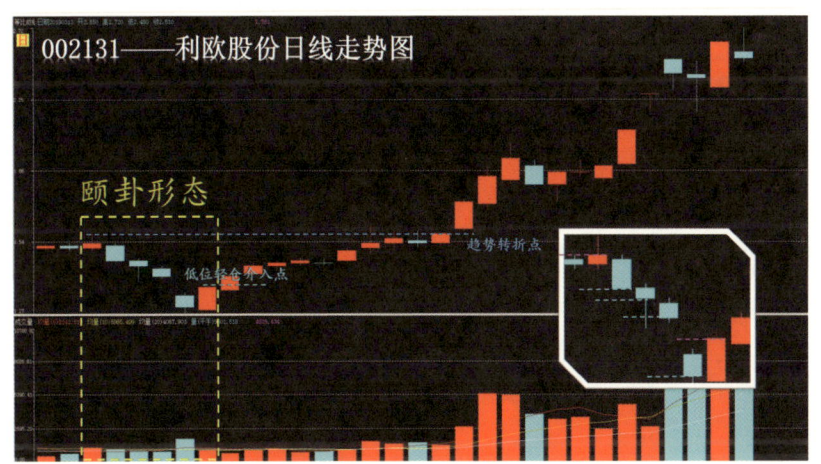

图 8.7.5 颐卦形态底部转折实战案例

象数理形态模型

图 8.7.5 是 002131——利欧股份从 2019 年 1 月 23 日到 3 月 13 日的日 K 线走势图，图中在 2019 年 1 月 25 日到 2 月 1 日六个交易日之间出现了"阳阴阴阴阴阳"的走势，疑似为颐卦形态，在图中用黄色虚线框标识。

首先，我们要确定这个形态确实为颐卦形态。颐卦形态需要满足三个条件，颐卦形态要求形态前一根 K 线必须是阴线，图中可以看到黄色虚线框前面的第一根 K 线为阴线，符合颐卦形态的第一个条件。

颐卦形态的第二个条件是形态中所有阳线都为真阳线，所有阴线都为真阴线。图中右侧折角矩形处将黄色框线中的走势放大，用粉色虚线标记阳线的收盘价，绿色虚线标记阴线的收盘价。可以看到，框线中所有阳线的收盘价都相对于前一交易日有所抬高，都为真阳线，所有阴线的收盘价都相对于前一交易日有所降低，都为真阴线。所以，黄色虚线框中的走势满足颐卦形态的第二个条件。

颐卦形态的第三个条件要求前三根 K 线的最高价高于后三根 K 线的最高价，前三根 K 线的最低价高于后三根 K 线的最低价。从图中可以看到，黄色虚线框中的形态明显左高右低，符合这一条件。

至此，我们可以确定黄色虚线框中的走势构成一个颐卦形态。根据颐卦形态的买卖条件，我们以整个形态的最低价，即 K 线 E 的最低价为卖出点，如图中白色虚线所示。

因为股价处在相对低位，所以以 K 线 F 的最高点为低位轻仓介入点，如图中绿色虚线所示。

以整个形态的最高点为趋势转折点，如图中蓝色虚线所示。

在实际的走势中，股价在颐卦形态出现之后的第一个交易日即突破低位轻仓介入点，此时轻仓买入，股价开始上涨，后期突破趋势转折点的时候可以再次加仓。

第八节　震宫八卦之复卦

震宫八卦中的最后一卦名为复卦，其卦形以及卦爻辞如下图所示：

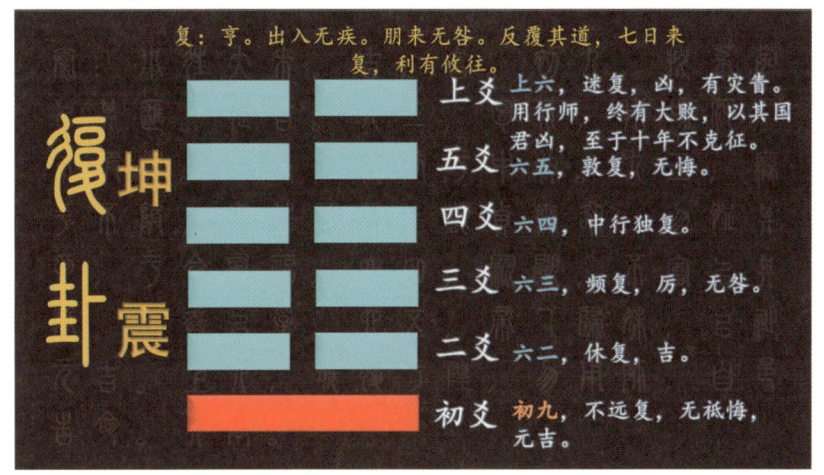

图 8.8.1　复卦形态及卦爻辞

接下来我们从卦名、卦状、卦象和义理四个方面来阐述复卦的相关信息。

【卦名】

复卦的卦名为复（或称"覆"）。"复"是反复的意思。

复卦是六十四卦中第二十四卦。

【卦状】

复卦的卦状是"上坤下震"。图样在图 8.8.1 中间用红色的阳爻和绿色的阴爻表示。复卦中初爻、二爻、四爻和上爻当位，其他两个爻全不当位，主卦和客卦中下爻有应。

【卦象】

象曰：雷在地中，复。先王以至日，闭关，商旅不行。后不省方。

断曰：夫妻反目不顺情，卦占谋望未有成，官司惊恐财帛散，若问家宅不安宁。目下不吉，心事不足，交节换月，自然安宁。

覆者，反也。反复不定。故有夫妻反目之象。

【义理】

卦辞释义

复卦的卦辞为"亨。出入无疾。朋来无咎。反复其道，七日来复，利有攸往"。

意思是顺利。出入没有障碍，朋友来无所怪罪。反复探索道路，七日来回，利于有所前进。

形态解析

复卦在市场中对应的形态是五阴连一阳，即"阳阴阴阴阴阴"的形态，如图 8.8.2 所示：

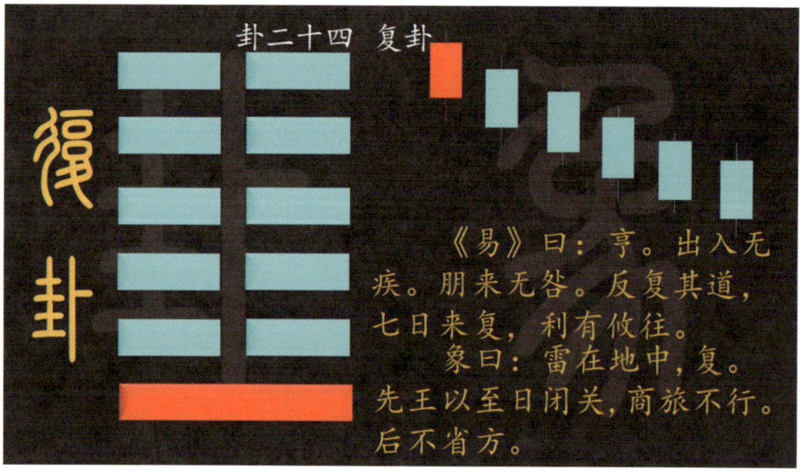

图 8.8.2　复卦对应的走势形态

如图 8.8.2，复卦的卦状如图中左侧所示，复卦所对应的走势形态如图中右侧所示，即"阳阴阴阴阴阴"的走势，我们称这种形态为复卦形态。

从形态中阴线和阳线的数目对比来看，复卦形态代表着空方的强势，也往往意味着市场由多转空。

形态要求

复卦形态的构成要求如下图所示：

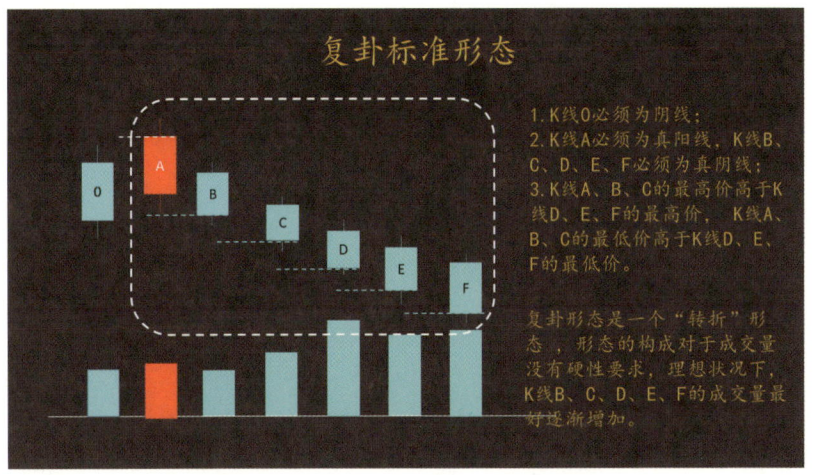

图 8.8.3　复卦标准形态示意图

复卦的标准形态如图 8.8.3 所示，图中白色虚线框标识的形态即为标准的复卦形态，其中包含的六根 K 线从左到右标记为 K 线 A 到 K 线 F，形态之前一根 K 线标记为 K 线 0，K 线形态下方为成交量变化示意图。

复卦形态的构成要求有以下三条：

第一，形态之前的一根 K 线必须是阴线。

第二，K 线 A 必须为真阳线，K 线 B、C、D、E、F 必须为真阴线。

第三，K 线 A、B、C 的最高价高于 K 线 D、E、F 的最高价，K 线 A、B、C 的最低价高于 K 线 D、E、F 的最低价。

复卦形态是一个"转折"形态，形态的构成对于成交量没有硬性要求，理想状况下，K 线 B、C、D、E、F 的成交量最好逐渐增加。

形态性质

复卦形态属于"转折"形态，多出现在高位作为顶部形态，有时也出现在下跌走势中作为持续形态。

复卦形态的出现往往伴随着短期的反弹和长期的下跌。

接下来我们来了解一下复卦形态的买卖条件。

买卖条件

复卦的买卖条件如下图所示：

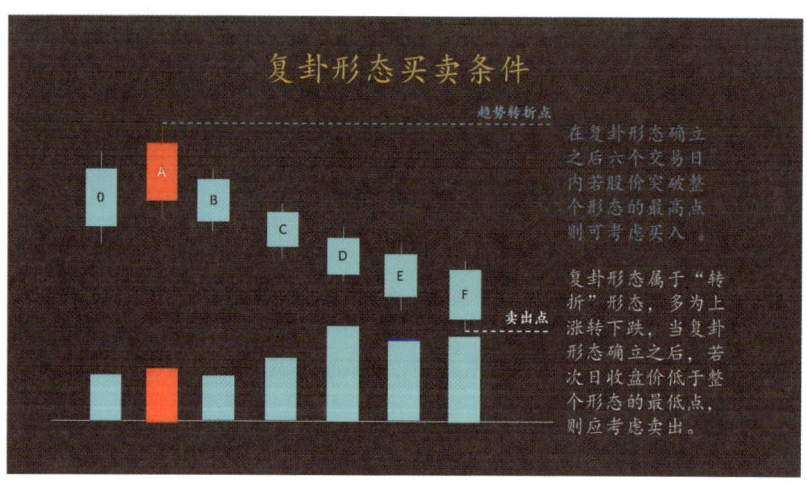

图 8.8.4　复卦形态的买卖条件

如图 8.8.4 是复卦形态的买卖条件示意图，图中以整个形态的最低价作为卖出点（图中以 K 线 F 的最低价为例），以整个形态的最高价为趋势转折点（图中以 K 线 A 的最高价为例）。

卖出点：复卦形态属于"转折"形态，多为上涨转下跌，当复卦形态确立之后，若次日收盘价低于整个形态的最低点，则应考虑卖出。

趋势转折点：在复卦形态确立之后六个交易日内若股价突破整个形态的最高点则可考虑买入。

接下来我们通过案例详细解读。

案例解析

前文中提到，复卦形态若符合第三个条件则多代表先抑后扬，我们来看实际走势中的案例：

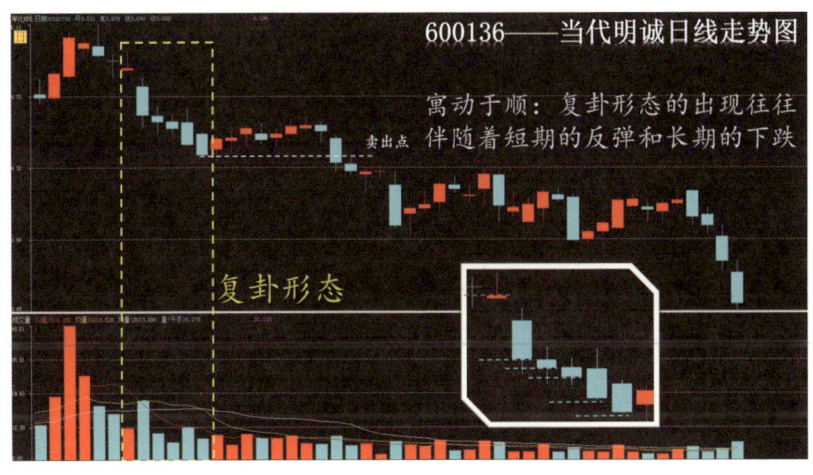

图 8.8.5　复卦形态先抑后扬实战案例

图 8.8.5 是 600136——当代明诚从 2012 年 5 月 24 日到 7 月 31 日的日 K 线走势图，图中在 2012 年 6 月 1 日到 8 日六个交易日之间出现了疑似为复卦形态的"阳阴阴阴阴阴"走势，在图中用黄色虚线框标识。

首先，我们来看复卦形态的构成条件：

第一个条件是形态前一根 K 线 0 必须是阴线，图中可以看到黄色虚线框前的第一根 K 线为阴线，符合复卦形态的第一个条件。

第二个条件是 K 线 A 必须为真阳线，K 线 B、C、D、E、F 必须为真阴线，也就是形态中所有阳线都为真阳线，所有阴线都为真阴线。图中右侧折角矩形处将黄色框线中的走势放大，可以看到，框线中所有阳线的收盘价都相对于前一交易日有所抬高，都为真阳线，所有阴线的收盘价都相对于前一交易日有所降低，都为真阴线（第一根阳线的情况前文中有过阐述，在此不做赘述）。

构成复卦形态的第三个条件是 K 线 A、B、C 的最高价高于 K 线 D、E、F 的最高价，K 线 A、B、C 的最低价高于 K 线 D、E、F 的最低价，可以看到，图中的形态明显左高右低，符合第三个条件。

至此，我们可以确定黄色虚线框中的走势构成一个复卦形态。根据复卦形态的买卖条件，我们以整个形态的最低价（K 线 F 的最低点）作为卖出依据，如图中白色虚线所示，以整个形态的最高点做买入依据。

在实际的走势中，股价在复卦形态出现之后走势出现了短时间的反弹，之后才开始继续下跌，符合前文中提到的复卦形态的性质。

第九章　坎宫八卦

象数理形态模型

导读 震宫八卦的共同性质

坎宫八卦是指以坎卦为主卦的八种别卦,由讼卦、困卦、未济卦、涣卦、解卦、坎卦、蒙卦和师卦构成。

坎宫八卦的共性是主卦为【坎】,坎为水,属阴,象柔,坎卦转化为市场中的形态组合是"阴阳阴",因此坎宫八卦形态中都会要求形态前一根K线为阳。

阴阳阴的K线组合很容易形成上分形,恰好坎宫八卦中大部分都是整体下跌的,所以坎宫八卦形态经常作为高位转折形态。

第一节 坎宫八卦之讼卦

讼卦是坎宫八卦中的第一卦，象争讼，其卦形以及卦爻辞如下图所示：

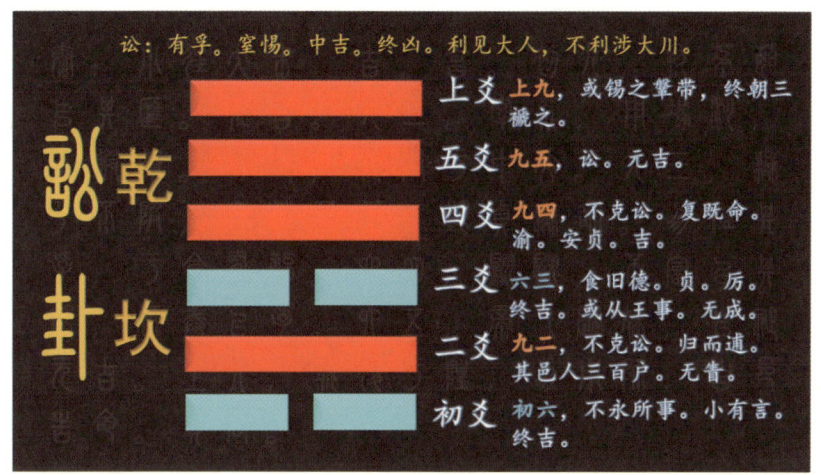

图 9.1.1 讼卦形态及卦爻辞

关于讼卦的含义，我们可以从卦名、卦状、卦象和义理四个方面来阐述。

【卦名】

讼卦的卦名为讼，"讼"是指在公堂上争辩。

讼卦为六十四卦中的第六卦。

【卦状】

讼卦的卦状是"乾上坎下"，在图 9.1.1 中间用红色和绿色爻线表示。其中只有五爻当位，其余爻线全不当位，主卦和客卦的上爻和下爻有应，阴阳相合。

象数理形态模型

【卦象】

象曰：天与水违行，讼。君子以作事谋始。

断曰：两人争路未肯降，占之逢之费主张，交易出行有阻碍，生意合伙也平常。目下不吉，休争闲气，好事难成，求财费力。

讼者，辩也，事有争取，故有二人争路之象。

【义理】

卦辞释义

讼卦的卦辞是"有孚。窒惕。中吉。终凶。利见大人。不利涉大川"。

意思是有诚信，恐惧，中期吉利，终了凶险。利于表现为大人物，不利涉越大河大川。

形态解析

讼卦在市场中对应的形态是"阴阳阴阳阳阳"的走势，如图9.1.2所示：

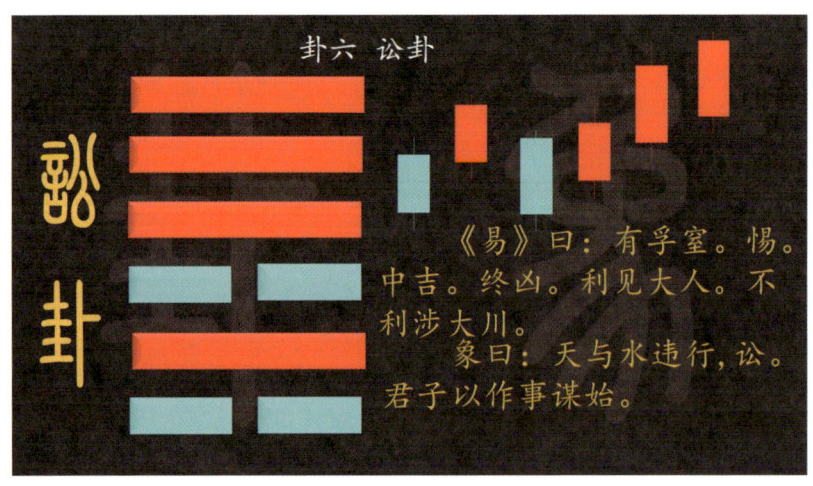

图 9.1.2　讼卦对应的走势形态

如图9.1.2，图中左侧是讼卦的卦状，右侧是讼卦所对应的走势形态，即"阴阳阴阳阳阳"的走势，我们称这种形态为讼卦形态。

讼卦形态由五根阳线和一根阴线组成，代表多方强势。

形态要求

讼卦形态对于构成形态的细节的要求如下图所示：

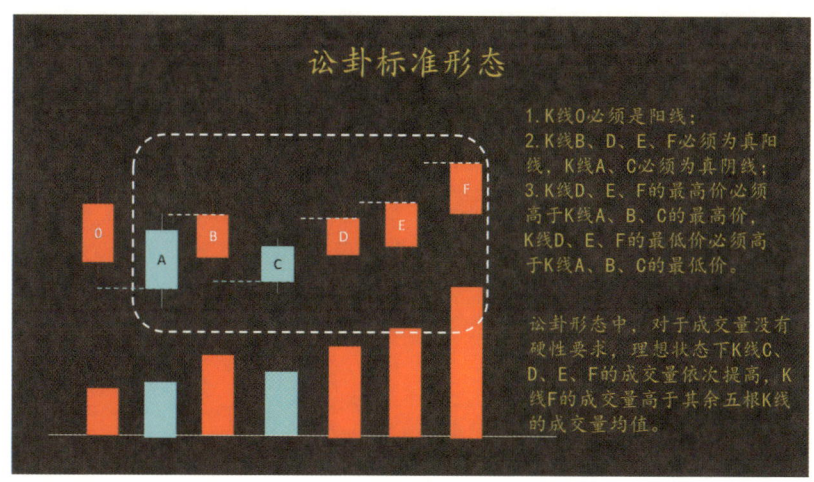

图9.1.3 讼卦标准形态示意图

图9.1.3是讼卦标准形态示意图，图中白色虚线框标识的形态即为标准的讼卦形态，其中包含的六根K线从左到右标记为K线A到K线F，形态之前一根K线标记为K线0，K线形态下方为成交量变化示意图。

构成讼卦形态的要求是：

第一，讼卦形态之前的一根K线必须是阳线。

第二，K线B、D、E、F必须为真阳线，K线A、C必须为真阴线。

第三，K线D、E、F的最高价必须高于K线A、B、C的最高价，

K线D、E、F的最低价必须高于K线A、B、C的最低价。

讼卦形态中,对于成交量没有硬性要求,理想状态下K线C、D、E、F的成交量依次提高,K线F的成交量高于其余五根K线的成交量均值。

买卖条件

讼卦的买卖条件如下图所示:

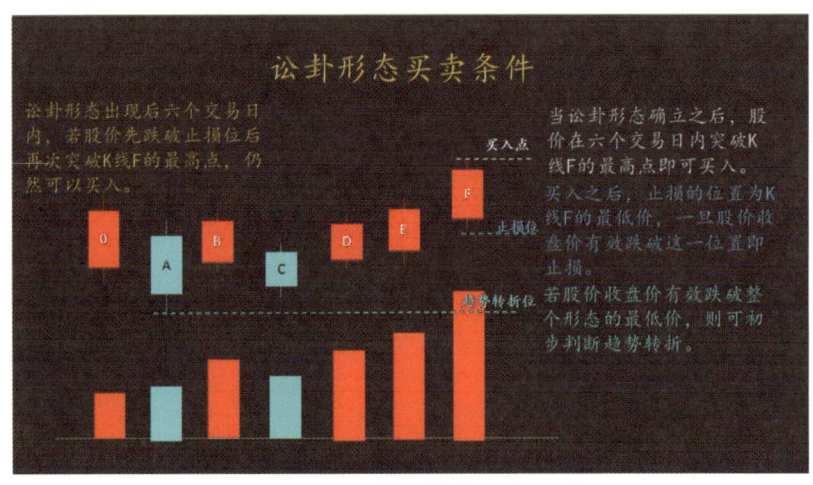

图9.1.4 讼卦形态的买卖条件

图9.1.4是讼卦形态的买卖条件示意图,图中显示了当讼卦形态出现之后的买入点、止损位和趋势反转位。

买入点:当走势中出现讼卦形态之后,我们以讼卦形态中的最后一根K线的最高价(即K线F的最高价)作为买入依据,如图中白色虚线所示。在形态形成后六个交易日内,若股价突破这一点位即可买入。

需要注意的是,如果K线F的最高价并非讼卦形态中后三根K线的最高价,则后市下跌的概率较高。

止损位:买入之后的止损位为讼卦形态中的最后一根K线的

最低价，一旦股价在讼卦形态形成之后的六个交易日内有效跌破此位置，应减仓或者止损。这一止损位不属于灵敏止损位。

趋势反转位：当讼卦形态确立之后，如果股价一直调整，直到某一日收盘价跌破了 K 线 A 的收盘价，即趋势反转位，则说明趋势可能反转，此时应该果断止损清仓。

关于二次买入方面，讼卦形态允许二次买入。讼卦形态出现后六个交易日内，若股价先跌破止损位后再次突破 K 线 F 的最高点，仍然可以买入。

形态性质

讼卦形态属于"反转"形态的一种，一般会出现在上涨趋势的起点，代表着趋势由下跌转为上涨，有时也可能出现在某一段上涨走势的中间，提供额外的加仓或止损依据。

接下来我们通过案例详细解读。

案例解析

讼卦形态往往会出现在上涨趋势的起点，对于投资者来说，讼卦形态作为启动形态自然是最有价值的，下面我们来看讼卦形态作为启涨形态的案例。

图 9.1.5 是 600137——浪莎股份从 2018 年 2 月 8 日到 2018 年 3 月 14 日的日 K 线走势图，图中可以看到 2018 年 2 月 9 日到 23 日六个交易日之间出现了"阳阴阳阳阳阳"的走势，疑似讼卦形态，在图中用黄色虚线框标识。

讼卦形态要求形态前一根 K 线必须是阳线，图中可以看到黄色虚线框前的第一根 K 线是一根阳线，所以符合第一个条件。

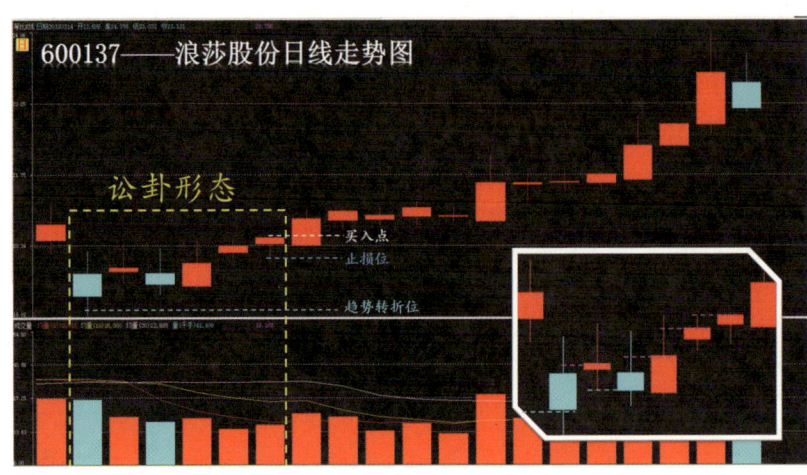

图 9.1.5　讼卦形态低位转折案例解析

　　黄色虚线框中前两根阳线的收盘价依次抬高，后三根阳线收盘价也依次抬高，故都是真阳线。第三根 K 线为阴线，且收盘价相对于前一交易日有所降低，故都为真阴线。符合讼卦形态的第二个条件。

　　K 线 D、E、F 的最高价必须高于 K 线 A、B、C 的最高价，K 线 D、E、F 的最低价必须高于 K 线 A、B、C 的最低价，图中走势明显符合这一条件。

　　至此，我们可以确定黄色虚线框中的走势构成一个讼卦形态。根据讼卦形态的买卖条件，我们以黄色框线中最后一根 K 线（即 K 线 F）的最高点为买入依据，如图中白色虚线所示。

　　以黄色框线中最后一根 K 线（即 K 线 F）的最低点为止损依据，如图中蓝色虚线所示。

　　以框线中形态的最低价为趋势转折依据，如图中绿色虚线所示。

　　在实际的走势中，讼卦形态出现之后，下个交易日股价即突破白色虚线。此时买入，之后股价即开始长期上涨的走势。

第二节　坎宫八卦之困卦

接下来我们来看坎宫八卦中的第二卦——困卦。困卦卦形以及卦爻辞如下图所示：

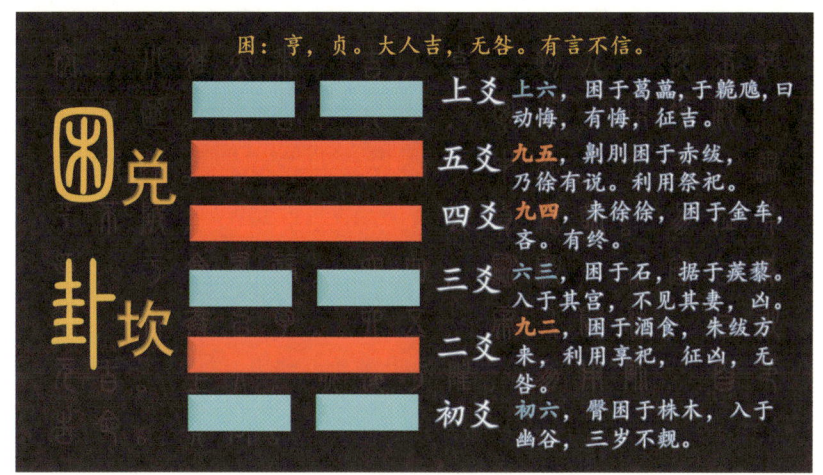

图 9.2.1　困卦形态及卦爻辞

我们同样从四个方面来阐述困卦，即卦名、卦状、卦象和义理。

【卦名】

困卦的卦名为困，困是困乏、困顿、困境的意思。

困卦为六十四卦中的第四十七卦。

【卦状】

困卦的卦状就是"兑上坎下"，图样在图 9.2.1 中间用红色和绿色爻线表示。其中五爻当位，其余爻线全不当位，如果主卦和客卦的下爻有应。

象数理形态模型

【卦象】

象曰：泽无水，困。君子以致命遂志。

今有小人暗来欺，千方百计商量你，明明前来说好话，挪梯抽杆失主意。当交君子，莫交小人，凡事小心，谨慎从事，不受贫困。

困者，穷困也，而不能自振。故有挪梯抽杆之象。

【义理】

卦辞释义

困卦的卦辞是"亨，贞。大人吉，无咎。有言不信"。

意为顺利，利于表现为大人物，无所怪罪，不要听信流言蜚语。

形态解析

困卦在市场中对应的是一种阴阳交错混乱的形态，即"阴阳阴阳阳阴"，如图9.2.2所示：

图9.2.2　困卦对应的走势形态

如图 9.2.2，图中左侧是困卦的卦状，右侧是困卦所对应的走势形态，即"阴阳阴阳阳阴"，我们称这种形态为困卦形态。

困卦形态的出现体现了多空双方力量的均衡。

形态要求

对于形态的细节，困卦形态同样有要求，如下图所示：

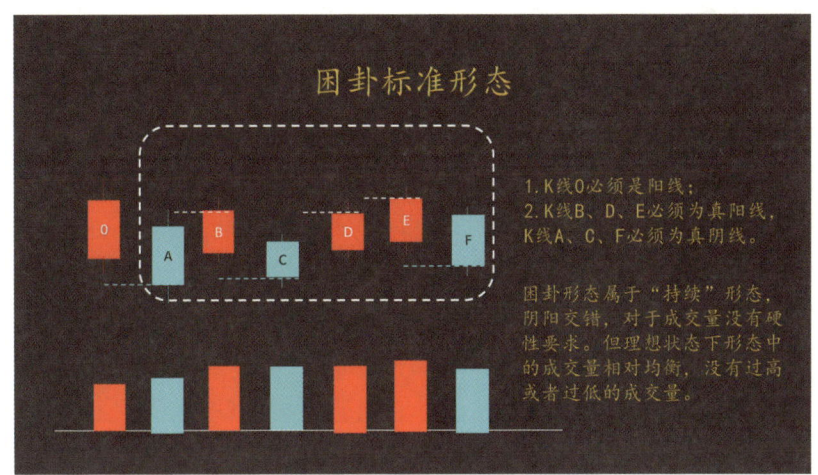

图 9.2.3 困卦标准形态示意图

图 9.2.3 是困卦标准形态示意图，图中白色虚线框标识的形态即为标准的困卦形态，其中包含的六根 K 线从左到右标记为 K 线 A 到 K 线 F，形态之前一根 K 线标记为 K 线 0，K 线形态下方为成交量变化示意图。

困卦形态的要求是：

第一，形态之前的一根 K 线必须是阳线。

第二，K 线 B、D、E 必须为真阳线，K 线 A、C、F 必须为真阴线。

困卦形态属于"持续"形态，阴阳交错，对于成交量没有硬性要求。但理想状态下形态中的成交量相对均衡，没有过高或者过低的成交量。

买卖条件

了解了困卦的标准形态之后，我们同样来了解它的买卖条件，如下图所示：

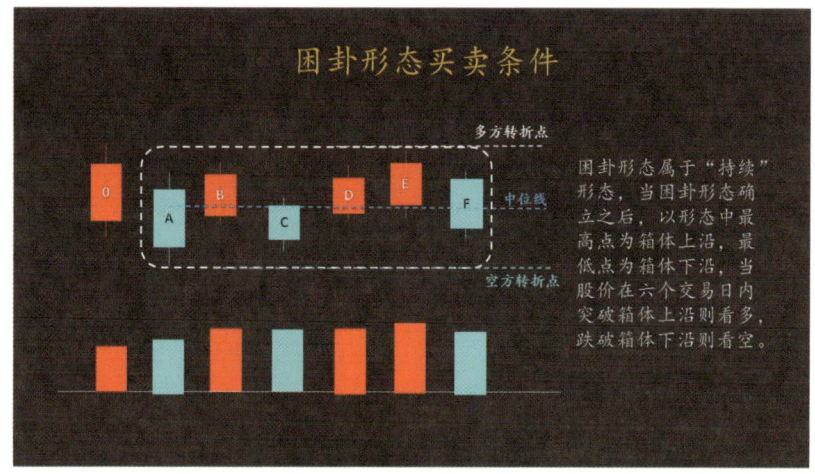

图9.2.4　困卦形态的买卖条件

图9.2.4是困卦形态的买卖条件示意图，图中给出了当困卦形态出现之后的多方转折点、中位线和空方转折点。

多方转折点：当走势中出现困卦形态之后，我们以困卦形态中的最高点为上沿，最低点为下沿建立箱体，则箱体的上沿即为多方转折点，即作为买入依据，如图中白色虚线所示。在形态形成后六个交易日内，若股价突破这一点位即可买入。

空方转折点：箱体的下沿为空方转折点，即卖出依据，如图中绿色虚线所示。在形态形成后六个交易日内，股价跌破这一点位即可卖出。

中位线：中位线即箱体上沿和下沿的中位线，其作用是可以预期后市股价变化。在形态中有长影线（其判断标准在前文中有阐述）时，K 线实体在中位线以上较多后市上涨概率较大。若 K 线实体在中位线以下则后市下跌概率较大。

除此之外，还可以将形态按照前三根 K 线和后三根 K 线分开的方式进行划分，左高右低则后市看涨，左低右高则后市看跌。

困卦形态不涉及二次买入，股价一旦跌破止损位置，则不再以困卦形态作为买入依据。

形态性质

困卦形态属于"持续"形态的一种，一般会出现在趋势的中间，提供额外的买入点与卖出点，少见于趋势的转折点。

接下来我们通过案例详细解读。

案例解析

困卦形态属于持续形态，常见于上涨或者横盘走势之中，如下图所示：

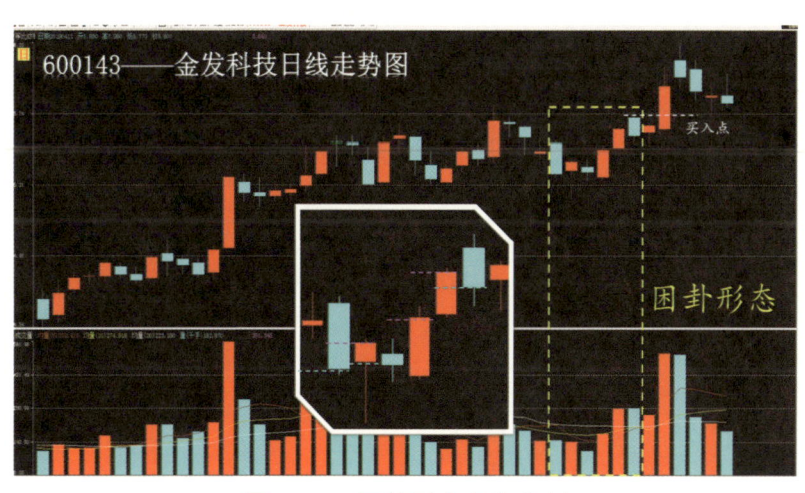

图 9.2.5　困卦形态实战案例

图 9.2.5 是 600143——金发科技从 2019 年 1 月 31 日到 4 月

11日的日K线走势图，图中可以看到2019年3月26日到4月2日六个交易日之间出现了疑似为困卦形态的"阴阳阴阳阳阴"的走势，在图中用黄色虚线框标识。

困卦形态要求形态前一根K线必须是阳线，从图中可以看到黄色虚线框前的第一根K线是一根阳线，所以符合第一个条件。

困卦形态的第二个条件要求形态中所有的阳线都为真阳线，所有的阴线都为真阴线。在图中将黄色虚线框中的走势放大，并用粉色虚线标记阳线的收盘价，绿色虚线标记阴线的收盘价。可以看到，形态中所有阳线的收盘价都相对于前一个交易日提高，都是真阳线；所有阴线的收盘价都相对于前一个交易日降低，都为真阴线。所以，虚线框中的走势符合困卦底部形态的第二个条件。

至此，我们可以确定黄色虚线框中的走势构成一个困卦形态。根据困卦形态的买卖条件，以形态中的最低点为止损依据，最高点为买入依据，如图中白色虚线所示。

在实际的走势中，在困卦形态形成之后两个交易日股价即突破买入点，困卦形态出现在上涨走势中作为持续形态。

第三节　坎宫八卦之未济卦

未济卦是坎宫八卦中的第三卦，其卦形以及卦爻辞如下图所示：

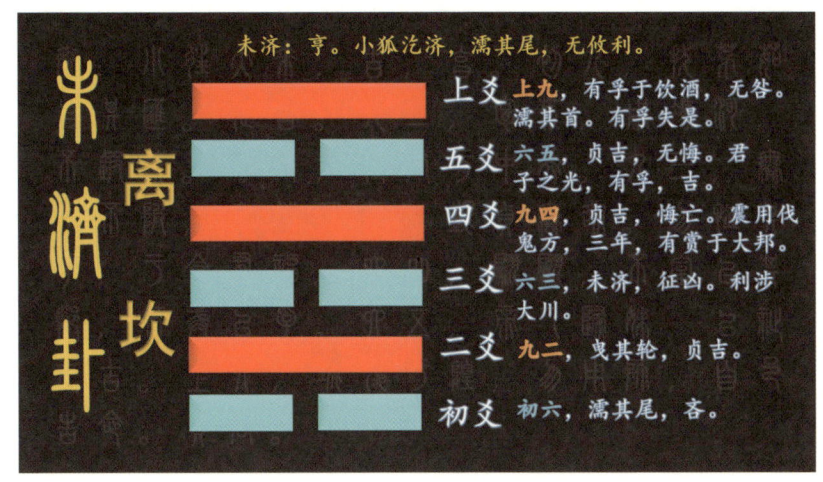

图 9.3.1　未济卦形态及卦爻辞

关于未济卦的相关内容，我们可以从卦名、卦状、卦象和义理四个方面来进行阐述。

【卦名】

未济卦的卦名为未济，未济以此喻事情尚未完结，还要向前发展。

未济卦是六十四卦中的最后一卦。

【卦状】

未济卦的卦状是"上离下坎"，故称"火水未济"，图样在图 9.3.1 中间用红色和绿色爻线表示。其中所有的爻线都不当位，主卦和客卦的上爻、中爻和下爻全都有应。

【卦象】

象曰：火在水上，未济。君子以慎辨物居方。

太岁入运事多愁，婚姻财帛莫强求，交易出行未见好，走失行人不露头。官讼不昌，口舌灾殃，目下忍耐，过月无妨。

未济者，事未成也，火水不交。故有太岁月建之象。

【义理】

卦辞释义

未济卦的卦辞是"亨。小狐汔济,濡其尾,无攸利"。

意思是顺利,小狐狸几乎过了河,却打湿了尾巴,看来此行无所利。

形态解析

未济卦在市场中对应的形态是"阴阳阴阳阴阳"的走势,如图 9.3.2 所示:

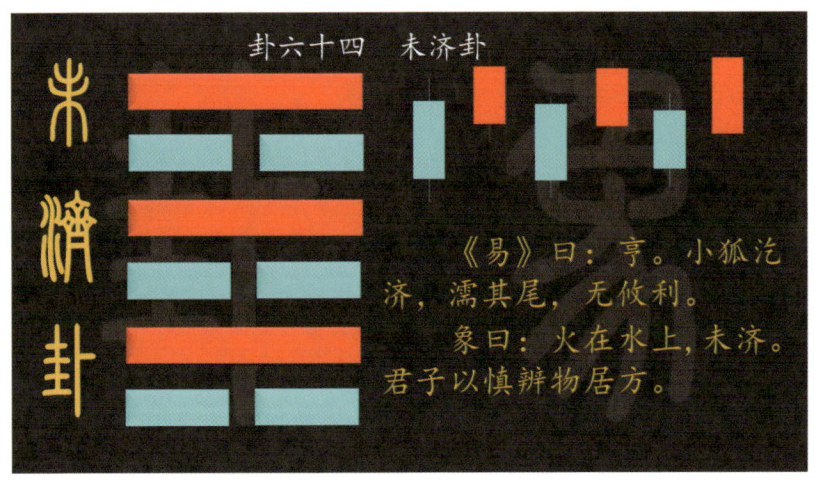

图 9.3.2　未济卦对应的走势形态

如图 9.3.2,图中左侧是未济卦的卦状,右侧是未济卦所对应的走势形态,即"阴阳阴阳阴阳"的走势,我们称这种形态为未济卦形态。

未济卦形态的出现体现了多空双方均衡交错的走势。

形态要求

对于构成形态的细节，未济卦的要求，如下图所示：

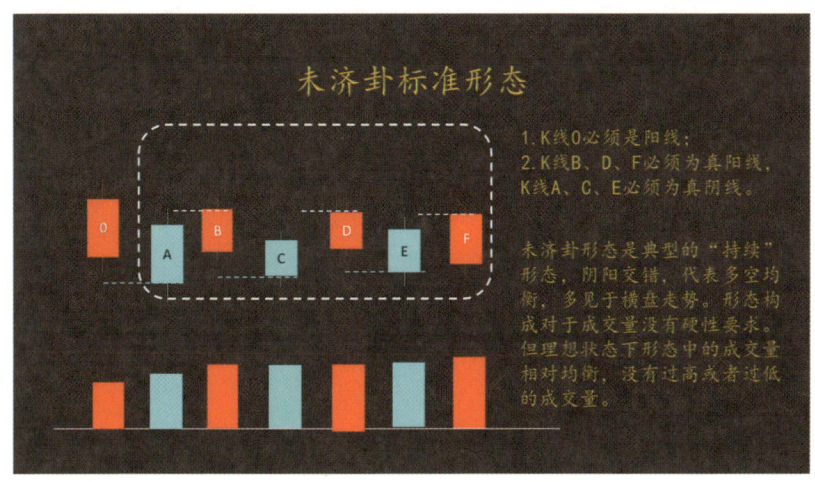

图 9.3.3　未济卦标准形态示意图

图 9.3.3 是未济卦标准形态示意图，图中白色虚线框标识的形态即为标准的未济卦形态，其中包含的六根 K 线从左到右标记为 K 线 A 到 K 线 F，形态之前一根 K 线标记为 K 线 0，K 线形态下方为成交量变化示意图。

睽形态的构成要求是：

第一，形态之前的一根 K 线必须是阳线。

第二，K 线 B、D、F 必须为真阳线，K 线 A、C、E 必须为真阴线。

未济卦形态是典型的"持续"形态，阴阳交错，代表多空均衡，多见于横盘走势。形态构成对于成交量没有硬性要求。但理想状态下形态中的成交量相对均衡，没有过高或者过低的成交量。

买卖条件

未济卦的买卖条件如下图所示：

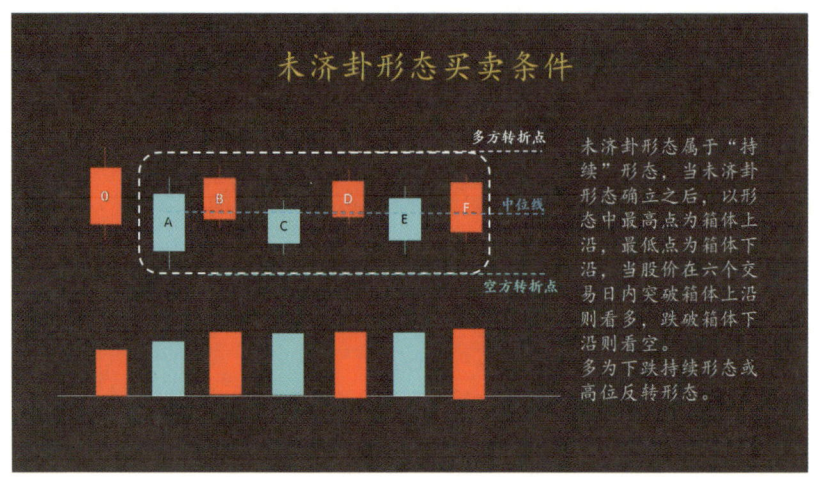

图 9.3.4　未济卦形态的买卖条件

图 9.3.4 是未济卦形态的买卖条件示意图，图中给出了当未济卦形态出现之后的多方转折点、中位线和空方转折点。

多方转折点：当走势中出现未济卦形态之后，我们以未济卦形态中的最高点为上沿，最低点为下沿建立箱体，则箱体的上沿为多方转折点，即作为买入依据，如图中白色虚线所示。在形态形成后六个交易日内，若股价突破这一点位即可买入。

空方转折点：箱体的下沿为空方转折点，即卖出依据，如图中绿色虚线所示。在形态形成后六个交易日内，股价跌破这一点位即可卖出。

中位线：中位线即箱体上沿和下沿的中位线，其作用是可以预期后市股价变化。在形态中有长影线时，K 线实体在中位线以上较多后市上涨概率较大，若 K 线实体在中位线以下则后市下跌概率较大。

除此之外，还可以将形态按照前三根 K 线和后三根 K 线分开的方式进行划分，左高右低则后市看涨，左低右高则后市看跌。

未济卦形态不涉及二次买入，股价一旦跌破止损位置，则不再以未济卦形态作为买入依据。

形态性质

未济卦形态属于典型的"持续"形态，阴线阳线之间均衡交错分布。但有趣的是，未济卦经常也会出现在上涨趋势或者下跌趋势的结尾作为转折形态，其作为转折形态时都会比较"个性"。具体来说，就是整个形态上涨，结果却是高位转折；整个形态下跌，结果却是低位转折——这与其他形态作为转折形态时的特点大不相同。

因为未济卦形态有着这样的性质，所以我们要根据实际情况优化未济卦形态的买卖点。一般来说，当未济卦形态左高右低时，若股价在形态后六个交易日内突破 K 线 F 的最高点可以考虑轻仓介入；反之，当未济卦形态左低右高时，若股价在形态后六个交易日内跌破 K 线 F 的最低价可以适当减少仓位。

接下来我们通过案例详细解读。

案例解析

前文中提到，首先我们来看未济卦形态作为持续形态的案例，如下图所示：

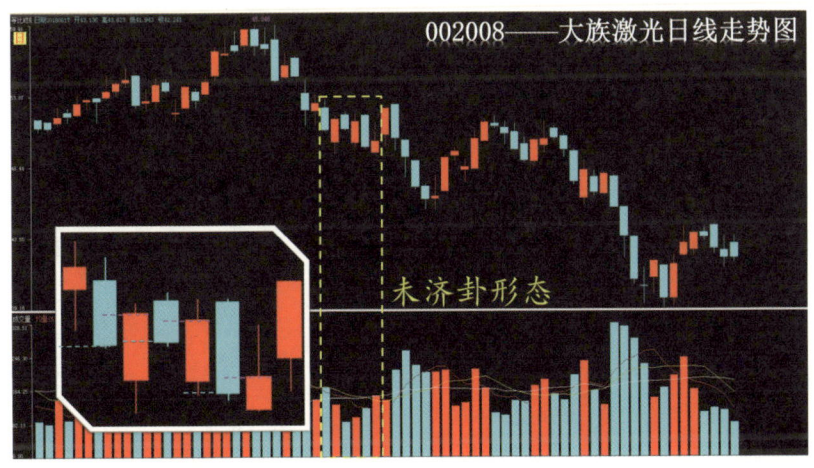

图 9.3.5　未济卦形态下跌持续实战案例

图9.3.5是002008——大族激光从2018年5月10日到8月17日的日K线走势图，图中可以看到2018年6月21日到28日六个交易日之间出现了"阴阳阴阳阴阳"的走势，疑似为未济卦形态，在图中用黄色虚线框标识。

未济卦形态要求形态前一根K线必须是阳线，从图中可以看到黄色虚线框前的第一根K线是一根阳线，所以符合第一个条件。

未济卦形态要求形态中所有阳线都为真阳线，所有阴线都为真阴线。图中左侧折角矩形处将黄色虚线框中的走势进行放大，并且用粉色虚线标记阳线的收盘价，用绿色虚线标记阴线的收盘价。可以看到所有阳线的收盘价都相对于前一交易日有所提高，都为真阳线，而所有阴线的收盘价都相对于前一个交易日有所降低，都为真阴线。黄色虚线框中的走势符合未济卦形态的第二个条件。

至此，我们可以确定黄色虚线框中的走势构成一个未济卦形态。在实际的走势中，未济卦形态出现在下跌趋势中作为持续形态。

本案例是未济卦形态作为下跌持续形态的案例。前文中提到，未济卦形态还会作为高位或者低位的转折形态，接下来我们来看未济卦形态作为低位转折形态的案例，如下图所示：

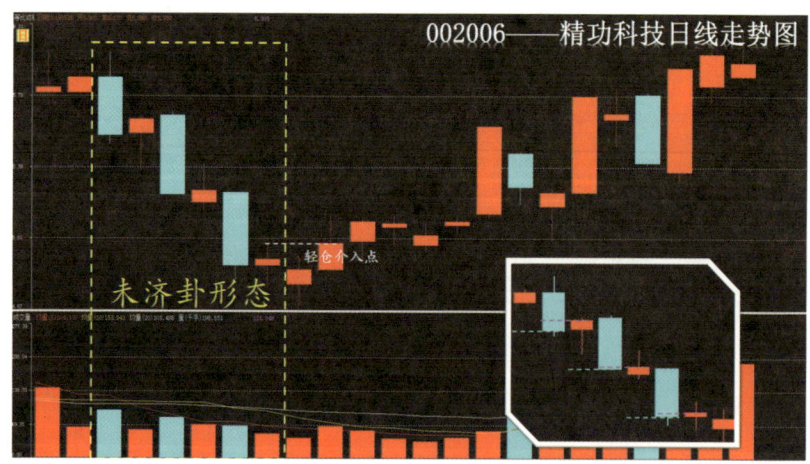

图9.3.6　未济卦形态低位转折实战案例

图 9.3.6 是 002006——精功科技从 2019 年 4 月 23 日到 5 月 28 日的日 K 线走势图，图中可以看到 2019 年 4 月 25 日到 5 月 7 日六个交易日之间出现了"阴阳阴阳阴阳"的走势，疑似为未济卦形态，在图中用黄色虚线框标识。

未济卦形态要求形态前一根 K 线必须是阳线，从图中可以看到黄色虚线框前的第一根 K 线是一根阳线，所以符合第一个条件。

未济卦形态要求形态中所有阳线都为真阳线，所有阴线都为真阴线。图中右侧折角矩形处将黄色虚线框中的走势进行放大，并且用粉色虚线标记阳线的收盘价，用绿色虚线标记阴线的收盘价。从图中可以看到所有阳线的收盘价都相对于前一交易日有所提高，都为真阳线。而所有阴线的收盘价都相对于前一个交易日有所降低，都为真阴线。黄色虚线框中的走势符合未济卦形态的第二个条件。

至此，我们可以确定黄色虚线框中的走势构成一个未济卦形态。从图中可以看到，这是一个典型的左高右低未济卦形态，则我们以 K 线 F 的最高点为轻仓介入点，如图中白色虚线所示。

在实际走势中，未济卦形态出现之后第二个交易日股价即突破轻仓介入点，此时可考虑轻仓买入，买入之后股价即开始了上涨走势。

接下来我们来看未济卦形态作为高位转折形态的案例，如下图所示：

图 9.3.7 是 002111——威海广泰从 2019 年 4 月 11 日到 5 月 7 日的日 K 线走势图，图中可以看到 2019 年 4 月 15 日到 22 日六个交易日之间出现了"阴阳阴阳阴阳"的走势，疑似为未济卦形态，在图中用黄色虚线框标识。

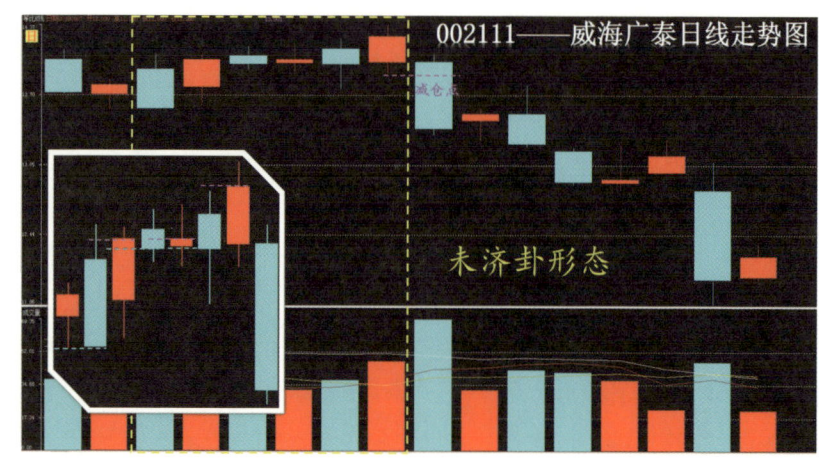

图 9.3.7　未济卦形态高位转折实战案例

未济卦形态要求形态前一根 K 线必须是阳线，从图中可以看到黄色虚线框前的第一根 K 线是一根阳线，所以符合第一个条件。

未济卦形态要求形态中所有阳线都为真阳线，所有阴线都为真阴线。图中左侧折角矩形处将黄色虚线框中的走势进行放大，并且用粉色虚线标记阳线的收盘价，用绿色虚线标记阴线的收盘价。从图中可以看到所有阳线的收盘价都相对于前一交易日有所提高，都为真阳线，而所有阴线的收盘价都相对于前一个交易日有所降低，都为真阴线。黄色虚线框中的走势符合未济卦形态的第二个条件。

至此，我们可以确定黄色虚线框中的走势构成一个未济卦形态。从图中可以看到，这是一个典型的左低右高未济卦形态，则我们以 K 线 F 的最低点为减仓点，如图中粉色虚线所示。

在实际走势中，未济卦形态出现之后第一个交易日股价即跌破减仓点，此时可考虑逐步减仓，此后股价即开始了下跌走势。

需要注意的是，用 K 线 F 的最高点和最低点作为买卖依据的方法不一定每次都有效，也可能会造成损失，所以要谨慎操作，注意止损。

第四节　坎宫八卦之涣卦

涣卦是坎宫八卦中的第四卦，其卦形以及卦爻辞如下图所示：

图 9.4.1　涣卦形态及卦爻辞

按照惯例，我们从卦名、卦状、卦象和义理四个方面来阐述涣卦的相关信息。

【卦名】

涣卦的卦名为涣，"涣"是散开的意思。

涣卦为六十四卦中的第五十九卦。

【卦状】

涣卦的卦状就是"巽上坎下"，风水涣卦，风在水上，四方流散。图样在图 9.4.1 中间用红色和绿色爻线表示。其中四爻和五爻当位，其余爻线全不当位，主卦和客卦的上爻全有应，阴阳相合。

【卦象】

象曰：风行水上，涣。先王以享于帝立庙。

财帛隔着一条河，岸宽水深摸不着，过月才能广吉应，目下不必来琢磨。婚姻不吉，合伙不利，交易出行，总不如意。

涣者，散也，散而不聚，故有隔河望金之象。

【义理】

卦辞释义

涣卦的卦辞是"亨。王假有庙。利涉大川，利贞"。

其含义是："顺利，祭祀，洪水到来，君王到宗庙祭祖祈祷。有利于渡过大江大河，有利于坚持下去。"

形态解析

涣卦在市场中对应的形态呈现"阴阳阴阴阳阳"的走势，如图9.4.2所示：

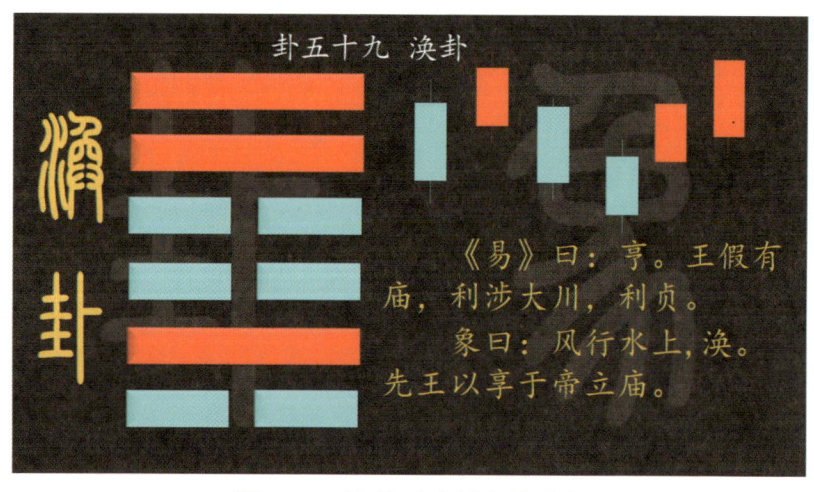

图9.4.2　涣卦对应的走势形态

如图9.4.2，图中左侧是涣卦的卦状，右侧是涣卦所对应的走势形态，即"阴阳阴阴阳阳"的走势，我们称这种形态为涣卦形态。

涣卦形态的出现同样体现了多空双方力量的均衡，但根据尾权最重原则，形态中最后两根连续的阳线使得这个形态更加倾向于多方强势。

形态要求

涣卦形态对于构成形态的细节的要求如下图所示：

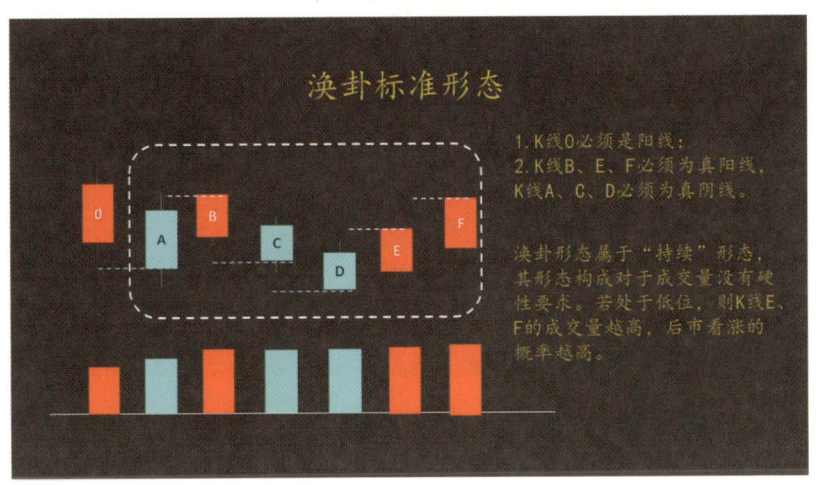

图9.4.3　涣卦标准形态示意图

图9.4.3是涣卦标准形态示意图，图中白色虚线框标识的形态即为标准的涣卦形态，其中包含的六根K线从左到右标记为K线A到K线F，形态之前一根K线标记为K线0，K线形态下方为成交量变化示意图。

涣卦形态的要求是：

第一，K线0必须是阳线。

第二，K线B、E、F必须为真阳线，K线A、C、D必须为真阴线。

涣卦形态属于"持续"形态,其形态构成对于成交量没有硬性要求。若处于低位,则 K 线 E、F 的成交量越高,后市看涨的概率越高。

买卖条件

涣卦的买卖条件如下图所示:

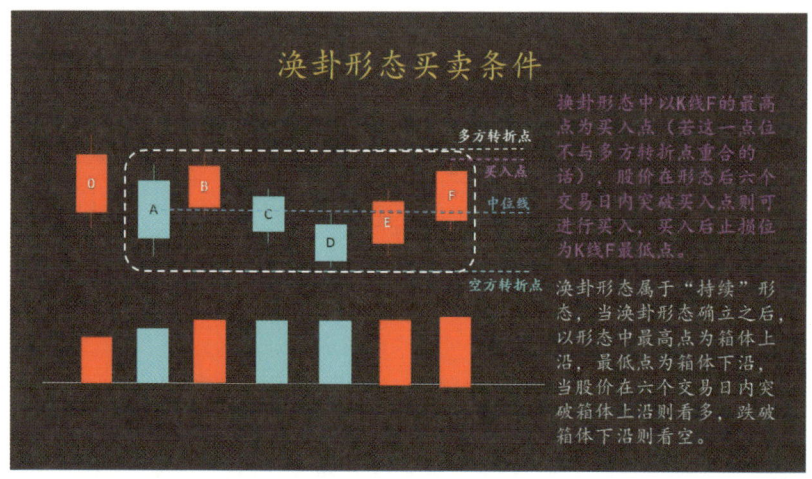

图 9.4.4　涣卦形态的买卖条件

图 9.4.4 是涣卦形态的买卖条件示意图,图中给出了当涣卦形态出现之后的买入点、止损位、多方转折点和空方转折点。

从某些方面来说,涣卦形态和益卦形态有一些相似之处,包括这种有点"不伦不类"的买卖条件,既有在转折形态中才会出现的买入点和止损位,也有在持续形态中才会出现的空方转折点。

涣卦形态与益卦形态都代表多空均衡,但不同于益卦形态往往是"V"字形,涣卦形态是形态后半部分往往形成小"V"字形。我们都知道,这种"V"字形在市场中往往代表多方转折,所以优化其买入点就是十分必要的。

买入点／止损点：涣卦形态中以 K 线 F 的最高点为买入点（若这一点位不与多方转折点重合的话），股价在形态后六个交易日内突破买入点则可进行买入，买入后止损位为 K 线 F 最低点。

中位线：中位线即箱体上沿和下沿的中位线，其作用是可以预期后市股价变化。在形态中有长影线时，K 线实体在中位线以上较多后市上涨概率较大，若 K 线实体在中位线以下则后市下跌概率较大。

多方转折点：当涣卦形态确立之后，如果股价一直上涨，直到六个交易日内的某一日突破了整个形态的最高点，即多方转折点，则说明趋势可能已经转多，此时可以考虑买入。

空方转折点：当涣卦形态确立之后，如果股价一直调整，直到六个交易日内的某一日收盘价跌破了整个形态的最低点，即空方转折点，则说明趋势可能已经转空，此时应该果断止损清仓。

关于二次买入方面，涣卦形态作为持续形态，不考虑二次买入。

形态性质

涣卦形态属于"持续"形态的一种——虽然它在市场中往往扮演着"转折"形态的角色，一般会出现在上涨趋势的起点，代表着趋势由下跌转为上涨；有时也可能出现在某一段上涨走势的中间，提供额外的加仓或止损依据；少数情况下可能出现在其他位置，甚至可能作为高位转折形态。

接下来我们通过案例详细解读。

案例解析

前文中提到，大多数情况下，涣卦形态会出现在上涨趋势的起点，作为启涨形态出现，实战案例如下图所示：

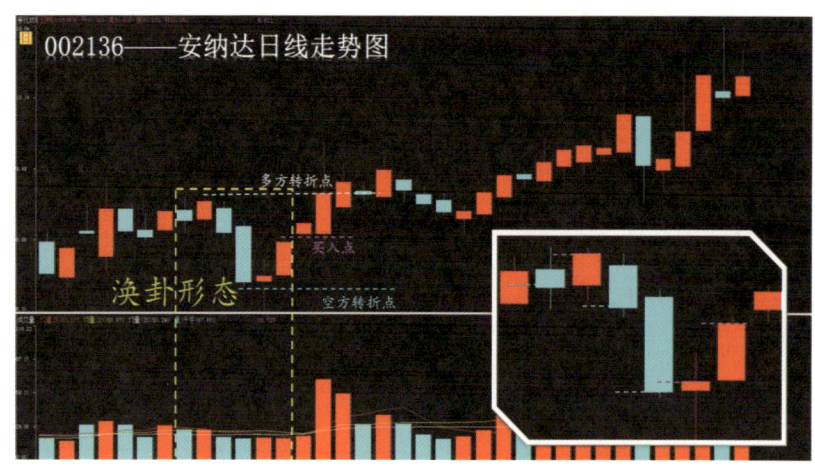

图 9.4.5 涣卦形态低位启动实战案例

图 9.4.5 是 002136——安纳达从 2018 年 6 月 21 日到 8 月 9 日的日 K 线走势图,图中可以看到 2018 年 7 月 2 日到 9 日六个交易日之间出现了"阴阳阴阴阳阳"的走势,疑似为涣卦形态,在图中用黄色虚线框标识。

涣卦形态要求形态前一根 K 线必须是阳线,从图中可以看到黄色虚线框前的第一根 K 线是一根阳线,所以符合第一个条件。

右侧折角矩形处将黄色虚线框中前所有 K 线收盘价标记出来,阳线用粉色虚线,阴线用绿色虚线,可以看到所有阳线都是真阳线,所有阴线都是真阴线,符合涣卦形态的第二个条件。

至此,我们可以确定黄色虚线框中的走势构成一个涣卦形态。根据涣卦形态的买卖条件,我们以 K 线 F 的最高点为买入依据,如图中粉色虚线所示;

以整个形态的最高点为多方转折点,如图中白色虚线所示。

以整个形态的最低点为空方转折点,如图中绿色虚线所示。

在实际的走势中,在涣卦形态形成之后的第一个交易日股价即拉升突破买入点,买入之后以 K 线 F 的最低点为止损依据,此后股价开始了长期的上涨走势。

第五节　坎宫八卦之解卦

接下来我们来了解坎宫八卦中的第五卦——解卦,其卦形以及卦爻辞如下图所示:

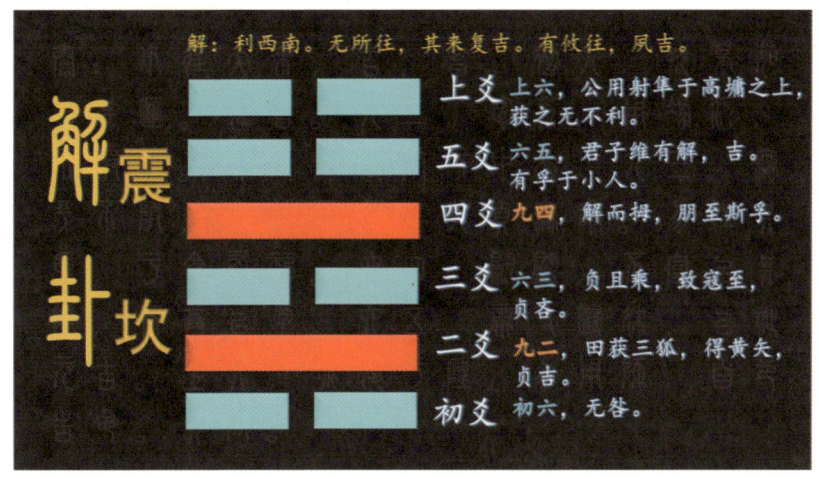

图 9.5.1　解卦形态及卦爻辞

接下来我们从卦名、卦状、卦象和义理四个方面来阐述解卦的相关信息。

【卦名】

解卦的卦名为"解"。解,解除,解卦主要阐释解除困难的方法。解卦是六十四卦中第四十卦。

【卦状】

解卦的卦状是"上震下坎",雷水解卦,发生困难就应该用柔和的方法来解除。解卦的图样在图 9.5.1 中间用红色的阳爻和绿色的阴爻表示。解卦中只有上爻当位，其余爻线全不当位，主卦和客卦的中爻和下爻都有应，都是一阴一阳成对，处于完全和谐状态。

【卦象】

象曰：雷雨作，解。君子以赦过宥罪。

五关脱难运抬头，劝君应当把财求，交易出行有人助，疾病口舌不须愁。婚姻大好，行人来得早，谋望成全，诸事凑巧。

解者，难散也。遇难即解，故有五关脱难之象。

【义理】

卦辞释义

解卦的卦辞为"利西南。无所往，其来复吉。有攸往，夙吉"。"夙"是早的意思。

意思是对西南方向有利。无路可走的时候，沿着来的路返回吉利；有路可走的时候，早到吉利。

形态解析

解卦在市场中对应的形态是一种阴阳交错平衡的走势，即"阴阳阴阳阴阴"。

如图9.5.2，解卦的卦状如图中左侧所示，解卦所对应的走势形态如图中右侧所示，即"阴阳阴阳阴阴"的走势，我们称这种形态为解卦形态。

在解卦形态中阴线数量大于阳线的数量，且形态中最后两根K线是阴线（尾权最重原则），所以解卦形态代表着空方强盛的走势。

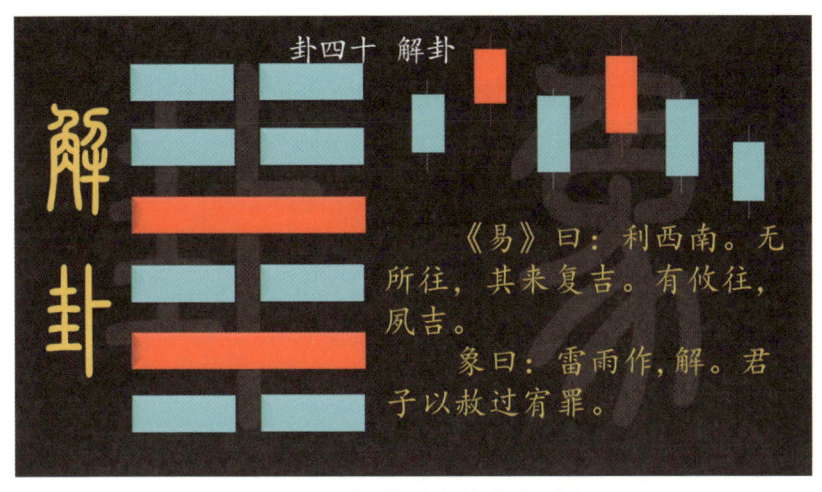

图 9.5.2　解卦对应的走势形态

形态要求

解卦形态的构成要求如下图所示：

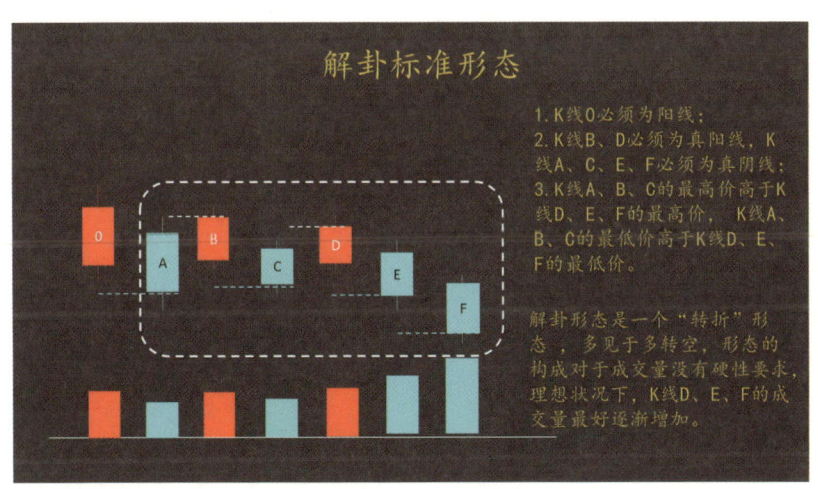

图 9.5.3　解卦标准形态示意图

解卦的标准形态如图 9.5.3 所示，图中白色虚线框标识的形态即为标准的解卦形态，其中包含的六根 K 线从左到右标记为 K 线 A 到 K 线 F，形态之前一根 K 线标记为 K 线 0，K 线形态下方为成交量变化示意图。

解卦形态的构成要求有以下两条：

第一，形态之前的一根K线必须是阳线。

第二，K线B、D必须为真阳线，K线A、C、E、F必须为真阴线。

第三，K线A、B、C的最高价高于K线D、E、F的最高价，K线A、B、C的最低价高于K线D、E、F的最低价。

解卦形态是一个"转折"形态，多见于多转空，形态的构成对于成交量没有硬性要求，理想状况下，K线D、E、F的成交量最好逐渐增加。

形态性质

解卦形态属于"转折"形态，代表着多方力量的强盛，多出现在下跌走势中作为持续形态，有时也会作为顶部转折形态。少数情况下也会出现在其他位置。

买卖条件

解卦的买卖条件如下图所示：

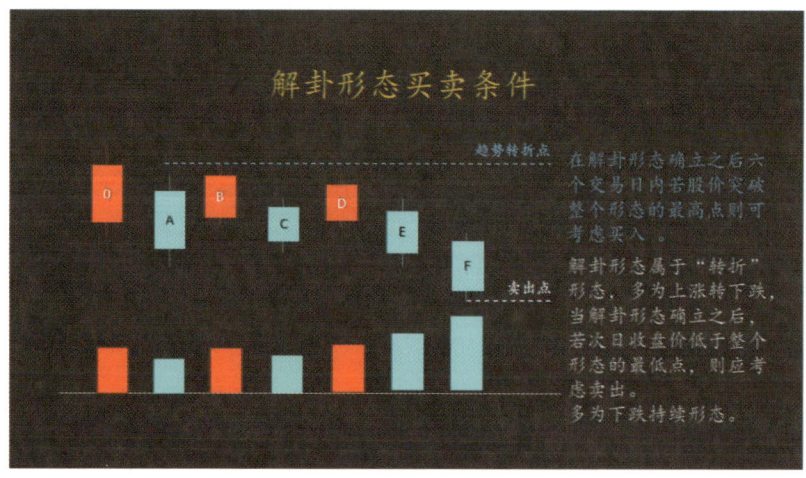

图 9.5.4　解卦形态的买卖条件

图 9.5.4 是解卦形态的买卖条件示意图，解卦形态作为持续形态，可以提供一个买入依据和一个趋势转折依据。

买入点：解卦形态属于"转折"形态，多为上涨转下跌，当解卦形态确立之后，若次日收盘价低于整个形态的最低点，则应考虑卖出。

趋势转折点：在解卦形态确立之后六个交易日内，若股价突破整个形态的最高点，则可考虑买入。

接下来我们通过案例详细解读。

案例解析

解卦形态是一种转折形态，在市场中经常表现为下跌中继形态，如下图所示：

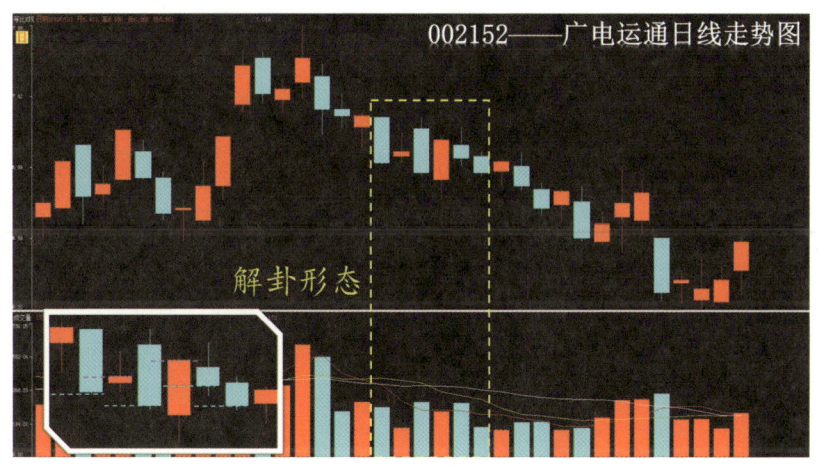

图 9.5.5　解卦形态实战案例

图 9.5.5 是 002152——广电运通从 2019 年 3 月 18 日到 5 月 10 日的日 K 线走势图，图中在 2019 年 4 月 11 日到 18 日六个交易日之间出现了"阴阳阴阳阴阴"的走势，疑似为解卦形态，在

图中用黄色虚线框标识。

首先，我们要确定这个形态确实为解卦形态。

解卦形态需要满足三个条件，解卦形态要求形态前一根K线必须是阳线，图中可以看到黄色虚线框前面的第一根K线为阳线，符合解卦形态的第一个条件。

解卦形态的第二个条件是形态中所有阳线都为真阳线，所有阴线都为真阴线。图中左侧折角矩形处将黄色框线中的走势放大，用粉色虚线标记阳线的收盘价，绿色虚线标记阴线的收盘价。可以看到，框线中所有阳线的收盘价都相对于前一交易日有所抬高，都为真阳线，所有阴线的收盘价都相对于前一交易日有所降低，都为真阴线，所以黄色虚线框中的走势满足解卦形态的第二个条件。

解卦形态的最后一个要求是前三根K线的最高价高于后三根K线的最高价，前三根K线的最低价高于后三根K线的最低价，可以看到，框线中的形态明显左高右低，符合这一条件。

至此，我们可以确定黄色虚线框中的走势构成一个解卦形态。根据解卦形态的买卖条件，我们以形态的最高价为趋势反转依据，以K线F的最低价为卖出依据。

从图中可以看到，本案例中的解卦形态出现在下跌走势中作为中继形态，提供了额外的卖点。

第六节　坎宫八卦之坎卦

坎卦是坎宫八卦中的第六卦，也是坎宫八卦中的"同卦"，其卦形以及卦爻辞如下图所示：

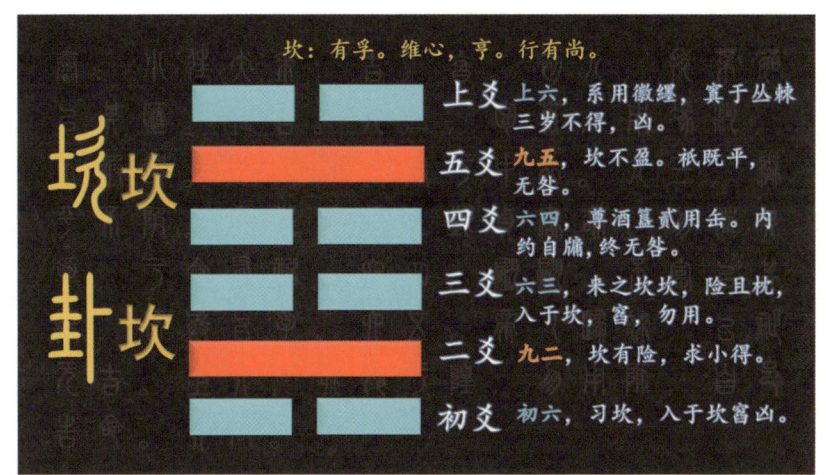

图 9.6.1　坎卦形态及卦爻辞

接下来我们从卦名、卦状、卦象和义理四个方面来阐述坎卦的相关信息。

【卦名】

坎卦的卦名为"坎"。"坎"为水卦，代表危险。

坎卦是六十四卦中第二十九卦。

【卦状】

坎卦的卦状是两个坎卦相叠。坎卦的图样在图 9.6.1 中间用红色的阳爻和绿色的阴爻表示。坎卦中只有二爻和五爻当位，其余爻线全不当位，主卦和客卦的爻线全无应。

【卦象】

象曰：水洊至，习坎。君子以常德性，习教事。

水中明月不可捞，占此逢之运不高，交易出行难获利，走失行人无音耗。求名不遂，疾病未愈，婚姻无成，合伙不利。

坎者，陷也。劳而无功，故有水底捞月之象。水井内乃有一轮明月照入水中，甚是真切，来了一人，下水去捞，占得此卦，受劳而无功之兆。

象数理形态模型

【义理】

卦辞释义

坎卦的卦辞为"有孚。维心亨。行有尚"。"孚",是诚信的意思。维,是维系的意思。尚,通赏。

所以,坎卦卦辞的意思是有诚信系之于心,亨通顺利,行动受到奖赏。

形态解析

坎卦在市场中对应的形态是一种两个上分形(并不一定是严格上分形,可能仅仅是形态接近上分形)相连的形态,即"阴阳阴阴阳阴",如图9.6.2所示:

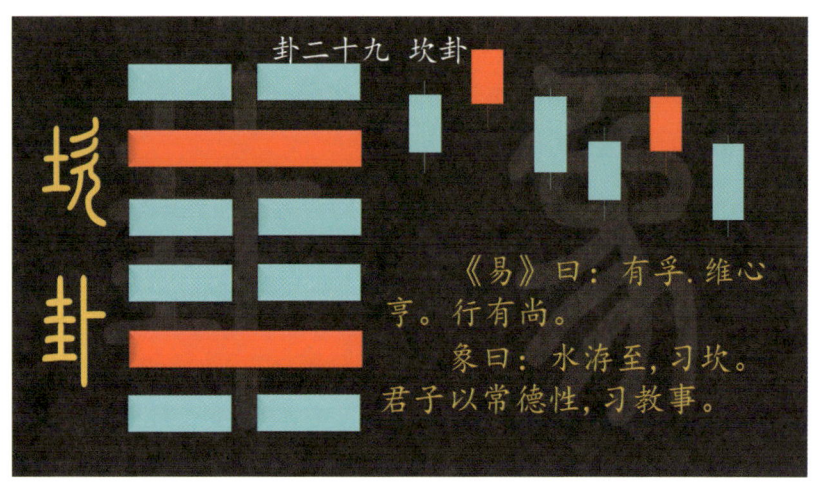

图9.6.2 坎卦对应的走势形态

如图9.6.2,坎卦的卦状如图中左侧所示,坎卦所对应的走势形态如图中右侧所示,即"阴阳阴阴阳阴"的走势,我们称这种形态为坎卦形态。

上分形主下跌,况且连续两个上分形相连的地方还是两连阴,从尾权最重原则的角度考虑，最后一根K线也是阴线，整个形态中的阴线数量也比阳线数量多，所以说坎卦代表重险是一点没错的。

形态要求

坎卦形态的构成要求如下图所示：

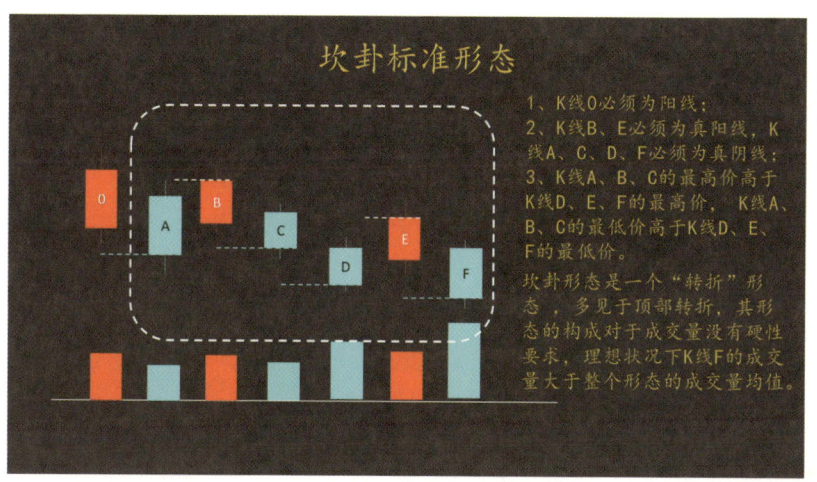

图 9.6.3　坎卦标准形态示意图

坎卦的标准形态如图9.6.3所示，图中白色虚线框标识的形态即为标准的坎卦形态，其中包含的六根K线从左到右标记为K线A到K线F，形态之前一根K线标记为K线0，K线形态下方为成交量变化示意图。

坎卦形态的构成要求有以下两条：

第一，形态之前的一根K线必须是阳线。

第二，K线B、E必须为真阳线，K线A、C、D、F必须为真阴线。

第三，K线A、B、C的最高价高于K线D、E、F的最高价，K线A、B、C的最低价高于K线D、E、F的最低价。

坎卦形态是一个"转折"形态，多见于顶部转折，其形态的构成对于成交量没有硬性要求，理想状况下 K 线 F 的成交量大于整个形态的成交量均值。

形态性质

坎卦形态属于"转折"形态，多作为多转空的转折形态，有时也会出现在下跌或者横盘走势中作为持续形态。

多数情况下，坎卦形态的出现不会带来投资机会（指国内市场无做空机制的情况下）。

买卖条件

坎卦的买卖条件如下图所示：

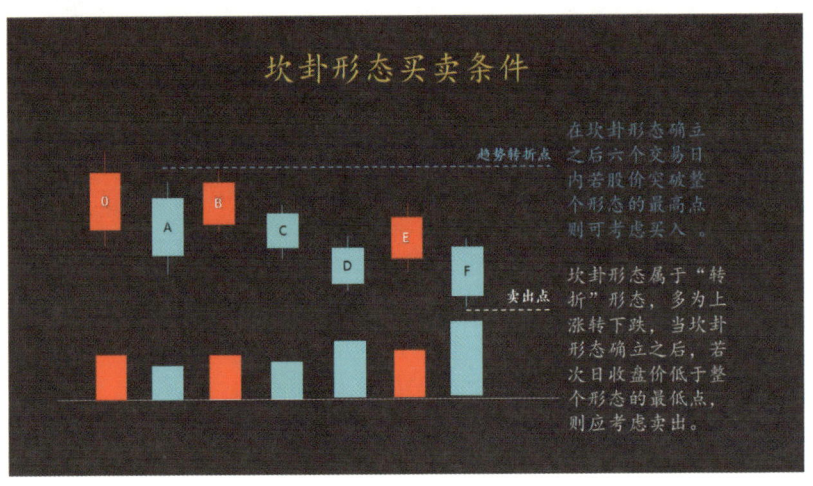

图 9.6.4　坎卦形态的买卖条件

图 9.6.4 是坎卦形态的买卖条件示意图，图中给出了当坎卦形态出现之后的卖出点和趋势反转位。

卖出点：坎卦形态属于"转折"形态，多为上涨转下跌，当坎卦形态确立之后，若次日收盘价低于整个形态的最低点，则应考虑卖出。

趋势反转位：在坎卦形态确立之后六个交易日内，若股价突破整个形态的最高点，则可考虑买入。

关于二次买入方面，坎卦形态不考虑二次买入。

接下来我们通过案例详细解读。

案例解析

坎卦形态经常作为下跌走势的持续形态，如下图所示：

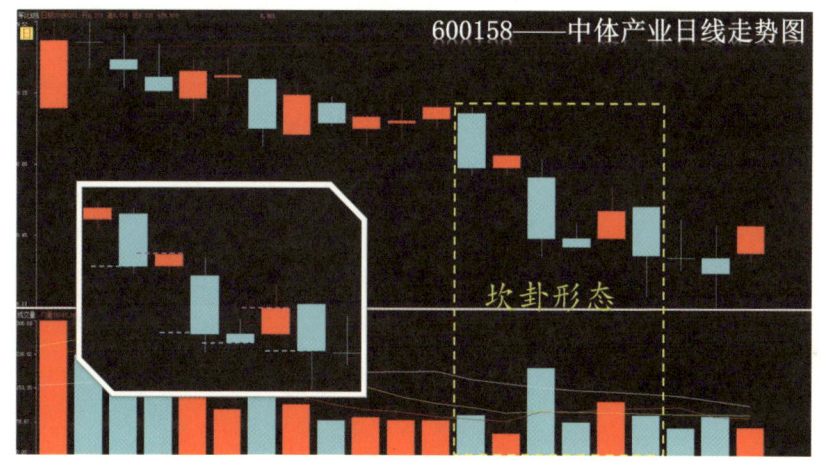

图 9.6.5　坎卦形态实战案例

图 9.6.5 是 600158——中体产业从 2019 年 1 月 4 日到 2 月 1 日的日 K 线走势图，图中在 2019 年 1 月 22 日到 29 日六个交易日之间出现了"阴阳阴阴阳阴"的走势，疑似为坎卦形态，在图中用黄色虚线框标识。

首先，我们要确定这个形态确实为坎卦形态。坎卦形态需要满足三个条件，坎卦形态要求形态前一根 K 线必须是阳线，从图中可以看到黄色虚线框前面的第一根 K 线为阳线，符合坎卦形态的第一个条件。

坎卦形态的第二个条件是形态中所有阳线都为真阳线，所有阴线都为真阴线。图中左侧折角矩形处将黄色框线中的走势放大，用粉色虚线标记阳线的收盘价，绿色虚线标记阴线的收盘价。可以看到，框线中所有阳线的收盘价都相对于前一交易日有所抬高，都为真阳线，所有阴线的收盘价都相对于前一交易日有所降低，都为真阴线，所以黄色虚线框中的走势满足坎卦形态的第二个条件。

坎卦形态的第三个条件要求前三根K线的最高价高于后三根K线的最高价，前三根K线的最低价高于后三根K线的最低价。从图中可以看到，黄色虚线框中的形态明显左高右低，符合这一条件。

至此，我们可以确定黄色虚线框中的走势构成一个坎卦形态。在实际的走势中，坎卦形态出现在下跌走势中作为持续形态。

第七节　坎宫八卦之蒙卦

坎宫八卦中的第七卦为蒙卦，它的卦形以及卦爻辞如下图所示。我们将从卦名、卦状、卦象和义理四个方面来阐述蒙卦的相关信息。

【卦名】

蒙卦的卦名为"蒙"。"蒙"是启蒙的意思。

蒙卦是六十四卦中第四卦。

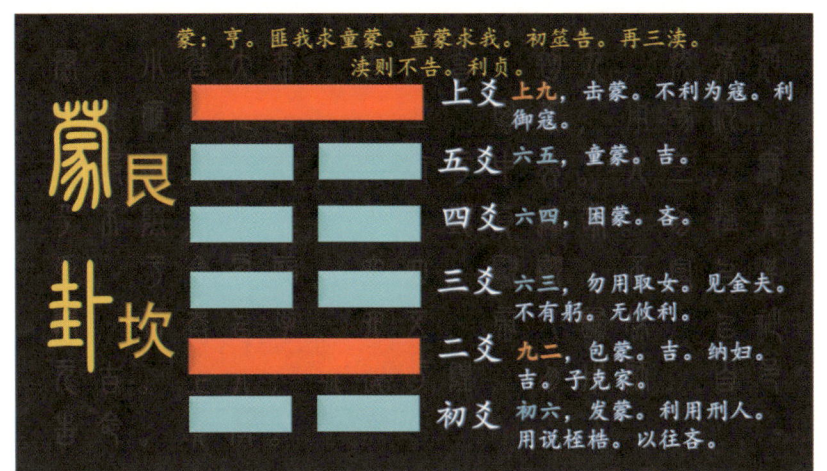

图 9.7.1 蒙卦形态及卦爻辞

【卦状】

蒙卦的卦状是"上艮下坎"。蒙卦的图样在图 9.7.1 中间用红色的阳爻和绿色的阴爻表示。蒙卦中只有四爻当位,其余爻线全都不当位,主卦和客卦的上爻和中爻有应,处于和谐状态。

【卦象】

象曰:山下出泉,蒙。君子以果行育德。

占之此卦犯小耗,谋望求财空过桥,婚姻合伙有人破,交易出行受煎熬。为人多仗义,挣钱不费力,有心学仔细,倒被鬼偷去。

蒙者,昧也,常昧不明,故有小人偷钱之象。

【义理】

卦辞释义

蒙卦的卦辞为"亨。匪我求童蒙。童蒙求我。初筮告。再三渎。渎则不告。利贞"。

意思是顺利,不是我去要求蒙童来受教,而是孩童求教于我。第一次的时候为他解答疑惑,如果同一个问题再三询问,则有亵渎的意思，不会为他解答疑惑。

形态解析

蒙卦在市场中对应的形态是"阴阳阴阴阴阳"，如图9.7.2所示：

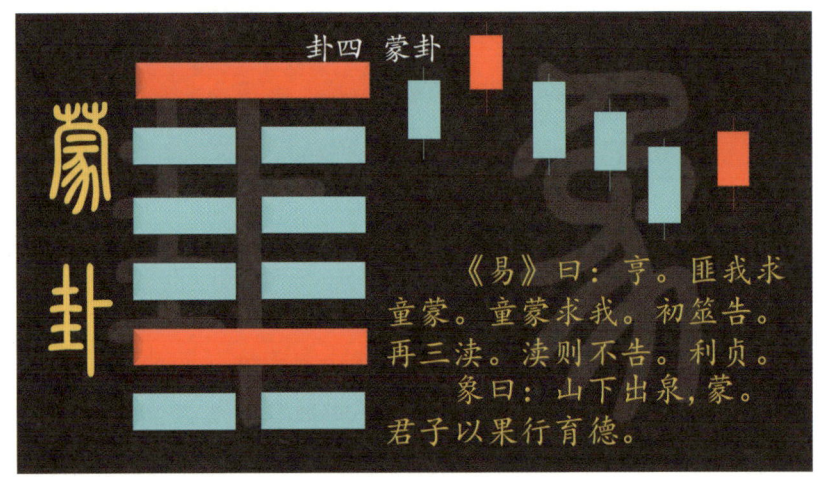

图 9.7.2　蒙卦对应的走势形态

如图 9.7.2，蒙卦的卦状如图中左侧所示，蒙卦所对应的走势形态如图中右侧所示，即"阴阳阴阴阴阳"的走势，我们称这种形态为蒙卦形态。

其实蒙卦形态中既蕴含着机会也蕴含着风险，四阴二阳的搭配表明了空方的强盛，但最后一根 K 线为阳线，则给予这一形态转机。从形态上看，蒙卦形态既可以作为高位转折形态，又可以作为低位转折形态。

形态要求

蒙卦形态的构成要求如下图所示：

蒙卦的标准形态如图 9.7.3 所示，图中白色虚线框标识的形态即为标准的蒙卦形态，其中包含的六根 K 线从左到右标记为 K

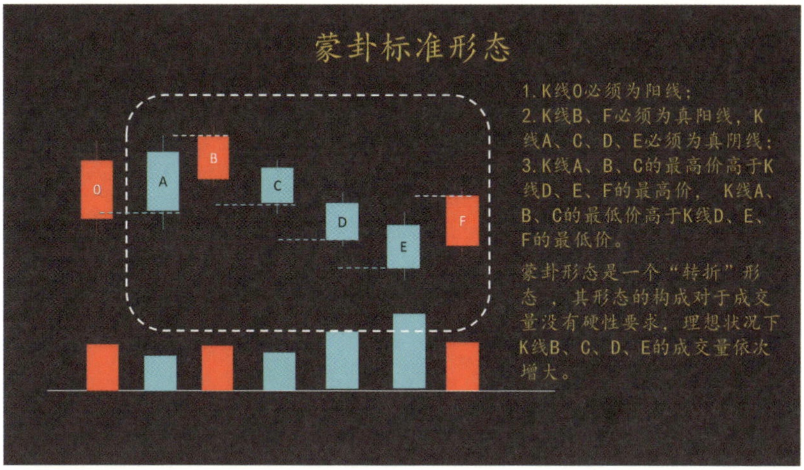

图 9.7.3　蒙卦标准形态示意图

线 A 到 K 线 F，形态之前一根 K 线标记为 K 线 0，K 线形态下方为成交量变化示意图。

蒙卦形态的构成要求有以下三条：

第一，形态之前的一根 K 线必须是阳线。

第二，K 线 B、F 必须为真阳线，K 线 A、C、D、E 必须为真阴线。

第三，K 线 A、B、C 的最高价高于 K 线 D、E、F 的最高价，K 线 A、B、C 的最低价高于 K 线 D、E、F 的最低价。

蒙卦形态是一个"转折"形态，其形态的构成对于成交量没有硬性要求，理想状况下 K 线 B、C、D、E 的成交量依次增大。

形态性质

蒙卦形态属于"转折"形态，多为高位转折形态或者低位转折形态，有时也会作为下跌或者横盘走势中的持续形态。

买卖条件

蒙卦的买卖条件如下图所示：

象数理形态模型

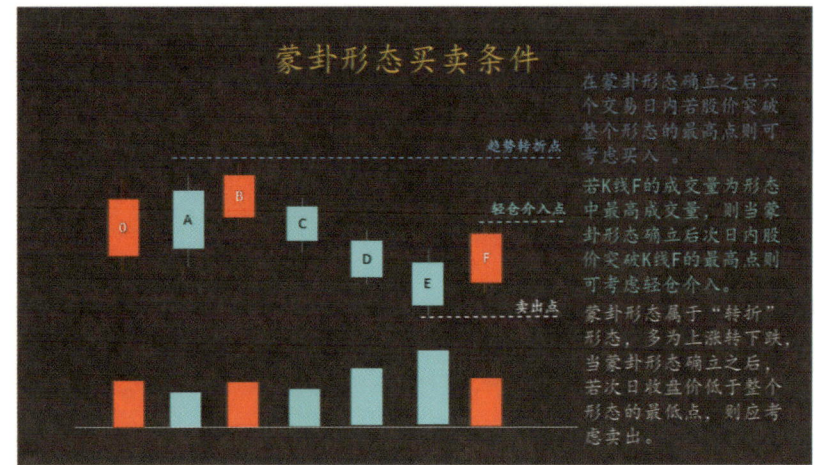

图 9.7.4　蒙卦形态的买卖条件

图 9.7.4 是蒙卦形态的买卖条件示意图，图中给出了当蒙卦形态出现之后的卖出点、低位轻仓介入点和趋势反转位。

卖出点：蒙卦形态属于"转折"形态，多为上涨转下跌，当蒙卦形态确立之后，若次日收盘价低于整个形态的最低点，则应考虑卖出。

低位轻仓介入点：股价处于低位时，出现蒙卦形态，若 K 线 F 的成交量为形态中最高成交量，则当蒙卦形态确立后次日内股价突破 K 线 F 的最高点可考虑轻仓介入。需要注意的是，高位不可用此位买入，甚至低位时也要注意风险，用此位买入后止损位与卖出点相同。

趋势反转位：在蒙卦形态确立之后六个交易日内，若股价突破整个形态的最高点，则可考虑买入。

蒙卦形态不考虑二次买入。

接下来我们通过案例详细解读。

案例解析

蒙卦形态是一种转折形态，首先我们来看蒙卦形态作为顶部转折形态的案例，如下图所示：

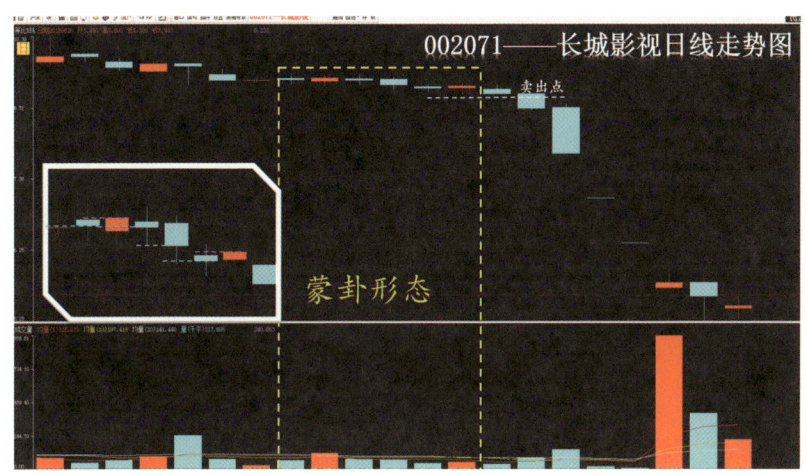

图 9.7.5　蒙卦形态底部转折实战案例

图 9.7.5 是 002071——长城影视从 2018 年 5 月 28 日到 6 月 26 日的日 K 线走势图，图中在 2018 年 6 月 6 日到 13 日六个交易日之间出现了"阴阳阴阴阴阳"的走势，疑似为蒙卦形态，在图中用黄色虚线框标识。

首先，我们要确定这个形态确实为蒙卦形态。蒙卦形态需要满足三个条件，蒙卦形态要求形态前一根 K 线必须是阳线。图中可以看到黄色虚线框前面的第一根 K 线为十字星，收盘价与前一交易日相等，根据极限原则，可被视为阳线，符合蒙卦形态的第一个条件。

蒙卦形态的第二个条件是形态中所有阳线都为真阳线，所有阴线都为真阴线。图中左侧折角矩形处将黄色框线中的走势放大，用粉色虚线标记阳线的收盘价，绿色虚线标记阴线的收盘价。

可以看到，框线中所有阳线的收盘价都相对于前一交易日有所抬高，都为真阳线，所有阴线的收盘价都相对于前一交易日有所降低，都为真阴线，所以黄色虚线框中的走势满足蒙卦形态的第二个条件。

蒙卦形态的第三个条件要求前三根 K 线的最高价高于后三根 K 线的最高价，前三根 K 线的最低价高于后三根 K 线的最低价。从图中可以看到，黄色虚线框中的形态明显左高右低，符合这一条件。

至此，我们可以确定黄色虚线框中的走势构成一个蒙卦形态。根据蒙卦形态的买卖条件，我们以整个形态的最低价，即 K 线 E 的最低价为卖出点，如图中白色虚线所示，以整个形态的最高点为趋势转折点。

在实际的走势中，股价在蒙卦形态出现之后的第二个交易日即跌破卖出点，此时卖出，股价开始加速下跌。

第八节　坎宫八卦之师卦

坎宫八卦中的最后一卦为师卦，其卦形以及卦爻辞如下图所示我们将从卦名、卦状、卦象和义理四个方面来阐述师卦的相关信息。

【卦名】

师卦的卦名为师。"师"指用兵。

师卦是六十四卦中第七卦。

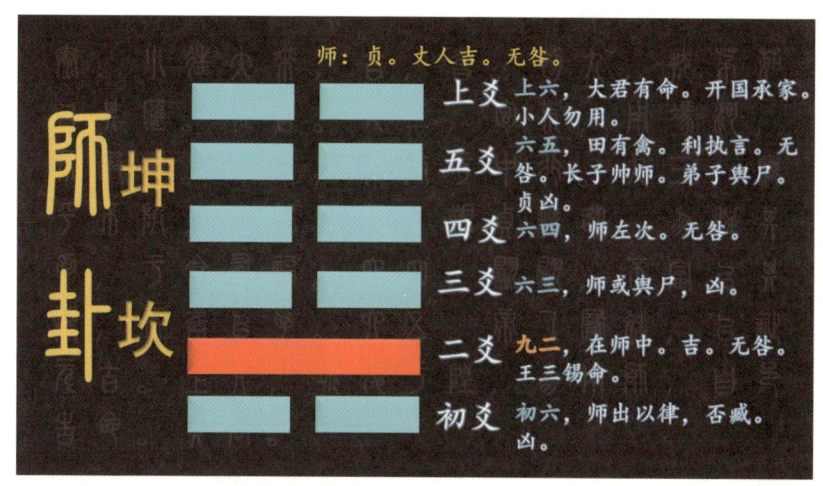

图 9.8.1　师卦形态及卦爻辞

【卦状】

师卦的卦状是"上坤下坎"。图样在图 9.8.1 中间用红色的阳爻和绿色的阴爻表示。师卦中四爻和上爻当位,其他四个爻全不当位,主卦和客卦中爻有应。

【卦象】

象曰:地中有水,师。君子以容民畜众。

马到成功喜气生,求名取利大吉昌,婚姻合伙无妨碍,交易出行也顺当。疾病大好,走失能找,行人来信,事事凑巧。

师者,其众也,战无不克也。故有马到成功之象。如同一位将军,奉命征伐贼寇,闯进营去,大获全胜。此卦有,诸事成功之兆。

【义理】

卦辞释义

师卦的卦辞为"贞。丈人吉。无咎"。"贞",坚定;"丈人",一般指岳父,此处特指年龄较大,有经验的人;"咎",怪罪。

意思是应该坚持下去，遇到年龄大的人是吉利的，无所怪罪。

形态解析

师卦在市场中对应的形态是五阴夹一阳，阳线出现在第二根K线的位置，即"阴阳阴阴阴阴"的形态，如图9.8.2所示：

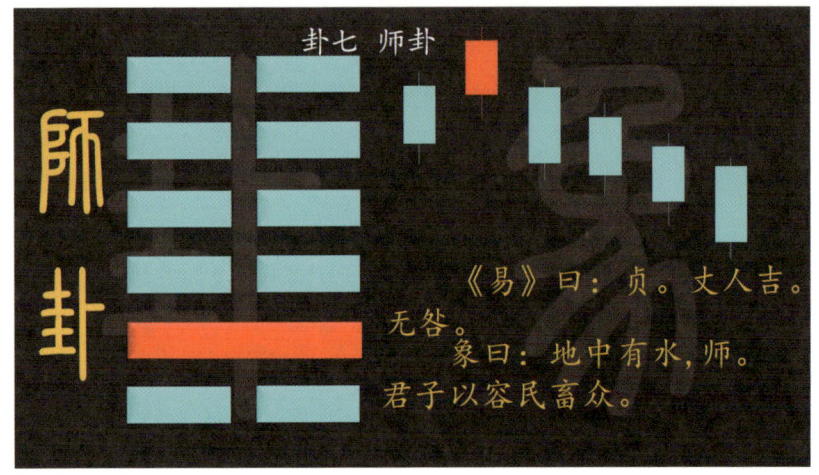

图9.8.2　师卦对应的走势形态

如图9.8.2，师卦的卦状如图中左侧所示，师卦所对应的走势形态如图中右侧所示，即"阴阳阴阴阴阴"的走势，我们称这种形态为师卦形态。

从形态中阴线和阳线的数目对比来看，师卦形态代表着空方的强势，也往往意味着市场由多转空。

形态要求

师卦的标准形态如图9.8.3所示，图中白色虚线框标识的形态即为标准的师卦形态，其中包含的六根K线从左到右标记为K线A到K线F，形态之前一根K线标记为K线0，K线形态下方为成交量变化示意图。

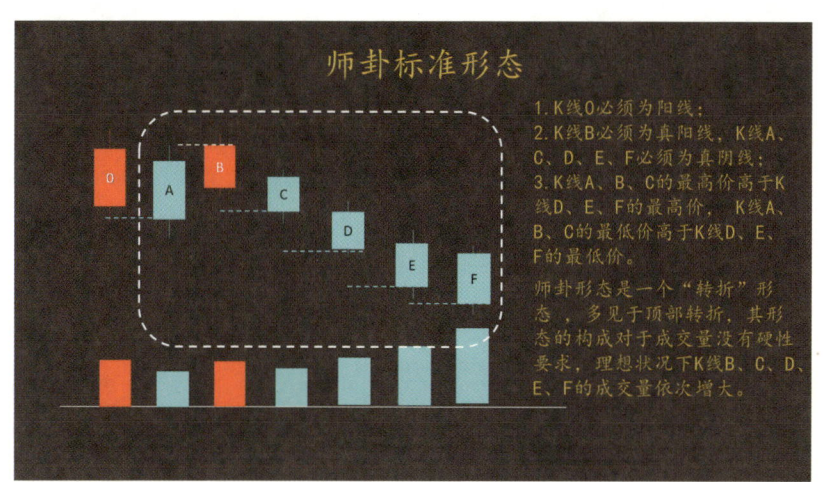

图 9.8.3　师卦标准形态示意图

师卦形态的构成要求有以下三条：

第一，形态之前的一根 K 线必须是阳线。

第二，K 线 B 必须为真阳线，K 线 A、C、D、E、F 必须为真阴线。

第三，K 线 A、B、C 的最高价高于 K 线 D、E、F 的最高价，K 线 A、B、C 的最低价高于 K 线 D、E、F 的最低价。

师卦形态是一个"转折"形态，多见于顶部转折，其形态的构成对于成交量没有硬性要求，理想状况下 K 线 B、C、D、E、F 的成交量依次增大。

形态性质

师卦形态与复卦形态（巽宫第八卦）在性质上有很多的相似性，这是由于两者之间形态的相似性造成的，如下图所示：

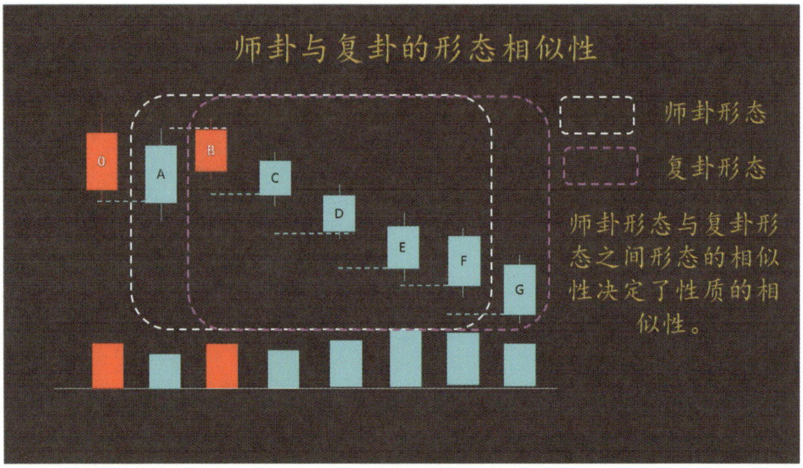

图 9.8.4　师卦与复卦的形态相似性

如图 9.8.4，图中走势从 A 到 F（白色框线标记）构成了师卦形态，从 B 到 G（粉色框线标记）构成了复卦形态，可以看到两者之间有很大的重合。也就是说，在实际的走势中，两者很可能重合在一起出现。那么，它们之间所代表的含义自然是相似乃至完全一致的。

所以，师卦形态和复卦形态一样，都属于"转折"形态，并且多出现在高位作为顶部形态，有时也出现在下跌走势中作为持续形态。

师卦形态的出现往往伴随着短期反弹和长期下跌。

相比之下，师卦形态出现在顶部作为转折形态的概率更高一些，而复卦形态出现在下跌走势中作为持续形态的概率高一些。

接下来我们来了解一下师卦形态的买卖条件。

买卖条件

师卦的买卖条件如下图所示：

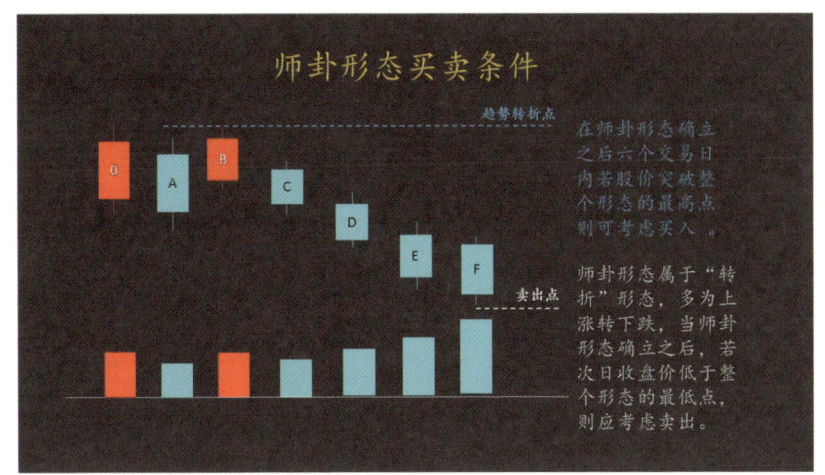

图 9.8.5 师卦形态的买卖条件

如图 9.8.5 是师卦形态的买卖条件示意图，图中以整个形态的最低价作为卖出点（图中以 K 线 F 的最低价为例），以整个形态的最高价为趋势转折点（图中以 K 线 A 的最高价为例）。

卖出点：师卦形态属于"转折"形态，多为上涨转下跌，当师卦形态确立之后，若次日收盘价低于整个形态的最低点，则应考虑卖出。

趋势转折点：在师卦形态确立之后六个交易日内，若股价突破整个形态的最高点，则可考虑买入。

因为师卦形态往往伴随着短期反弹和长期下跌，其中风险过大，所以师卦形态中不提供轻仓介入点。

接下来我们通过案例详细解读。

案例解析

在实际的走势中，师卦形态的出现往往会伴随着长期下跌走势中的短期反弹，如下图所示：

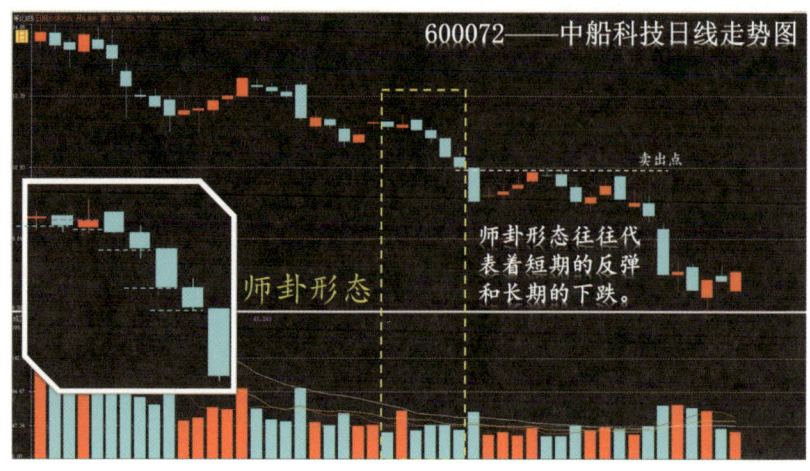

图 9.8.6　师卦形态下跌持续实战案例

图 9.8.6 是 600072——中船科技从 2018 年 4 月 16 日到 6 月 26 日的日 K 线走势图，图中在 2018 年 5 月 22 日到 29 日六个交易日之间出现了疑似为师卦形态的"阴阳阴阴阴阴"走势，在图中用黄色虚线框标识。

首先我们来看师卦形态的构成条件：

第一个条件是形态前一根 K 线 0 必须是阳线。从图中可以看到黄色虚线框前的第一根 K 线为阳线，符合师卦形态的第一个条件。

第二个条件是 K 线 B 必须为真阳线，K 线 A、C、D、E、F 必须为真阴线。也就是形态中所有阳线都为真阳线，所有阴线都为真阴线。图中左侧折角矩形处将黄色框线中的走势放大，并用粉色虚线标记阳线收盘价，绿色虚线标记阴线收盘价。可以看到，框线中所有阳线的收盘价都相对于前一交易日有所抬高，都为真阳线，所有阴线的收盘价都相对于前一交易日有所降低，都为真阴线。

构成师卦形态的第三个条件是 K 线 A、B、C 的最高价高于

K线D、E、F的最高价，K线A、B、C的最低价高于K线D、E、F的最低价。可以看到，图中的形态明显左高右低，符合第三个条件。

至此，我们可以确定黄色虚线框中的走势构成一个师卦形态。根据师卦形态的买卖条件，我们以整个形态的最低价（K线F的最低点）作为卖出依据，如图中白色虚线所示，以整个形态的最高点作买入依据。

图中可以看到，在实际的走势中，股价在师卦形态出现之后第一个交易日即以长阴线跌破卖出点，卖出后走势出现了短时间的反弹，之后回到了长期的下跌走势，符合前文中提到的师卦形态的性质。

第十章　艮宫八卦

象数理形态模型

导读 六十四卦与五行的对应关系

五行八卦一直是周易中的重要元素，在六十四卦形态中，也需要考虑其与五行的对应关系，这种关系继承了八卦与五行的对应关系，即乾卦和兑卦属金，坤卦与艮卦属土，震卦与巽卦属木，坎卦属水，离卦属火。

八卦对应的五行关系很好记忆，那么六十四卦与五行的对应关系又是怎么样的呢？

其实也很简单，六十四卦分为八宫，每宫八卦的主卦相同，每一宫中八卦与五行的对应关系和其主卦一致。

乾宫八卦和兑宫八卦都属金，坎宫八卦都属水，艮宫八卦和坤宫八卦都属土，震宫八卦和巽宫八卦都属木，离宫八卦都属火。

六十四卦与五行的对应关系在六十四卦形态的高阶用法中会广泛涉及。

第一节　艮宫八卦之遁卦

艮宫八卦是指以艮卦为主卦的八种别卦，由遁卦、咸卦、旅卦、渐卦、小过卦、蹇卦、艮卦和谦卦构成。

遁卦是艮宫八卦中的第一卦，其卦形以及卦爻辞如下图所示：

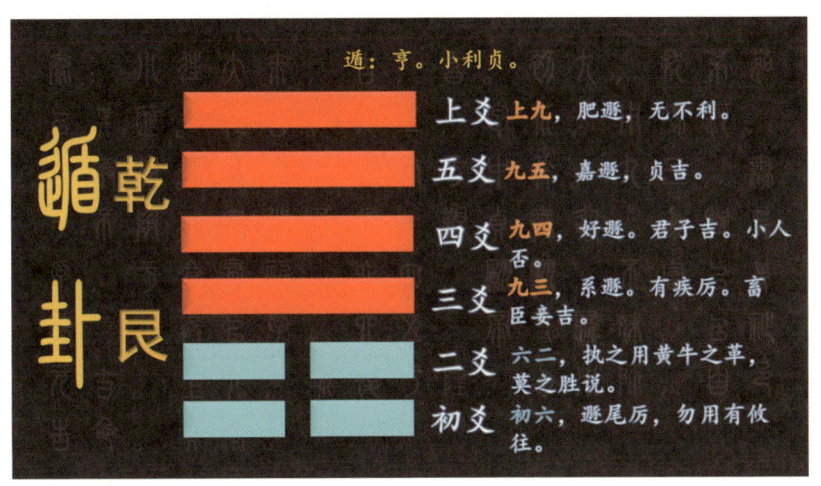

图 10.1.1　遁卦形态及卦爻辞

我们同样从四个方面来阐述遁卦，即卦名、卦状、卦象和义理。

【卦名】

遁卦的卦名为"遁"，通"遯"，是逃避、躲闪的意思。

遁卦是《易经》中第三十三卦。

【卦状】

遁卦的卦状是"上乾下艮"，图样在图 10.1.1 中间用红色

象数理形态模型

和绿色爻线表示。其中二爻、三爻和五爻当位,其余初爻、四爻和上爻不当位,主卦和客卦的下爻和中爻有应。

【卦象】

象曰:天下有山,遯。君子以远小人,不恶而严。

月令不善,走失难见,交易合伙,诸事平淡。

遯者,避也。退避不出,有浓云蔽日之象,失势云蔽日,如同太阳正好,忽然来了一片浓云遮蔽了阳光,诸事不遂。

【义理】

卦辞释义

兑的卦辞为"亨。小利贞"。

"亨"是顺利的意思,"贞"是坚持的意思。所以,遯卦的卦辞的意思是顺利,少许有利于坚持下去。

形态解析

遯卦在市场中对应的形态是二阴连四阳的走势,即"阴阴阳阳阳阳"的形态,如图10.1.2所示:

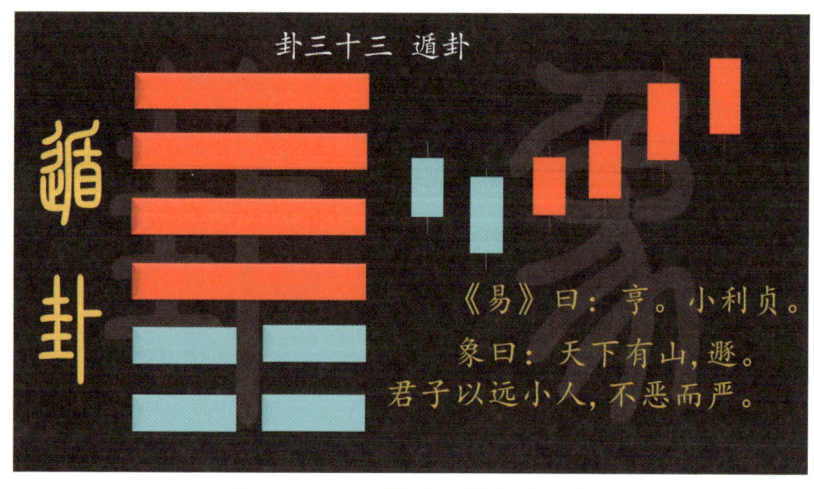

图10.1.2 遯卦对应的走势形态

如图 10.2.2，图中左侧是遁卦的卦状，右侧是遁卦所对应的走势形态，即"阴阴阳阳阳阳"的走势，我们称这种形态为遁卦形态。

遁卦形态的出现体现了多方力量比空方力量强盛，这种下跌连上涨的股价形态往往代表着向多的转折。

形态要求

对于构成形态的细节，遁卦的要求，如下图所示：

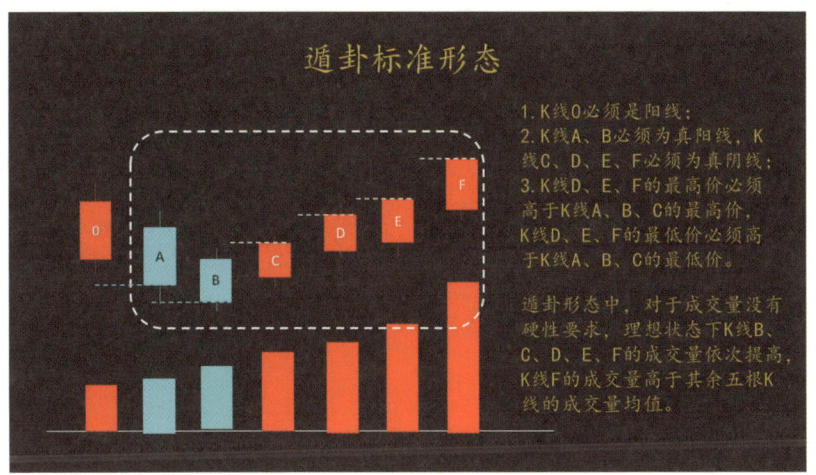

图 10.1.3　遁卦标准形态示意图

图 10.1.3 是遁卦标准形态示意图，图中白色虚线框标识的形态即为标准的遁卦形态，其中包含的六根 K 线从左到右标记为 K 线 A 到 K 线 F，形态之前一根 K 线标记为 K 线 0，K 线形态下方为成交量变化示意图。

遁卦形态的构成要求是：

第一，形态之前的一根 K 线必须是阳线。

第二，K 线 A、B 必须为真阴线，K 线 C、D、E、F 必须为真阳线。

第三，K线D、E、F的最高价必须高于K线A、B、C的最高价，K线D、E、F的最低价必须高于K线A、B、C的最低价。

遁卦形态中，对于成交量没有硬性要求，理想状态下K线B、C、D、E、F的成交量依次提高，K线F的成交量高于其余五根K线的成交量均值。

买卖条件

遁卦的买卖条件如下图所示：

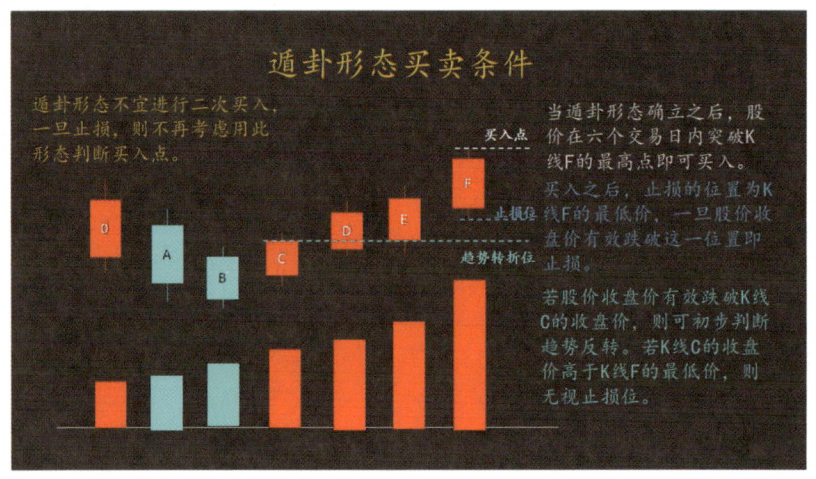

图 10.1.4 遁卦形态的买卖条件

图 10.1.4 是遁卦形态的买卖条件示意图，图中给出了当遁卦形态出现之后的买入点、止损位和趋势反转位。

买入点：当走势中出现遁卦形态之后，我们以遁卦形态中的最后一根K线的最高价（即K线F的最高价）作为买入依据，如图中白色虚线所示。在形态形成后六个交易日内，若股价突破这一点位即可买入。

止损位：买入之后的止损位为最后一根K线的最低价，如图中蓝色虚线所示。一旦股价在遁卦形态形成之后的六个交易日内有效跌破此位置，则应减仓或者止损。需要注意的是，这一止损位并非灵敏止损位，其代表的风险比灵敏止损位要大。

事实上，整个兑宫八卦的形态中都没有灵敏止损位，这是由于兑宫八卦形态中作为主卦的遁卦的性质决定的。

趋势反转位：当遁卦形态确立之后，如果股价一直调整，直到某一日收盘价跌破了 K 线 C 的收盘价，即趋势反转位，则说明趋势可能反转，此时应该果断止损清仓。

关于二次买入方面，遁卦形态不宜进行二次买入，一旦止损，则不再考虑用此形态判断买入点。

形态性质

遁卦形态属于"反转"形态的一种，实际上遁卦形态作为底部启动和上涨持续形态的情况较为常见，少数情况下，遁卦形态也会以顶部转折形态出现。

接下来我们通过案例详细解读。

案例解析

作为转折形态，遁卦形态对于投资者来说最大的意义就是作为底部启动形态，如下图所示：

图 10.1.5 是 600162——香江控股从 2019 年 2 月 19 日到 3 月 7 日的日 K 线走势图，图中可以看到 2019 年 2 月 20 日到 27 日六个交易日之间出现了"阴阴阳阳阳阳"的走势，疑似为遁卦形态，在图中用黄色虚线框标识。

遁卦形态要求形态前一根 K 线必须是阳线，图中可以看到黄色虚线框前的第一根 K 线是一根阳线，所以符合第一个条件。

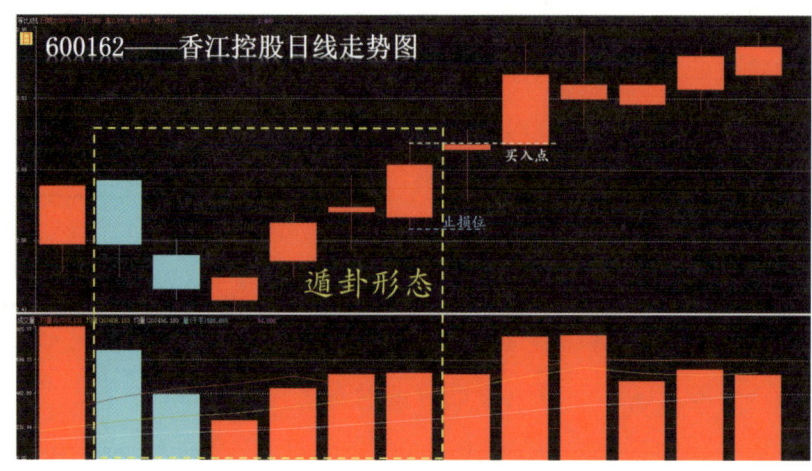

图 10.1.5　遁卦形态实战案例

黄色虚线框中的六根 K 线依次标记为 A、B、C、D、E、F，可以看到 K 线 C、D、E、F 都是阳线，且收盘价都高于其前一根 K 线，故都为真阳线，K 线 A 和 K 线 B 都是阴线，且收盘价相比于其前一根 K 线都降低，故都为真阴线，符合遁卦形态的第二个条件。

构成遁卦形态的第三个要求是 K 线 D、E、F 的最高价必须高于 K 线 A、B、C 的最高价，K 线 D、E、F 的最低价必须高于 K 线 A、B、C 的最低价，走势明显符合这一条件。

至此，我们可以确定黄色虚线框中的走势构成一个遁卦形态。根据遁卦形态的买卖条件，我们以黄色框线中最后一根 K 线的最高价即 K 线 F 的最高点为买入依据，如图中白色虚线所示；以 K 线 F 的最低价作为止损依据，如图中蓝色虚线所示；以框线中第一根阳线（即 K 线 C）的收盘价为判断趋势转折依据。

在实际的走势中，在遁卦形态形成之后的第二个交易日股价拉升突破买入点，买入之后股价即开始了长期的上涨走势。

第二节　艮宫八卦之咸卦

接下来我们来看艮宫八卦中的第二卦——咸卦。咸卦卦形以及卦爻辞如下图所示：

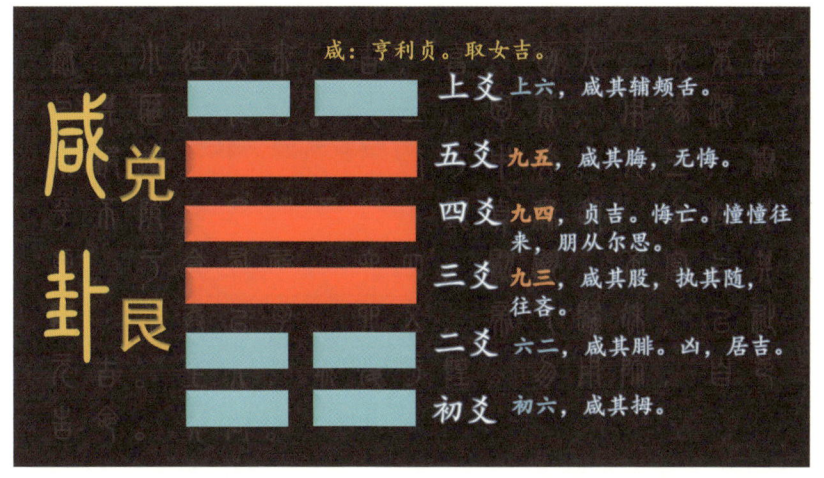

图 10.2.1　咸卦形态及卦爻辞

我们同样从四个方面来阐述咸卦，即卦名、卦状、卦象和义理。

【卦名】

咸卦的卦名为咸，咸是感应的意思。

咸卦是六十四卦中的第三十一卦。

【卦状】

咸卦的卦状是"上兑下艮"，图样在图 10.2.1 中间用红色和绿色爻线表示。其中二爻、三爻、五爻、上爻当位，其余两根爻线不当位，主卦和客卦的三根爻线全都有应。

【卦象】

象曰：山上有泽，咸。君子以虚受人。

脚踏实地转悠悠，时运不来莫强求，幸得今日时运转，自有好事在后头。谋望有成，出门可行，走失有信，疾病安宁。

咸者，交感也，天地感而万物生，故有萌芽出土之象。

【义理】

卦辞释义

咸卦的卦辞是"亨利贞。取女吉"。

意思是顺利，利于坚持下去，娶女吉利。此处的"娶女"并非单指娶妻，同时比喻主方从客方吸取资源，壮大自己。

形态解析

咸卦在市场中对应的形态是三阴夹三阳的走势，即"阴阴阳阳阳阴"的形态，如图10.2.2所示：

如图10.2.2，图中左侧是咸卦的卦状，右侧是咸卦所对应的走势形态，即"阴阴阳阳阳阴"的走势，我们称这种形态为咸卦

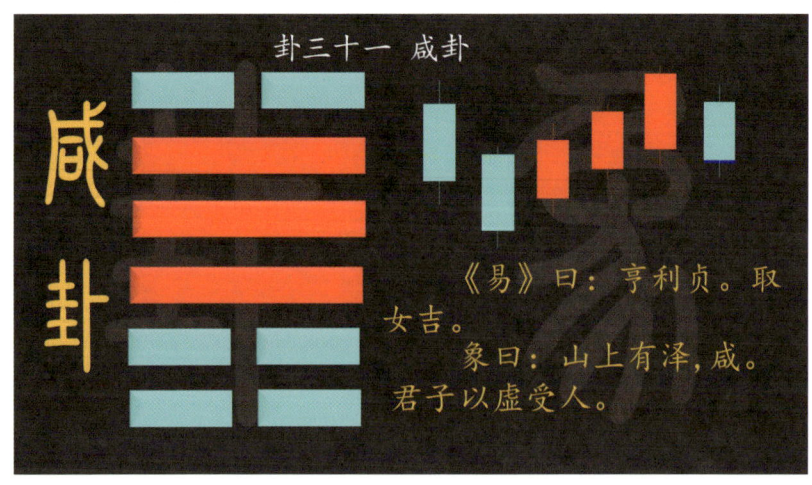

图10.2.2　咸卦对应的走势形态

形态。

　　咸卦形态的出现体现了多空双方力量大体均衡，但因为存在三连阳的走势，所以多方力量比空方力量稍强，而最后一根K线为阴线，所以咸卦形态既可以作为底部转折形态也可以作为顶部转折形态。

形态要求

　　对于构成形态的细节，咸卦形态的要求，如下图所示：

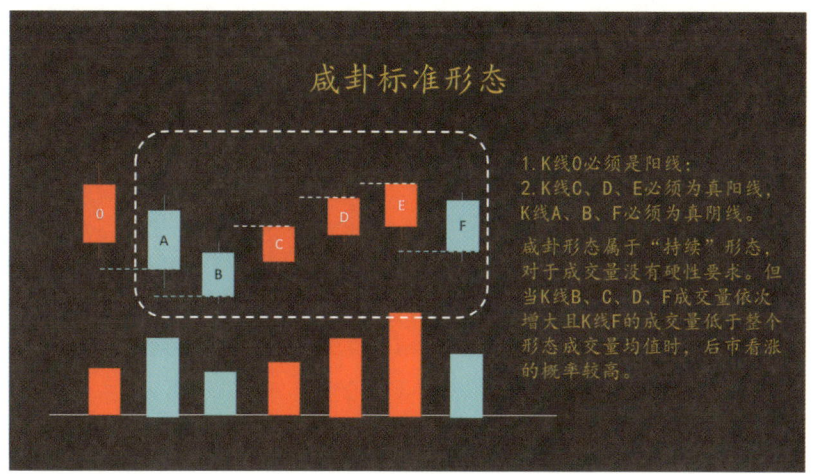

图 10.2.3　咸卦标准形态示意图

　　图 10.2.3 是咸卦标准形态示意图，图中白色虚线框标识的形态即为标准的咸卦形态，其中包含的六根K线从左到右标记为K线A到K线F，形态之前一根K线标记为K线0，K线形态下方为成交量变化示意图。

　　咸卦形态的构成要求是：

　　第一，形态之前的一根K线必须是阳线。

　　第二，K线C、D、E必须为真阳线，K线A、B、F必须为真阴线。

咸卦形态属于"持续"形态，对于成交量没有硬性要求。但当K线B、C、D、F成交量依次增大且K线F的成交量低于整个形态成交量均值时，后市看涨的概率较高。

买卖条件

咸卦的买卖条件如下图所示：

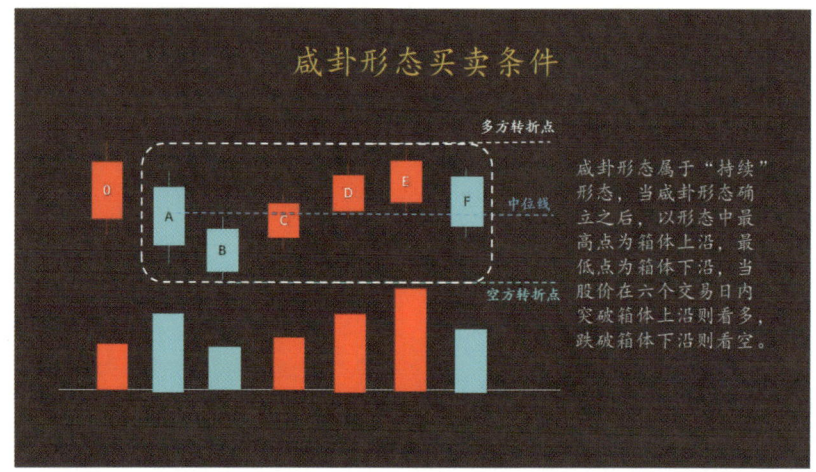

图10.2.4　咸卦形态的买卖条件

图10.2.4是咸卦形态的买卖条件示意图，咸卦形态作为持续形态，可以提供一个多方转折点（买入依据）、空方转折点（止损依据）和一条中位线（多空力量权重对比依据）。

多方转折点（买入依据）：当咸卦形态确立之后，我们以整个形态的最高点为上沿，最低点为下沿建立箱体，则箱体的上沿为多方转折点。当股价有效突破这一位置时则可以考虑买入，此买入依据在形态确立后六个交易日内有效。

空方转折点（止损依据）：以咸卦形态为依据建立箱体，箱体的下沿即为空方转折点。当股价有效跌破这一位置时，则应果断止损。若已经买入，则以买入当日的最低价为止损价。若股价有效跌破这一点位，则应果断止损。

中位线（多空力量权重对比依据）：以咸卦形态为依据建立箱体，箱体上沿和下沿之间的中线即为中位线。我们可以根据K线实体在中位线两边的比重来判断接下来的走势，若K线实体集中在中位线之下，则说明空方动能强大，未来股价下跌概率较高；反之，若K线实体集中在中位线之上，则说明多方动能强大，未来股价上涨概率比较高。

当形态中存在长影线时通过中位线来判断股价未来走势会更加准确。而当形态中最低点与次低点之间间隔超过两根K线且存在明显差距的时候，更适宜根据最低点出现的位置是在形态中靠前的位置还是靠后的位置来判断未来股价的涨跌倾向。一般来说，最低点出现在形态中前两根K线，说明未来股价上涨的概率较高；若最低点出现在形态中后两根K线，则说明未来股价下跌的概率较高；最低点出现在形态中间的两根K线的情况下多为低位转折形态。

形态中既有长影线，同时最低点和次低点之间间隔超过两根K线且存在明显差距的情况下，优先采用中位线来判断未来的股价走势。

接下来我们通过案例详细解读。

形态性质

咸卦形态属于"持续"形态的一种，多出现在上涨趋势的中间，出现在下跌趋势中间的情况较少，有时也会作为底部或者顶部的转折形态。

接下来我们通过案例详细解读。

案例解析

作为持续形态，咸卦形态出现在上涨趋势中的概率比出现在下跌趋势中的概率大，如下图所示：

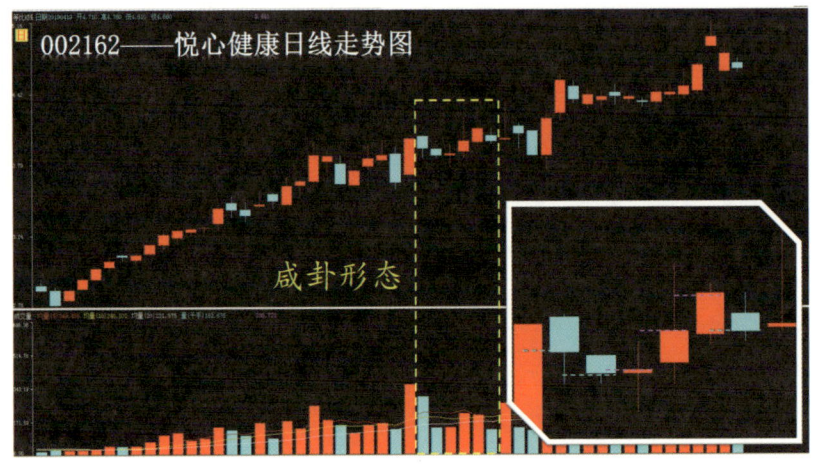

图 10.2.5　咸卦形态上涨持续实战案例

图 10.2.5 是 002162——悦心健康从 2019 年 1 月 30 日到 2019 年 4 月 19 日的日 K 线走势图，图中可以看到 2019 年 3 月 18 日到 25 日六个交易日之间出现了"阴阴阳阳阳阴"的走势，疑似为咸卦形态，在图中用黄色虚线框标识。

咸卦形态要求形态前一根 K 线必须是阳线，图中可以看到黄色虚线框前的第一根 K 线是一根阳线，所以符合第一个条件。

图中右侧折角矩形处将黄色的虚线框中的走势放大，并用绿色虚线标记阴线收盘价，粉色虚线标记阳线收盘价。可以看到，所有阳线的收盘价都相对于前一交易日有所抬高，故都为真阳线，所有阴线的收盘价都相对于前一交易日有所降低，故都为真阴线，所以黄色虚线框中的走势符合咸卦形态的第二个条件。

至此，我们可以确定黄色虚线框中的走势构成一个咸卦形态。

在实际的走势中，在咸卦形态出现在上涨走势中作为持续形态，可以提供额外的加仓或者止损依据。

第三节　艮宫八卦之旅卦

接下来我们来了解艮宫八卦中的第三卦——旅卦，其卦形以及卦爻辞如下图所示：

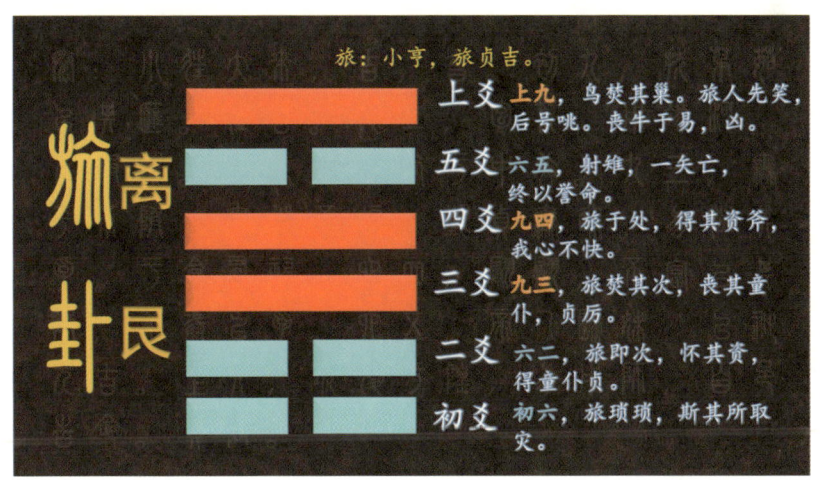

图 10.3.1　旅卦形态及卦爻辞

接下来我们从卦名、卦状、卦象和义理四个方面来阐述旅卦的相关信息。

【卦名】

旅卦的卦名为旅，"旅"有旅行的意思，有时也代指外出旅行的状态。

象数理形态模型

旅卦是易经中第五十六卦。

【卦状】

旅卦的卦状是"上离下艮"，图样在图10.3.1中间用红色的阳爻和绿色的阴爻表示。旅卦很有趣，它只有二爻和三爻当位，其余爻线全不当位，主卦和客卦的下爻有应。

【卦象】

象曰：山上有火，旅。君子以明慎用刑，而不留狱。

宿鸟焚巢时运低，交易任你走东西，生意买卖皆不利，官司口舌被人欺。出行费力，行人来还，走失无认，求财也难。

旅者，半羁旅也。不得舒展，故有宿鸟焚巢之象。

【义理】

卦辞释义

旅卦的卦辞为"小亨，旅贞吉"。

旅卦辞的意思是少许顺利，利于在旅途中坚持下去。

形态解析

旅卦在市场中对应的形态是一种阴阳交错但并不对应的走势，即"阴阴阳阳阴阳"，如图10.3.2所示。旅卦的卦状如图中左侧所示，旅卦所对应的走势形态如图中右侧所示，即"阴阴阳阳阴阳"的走势，我们称这种形态为旅卦形态。

旅卦形态所代表的走势中阴阳之间虽然平衡但是混乱无序，这直接造成了旅卦形态所代表的走势更加的缺乏规律，多空双方这种势均力敌且缺乏规律的争夺造成其后市不会出现强势的上涨或者下跌走势，同时这也意味着后市有众多的可能性。

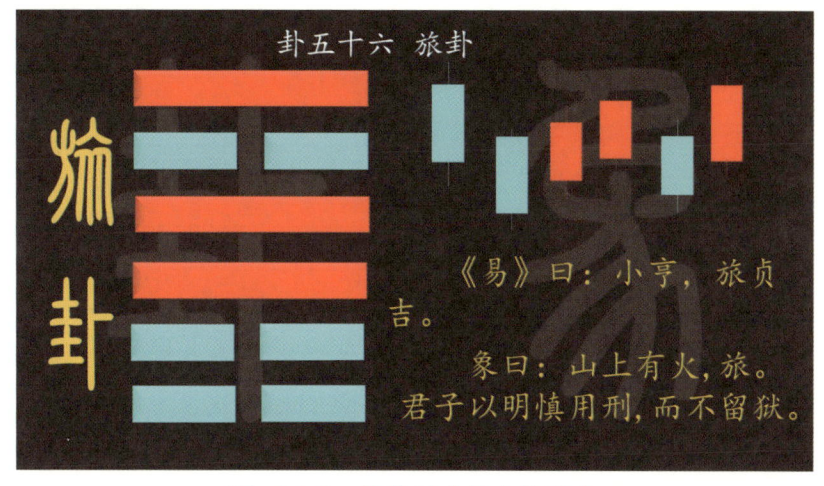

图 10.3.2　旅卦对应的走势形态

形态要求

旅卦形态的构成要求如下图所示：

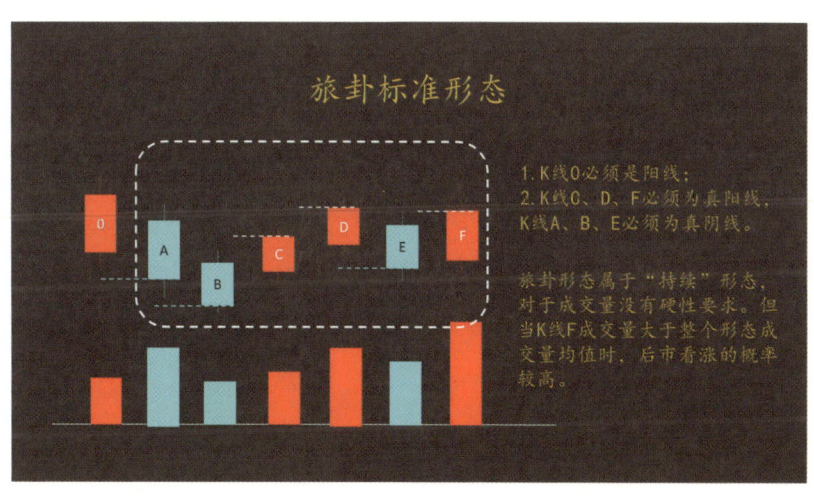

图 10.3.3　旅卦标准形态示意图

旅卦的标准形态如图 10.3.3 所示，图中白色虚线框标识的形态即为标准的旅卦形态，其中包含的六根 K 线从左到右标记为

K 线 A 到 K 线 F，形态之前一根 K 线标记为 K 线 0，K 线形态下方为成交量变化示意图。

旅卦形态的构成要求有以下两条：

第一，形态之前的一根 K 线必须是阳线。

第二，K 线 C、D、F 必须为真阳线，K 线 A、B、E 必须为真阴线。

旅卦形态中，对于成交量没有硬性要求，但当 K 线 F 成交量大于整个形态成交量均值时，后市看涨的概率较高。

形态性质

旅卦形态属于"持续"形态，一方面它代表多方之间的力量均衡，另一方面它也代表着多空双方竞争激烈，多出现在横盘走势中作为持续形态，有时也作为单边走势中的持续形态出现。

买卖条件

旅卦形态作为持续形态，其提供的买卖条件如下图所示：

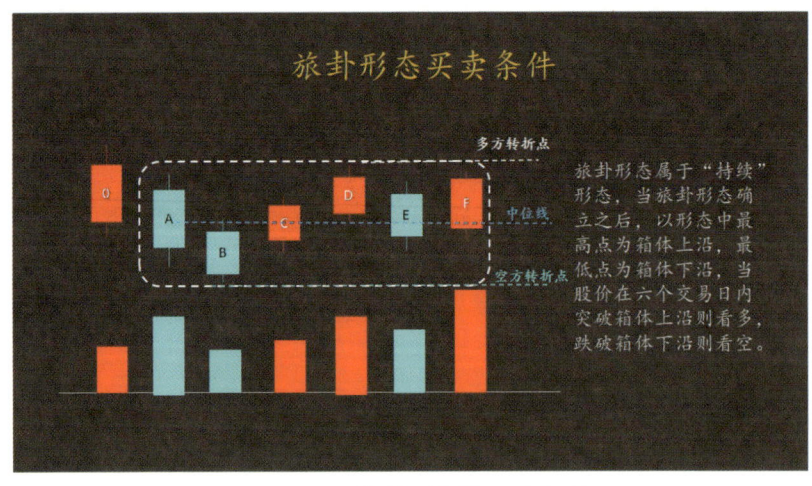

图 10.3.4 旅卦形态的买卖条件

图 10.3.4 是旅卦形态的买卖条件示意图，旅卦形态作为持续形态，可以提供一个多方转折点（买入依据）、空方转折点（止损依据）和一条中位线（多空力量权重对比依据）。

多方转折点（买入依据）：当旅卦形态确立之后，我们以整个形态的最高点为上沿，最低点为下沿建立箱体，则箱体的上沿为多方转折点，当股价有效突破这一位置时则可以考虑买入。注意，此买入依据在形态确立后六个交易日内有效。

与归妹卦形态相似，旅卦形态出现之后也不宜激进，因为旅卦形态本身代表着多空双方的力量均衡与激烈争夺。

空方转折点（止损依据）：以旅卦形态为依据建立箱体，箱体的下沿即为空方转折点，当股价有效跌破这一位置时，则应果断止损。若已经买入，则以买入当日的最低价为止损价。若股价有效跌破这一点位，则应果断止损。

中位线（多空力量权重对比依据）：以旅卦形态为依据建立箱体，箱体上沿和下沿之间的中线即为中位线。我们可以根据K线实体在中位线两边的比重来判断接下来的走势，若K线实体集中在中位线之下，说明空方动能强大，未来股价下跌概率较高，反之，若K线实体集中在中位线之上，则说明多方动能强大，未来股价上涨概率表较高。

当形态中存在长影线时通过中位线来判断股价未来走势会更加准确。而当形态中最低点与次低点之间间隔超过两根K线且存在明显差距的时候，更适宜根据最低点出现的位置是在形态中靠前的位置还是靠后的位置来判断未来股价的涨跌倾向。一般来说，最低点出现在形态中前两根K线，说明未来股价上涨的概率较高；若最低点出现在形态中后两根K线；则说明未来股价下跌的概率较高；最低点出现在形态中间的两根K线的情况下不宜用此方法。

形态中既有长影线，同时最低点和次低点之间间隔超过两根K线且存在明显差距的情况下，优先采用中位线来判断未来的股价走势。

需要注意的是，这种判断方法只是对股价未来的走势做一个初步的预期，并不是百分百准确的。

旅卦形态属于持续形态，不涉及二次买入。

接下来我们通过案例详细解读。

案例解析

旅卦形态体现多空双方力量均衡，一般出现在某段走势中作为持续形态，如下图所示：

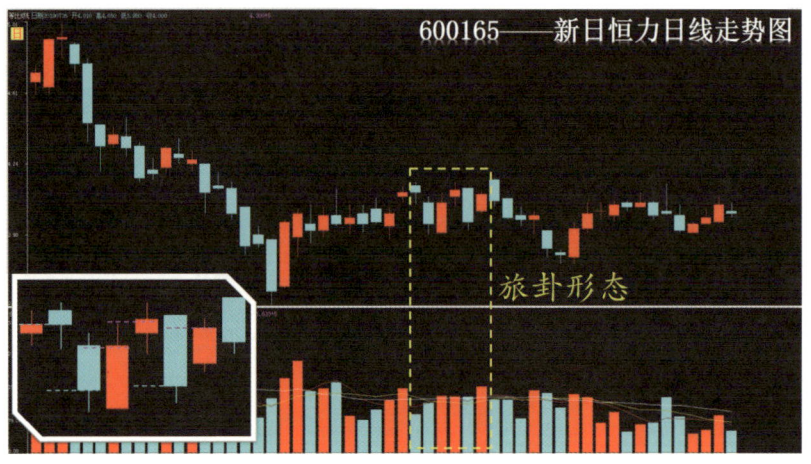

图 10.3.5　旅卦形态上涨持续实战案例

图 10.3.5 是 600165——新日恒力从 2019 年 5 月 13 日到 2019 年 7 月 26 日的日 K 线走势图，图中在 2019 年 6 月 24 日到 7 月 1 日六个交易日之间出现了"阴阴阳阳阴阳"的走势，疑似为旅卦形态，在图中用黄色虚线框标识。

首先，我们要确定这个形态确实为旅卦形态。旅卦形态要求形态前一根 K 线必须是阳线，图中可以看到黄色虚线框前的第一根 K 线为阳线，符合旅卦形态的第一个条件。

旅卦形态的第二个条件是形态中所有阳线都为真阳线，所有阴线都为真阴线。图中左侧折角矩形处将黄色框线中的走势放大，用粉色虚线标记阳线的收盘价，绿色虚线标记阴线的收盘价。可以看到，框线中所有阳线的收盘价都相对于前一交易日有所抬高，都为真阳线。形态中所有阴线的收盘价都相对于前一交易日有所降低，都为真阴线。符合旅卦形态的第二个条件。

至此，我们可以确定黄色虚线框中的走势构成一个旅卦形态。在实际的走势中，旅卦形态出现在一段横盘走势中作为持续形态。

第四节　艮宫八卦之渐卦

渐卦是艮宫八卦中的第六卦，其卦形以及卦爻辞如下图所示：

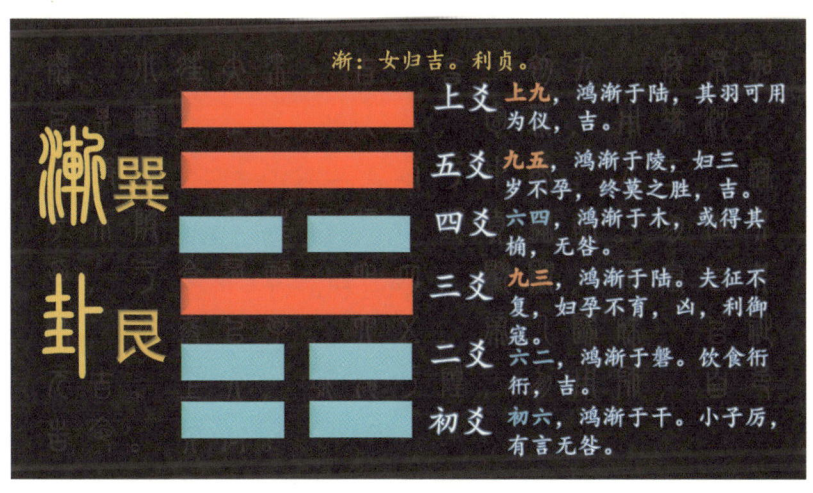

图 10.4.1　渐卦形态及卦爻辞

接下来我们从卦名、卦状、卦象和义理四个方面来阐述渐卦的相关信息。

【卦名】

渐卦的卦名为"渐"。渐是逐渐的意思。

渐卦是六十四卦中第五十六卦。

【卦状】

渐卦的卦状是"上巽下艮"。渐卦的图样在图 10.4.1 中间用红色的阳爻和绿色的阴爻表示。渐卦的初爻和"上爻"不当位，其余爻线全都当位，主卦和客卦的中爻有应，处于完全和谐状态。

【卦象】

象曰：山上有木，渐。君子以居贤德善俗。

行人走冰怕冰薄，交易出行要琢磨，婚姻合伙休大意，官司口舌需要和。薄冰甚是险，行人却男尽，君子占此卦，凡事要小心。

渐者，进也。故有行走薄冰之象。如同一人过河无桥，在冰上行走。不想走到中间，其冰甚薄，心中着实惊恐。占此卦，有凡事当缓，做事不可急迫之兆。

【义理】

卦辞释义

渐卦的卦辞为"女归吉，利贞"。其中"归"字在古代代指女子出嫁，而非归来。

所以，渐卦的意思是女子出嫁吉利，利于坚持下去。

形态解析

渐卦在市场中对应的形态是一种阴阳交错平衡的走势，即"阴阴阳阴阳阳"，如图 10.4.2 所示：

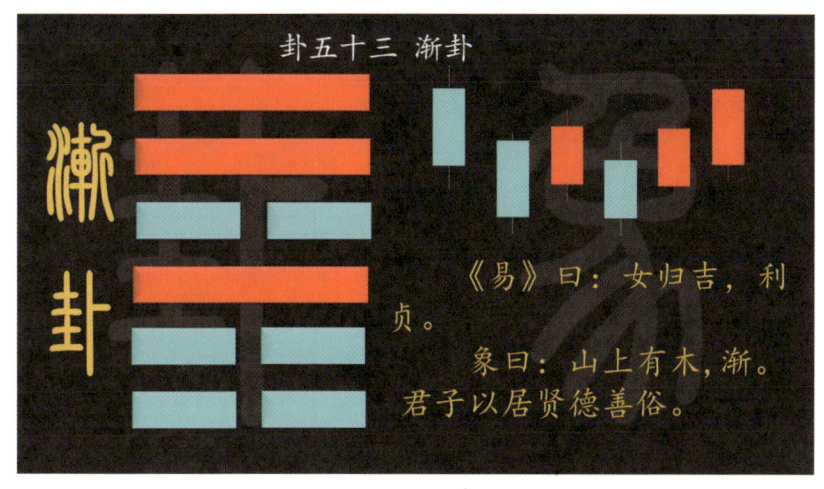

图 10.4.2　渐卦对应的走势形态

如图 10.4.2，渐卦的卦状如图中左侧所示，渐卦所对应的走势形态如图中右侧所示，即"阴阴阳阴阳阳"的走势，我们称这种形态为渐卦形态。

虽然在渐卦形态中阴线和阳线的数量是相同的，但是形态中最后两根 K 线是阳线，根据尾权最重原则，渐卦形态代表着阴阳整体平衡，多方走势稍强。

形态要求

渐卦形态的构成要求如下图所示：

渐卦的标准形态如图 10.4.3 所示，图中白色虚线框标识的形态即为标准的渐卦形态，其中包含的六根 K 线从左到右标记为 K 线 A 到 K 线 F，形态之前一根 K 线标记为 K 线 0，K 线形态下方为成交量变化示意图。

渐卦形态的构成要求有以下两条：

第一，形态之前的一根 K 线必须是阳线。

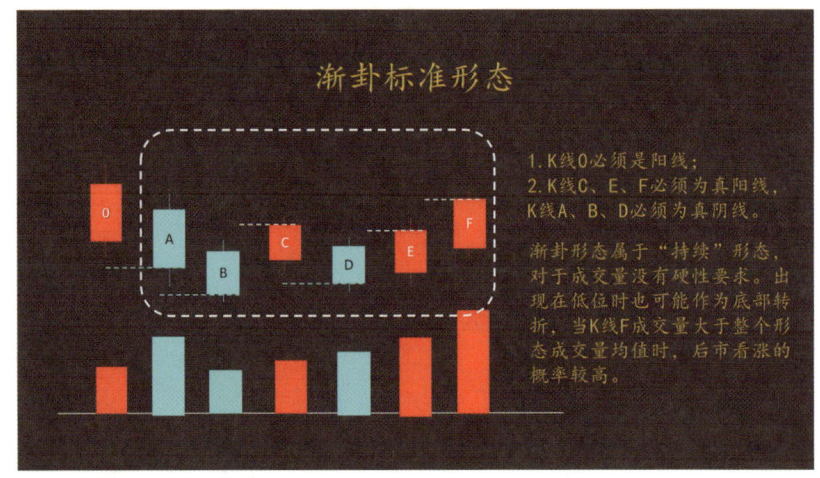

图 10.4.3　渐卦标准形态示意图

第二，K 线 C、E、F 必须为真阳线，K 线 A、B、D 必须为真阴线。

渐卦形态属于"持续"形态，对于成交量没有硬性要求。出现在低位时也可能作为底部转折，当 K 线 F 成交量大于整个形态成交量均值时，后市看涨的概率较高。

形态性质

渐卦形态属于"持续"形态，代表着多空双方力量的平衡，多数情况下，渐卦形态都会以接近圆弧底的形态出现，所以多为底部转折形态，有时也会出现在上涨或下跌走势中作为持续形态。

买卖条件

渐卦的买卖条件如下图所示：

图 10.4.4 是渐卦形态的买卖条件示意图，渐卦形态作为持续形态，可以提供一个多方转折点（买入依据）、空方转折点（止损依据）和一条中位线（多空力量权重对比依据）。

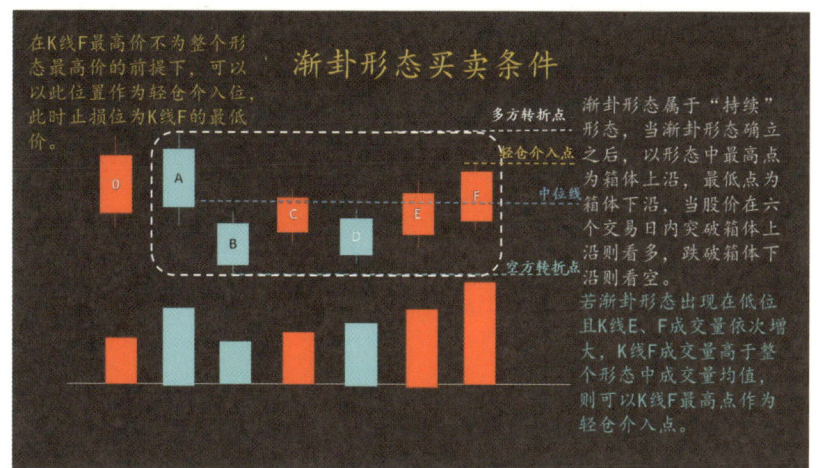

图 10.4.4　渐卦形态的买卖条件

轻仓介入点：（K 线 F 最高价不为整个形态最高价时），以此位置作为轻仓介入位，买入之后的止损位为 K 线 F 的最低价。

多方转折点（买入依据）：当渐卦形态确立之后，我们以整个形态的最高点为上沿，最低点为下沿建立箱体，则箱体的上沿为多方转折点。当股价有效突破这一位置时则可以考虑买入，此买入依据在形态确立后六个交易日内有效。

空方转折点（止损依据）：以渐卦形态为依据建立箱体，箱体的下沿即为空方转折点，当股价有效跌破这一位置时，则应果断止损。若已经买入，则以买入当日的最低价为止损价。若股价有效跌破这一点位，则应果断止损。

中位线（多空力量权重对比依据）：以渐卦形态为依据建立箱体，箱体上沿和下沿之间的中线即为中位线。我们可以根据 K 线实体在中位线两边的比重来判断接下来的走势，若 K 线实体集中在中位线之下，说明空方动能强大，未来股价下跌概率较高；反之，若 K 线实体集中在中位线之上，则说明多方动能强大，未来股价上涨概率比较高。

当形态中存在长影线时通过中位线来判断股价未来走势会更加准确。而当形态中最低点与次低点之间间隔超过两根 K 线且存在明显差距的时候，更适宜根据最低点出现的位置是在形态中靠前的位置还是靠后的位置来判断未来股价的涨跌倾向。一般来说，最低点出现在形态中前两根 K 线，说明未来股价上涨的概率较高；若最低点出现在形态中后两根 K 线，则说明未来股价下跌的概率较高；最低点出现在形态中间的两根 K 线的情况下多为低位转折形态。

形态中既有长影线，同时最低点和次低点之间间隔超过两根 K 线且存在明显差距的情况下，优先采用中位线来判断未来的股价走势。

渐卦形态比较依赖这些小技巧来预期后市，因为当渐卦形态出现的时候，后市出现各种变化的可能性都是存在的。

接下来我们通过案例详细解读。

案例解析

渐卦形态是一种持续形态，经常作为低位转折形态或者上涨持续形态，如下图所示：

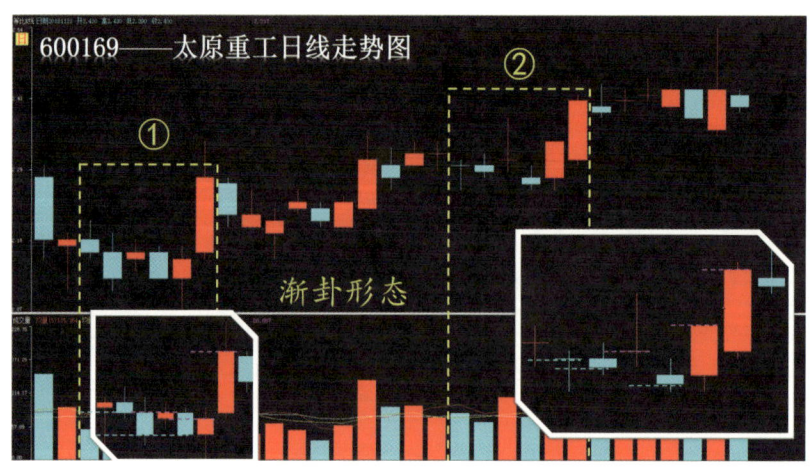

图 10.4.5　渐卦形态实战案例

图 10.4.5 是 600169——太原重工从 2018 年 10 月 11 日到 11 月 22 日的日 K 线走势图，图中分别在 2018 年 10 月 15 日到 22 日六个交易日以及 11 月 6 日到 13 日六个交易日之间都出现了"阴阴阳阴阳阳"的走势，疑似为渐卦形态，在图中分别用黄色虚线框①和②标识。

首先我们要确定这两个形态确实为渐卦形态，首先来看黄色虚线框①：

渐卦形态需要满足两个条件。渐卦形态要求形态前一根 K 线必须是阳线，图中可以看到黄色虚线框①前面的第一根 K 线为阳线，符合渐卦形态的第一个条件。

渐卦形态的第二个条件是形态中所有阳线都为真阳线，所有阴线都为真阴线。图中左侧折角矩形处将黄色虚线框①中的走势放大，用粉色虚线标记阳线的收盘价，绿色虚线标记阴线的收盘价。可以看到，框线中所有阳线的收盘价都相对于前一交易日有所抬高，都为真阳线，所有阴线的收盘价都相对于前一交易日有所降低，都为真阴线。所以，黄色虚线框中的走势满足渐卦形态的第二个条件。

至此，我们可以确定黄色虚线框①中的走势构成一个渐卦形态。在实际的走势中，这个渐卦形态是上涨趋势的启涨形态。

接下来来看黄色虚线框②中的形态：

构成渐卦形态有两个要求，第一是形态前一根 K 线必须是阳线，图中可以看到黄色虚线框前面的第一根 K 线为阳线，符合渐卦形态的第一个条件。

渐卦形态的第二个条件是形态中所有阳线都为真阳线，所有阴线都为真阴线。图中右侧折角矩形处将黄色框线②中的走势放大，用粉色虚线标记阳线的收盘价，绿色虚线标记阴线的收盘价。可以看到，框线中所有阳线的收盘价都相对于前一交易日有所抬高，都为真阳线，所有阴线的收盘价都相对于前一交易日有所降低，都为真阴线。所以，黄色虚线框中的走势满足渐卦形态的第二个条件。

至此，我们可以确定黄色虚线框②中的走势也构成了一个渐卦形态，可以看到这个渐卦形态则是上涨走势中的持续形态。

第五节　艮宫八卦之小过卦

接下来我们来了解艮宫八卦中的第五卦——小过卦，其卦形以及卦爻辞如下图所示：

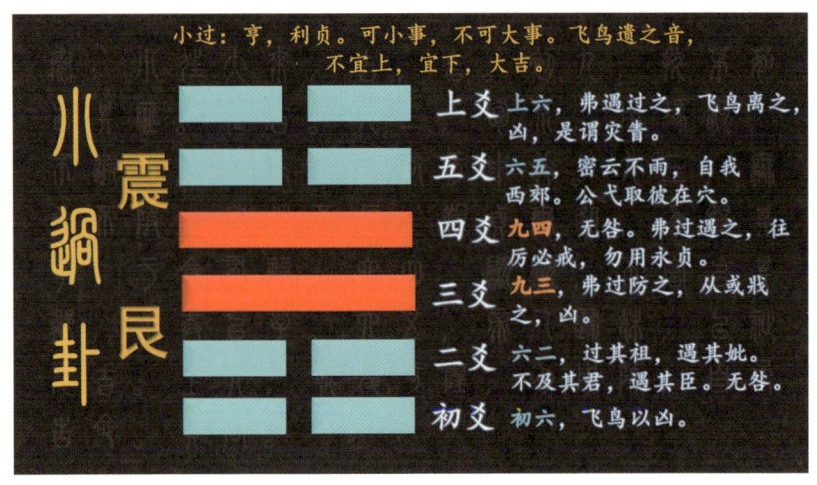

图 10.5.1　小过卦形态及卦爻辞

接下来我们从卦名、卦状、卦象和义理四个方面来阐述小过卦的相关信息。

【卦名】

小过卦的卦名为"小过"。"过"指经过，过去。"小"指小部分。小过，小小地过去了。

小过卦是六十四卦中第六十二卦。

【卦状】

小过卦的卦状是"上震下艮"，雷山小过。小过卦的图样在图10.5.1中间用红色的阳爻和绿色的阴爻表示。小过卦中二爻、三爻和上爻当位，其余爻线全不当位，主卦和客卦的上爻和下爻都有应，都是一阴一阳成对，处于完全和谐状态。

【卦象】

象曰：山上有雷，小过。君子以行过乎恭，丧过乎哀，用过乎俭。

独木桥上步难行，主人心事不安宁，交易合伙宜爽快，婚姻有成莫迟疑。求财到手，官事平常，目下有害，交节自强。

小过者，阳也，阳过于阴，故有急过小桥之象。

【义理】

卦辞释义

小过卦的卦辞为"亨，利贞。可小事，不可大事。飞鸟遗之音，不宜上，宜下，大吉"。

意思是顺利，利于坚持。可以做小事，不可以做大事。就像飞鸟飞过而留下的微音，不宜上至高空，宜于低飞，吉利。

形态解析

小过卦在市场中对应的形态是一种阴阳交错的走势，即"阴阴阳阳阴阴"，如图10.5.2所示。小过卦的卦状如图中左侧所示，小过卦所对应的走势形态如图中右侧所示，即"阴阴阳阳阴阴"的走势，我们称这种形态为小过卦形态。

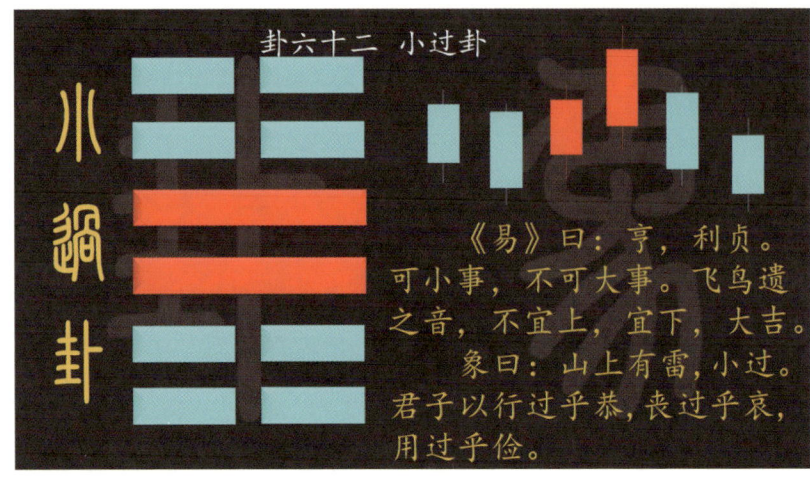

图 10.5.2 小过卦对应的走势形态

在小过卦形态中阴线数量大于阳线的数量，且形态中最后两根 K 线是阴线（尾权最重原则），所以小过卦形态代表着空方强盛的走势。

多数情况下，小过卦形态都是呈现"下跌—上涨—下跌"的走势形态，显而易见这种形态在下跌走势中比较常见。

形态要求

小过卦形态的构成要求如下图所示：

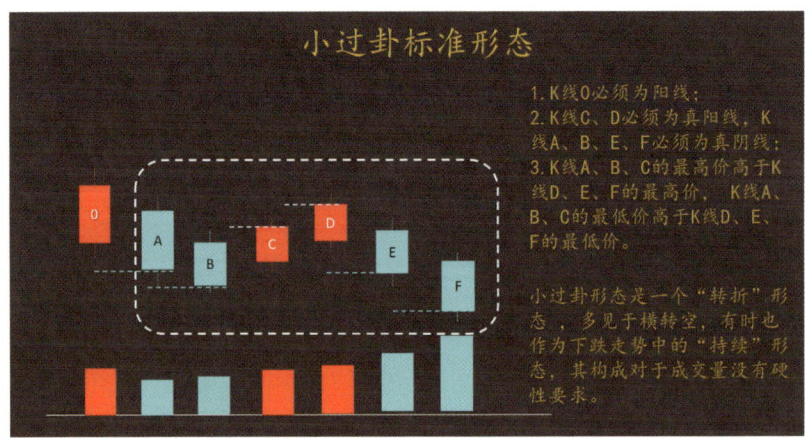

图 10.5.3 小过卦标准形态示意图

小过卦的标准形态如图 10.5.3 所示，图中白色虚线框标识的形态即为标准的小过卦形态，其中包含的六根 K 线从左到右标记为 K 线 A 到 K 线 F，形态之前一根 K 线标记为 K 线 0，K 线形态下方为成交量变化示意图。

小过卦形态的构成要求有：

第一，形态之前的一根 K 线必须是阳线。

第二，K 线 C、D 必须为真阳线，K 线 A、B、E、F 必须为真阴线。

第三，K 线 A、B、C 的最高价高于 K 线 D、E、F 的最高价，K 线 A、B、C 的最低价高于 K 线 D、E、F 的最低价。

小过卦形态是一个"转折"形态，多见于下跌走势中的"持续"形态，有时也作为横转空的转折形态，其构成对于成交量没有硬性要求。

形态性质

小过卦形态属于"转折"形态，代表着多方力量的强盛，多出现在下跌走势中作为持续形态，有时也会作为顶部转折形态。

少数情况下也会出现在其他位置。

正如其卦辞中说的，宜小不宜大，宜下不宜上，简单来说，遇见小过卦形态，仓位不宜大，对市场宜看空不宜看多。

买卖条件

图 10.5.4 是小过卦形态的买卖条件示意图，小过卦形态作为持续形态，可以提供一个买入依据和一个趋势转折依据。

象数理形态模型

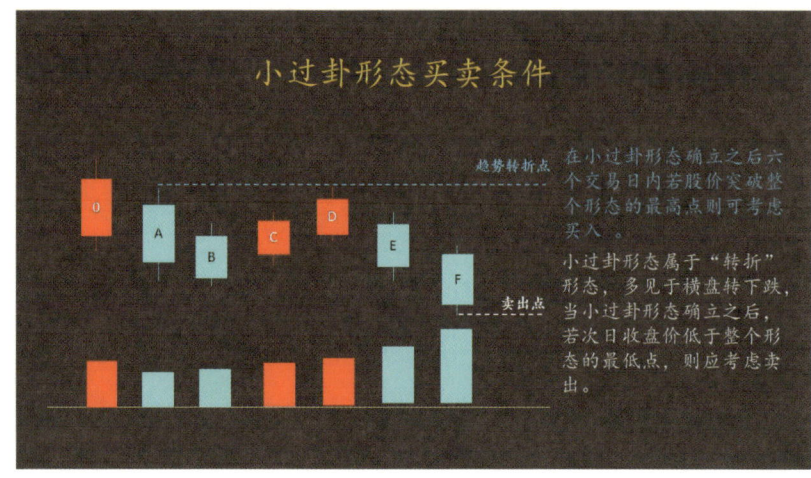

图 10.5.4 小过卦形态的买卖条件

卖出点：小过卦形态属于"转折"形态，多为横盘转下跌。当小过卦形态确立之后，若次日收盘价低于整个形态的最低点，则应考虑卖出。

趋势转折点：在小过卦形态确立之后六个交易日内，若股价突破整个形态的最高点，则可考虑买入。

接下来我们通过案例详细解读。

案例解析

小过卦形态是一种转折形态，在市场中经常表现为下跌中继形态。图 10.5.5 是 002110——三钢闽光从 2018 年 8 月 21 日到 9 月 13 日的日 K 线走势图，图中在 2018 年 8 月 23 日到 30 日六个交易日之间出现了"阴阴阳阳阴阴"的走势，疑似为小过卦形态，在图中用黄色虚线框标识。

首先，我们要确定这个形态确实为小过卦形态。

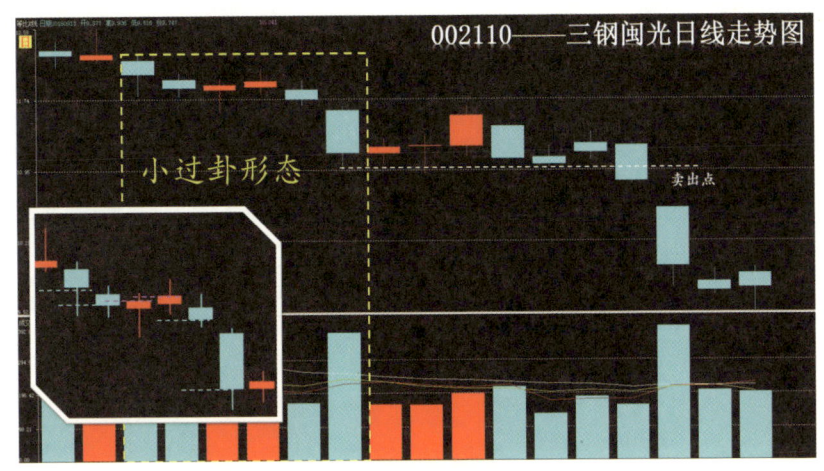

图 10.5.5　小过卦形态实战案例

小过卦形态需要满足三个条件，小过卦形态要求形态前一根K线必须是阳线。从图中可以看到黄色虚线框前面的第一根K线为阳线，符合小过卦形态的第一个条件。

小过卦形态的第二个条件是形态中所有阳线都为真阳线，所有阴线都为真阴线。图中左侧折角矩形处将黄色框线中的走势放大，用粉色虚线标记阳线的收盘价，绿色虚线标记阴线的收盘价。可以看到，框线中所有阳线的收盘价都相对于前一交易日有所抬高，都为真阳线，所有阴线的收盘价都相对于前一交易日有所降低，都为真阴线。所以，黄色虚线框中的走势满足小过卦形态的第二个条件。

小过卦形态的最后一个要求是前三根K线的最高价高于后三根K线的最高价，前三根K线的最低价高于后三根K线的最低价。可以看到，框线中的形态明显左高右低，符合这一条件。

至此，我们可以确定黄色虚线框中的走势构成一个小过卦形态。根据小过卦形态的买卖条件，我们以形态的最高价为趋势反转依据，以整个形态的最低价为卖出依据，如图中白色虚线所示。

象数理形态模型

一般来说，六十四卦形态提示的买入或者卖出依据"有效期"为六个交易日，若六个交易日后还没有出现突破或者跌破，则不再考虑这一买入或卖出依据。本案例中的情况属于极少出现的情况，股价在小过卦形态出现之后的第六个交易日跌破卖出点，此时卖出，后市股价开始加速下跌趋势。

图中可以看到，本案例中的小过卦形态出现在下跌走势中作为中继形态，提供了额外的卖点。

第六节　艮宫八卦之蹇卦

蹇卦是坎宫八卦中的第六卦，其卦形以及卦爻辞如下图所示：

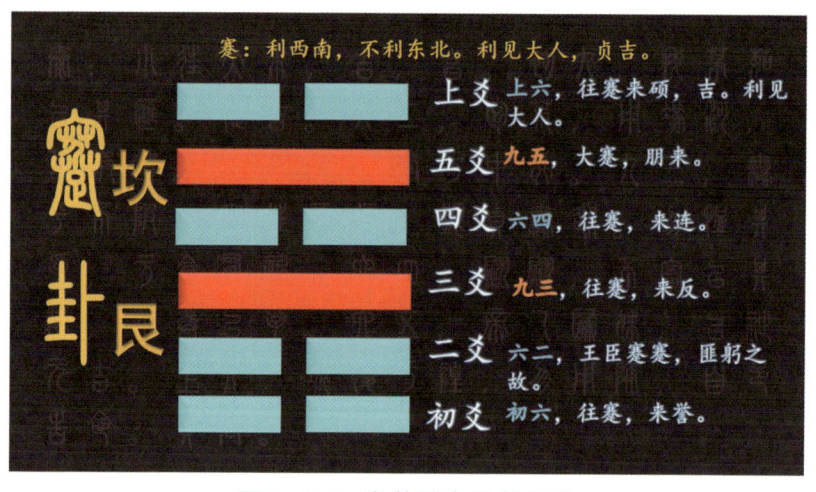

图 10.6.1　蹇卦形态及卦爻辞

接下来我们从卦名、卦状、卦象和义理四个方面来阐述蹇卦的相关信息。

【卦名】

蹇卦的卦名为"蹇"。"蹇"是跛的意思，意为前行艰难。蹇卦是六十四卦中第三十九卦。

【卦状】

蹇卦的卦状是两个蹇卦相叠。蹇卦的图样在图 10.6.1 中间用红色的阳爻和绿色的阴爻表示。蹇卦中只有初爻不当位，其余爻线全都当位，主卦和客卦的上爻和中爻有应。

【卦象】

象曰：山上有水，蹇。君子以反身修德。

雨雪满途甚行踪，交易出行路不通，疾病难治婚难成，谋望求财真难办。行人未至，头向不稳，官司缠身，求名不准。

蹇者，难也，足不能前进，行走艰困，故有雨雪满途之象。

【义理】

卦辞释义

蹇卦的卦辞为"蹇。利西南，不利东北。利见大人。贞吉"。

蹇卦象征陷入困境，难以前进。面对这种情况，利于向西南行动，不利于向东北行动。此时利于见大人以解决困难，只要能够坚守正道，就可以一切顺利。

形态解析

蹇卦在市场中对应的形态是一种阴阳交错，空方强盛的形态，即"阴阴阳阴阳阴"，如图 10.6.2 所示。蹇卦的卦状如图中左侧所示，蹇卦所对应的走势形态如图中右侧所示，即"阴阴阳阴阳阴"的走势，我们称这种形态为蹇卦形态。

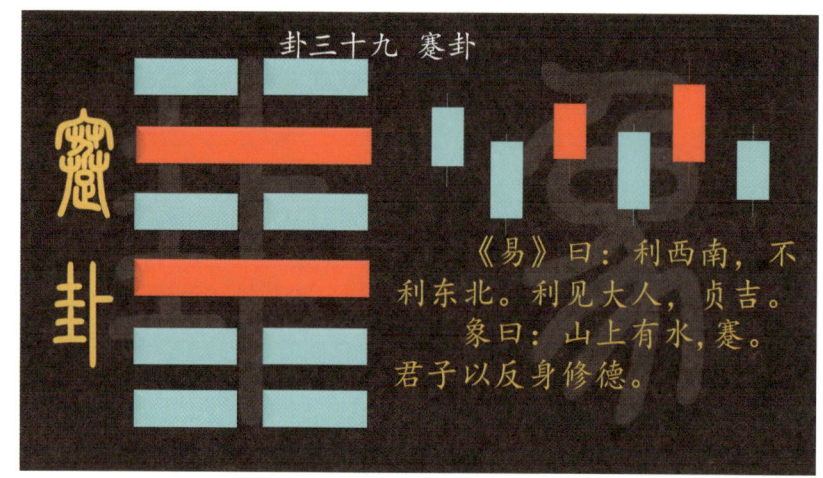

图 10.6.2　蹇卦对应的走势形态

一句话总结蹇卦的含义的话，蹇卦是个下下卦。蹇卦的形态由连续的阴线而起，之后出现连续的两个上分形（两个上分形中间有一根阴线交叠且不一定为标准上分形），整体四阳二阴，且最后一根 K 线收阴（尾权最重原则）。

所以，蹇卦代表着风险。这种风险并非急跌带来的风险，而是那种虽然不明显，但却不给投资者机会的走势，恰如蹇卦的含义，前行艰难。

形态要求

蹇卦的标准形态如图 10.6.3 所示，图中白色虚线框标识的形态即为标准的蹇卦形态，其中包含的六根 K 线从左到右标记为 K 线 A 到 K 线 F，形态之前一根 K 线标记为 K 线 0，K 线形态下方为成交量变化示意图。

蹇卦形态的构成要求有：

第一，形态之前的一根 K 线必须是阳线。

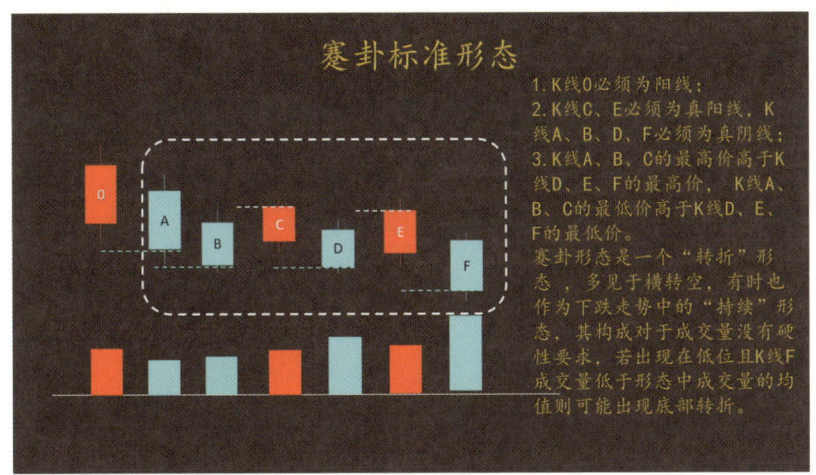

图 10.6.3　蹇卦标准形态示意图

第二，K线C、E必须为真阳线，K线A、B、D、F必须为真阴线。

第三，K线A、B、C的最高价高于K线D、E、F的最高价，K线A、B、C的最低价高于K线D、E、F的最低价。

蹇卦形态是一个"转折"形态，多见于横转空，有时也作为下跌走势中的"持续"形态，其构成对于成交量没有硬性要求，若出现在低位且K线F成交量低于形态中成交量的均值则可能出现底部转折。

形态性质

蹇卦形态属于"转折"形态，多作为横转空的转折形态。需要注意的是，这种横转空的下跌幅度一般都不会太大，有时蹇卦形态也会出现在缓慢而长期的下跌走势中作为持续形态。

极少数情况下，蹇卦形态之后可能出现低位转折形态，但蹇卦形态本身作为转折形态的案例凤毛麟角。

买卖条件

蹇卦的买卖条件如下图所示：

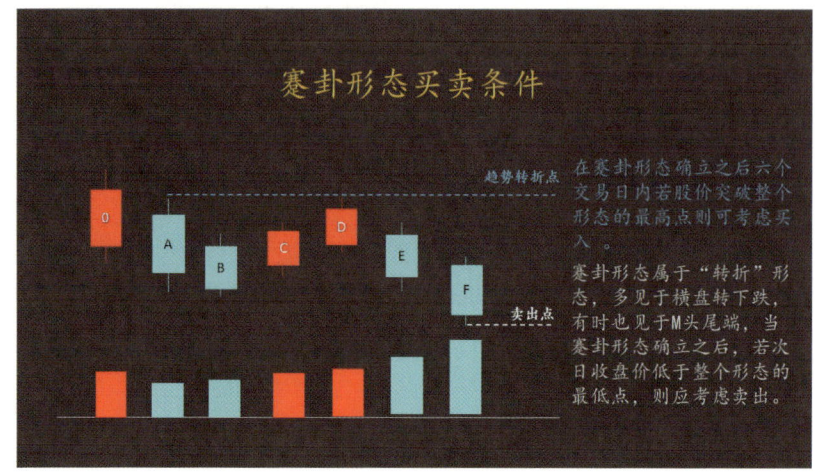

图 10.6.4　蹇卦形态的买卖条件

图 10.6.4 是蹇卦形态的买卖条件示意图，图中给出了当蹇卦形态出现之后的卖出点和趋势反转位。

卖出点：蹇卦形态属于"转折"形态，多为横盘转下跌，当蹇卦形态确立之后，若次日收盘价低于整个形态的最低点，则应考虑卖出。

趋势反转位：在蹇卦形态确立之后六个交易日内，若股价突破整个形态的最高点，则可考虑买入。

关于二次买入方面，蹇卦形态不考虑二次买入。

接下来我们通过案例详细解读。

案例解析

蹇卦形态在市场中很尴尬的一个现象就是，其所代表的风险往往不大，但等到蹇卦形态成型之后再做反应往往为时已晚。

所以当你发现出现蹇卦形态的时候往往已经处于进退两难的境地。

如下图所示：

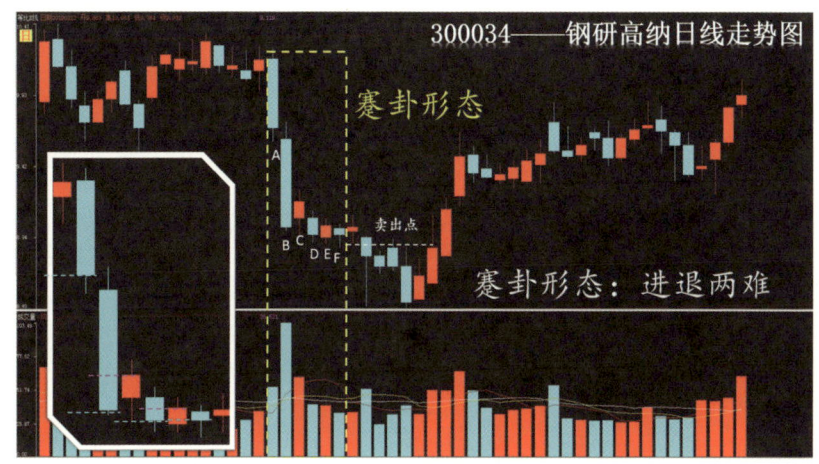

图 10.6.5　蹇卦形态横盘转下跌实战案例

如图 10.6.5 是 300034——钢研高纳从 2018 年 11 月 21 日到 2019 年 2 月 12 日的日 K 线走势图，图中从 2018 年 12 月 14 日至 21 日六个交易日之间出现了一个"阴阴阳阴阳阴"的走势，疑似为蹇卦形态，用黄色虚线框标记。

想要确认这个形态为蹇卦形态需要满足三个条件。

第一，形态前一根 K 线为阳线，符合。

第二，形态中所有阳线都为真阳线，所有阴线都为真阴线，如图中左侧折角矩形处将形态放大后标记出了收盘价，形态符合这一条件。

第三，要求前三根 K 线的最高价和最低价分别高于后三根 K 线的最高价和最低价。将形态中六根 K 线标记为 A、B、C、D、E、F，则前三根 K 线的最高价为 K 线 A 的最高价，最低价为 K 线 C 的最低价，后三根 K 线的最高价为 K 线 D 的最高价，最低价为 K 线 F 的最低价。可以看到，形态明显符合这一条件。

至此，我们可以确定图中黄色虚线框标记的形态为蹇卦形态。根据蹇卦形态的卖出条件，以整个形态的最低价为卖出依据，如图中白色虚线所示，则股价在形态形成后的第二个交易日即跌破卖出位。此时卖出，可以回避接下来的下跌。

从图中可以看到，本轮下跌的幅度并不大，而蹇卦形态的形成就占据了整个跌幅的 2/3。也就是说，当我们确认蹇卦形态形成之后，就已经跌得差不多了。

这时候就很尴尬，卖出的话，后市可能过不久就开始涨了，不卖的话，又不知道会跌到什么时候。所以说，蹇卦形态的形成代表着进退两难。

不过，蹇卦形态既然提供了卖出位，那么该回避风险的时候还是以回避风险为主。在高端技巧中，蹇卦形态一般会结合其他形态来使用，这也是蹇卦形态的最大意义。

实际上，蹇卦形态不仅仅会出现在这种幅度不大的下跌中，在大幅度缓慢下跌中也会出现这种形态。此时积极回避风险就非常的有意义了，如下图所示：

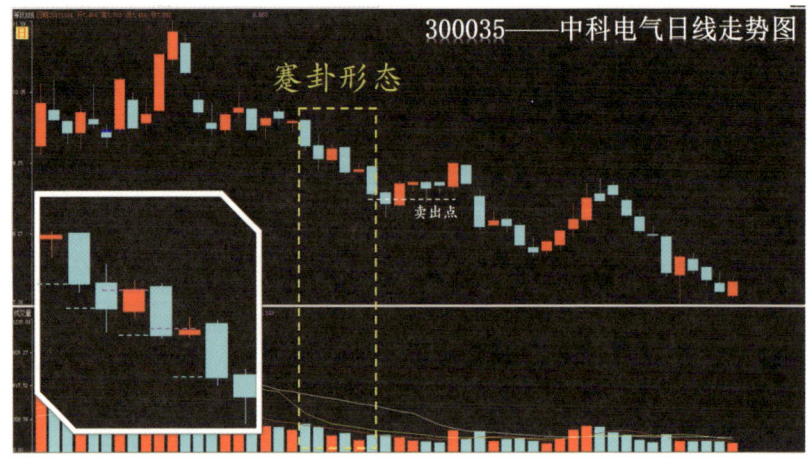

图 10.6.6　蹇卦形态实战案例

图 10.6.6 是 300035——中科电气从 2017 年 9 月 6 日到 11 月 24 日的日 K 线走势图，图中在 2017 年 10 月 11 日到 18 日六个交易日之间出现了一个"阴阴阳阴阳阴"的走势，疑似为蹇卦形态，用黄色虚线框标记。

首先，我们要确定这个形态确实为蹇卦形态。蹇卦形态需要满足三个条件，蹇卦形态要求形态前一根 K 线必须是阳线，图中可以看到黄色虚线框前面的第一根 K 线为阳线，符合蹇卦形态的第一个条件。

蹇卦形态的第二个条件是形态中所有阳线都为真阳线，所有阴线都为真阴线。图中左侧折角矩形处将黄色框线中的走势放大，用粉色虚线标记阳线的收盘价，绿色虚线标记阴线的收盘价。可以看到，框线中所有阳线的收盘价都相对于前一交易日有所抬高，都为真阳线。所有阴线的收盘价都相对于前一交易日有所降低，都为真阴线。所以，黄色虚线框中的走势满足蹇卦形态的第二个条件；

蹇卦形态的第三个条件要求前三根 K 线的最高价高于后三根 K 线的最高价，前三根 K 线的最低价高于后三根 K 线的最低价。从图中可以看到，黄色虚线框中的形态明显左高右低，符合这一条件。

至此，我们可以确定黄色虚线框中的走势构成一个蹇卦形态。在实际的走势中，这个蹇卦形态在一段缓慢而长期的下跌走势中作为持续形态出现。

第七节　艮宫八卦之艮卦

艮卦是艮宫八卦中的倒数第二卦,也是艮宫八卦中的"同卦",其卦形以及卦爻辞如下图所示:

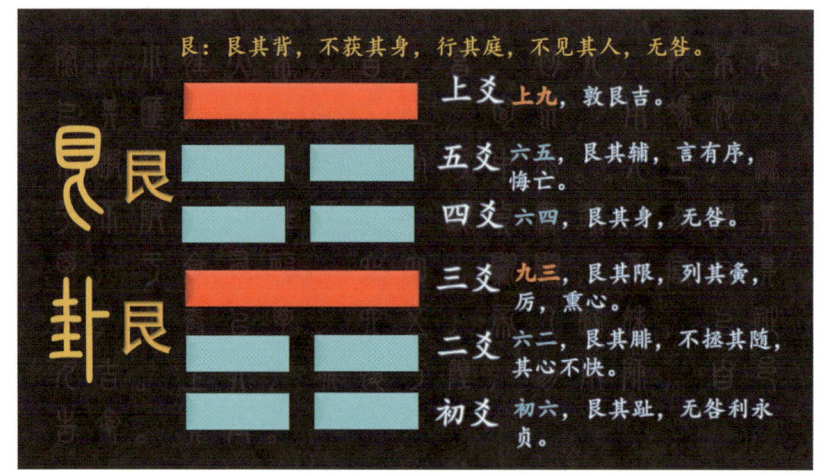

图 10.7.1　艮卦形态及卦爻辞

关于艮卦的相关内容,我们可以从卦名、卦状、卦象和义理四个方面来进行阐述。

【卦名】

艮卦的卦名为艮,艮为山,是止的意思,艮卦主要阐述的是对自身言行的抑制。

震为山卦,是六十四卦中第五十二卦。

【卦状】

艮卦的卦状是"上艮下艮"。其图样在图 10.7.1 中间用红色和绿色爻线表示。其中二爻、三爻、四爻当位,其余初爻、五爻和上爻不当位，主卦和客卦中的爻线全无应。

【卦象】

象曰：兼山，艮。君子以思不出其位。

矮巴钩枣难捞着，交易行人不投机，谋望求财空费力，婚姻合伙总是虚。行人未至，头绪不真，口舌躲避，凡事留心。

艮者，止也，止于极而不进也。故有矮巴钩枣之象。小个子想吃枣，走在树下，不料树高人矮，干着急，够不着。占此卦者，主事干着急不顺。

【义理】

卦辞释义

艮卦的卦辞为"艮其背，不获其身，行其庭，不见其人，无咎"。

艮卦卦辞的意思是止于其背，则身在背后，就看不到自己本身了；行走在他的庭院里（背在他人的前面），就见不到他这个人。这是无咎的。（人能止其所当止，也就没有灾害了）

形态解析

艮卦在市场中对应的形态是连续出现的"阴阴阳"走势，即"阴阴阳阴阴阳"的形态，如图10.7.2所示。

图中左侧是艮卦的卦状，右侧是艮卦所对应的走势形态，即"阴阴阳阴阴阳"的走势，我们称这种形态为艮卦形态。

艮卦形态的出现体现了空方力量比多方力量强势，其形态是一种连续的阴多阳少的规律性下跌，形态中阳线体现出下跌途中的回调，因为最后一根K线收阳，所以代表的走势虽然空方强势，但不会非常弱势。

象数理形态模型

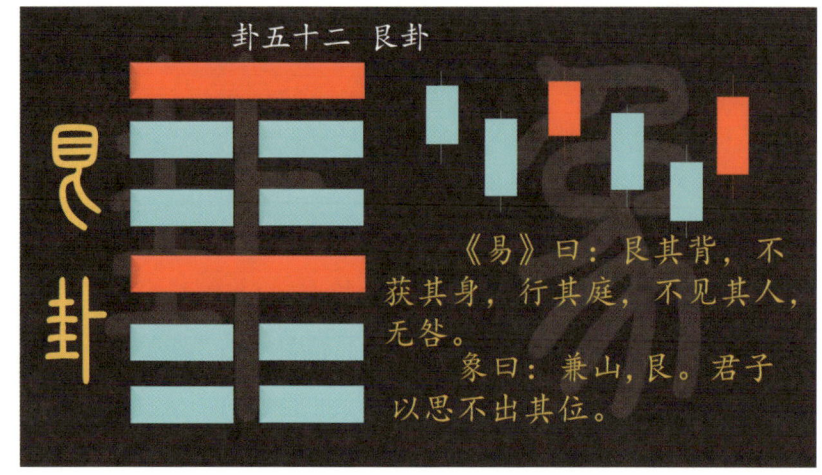

图 10.7.2　艮卦对应的走势形态

形态要求

对于构成形态的细节，艮卦的要求，如下图所示：

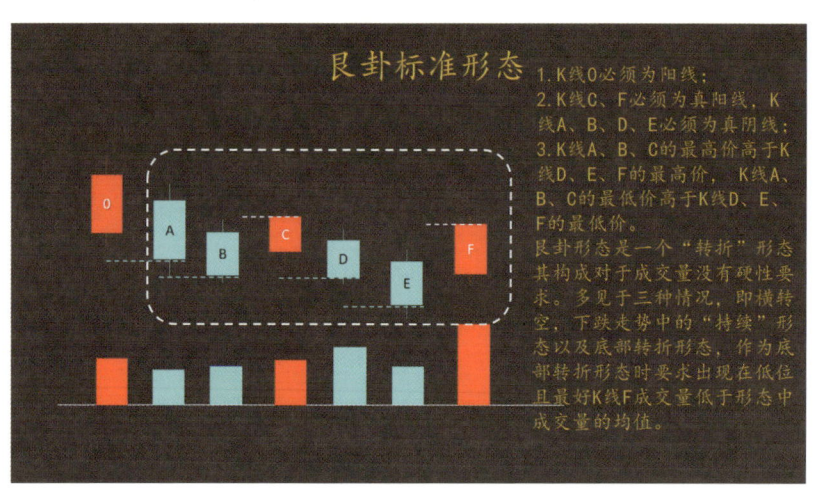

图 10.7.3　艮卦标准形态示意图

图 10.7.3 是艮卦标准形态示意图，图中白色虚线框标识的形态即为标准的艮卦形态，其中包含的六根 K 线从左到右标记为

K 线 A 到 K 线 F，形态之前一根 K 线标记为 K 线 0，K 线形态下方为成交量变化示意图。

艮卦形态的构成要求是：

第一，形态之前的一根 K 线必须是阳线。

第二，K 线 C、F 必须为真阳线，K 线 A、B、D、E 必须为真阴线。

第三，K 线 A、B、C 的最高价高于 K 线 D、E、F 的最高价，K 线 A、B、C 的最低价高于 K 线 D、E、F 的最低价。

艮卦形态是一个"转折"形态，其构成对于成交量没有硬性要求。多见于三种情况，即横转空，下跌走势中的"持续"形态以及底部转折形态，作为底部转折形态时要求出现在低位且最好 K 线 F 成交量低于形态中成交量的均值。

买卖条件

艮卦的买卖条件如下图所示：

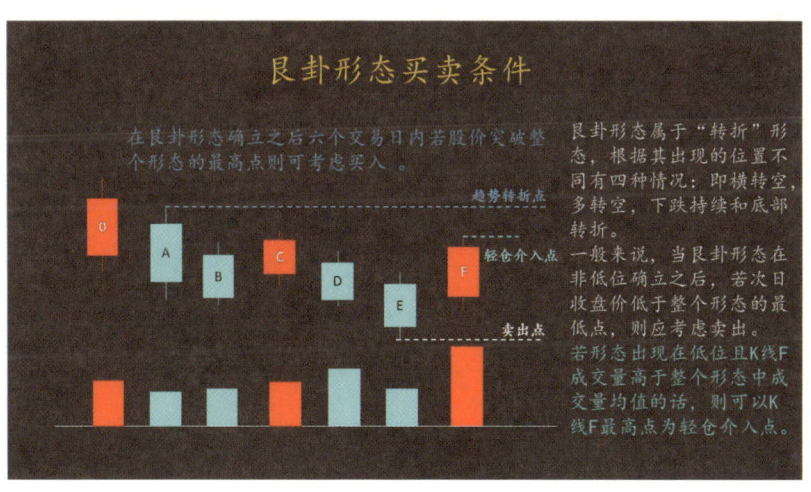

图 10.7.4 艮卦形态的买卖条件

图 10.7.4 是艮卦形态的买卖条件示意图，图中给出了当艮

卦形态出现之后的卖出点和趋势反转位。

卖出点：当艮卦形态确立之后，若次日收盘价低于整个形态的最低点，则应考虑卖出。

趋势反转位：在艮卦形态确立之后六个交易日内，若股价突破整个形态的最高点则可考虑买入。

轻仓介入点：若形态出现在低位且K线F成交量高于整个形态中成交量均值的话，则可以K线F最高点为轻仓介入点。

需要注意的是，如果不能确定股价处于高位的话，那么即使成交量不符合要求，也可以以K线F的最高价为轻仓介入点。

关于二次买入方面，艮卦形态不考虑二次买入。

形态性质

艮卦形态属于"转折"形态，根据其出现的位置不同有四种情况：横转空、多转空、下跌持续和底部转折。

其中作为横盘转下跌转折形态的情况和下跌持续形态的情况最常见。

接下来我们通过案例详细解读。

案例解析

艮卦形态属于"转折"形态，多作为横转空的转折形态，如下图所示：

图10.7.5是002027——分众传媒从2018年12月5日到2019年1月3日的日K线走势图，图中可以看到2018年12月18日到25日六个交易日之间出现了"阴阴阳阴阴阳"的走势，疑似为艮卦形态，在图中用黄色虚线框标识。

艮卦形态要求形态前一根K线必须是阴线，图中可以看到黄色虚线框前的第一根K线是一根阴线，所以符合第一个条件。

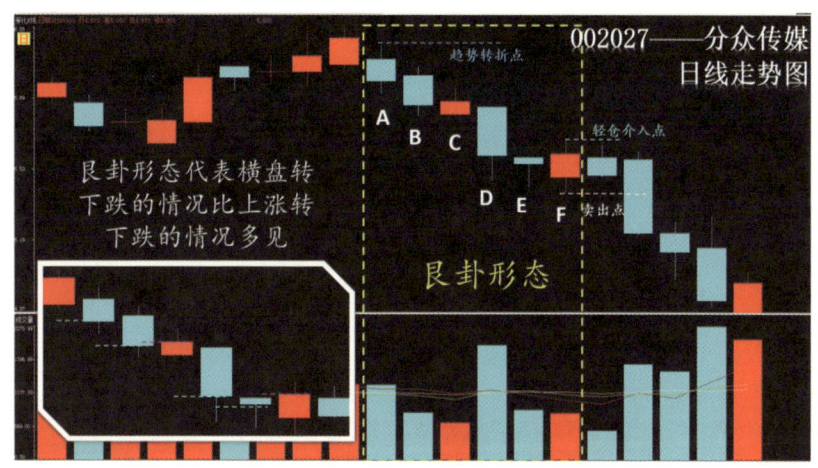

图 10.7.5　艮卦形态横盘转折实战案例

在图中左侧折角矩形中将黄色虚线框中的走势放大，并以粉色虚线标记阳线的收盘价，绿色虚线标记阴线的收盘价。可以看到，虚线框中所有阳线的收盘价都相对于前一交易日有所抬高，都是真阳线。所有阴线的收盘价都相对于前一交易日有所降低，都是真阴线。所以，黄色虚线框中的走势符合艮卦形态的第二个条件。

构成艮卦形态的第三个要求是 K 线 A、B、C 的最高价高于 K 线 D、E、F 的最高价，K 线 A、B、C 的最低价高于 K 线 D、E、F 的最低价，虚线框中的走势基本上是依次降低的，明显符合这一条件。

至此，我们可以确定黄色虚线框中的走势构成一个艮卦形态。根据艮卦形态的买卖条件，我们以黄色框线中整个形态的最低价即 K 线 F 的最低点为卖出依据，如图中白色虚线所示；以整个形态的最高价作为买入依据，如图中蓝色虚线所示。

因为无法确认此处是高位，所以虽然成交量不符合轻仓介入点的要求，但谨慎起见，还是以 K 线 F 的最高点位轻仓介入点，如图中绿色虚线所示。

在实际的走势中,在艮卦形态形成之后的第二个交易日股价即跌破卖出点,卖出之后,股价开始了下跌走势。

本案例中是艮卦形态作为横盘转下跌形态的案例,这种情况在市场中是比较多见的,与之同样比较多见的是艮卦形态作为下跌中继形态的案例。

除了上述两种情况之外,在极少数的情况下,艮卦形态也可能作为低位转折形态或者带来相当程度的反弹走势,如下图所示:

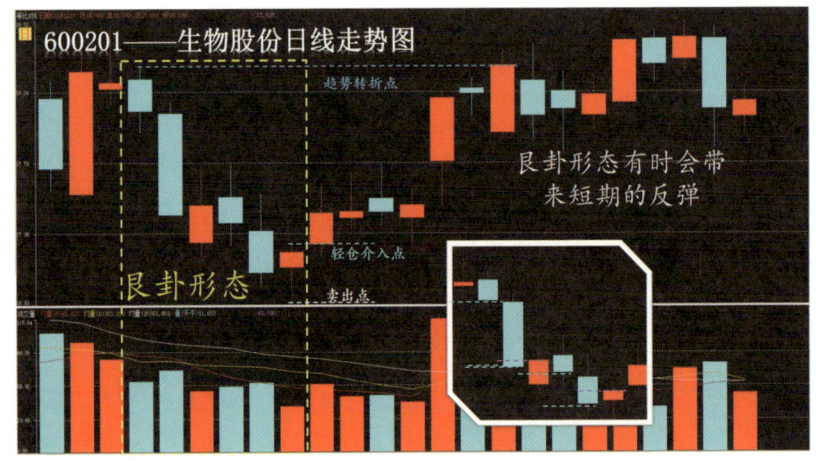

图 10.7.6　艮卦形态低位转折案例

图 10.7.6 是 600201——生物股份从 2018 年 11 月 14 日到 12 月 17 日的日 K 线走势图,图中可以看到 2018 年 11 月 19 日到 26 日六个交易日之间出现了"阴阴阳阴阴阳"的走势,疑似为艮卦形态,在图中用黄色虚线框标识。

艮卦形态的形成需要满足三个条件,即形态前一根 K 线收阳,形态中所有阳线都为真阳线,所有阴线都为真阴线,前三根 K 线最高价和最低价分别高于后三根 K 线的最高价和最低价。

如右侧折角矩形处,很明显满足前两个条件,整个形态是左高右低,明显满足第三个条件,则黄色虚线框中走势为一标准的艮卦形态。

根据艮卦形态的买卖条件，我们以整个形态的最低点为卖出依据，如图中白色虚线所示；因为不能确定此处为高位，所以以 K 线 F 的最高点为轻仓介入点，如图中绿色虚线所示；以整个形态最高点为趋势转折点，如图中蓝色是虚线所示。

可以看到，在实际走势中股价在艮卦形态之后出现了上涨，在形态出现后第一个交易日即突破轻仓介入点，则此处的艮卦形态是作为低位转折形态存在的。

第八节　艮宫八卦之谦卦

艮宫八卦中的最后一卦为谦卦，发音与乾卦类似，但性质和含义全然不同，其卦形以及卦爻辞如下图所示：

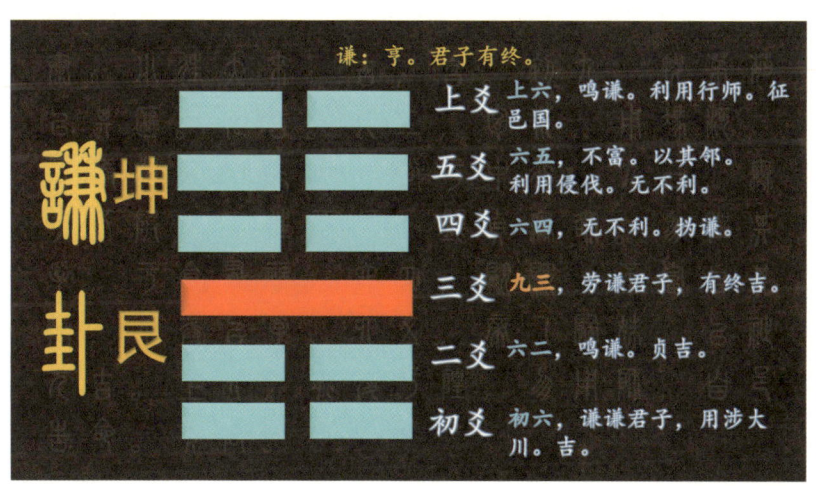

图 10.8.1　谦卦形态及卦爻辞

接下来我们从卦名、卦状、卦象和义理四个方面来阐述谦卦的相关信息。

【卦名】

谦卦的卦名为谦。"谦"是谦让的意思。

谦卦是《易经》六十四卦中的第十五卦。

【卦状】

谦卦的卦状是"上坤下艮",为地上有山之象。图样在图10.8.1中间用红色的阳爻和绿色的阴爻表示。谦卦中二爻、三爻、四爻和上爻当位,其他两个爻全不当位,主卦和客卦上爻有应。

【卦象】

象曰:地中有山,谦。君子以裒多益寡。称物平施。

二人分金喜气多,谋望吉庆求财和,口舌消散疾病少,走失行人归家窝。婚姻如意,出行得地,交易合伙,无不吉利。

谦者,谦让也,有功不居,故有二人分金之象。

【义理】

卦辞释义

谦卦的卦辞为"亨,君子有终"。这里的"有终"不是代表字面上的"有结局",而是代表"有好的结局"。意思是顺利。君子有好的结局。

形态解析

谦卦在市场中对应的形态是五阴连夹阳,即"阴阴阳阴阴阴"的形态,如图10.8.2所示:

如图10.8.2,谦卦的卦状如图中左侧所示,谦卦所对应的走势形态如图中右侧所示,即"阴阴阳阴阴阴"的走势,我们称这种形态为谦卦形态。

图 10.8.2　谦卦对应的走势形态

从形态中阴线和阳线的数目对比来看，谦卦形态代表着空方的强势，一般来说，谦卦形态也往往表现为"下跌—小幅反弹—下跌"的走势，多作为下跌持续形态。

形态要求

谦卦的标准形态如图 10.8.3 所示，图中白色虚线框标识的形态即为标准的谦卦形态，其中包含的六根 K 线从左到右标记为 K 线 A 到 K 线 F，形态之前一根 K 线标记为 K 线 0，K 线形态下方为成交量变化示意图。

谦卦形态的构成要求有以下三条：

第一，形态之前的一根 K 线必须是阳线。

第二，K 线 C 必须为真阳线，K 线 A、B、D、E、F 必须为真阴线。

第三，K 线 A、B、C 的最高价高于 K 线 D、E、F 的最高价，K 线 A、B、C 的最低价高于 K 线 D、E、F 的最低价。

谦卦形态是一个"转折"形态，多见于上涨或横盘转为下跌，其构成对于成交量没有硬性要求。理想状态下，K 线 D、E、F

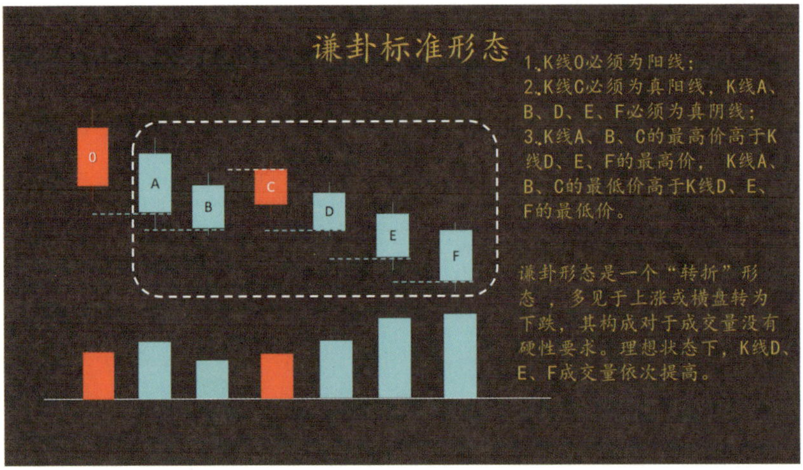

模型理论 ⑧

象数理形态模型

谦卦标准形态

1. K线O必须为阳线；
2. K线C必须为真阳线，K线A、B、D、E、F必须为真阴线；
3. K线A、B、C的最高价高于K线D、E、F的最高价，K线A、B、C的最低价高于K线D、E、F的最低价。

谦卦形态是一个"转折"形态，多见于上涨或横盘转为下跌，其构成对于成交量没有硬性要求。理想状态下，K线D、E、F成交量依次提高。

图 10.8.3　谦卦标准形态示意图

成交量依次提高。

形态性质

谦卦形态属于"转折"形态，多出现在下跌走势中作为持续形态，有时也出现在高位作为顶部形态。

谦卦形态的性质如其名，宜让不宜争，所以出现谦卦形态，操作上以防范风险为主。

接下来我们来了解一下谦卦形态的买卖条件。

买卖条件

谦卦的买卖条件如下图所示：

如图 10.8.4 是谦卦形态的买卖条件示意图，图中以整个形态的最低价作为卖出点（图中以 K 线 F 的最低价为例），以整个形态的最高价为趋势转折点（图中以 K 线 A 的最高价为例）。

卖出点：谦卦形态属于"转折"形态，多为上涨转下跌，当

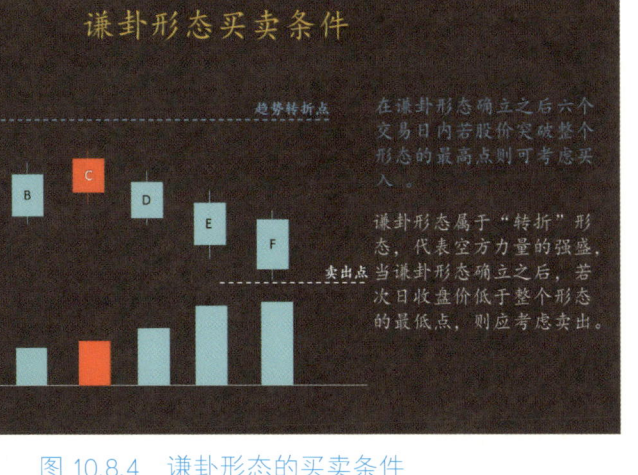

图 10.8.4　谦卦形态的买卖条件

谦卦形态确立之后，若次日收盘价低于整个形态的最低点，则应考虑卖出。

趋势转折点：在谦卦形态确立之后六个交易日内，若股价突破整个形态的最高点，则可初步判断趋势转折，此时可以考虑买入。

接下来我们通过案例详细解读。

案例解析

前文中提到，谦卦形态经常作为下跌持续形态存在，我们来看实际走势中的案例：

图 10.8.5 是 600177——雅戈尔从 2018 年 6 月 11 日到 8 月 9 日的日 K 线走势图，图中分别在 2018 年 6 月 15 日到 25 日六个交易日之间和同年 7 月 27 日到 8 月 9 日六个交易日之间，都出现了疑似为谦卦形态的"阴阴阳阴阴阴"走势，在图中分别用黄色虚线框①和②标识。

首先我们来看黄色虚线框①中的走势：

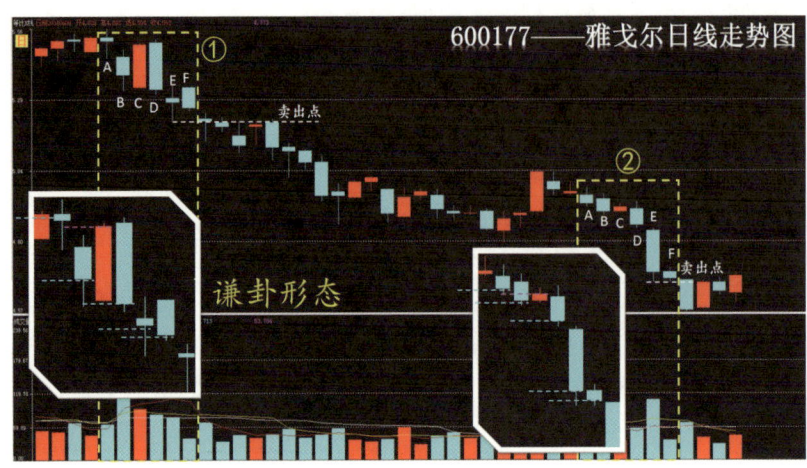

图 10.8.5　谦卦形态下跌走势中的实战案例

谦卦形态的构成条件有三个。第一个条件是形态前一根K线0必须是阳线。从图中可以看到黄色虚线框①前的第一根K线为阳线，符合谦卦形态的第一个条件。

第二个条件是形态中所有阳线都为真阳线，所有阴线都为真阴线。图中左侧折角矩形处将黄色框线①中的走势放大，可以看到，框线①中所有阳线的收盘价都相对于前一交易日有所抬高，都为真阳线，所有阴线的收盘价都相对于前一交易日有所降低，都为真阴线，符合第二个条件。

构成谦卦形态的第三个条件是K线A、B、C的最高价高于K线D、E、F的最高价，K线A、B、C的最低价高于K线D、E、F的最低价，可以看到，虚线框①中的形态明显左高右低，符合第三个条件。

至此我们可以确定黄色虚线框①中的走势构成一个谦卦形态，根据谦卦形态的买卖条件，我们以整个形态的最低价（K线E的最低点）作为卖出依据，如图中白色虚线所示，以整个形态的最高点作买入依据。

在实际的走势中，股价在谦卦形态出现之后第一个交易日即跌破了卖出点，随后股价开始了长期的下跌，此处的谦卦形态属于高位转折形态。

接下来我们来看虚线框②中的走势：

谦卦形态的形成需要满足三个条件，即形态前一根K线收阳，形态中所有阳线都为真阳线，所有阴线都为真阴线，前三根K线最高价和最低价分别高于后三根K线的最高价和最低价。

如图中右侧折角矩形处所示，很明显框线②中的走势满足前两个条件，整个形态是左高右低，明显满足第三个条件，则黄色虚线框②中走势为一个标准的谦卦形态。

根据谦卦形态的买卖条件，我们以整个形态的最低点为卖出依据，如图中白色虚线所示；以整个形态最高点为趋势转折点。

可以看到，在实际走势中股价在谦卦形态之后继续下跌，同样在形态出现后的首个交易日即跌破卖出点，此处的谦卦形态作为下跌持续形态存在。

第十一章　坤宫八卦

导读 自乾而始 由坤而终

坤宫是最后一宫，其特点是主卦都为坤卦由否卦、萃卦、晋卦、观卦、豫卦、比卦、剥卦和坤卦构成。

在本书中论述八宫的顺序为乾、兑、离、巽、震、坎、艮、坤，每一宫中客卦的顺序依次也是乾、兑、离、巽、震、坎、艮、坤，如此交织成《周易》六十四卦。这与周易中论述六十四卦的顺序并不相同，本书中更多是从形态的角度来分析六十四卦的。由乾卦开始，坤卦作为结尾，在很多性质上（尤其是形态特征上），乾卦和坤卦是互相对应的，乾宫八卦与坤宫八卦也是如此。

否卦形态与泰卦形态对应；萃卦形态和大畜卦形态对应；晋卦形态和需卦形态对应；观卦形态和大壮卦形态对应；豫卦形态和小畜卦形态对应；比卦形态和大有卦形态对应；剥卦形态和夬卦形态对应；坤卦形态和乾卦形态相对应。

这种对应关系不仅仅体现在形态的阴阳线位置上，还体现在形态的特性上。

第一节　坤宫八卦之否卦

否卦是坤宫八卦中的第一卦，其在乾宫八卦中对应"泰卦"，正所谓"否极泰来"，否与泰正相对应。

否卦卦形以及卦爻辞如下图所示：

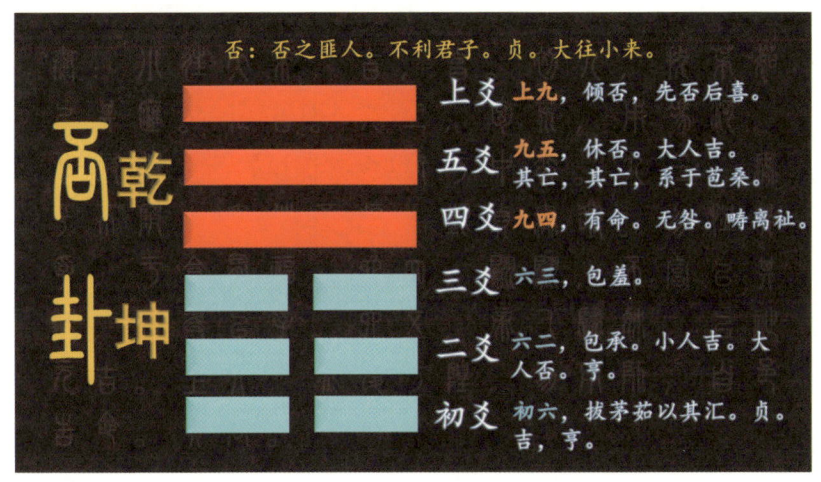

图 11.1.1　否卦卦形及卦爻辞示意图

否卦的卦形是三阳连三阴，而泰卦正好相反，是三阴连三阳。与泰卦相对应，我们同样可以从卦名、卦状、卦象和义理四个方面来阐述否卦的信息。

【卦名】

否卦的卦名为否，"否"是否定的意思。需要注意的是，否定并不一定是坏事。

否卦在《周易》中的顺序紧邻在泰卦之后，是六十四卦中的第十二卦（泰卦为第十一卦）。这实际上也是一种《周易》的哲学，它告诉我们从泰到否仅需一步，而从否回到泰，则需要整整一圈，万事由好变坏容易，由坏变好就很难。

【卦状】

泰的卦状就是"乾上坤下"，图样在图11.1.1中间用红色和绿色爻线表示。其中二爻、五爻当位，其余初爻、三爻、四爻和上爻不当位。有趣的是，在对应的泰卦中，正好相反，二爻和五爻不当位，其余四根爻线当位。否卦与泰卦一样都是，主卦和客卦的上爻、中爻和下爻全都有应，阴阳相合。

【卦象】

象曰：天地不交，否。君子以俭德辟难。不可荣以禄。

走失难寻，交易不定，婚姻不美，不可轻动。

否者，塞也。闭塞不通。如猛虎落深坑，有威风不能伸展，凶多吉少。

【义理】

卦辞释义

否卦的卦辞是"否之匪人。不利君子。贞。大往小来"。

"匪"在这里的意思不是"匪类"或者"坏人"，而是指有力量的人、强大的人。

否卦卦辞的意思是被强大的人所否定，不利于像君子一样坚持，（如果坚持的话）付出多收获少。

形态解析

前文中提到，否卦在市场中对应的形态是三连阴接三连阳，即"阴阴阴阳阳阳"的走势，如图11.1.2所示：

如图11.1.2，图中左侧是否卦的卦状，右侧是否卦所对应的走势形态，即"阴阴阴阳阳阳"的走势，我们称这种形态为否卦

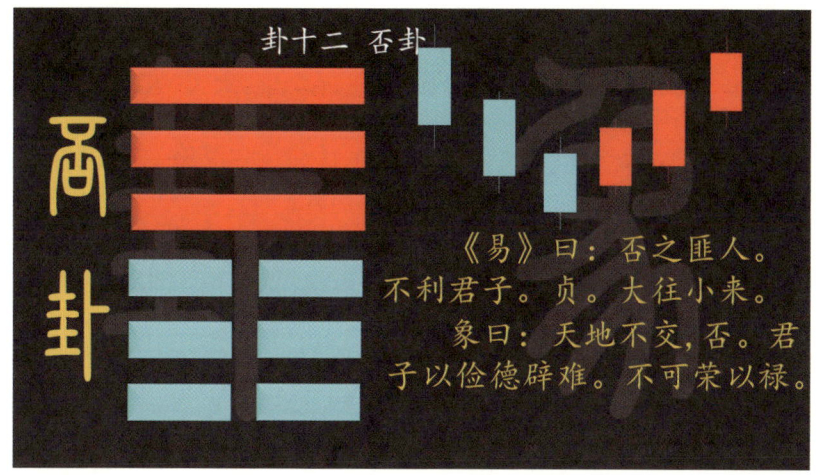

图 11.1.2　否卦对应的走势形态

形态。

从阴线与阳线的数量对比上来看，多空双方力量是均衡的，但实际上，否卦形态在市场中更多的是作为倒 V 字型形态出现，也就是说，多为底部转折形态而非持续形态。

形态要求

图 11.1.3 是否卦标准形态示意图，图中白色虚线框标识的形态即为标准的否卦形态，其中包含的六根 K 线从左到右标记为 K 线 A 到 K 线 F，形态之前一根 K 线标记为 K 线 0，K 线形态下方为成交量变化示意图。

否卦形态的要求是：

第一，形态之前的一根 K 线必须是阴线。

第二，K 线 A、B、C 必须为真阴线，K 线 D、E、F 必须为真阳线。

否卦形态属于"转折"形态，其形态构成对于成交量没有硬性要求。理想状态下 K 线 A、B、C 对应成交量依次降低，K 线 D、E、F 对应成交量依次提高。

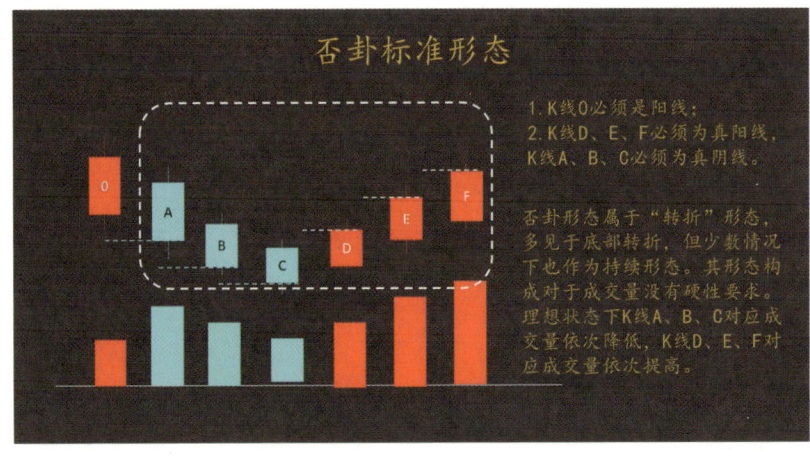

图 11.1.3　否卦标准形态示意图

因为否卦经常会代表这机会,所以其买卖条件更加侧重于买入点的优化。

买卖条件

否卦的买卖条件如下图所示:

图 11.1.4 是否卦形态的买卖条件示意图,图中提供了否卦形态的买入点、卖出点和趋势转折位。

买入点:当否卦形态确立之后,股价在六个交易日内突破形

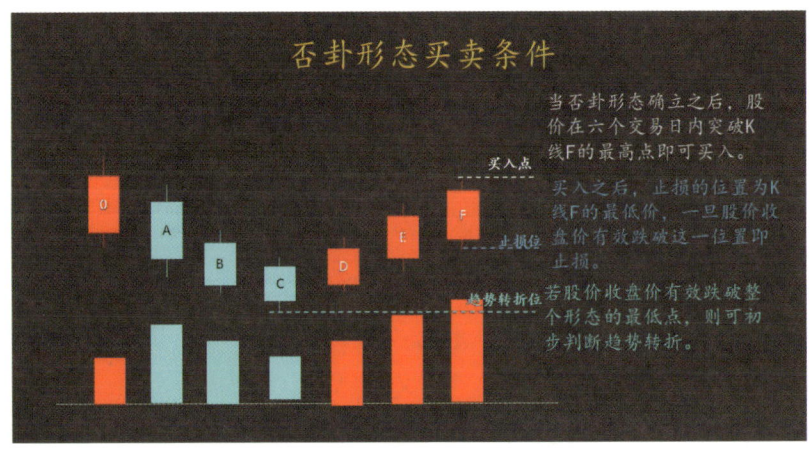

图 11.1.4　否卦形态的买卖条件

态中最后一根阳线（即 K 线 F）的最高点即可买入。

卖出点：买入之后，止损的位置为形态中最后一根阳线（即 K 线 F）的最低价，一旦股价收盘价有效跌破这一位置即止损。

趋势转折位：若形态形成之后六个交易日内，股价收盘价有效跌破整个形态的最低点，则可初步判断趋势转折。

需要注意的是，虽然作为转折形态，但否卦形态并不支持二次买入，因为否卦形态买入失败之后不能确定接下来是上涨还是横盘，二次买入的风险比较大。

形态性质

否卦形态属于"转折"形态，多见于底部转折，但少数情况下也作为持续形态。

接下来我们通过案例详细解读。

案例解析

否卦形态作为转折形态，经常会在市场中提供买入的机会。图 11.1.5 是 600094——大名城从 2019 年 3 月 5 日到 4 月 23 日的日 K 线走势图，图中可以看到 2019 年 3 月 6 日到 13 日六个交易日之间出现了三阴连三阳的走势，疑似否卦形态，在图中用黄色虚线框标识。

否卦形态要求形态前一根 K 线必须是阳线，图中可以看到黄色虚线框前的第一根 K 线是一根阳线，所以符合第一个条件。

否卦形态的第二个条件要求形态中所有阳线都为真阳线，所有阴线都为真阴线。如图中右侧折角矩形处放大走势所示，黄色虚线框中前三根阴线的收盘价在依次降低，故都是真阴线（第一根阴线的情况前文中有说明，在此不做赘述），后三根

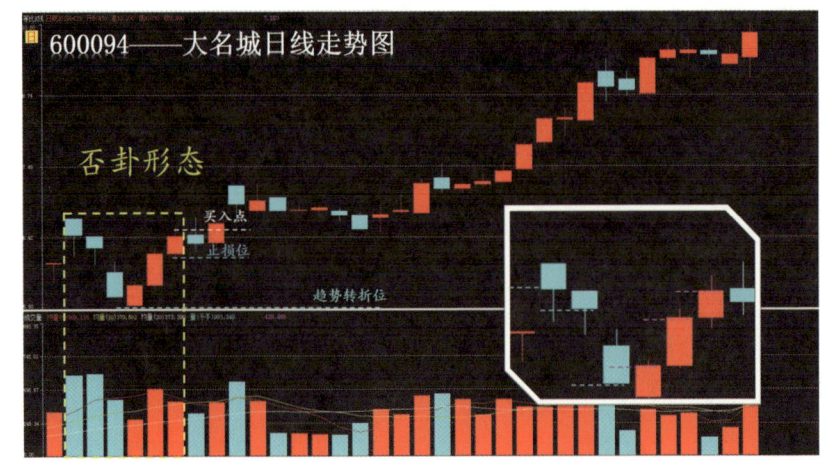

图 11.1.5　否卦形态案例解析

阳线的收盘价依次在抬高，故都为真阳线，符合否卦形态的第二个条件。

　　至此，我们可以确定黄色虚线框中的形态为否卦形态。根据否卦形态的买卖条件，我们以形态中最后一根阳线的最高价位买入依据，如图中白色虚线所示。

　　以形态中最后一根阳线的最低价为止损依据，如图中蓝色虚线所示。

　　以整个形态的最低点为趋势反转依据，如图中绿色虚线所示。

　　在实际的走势中，股价在否卦形态出现之后第二个交易日收阳突破买入点，此后开始长期的震荡上涨走势。

　　否卦形态有时还会出现在上涨走势中提供加仓或者买入的依据，如下图所示：

　　图 11.1.6 是 002001——新和成从 2019 年 1 月 28 日到 3 月 12 日的日 K 线走势图，图中可以看到 2019 年 2 月 18 日到 26 日六个交易日之间出现了疑似否卦形态的走势，在图中用黄色虚线框标识。

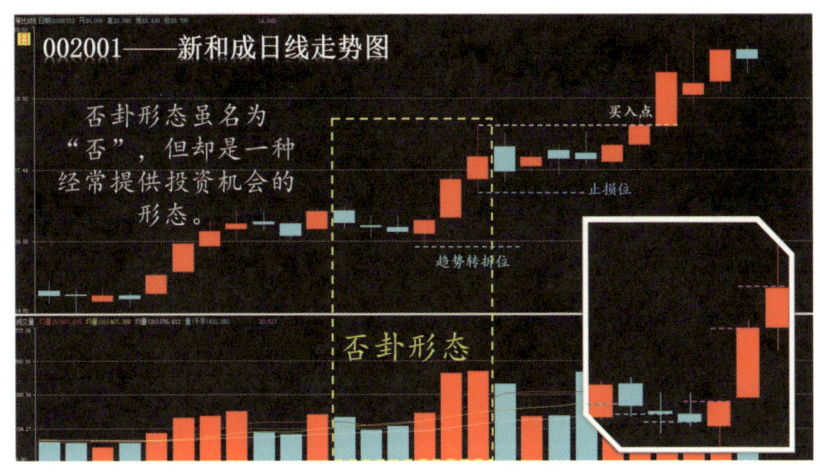

图 11.1.6　否卦形态上涨持续案例解析

想要确定这段走势为否卦形态，需要符合否卦形态的三个条件。

否卦形态要求形态前一根 K 线必须是阳线，图中可以看到黄色虚线框前的第一根 K 线是一根阳线，所以符合第一个条件。

否卦形态的第二个条件要求形态中所有阳线都为真阳线，所有阴线都为真阴线。在图中右侧折角矩形处将黄色虚线框中的走势放大，并用粉色虚线标记阳线收盘价，绿色虚线标记阴线收盘价，可以看到虚线框中所有阴线的收盘价依次降低，所有阳线的收盘价依次抬高，符合否卦形态的第二个条件。

至此，我们可以确定黄色虚线框中的形态为否卦形态。根据否卦形态的买卖条件，我们以形态中最后一根阳线的最高价位为买入依据，如图中白色虚线所示；以形态中最后一根阳线的最低价为止损依据，如图中蓝色虚线所示；以整个形态的最低点为趋势反转依据，如图中绿色虚线所示。

本案例中的否卦形态提供一个上涨走势中的额外买入点，此处的买入位置也很极限，恰好在否卦形态形成之后的第六个交易日，股价突破了买入点，买入之后，股价即结束短期横盘，开始拉升。

第二节 坤宫八卦之萃卦

萃卦是坤宫八卦中的第二卦，其性质与乾宫八卦中的大畜卦相对应，其卦形以及卦爻辞如下图所示：

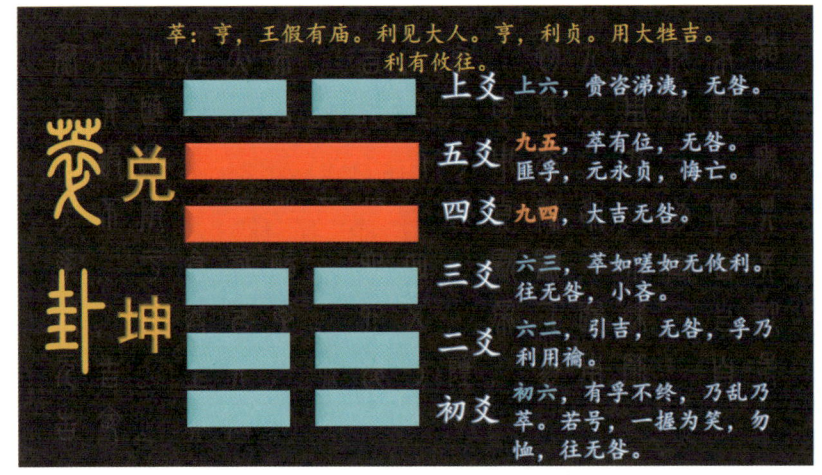

图 11.2.1 萃卦形态及卦爻辞示意图

萃卦与大畜卦之间的对应关系主要体现在形态上，简单来说，把萃卦形态中所有的阴线变成阳线，所有阳线变成阴线，就是大畜卦了。

与大畜卦相对应，关于萃卦的含义，我们也可以从卦名、卦状、卦象和义理四个方面来阐述。

【卦名】

萃卦的卦名为萃，象征荟萃聚集。

萃卦为六十四卦中的第四十五卦。

【卦状】

萃卦的卦状就是"兑上坤下"，图样在图11.2.1中间用红色和绿色爻线表示。

萃卦的爻线当位情况与大畜卦完全相反，即二爻、五爻、上爻当位，初爻、三爻和四爻不当位。

爻线有应的情况和大畜卦相同，即主卦和客卦的中爻和下爻皆有应，阴阳相合。

【卦象】

象曰：泽上于地，萃。君子以除戎器，戒不虞。

鲤鱼化龙喜气来，口舌疾病身无灾，犹疑从今都消散，祸门闭来福门开。鲤鱼化龙，喜事重重，求财到手，做事有成。

萃者，升聚也，万物萃聚，故有鲤鱼变龙之象。

【义理】

卦辞释义

萃卦的卦辞是"亨，王假有庙。利见大人。亨，利贞。用大牲吉。利有攸往"。

"王假有庙"是一种比喻，周朝的风俗是帝王到庙里求好事，这里的假不是真假的假，而是借用的意思。

萃卦卦辞的意思是顺利。王来到庙里，利于参见大人，这是亨通的，不过要利于守正。用大牲畜祭祀，利于有所前进。

形态解析

萃卦在市场中对应的形态是"阴阴阴阳阳阴"的走势,如图11.2.2所示:

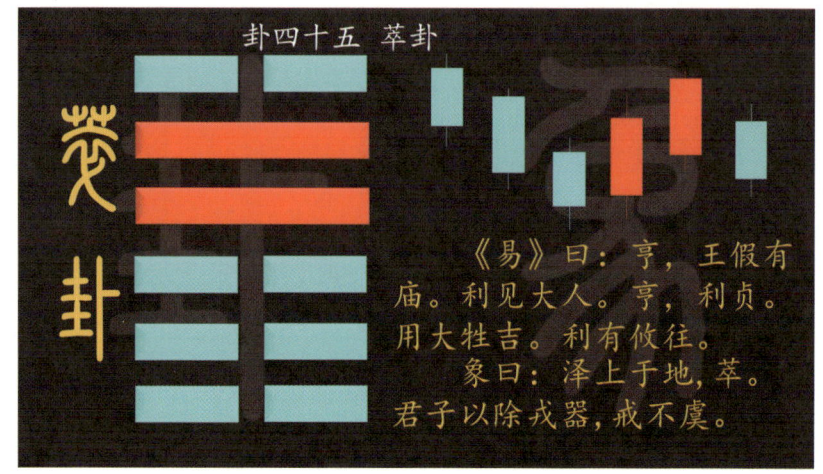

图 11.2.2　萃卦对应的走势形态

如图 11.2.2,图中左侧是萃卦的卦状,右侧是萃卦所对应的走势形态,即"阴阴阴阳阳阴"的走势,我们称这种形态为萃卦形态。

萃卦形态代表空方强势,其形态在市场中多表现为"下跌—回调—下跌"的走势,形态中阳线数量少于阴线数量,且最后一根 K 线收阴。

形态要求

图 11.2.3 是萃卦标准形态示意图,图中白色虚线框标识的形态即为标准的萃卦形态,其中包含的六根 K 线从左到右标记为 K 线 A 到 K 线 F,形态之前一根 K 线标记为 K 线 0,K 线形态下方为成交量变化示意图。

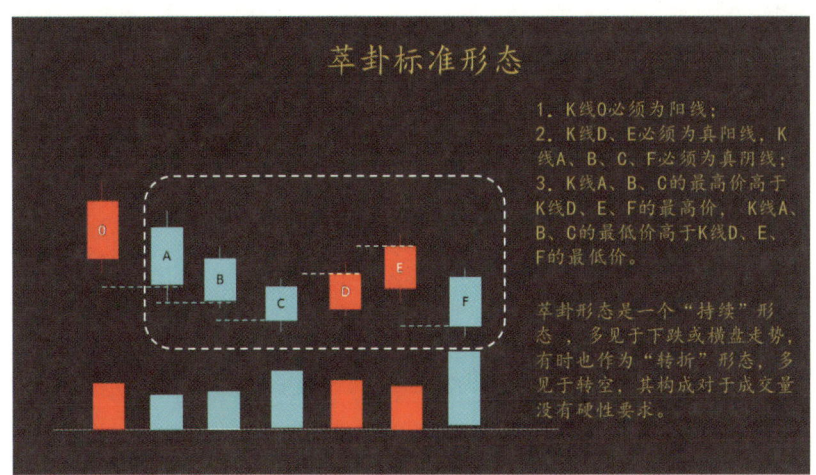

图 11.2.3 萃卦标准形态示意图

萃卦形态的要求是：

第一，形态之前的一根 K 线必须是阳线。

第二，K 线 D、E 必须为真阳线，K 线 A、B、C、F 必须为真阴线。

第三，K 线 A、B、C 的最高价高于 K 线 D、E、F 的最高价，K 线 A、B、C 的最低价高于 K 线 D、E、F 的最低价。

若形态仅不满足第三个条件，则说明下跌动能不强，若出现在下跌走势中，则说明当前下跌趋势可能已经临近结束。

萃卦形态是一个"持续"形态，其构成对于成交量没有硬性要求。

买卖条件

萃卦的买卖条件如下图所示：

象数理形态模型

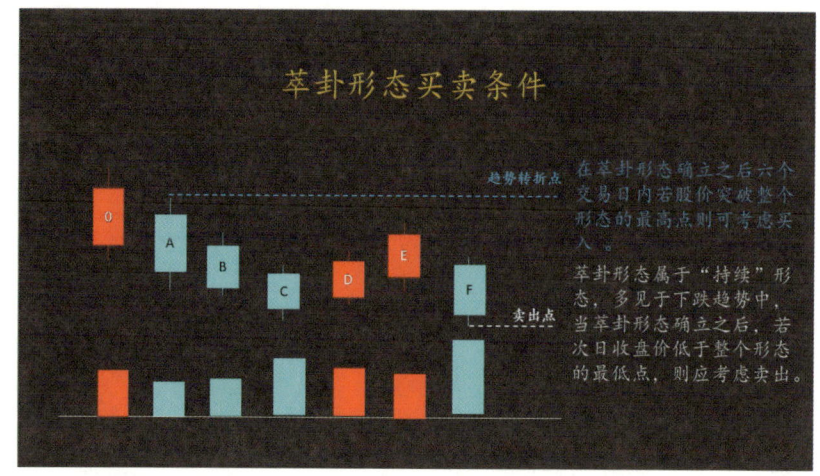

图 11.2.4　萃卦形态的买卖条件

图 11.2.4 是萃卦形态的买卖条件示意图，图中显示了当萃卦形态出现之后的卖出点和趋势反转位。

与否卦形态相比，萃卦形态少了一个买入位，这是因为否卦形态多带来机会，而萃卦形态多带来风险。

卖出点：当萃卦形态确立之后，若次日收盘价低于整个形态的最低点，则应考虑卖出。

趋势反转位：在萃卦形态确立之后六个交易日内，若股价突破整个形态的最高点，即趋势反转位，则说明趋势可能反转，应关注市场中的机会。

萃卦作为持续形态，不涉及二次买入。

形态性质

虽然阴线与阳线的数目不均等，但萃卦形态仍然是一个"持续"形态，因为相比于转折，萃卦形态更多出现在下跌或横盘走势中作为持续形态，较少作为"转折"形态，多见于转空，其构成对于成交量没有硬性要求。

因为国内市场只有做多机制,所以萃卦形态不像大畜卦形态那样值得大书特书,很多对应的性质因为不能获利所以失去了实际意义,在此就不多做赘述了。

接下来我们通过案例详细解读。

案例解析

萃卦形态往往会出现在下跌趋势的中间作为持续形态,如下图所示:

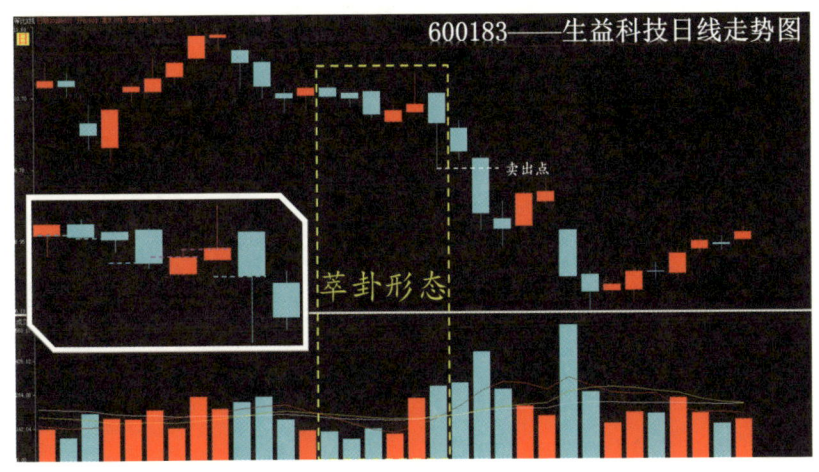

图 11.2.5　萃卦形态低位转折案例解析

图 11.2.5 是 600183——生益科技从 2018 年 3 月 21 日到 5 月 10 日的日 K 线走势图,图中可以看到 2018 年 4 月 11 日到 18 日六个交易日之间出现了"阴阴阴阳阳阴"的走势,疑似萃卦形态,在图中用黄色虚线框标识。

萃卦形态要求形态前一根 K 线必须是阳线,图中可以看到黄色虚线框前的第一根 K 线是一根阳线,所以符合第一个条件。

图中左侧折角矩形处将虚线框中的走势放大,并且用粉色虚线标记阳线收盘价,绿色虚线标记阴线收盘价。可以看到,所有

阳线的收盘价都相对于前一交易日有所提高，都为真阳线。所有阴线的收盘价都相对于前一个交易日有所降低，都为真阴线，符合萃卦形态的第二个条件。

可以看到，整个形态中的最高点出现在倒数第二根K线中，明显不符合第三个条件。前文中提到，这种情况说明下跌动能不强，已经接近低位了。

即使形态不符合第三个条件，我们仍然可以确定黄色虚线框中的走势构成一个萃卦形态。根据萃卦形态的买卖条件，我们以黄色框线中最后一根K线（即K线F，2018年4月18日）的最低点为卖出依据，如图中白色虚线所示；以整个形态的最高点为趋势转折依据。

在实际的走势中，萃卦形态出现之后第二个交易日股价即跌破白色虚线，卖出之后可以回避接下来的下跌风险。

可以看到，萃卦形态所在的这段下跌走势持续时间并不长，符合我们根据静态做出的下跌动能不强的判断，有经验的投资者甚至可以根据这种判断把握住接下来的市场机会。

第三节　坤宫八卦之晋卦

晋卦是坤宫八卦中的第六卦，形态上对应乾宫八卦中的需卦，晋卦的卦形以及卦爻辞如图11.3.1所示。

接下来我们从卦名、卦状、卦象和义理四个方面来阐述晋卦的相关信息。

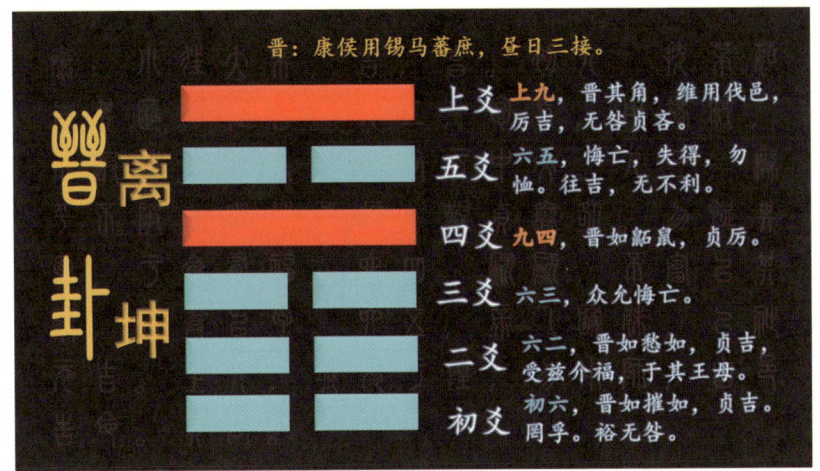

图 11.3.1 晋卦形态及卦爻辞

【卦名】

晋卦的卦名为晋,"晋"是晋升的意思。

晋卦为《周易》中的第三十五卦。

【卦状】

晋卦的卦状就是"离上坤下",图样在图 11.3.1 中间用红色和绿色爻线表示。晋卦的爻线当位情况与需卦正好相反,即二爻当位,其余爻线不当位。

而晋卦与需卦的主卦与客卦爻线有应的情况相同,即主卦和客卦的上爻和下爻皆有应,阴阳相合。

【卦象】

象曰:明出地上,晋。君子以自昭明德。

锄地得金卦如何,占者逢之喜气多,谋事谋财皆如意,婚姻有成疾病消。口舌消散见官有理,行人即至,出门见喜。

晋者,进也。前进后益,故有锄地得金之象,乃一农人锄地抱垄,甚是辛苦,一日锄地锄出金子来,时来运转之兆也。

【义理】

卦辞释义

晋卦的卦辞是"康侯用锡马蕃庶,昼日三接"。

卦辞中"康侯"是指周武王的弟弟卫康叔,"锡"是"赐予"的意思,"蕃"通"繁",是"繁多"的意思,"庶"是"众多"的意思,"三"是虚数,指很多次,"接"是"接见"的意思。所以晋卦卦辞的含义是康侯被赐予了很多车马,一天被接见好几次。

形态解析

晋卦在市场中对应的形态是"阴阴阴阳阴阳"的走势,如图11.3.2所示:

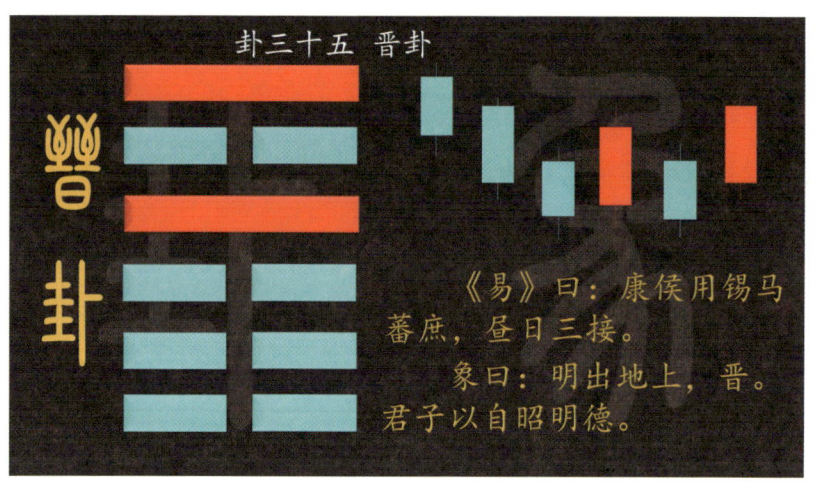

图 11.3.2　晋卦对应的走势形态

如图11.3.2,图中左侧是晋卦的卦状,右侧是晋卦所对应的走势形态,即"阴阴阴阳阴阳"的走势,我们称这种形态为晋卦形态。

晋卦形态体现了空方比较强势，多作为下跌形态，但后三根K线"阳阴阳"的排列很容易天然形成下分形，最后一根K线也是阳线，所以晋卦形态偶尔也会作为低位转折形态存在。

形态要求

晋卦形态对于构成形态的细节的要求如下图所示：

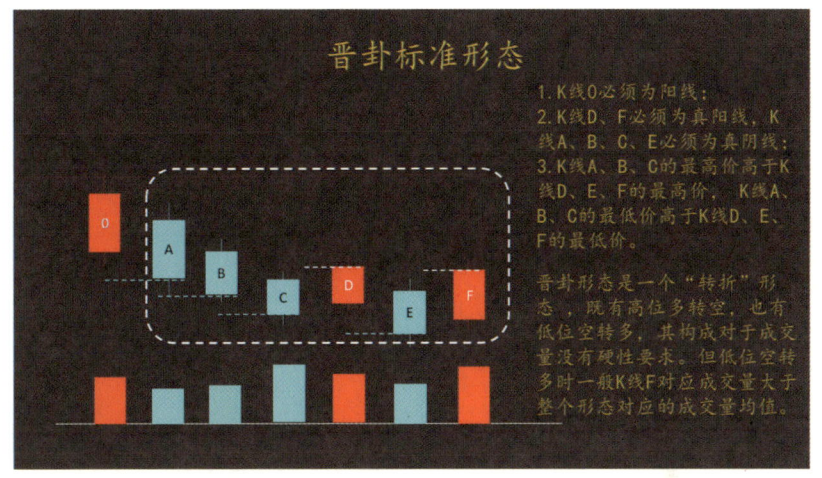

图 11.3.3　晋卦标准形态示意图

图 11.3.3 是晋卦标准形态示意图，图中白色虚线框标识的形态即为标准的晋卦形态，其中包含的六根K线从左到右标记为K线A到K线F，形态之前一根K线标记为K线0，K线形态下方为成交量变化示意图。

晋卦形态的要求是：

第一，形态之前的一根K线必须是阳线。

第二，K线D、F必须为真阳线，K线A、B、C、E必须为真阴线。

第三，K线A、B、C的最高价高于K线D、E、F的最高价，K线A、B、C的最低价高于K线D、E、F的最低价。

晋卦形态是一个"转折"形态，其构成对于成交量没有硬性要求。但作为低位转折形态时一般K线F对应成交量大于整个形态对应的成交量均值。

买卖条件

晋卦的买卖条件如下图所示：

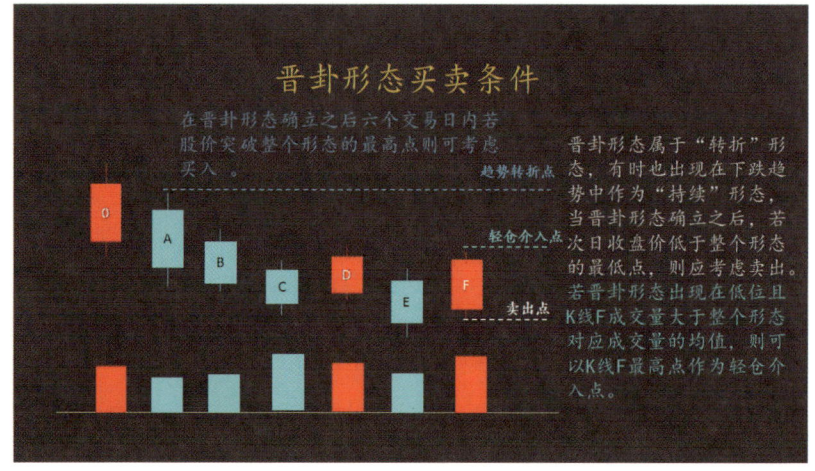

图11.3.4 晋卦形态的买卖条件

图11.3.4是晋卦形态的买卖条件示意图，图中给出了当晋卦形态出现之后的卖出点、轻仓介入点和趋势转折点。

卖出点：当晋卦形态确立之后，若次日收盘价低于整个形态的最低点，则应考虑卖出。

轻仓介入点：若晋卦形态出现在低位且K线F成交量大于整个形态对应成交量的均值，则可以K线F最高点作为轻仓介入点。

需要注意的是，如果确认形态出现在低位，则成交量不满足条件也可以以K线F最高点作为轻仓介入点。

趋势转折点：在晋卦形态确立之后六个交易日内，若股价突破整个形态的最高点，即趋势反转位，则说明趋势可能反转，可以考虑把握后市机会。

关于二次买入方面，晋卦形态作为一种阴多阳少的形态，风险较大，不考虑二次买入。

形态性质

晋卦形态属于"反转"形态的一种，多作为高位转折形态或者下跌持续形态，偶尔也作为低位转折形态。

作为低位转折形态时一般 K 线 F 对应成交量大于整个形态对应的成交量均值。

案例解析

一般来说，晋卦形态往往会出现在下跌走势中作为持续形态，如下图所示：

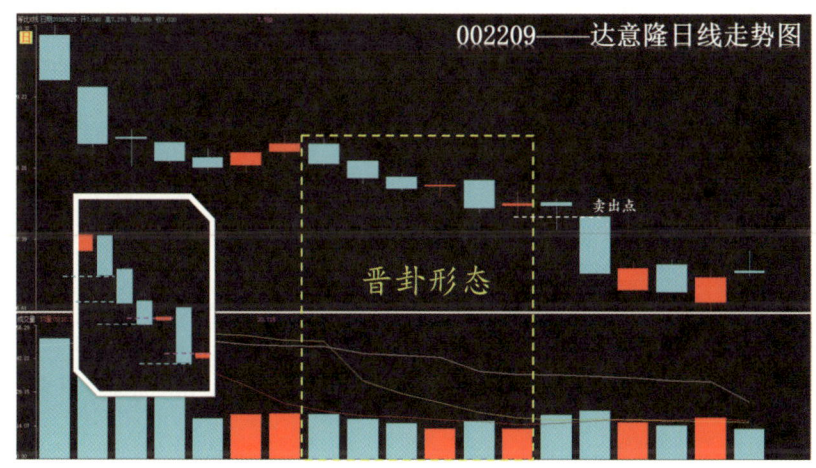

图 11.3.5　晋卦形态下跌持续案例解析

图 11.3.5 是 002209——达意隆从 2018 年 5 月 29 日到 6 月 25 日的日 K 线走势图，图中可以看到 2018 年 6 月 7 日到 14 日六个交易日之间出现了"阴阴阴阳阴阳"的走势，疑似晋卦形态，

在图中用黄色虚线框标识。

首先,我们需要确定花色虚线框中的走势确实为晋卦形态,这需要满足三个条件。第一个条件是形态前一根K线必须是阳线,从图中可以看到黄色虚线框前的第一根K线是一根阳线,符合第一个条件。

第二个条件是黄色虚线框中所有阳线都为真阳线,所有阴线都为真阴线。如图中左侧折角矩形所示为黄色虚线框中的走势放大,其中将所有阳线的收盘价都用粉色虚线标识出来,所有阴线的收盘价都用绿色虚线标识出来。可以看到,所有阳线收盘价都相对于前一个交易日有所抬高,而所有阴线的收盘价都相对于前一交易日有所降低,符合晋卦形态的第二个条件。

最后一个条件是,形态中前三根K线的最高价和最低价分别大于后三根K线的最高价和最低价。可以看到,在黄色虚线框中,几乎每一根K线的最高价和最低价相对于前一个交易日都有所降低,走势明显符合第三个条件。

至此,我们可以确定黄色虚线框中的走势是晋卦形态。在实际的走势中,这个晋卦形态出现在下跌走势中作为持续形态。

此时这个晋卦形态可以提供额外的卖出依据,根据晋卦形态的买卖条件,我们以晋卦形态的最低点为卖出依据,如图中白色虚线所示。

除了下跌持续形态之外,晋卦形态偶尔还会作为高位转折形态,如下图所示:

图11.3.6是002208——合肥城建从2018年4月3日到7月9日的日K线走势图,图中用黄色虚线框标记的走势为2018年5月24日到31日之间共六个交易日的走势,可以看到这段走势呈现"阴阴阴阳阴阳",其K线搭配疑似为晋卦形态,接下来我们通过晋卦形态的要求来确定这个形态是否为晋卦形态。

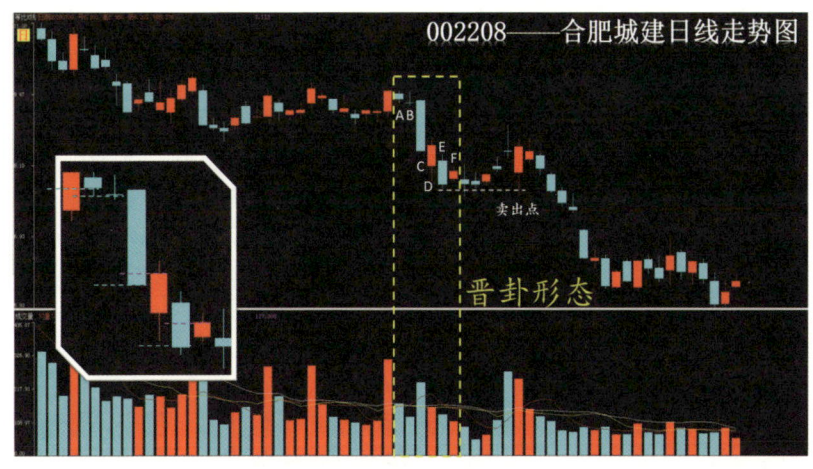

图 11.3.6　晋卦形态高位转折实战案例

在上一个案例中提到，晋卦形态共有三个构成条件，虚线框前第一根 K 线为阳线，符合第一个条件。

左侧折角矩形处将虚线框中走势放大，并用粉色和绿色虚线分别标记阳线和阴线的收盘价，确定所有阳线都为真阳线，所有阴线都为真阴线，符合第二个条件。

将虚线框中的 K 线从左到右一次标记为 K 线 A、B、C、D、E、F，其中前三根 K 线的最高价位 K 线 A 的最高价，最低价为 K 线 C 的最低价，后三根 K 线的最高价为 K 线 D 的最高价，最低价为 K 线 E 的最低价，而 K 线 A 的最高价高于 K 线 D 的最高价，K 线 C 的最低价高于 K 线 E 的最低价，符合第三个条件。

到此，我们可以确定黄色虚线框中的走势是晋卦形态。在实际的走势中，这个晋卦形态作为股价由横盘转为下跌的转折形态。

此时这个晋卦形态可以提供卖出的依据，根据晋卦形态的买卖条件，我们以晋卦形态的最低点为卖出依据，如图中白色虚线所示。

第四节　坤宫八卦之观卦

观卦是坤宫八卦中的第四卦，其形态对应乾宫八卦中的第五卦大壮卦，观卦的卦形以及卦爻辞如下图所示：

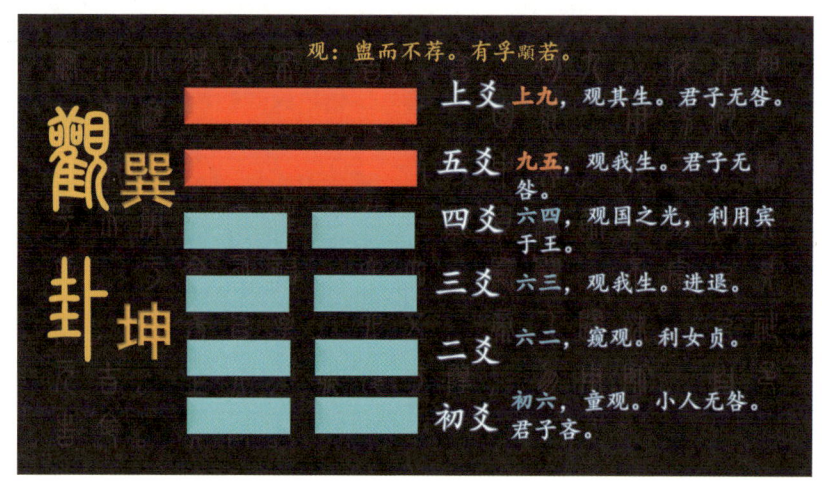

图 11.4.1　观卦形态及卦爻辞

按照惯例，我们从卦名、卦状、卦象和义理四个方面来阐述观卦的相关信息。

【卦名】

观卦的卦名为观，"观"有察言观色，见风使舵之意，引申为尊敬或者敬仰的含义。

观卦为六十四卦中的第二十卦。

【卦状】

观卦的卦状就是"巽上坤下"，图样在图 11.4.1 中间用红色和绿色爻线表示。其中爻线的当位情况与大壮卦相反，二爻、四爻和五爻当位，其余初爻、三爻、四爻和上爻不当位。

主卦和客卦爻线有应情况与大壮卦相同，即主卦和客卦的上爻和中爻皆有应，阴阳相合。

【卦象】

象曰：风行地上，观。先王以省方观民设教。

此卦有水来浇荷，生意买卖利息多，婚姻自有人来助，出门永不受折磨。走失得见口舌散，疾病皆除人人善。

观者，为人所仰也，故有旱荷得水之象。一池荷花，正当天旱的时候，池干花枯，全不茂盛，忽然天降大雨，花又茂盛，占此卦者，得贵人扶助之兆。

【义理】

卦辞释义

观卦的卦辞是"盥而不荐。有孚颙若"。

"盥"是洗的意思，"荐"是介绍的意思，"孚"是信任的意思，"颙"是仰慕的意思，"若"在这里代表好像的意思。

观卦卦辞的含义为观盥洗而不观上供，有诚意就是尊敬。

形态解析

观卦在市场中对应的形态与大壮卦形态完全相对应，大壮卦形态是四阳连二阴，观卦形态是四阴连二阳，即连续的四根阴线之后出现两根阳线的走势，如图11.4.2所示。

图中左侧是观卦的卦状，右侧是观卦所对应的走势形态，即四连阴加二连阳的走势，这种"阴阴阴阴阳阳"的形态就是前文中提到的观卦形态。

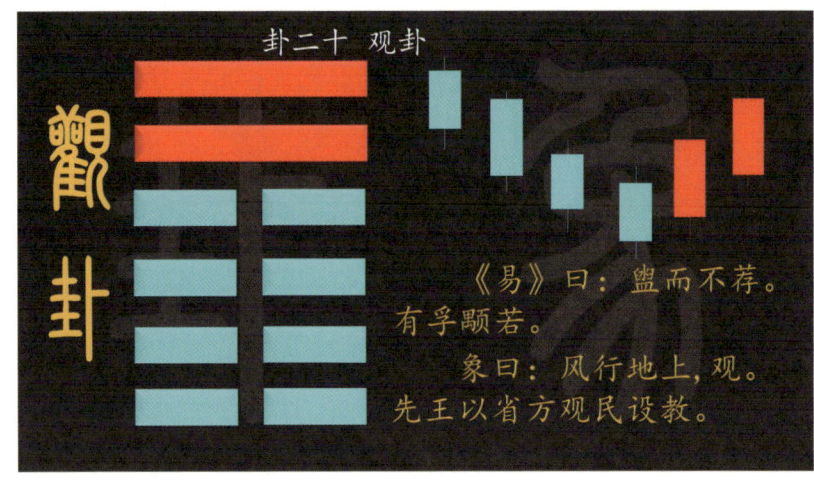

图 11.4.2 观卦对应的走势形态

观卦形态的出现体现了空方力量的强盛，经常作为高位转折或者下跌持续形态，但因为形态的关系，观卦也可能会出现在低位作为转折形态。

形态要求

观卦形态对于构成形态的细节的要求如下图所示：

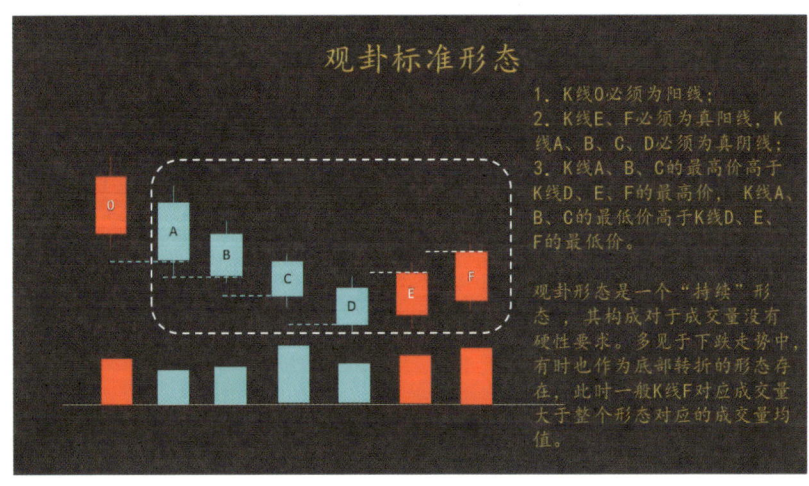

图 11.4.3 观卦标准形态示意图

图 11.4.3 是观卦标准形态示意图，图中白色虚线框标识的形态即为标准的观卦形态，其中包含的六根 K 线从左到右标记为 K 线 A 到 K 线 F，形态之前一根 K 线标记为 K 线 0，K 线形态下方为成交量变化示意图。

观卦形态的要求是：

第一，形态之前的一根 K 线必须是阳线。

第二，K 线 E、F 必须为真阳线，K 线 A、B、C、D 必须为真阴线。

第三，K 线 A、B、C 的最高价高于 K 线 D、E、F 的最高价，K 线 A、B、C 的最低价高于 K 线 D、E、F 的最低价。

观卦形态是一个"持续"形态，其构成对于成交量没有硬性要求。多见于下跌走势中，有时也作为底部转折的形态存在，此时一般 K 线 F 对应成交量大于整个形态对应的成交量均值。

买卖条件

观卦的买卖条件如下图所示：

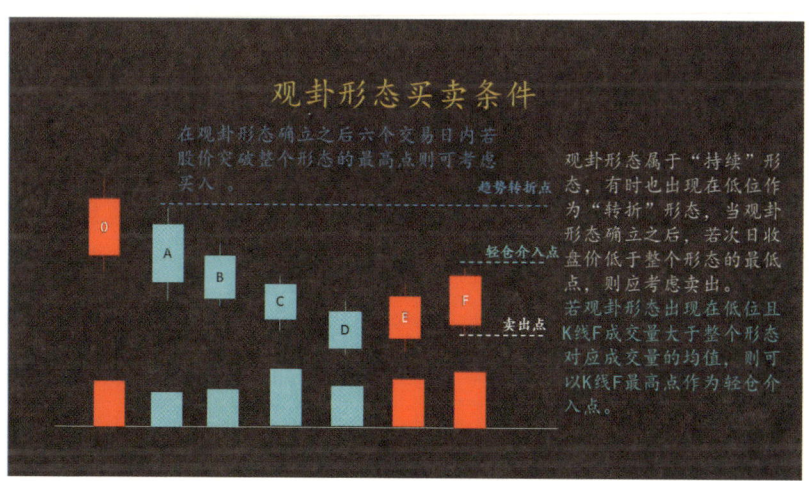

图 11.4.4　观卦形态的买卖条件

图 11.4.4 是观卦形态的买卖条件示意图,图中给出了当观卦形态出现之后的卖出点、轻仓介入点和趋势反转位。

卖出点:当观卦形态确立之后,若次日收盘价低于整个形态的最低点,则应考虑卖出。

轻仓介入点:若观卦形态出现在低位且 K 线 F 成交量大于整个形态对应成交量的均值,则可以 K 线 F 最高点作为轻仓介入点。同样,轻仓介入点的确立不强制要求成交量符合条件。

趋势反转位:在观卦形态确立之后六个交易日内,若股价突破整个形态的最高点,即趋势反转位,则说明趋势可能反转,此时应该关注市场中的机会。

关于二次买入方面,因为观卦形态总体体现的是空方强盛,风险较大,所不支持二次买入。

形态性质

观卦形态属于"反转"形态的一种,一般会出现在下跌趋势的起点或者中间,少数情况下也可能出现在上涨趋势的起点。

接下来我们通过案例详细解读。

案例解析

一般来说,投资者们最希望看到观卦形态出现在上涨趋势的起点,作为低位转折形态,下面我们来看观卦形态作为启涨形态的案例。

图 11.4.5 是 600099——林海股份从 2019 年 1 月 24 日到 2019 年 3 月 18 日的日 K 线走势图,图中可以看到 2019 年 1 月 28 日到 2 月 11 日六个交易日之间出现了四连阴加两连阳的走势,疑似观卦形态,在图中用黄色虚线框标识。

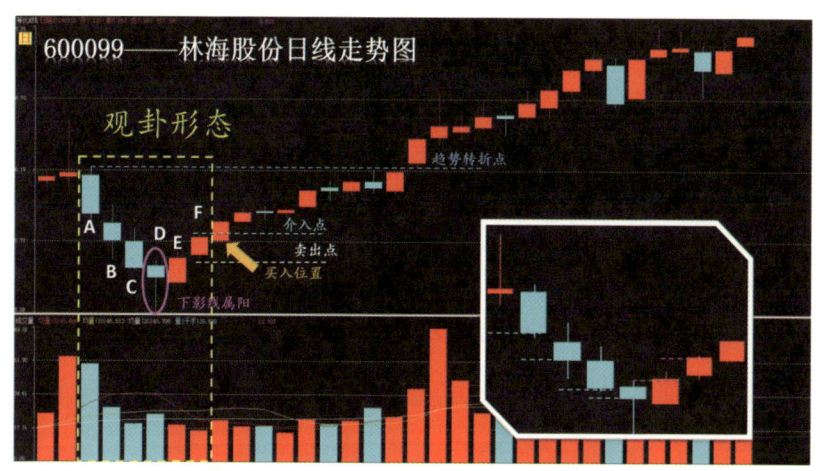

图 11.4.5　观卦形态低位转折案例解析

首先，我们要先确认黄色虚线框中的走势确实为观卦形态，观卦形态要求形态前一根 K 线必须是阳线，图中可以看到黄色虚线框前的第一根 K 线是一根阳线，所以符合第一个条件。

黄色虚线框中前四根阴线的收盘价依次降低，都是真阴线，最后两根阳线收盘价也相对于前一根 K 线抬高，都为真阳线（具体见右侧折角矩形处放大走势），符合观卦形态的第二个条件。

观卦形态的最后一个条件要求前三根 K 线的最高价高于后三根 K 线的最高价，前三根 K 线的最低价高于后三根 K 线的最低价。

将框线中的 K 线依次标记为 K 线 A、B、C、D、E、F，则前三根 K 线的最高点在 K 线 A，最低点在 K 线 C，后三根 K 线的最高点在 K 线 F，最低点在 K 线 D。从图中可以看到，K 线 A 的最高点高于 K 线 F 的最高点，K 线 C 的最低点高于 K 线 D 的最低点，符合第三个条件。

至此，我们可以确定黄色虚线框中的走势构成一个观卦形态。根据观卦形态的买卖条件，我们以黄色框线中最后一根 K 线的最高点为轻仓介入点，如图中绿色虚线所示。

以 K 线 F 的最低点为买入之后的止损位，如图中白色虚线所示。

以整个形态的最高点为趋势转折点，如图中蓝色虚线所示。

在实际的走势中，观卦形态出现之后，股价在下个交易日即突破绿色虚线，此时买入（图中用黄色箭头标记买入位置），股价开始长期上涨走势。

实际上，我们可以通过对框线中走势的形态分析来预判其后市的变化。在介绍乾卦的时候我们提到过影线的阴阳问题，下影线因为是由上涨形成的，所以属阳。而阳属性的影线往往代表着后市的机会，尤其是出现在连续下跌且成交量和 K 线实体都不断缩小的情况下。

从图中可以看到，观卦形态中三四根阴线虽然价格在降低，但是实体不断减小，成交量整体缩减，配合第四根阳线的长下影线（如图中粉色圆圈标记），此时我们可以预期后市会上涨，此后的股价变化果然与我们的预期一致。

当然，大多数情况下，观卦形态还是会出现在下跌趋势中的，如下图所示：

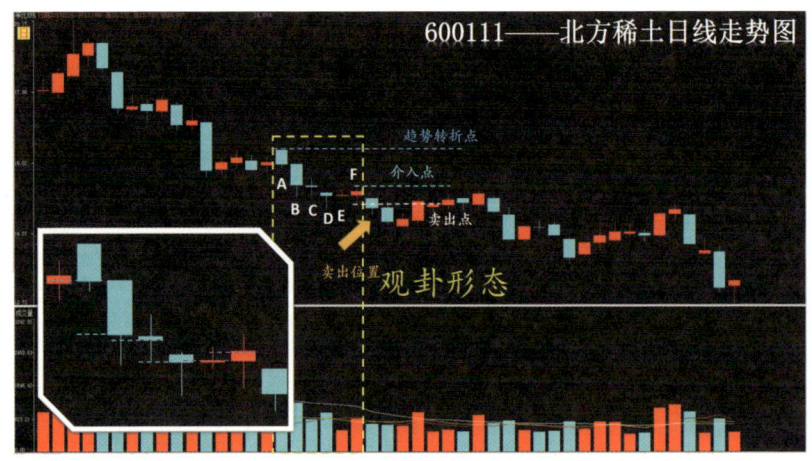

图 11.4.6　观卦形态低位转折案例解析

图 11.4.6 是 600111——北方稀土从 2017 年 9 月 8 日到 2017 年 11 月 30 日的日 K 线走势图，图中可以看到 2017 年 10 月 9 日到 16 日六个交易日之间出现了四连阴加两连阳的走势，疑似观卦形态，在图中用黄色虚线框标识。

首先，我们要先确认黄色虚线框中的走势确实为观卦形态。观卦形态要求形态前一根 K 线必须是阳线，图中可以看到黄色虚线框前的第一根 K 线是一根阳线，所以符合第一个条件。

黄色虚线框中前四根阴线的收盘价在依次降低，都是真阴线，最后两根阳线收盘价也相对于前一根 K 线抬高，都为真阳线（具体见左侧折角矩形处放大走势），符合观卦形态的第二个条件。

观卦形态的最后一个条件要求前三根 K 线的最高价高于后三根 K 线的最高价，前三根 K 线的最低价高于后三根 K 线的最低价。

将框线中的 K 线依次标记为 K 线 A、B、C、D、E、F，则前三根 K 线的最高点在 K 线 A，最低点在 K 线 C，后三根 K 线的最高点在 K 线 F，最低点在 K 线 D。从图中可以看到，K 线 A 的最高点高于 K 线 F 的最高点，K 线 C 的最低点高于 K 线 D 的最低点，符合第三个条件。

至此，我们可以确定黄色虚线框中的走势构成一个观卦形态。根据观卦形态的买卖条件，我们以黄色框线中最后一根 K 线的最高点为轻仓介入点，如图中绿色虚线所示。

以 K 线 F 的最低点为买入之后的止损位，如图中白色虚线所示。

以整个形态的最高点为趋势转折点，如图中蓝色虚线所示。

在实际的走势中，观卦形态出现之后，股价在下个交易日即跌破白色虚线，卖出点如图中黄色箭头标识，卖出之后，股价开始了缓慢而长期的下跌。自观卦形态之后，本轮下跌仍持续了 48

个交易日。

从图中可以看到，本案例中的观卦形态出现在下跌走势的中间作为持续形态。

第五节　坤宫八卦之豫卦

豫卦是坤宫八卦中的第五卦，其卦形在乾宫八卦中对应的是小畜卦，具体卦形以及卦爻辞如下图所示：

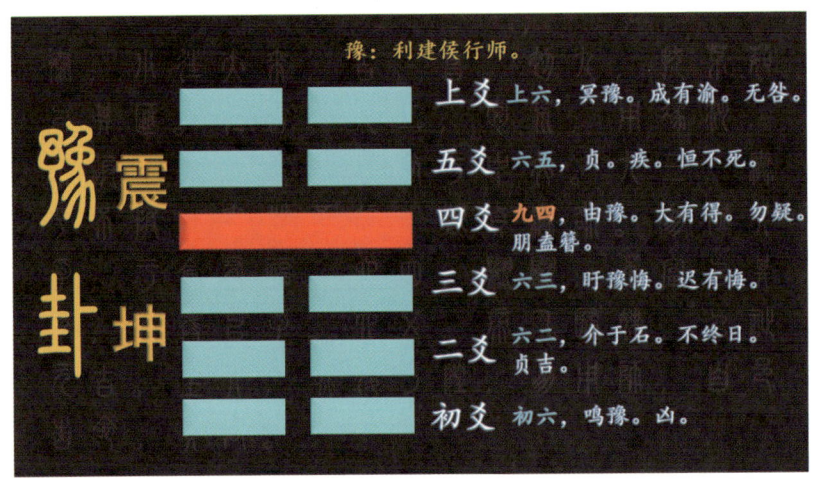

图 11.5.1　豫卦形态及卦爻辞

如图 11.5.1 所示，豫卦与小畜卦的阴阳爻构成完全相反，我们从卦名、卦状、卦象和义理四个方面来阐述豫卦的相关信息。

【卦名】

豫卦的卦名为豫，"豫"是安闲的意思。

豫卦为六十四卦中的第十六卦。

【卦状】

豫卦的卦状就是"震上坤下",图样在图 11.5.1 中间用红色和绿色爻线表示。其中二爻和上爻当位,初爻、三爻、四爻和五爻不当位,这一点和对应的小畜卦完全相反。

而主卦和客卦的下爻有应,这一点与小畜卦相同。

【卦象】

象曰:雷公地奋,豫。先王以作乐崇德,殷荐之上帝,以配祖考。

青龙得水喜重生,谋望求财事有成,婚姻出行无阻碍,是非口舌得安宁。交易有成,行人即归,收取可得,合伙无妨。

豫者,乐和也。人心乐和,故有青龙得位之象。

【义理】

卦辞释义

豫卦的卦辞是"利建侯行师"。

其含义为利于建立诸侯国和出兵打仗。实际上,卦辞中的"建侯行师"是一种比喻,是指类似于建国和出兵的事情。也就是说,卦辞的实际含义为利于搞建设或者对外交往两方面的事情。

形态解析

豫卦在市场中对应的形态同样是五阴夹一阳,是一根阴线把阳线 3:2 分,呈现"阴阴阴阳阴阴"的走势,如图 11.5.2 所示。

图中左侧是豫卦的卦状,右侧是豫卦所对应的走势形态,即"阴阴阴阳阴阴"的走势,我们称这种形态为豫卦形态。

象数理形态模型

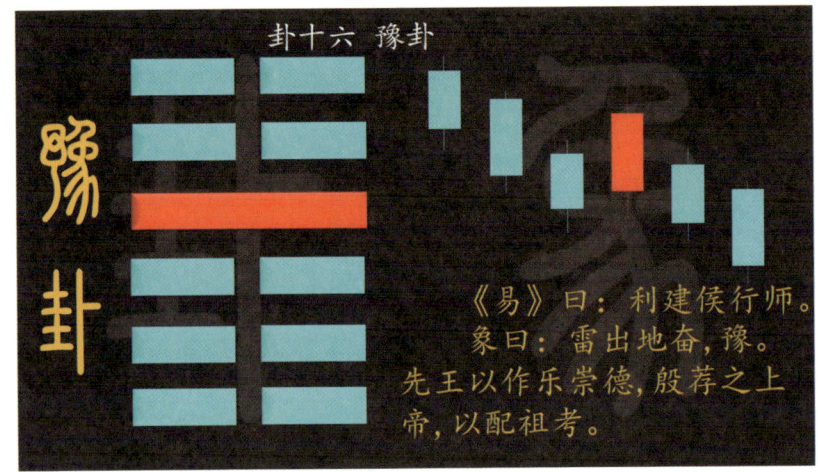

图 11.5.2 豫卦对应的走势形态

豫卦形态的出现体现了空方力量的强盛，其中的一根阳线经常表现为连续的下跌中的短期反弹，代表力度极弱，且这个反弹很好地释放了下跌积蓄的反弹可能，所以豫卦形态往往代表着风险。

一般来说，豫卦形态会出现在下跌走势中作为持续形态，有时也出现在下跌趋势的起点作为转折形态。

形态要求

图 11.5.3 是豫卦标准形态示意图，图中白色虚线框标识的形态即为标准的豫卦形态，其中包含的六根 K 线从左到右标记为 K 线 A 到 K 线 F，形态之前一根 K 线标记为 K 线 0，K 线形态下方为成交量变化示意图。

豫卦形态的要求是：

第一，形态之前的一根 K 线必须是阳线。

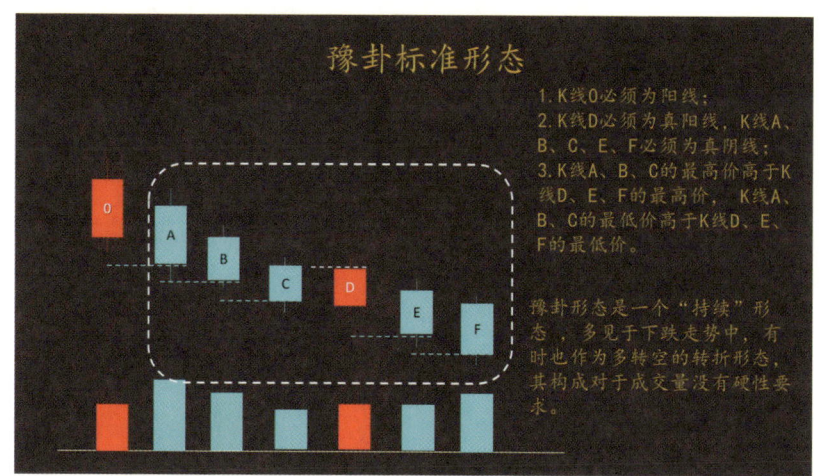

图 11.5.3　豫卦标准形态示意图

第二，K 线 D 必须为真阳线，K 线 A、B、C、E、F 必须为真阴线。

第三，K 线 A、B、C 的最高价高于 K 线 D、E、F 的最高价，K 线 A、B、C 的最低价高于 K 线 D、E、F 的最低价。

豫卦形态是一个"持续"形态，多见于下跌走势中，有时也作为多转空的转折形态，其构成对于成交量没有硬性要求。

在坤宫八卦中，五阴夹一阳的走势共有三种，一种是豫卦形态，一种是比卦形态，最后一种是剥卦形态。三者之间因为阳线出现的位置不同，所代表的含义有着显著的区别，这一点在后文中会有详细阐述。

买卖条件

图 11.5.4 是豫卦形态的买卖条件示意图，图中给出了当豫卦形态出现之后的卖出点和趋势反转位。

象数理形态模型

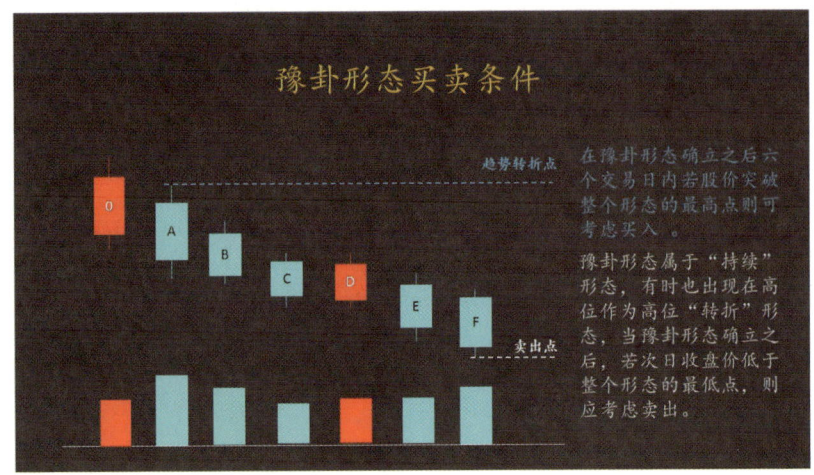

图 11.5.4　豫卦形态的买卖条件

卖出点：当走势中出现豫卦形态之后，我们以豫卦形态中的最后一根 K 线的最低价（即 K 线 F 的最低价）作为卖出依据，如图中白色虚线所示。在形态形成后六个交易日内，若股价跌破这一点位即可卖出。

趋势反转位：当豫卦形态确立之后，如果股价一直上涨，直到某一日收盘价突破了 K 线 A 的最高价，即趋势反转位，则说明趋势可能反转，此时应关注行情带来的机会。

关于二次买入方面，豫卦形态代表的风险较大，因而不考虑二次买入。

形态性质

豫卦形态属于"持续"形态的一种，一般会出现在下跌趋势中作为持续形态，有时也会出现上涨趋势的终点，代表着趋势由上涨转为下跌或者横盘。

少数情况下豫卦形态会出现在横盘走势中，作为横盘持续形态。接下来我们通过案例详细解读。

案例解析

前文中提到，豫卦形态会出现在下跌趋势的起点，作为转折形态出现，实战案例如下图所示：

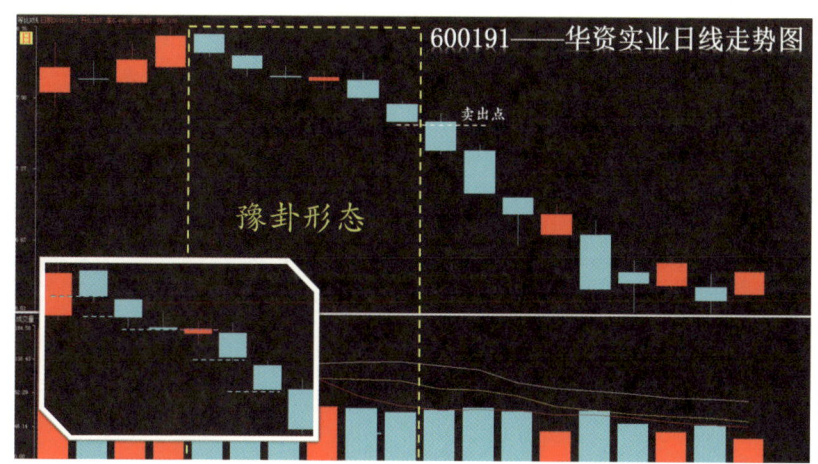

图 11.5.5　豫卦形态高位转折实战案例

图 11.5.5 是 600191——华资实业从 2018 年 1 月 17 日到 2 月 12 日的日 K 线走势图，图中可以看到 2018 年 1 月 23 日到 30 日六个交易日之间出现了"阴阴阴阳阴阴"的走势，疑似为豫卦形态，在图中用黄色虚线框标识。

豫卦形态要求形态前一根 K 线必须是阳线，从图中可以看到黄色虚线框前的第一根 K 线是一根阳线，所以符合第一个条件。

图中左侧折角矩形处将黄色虚线框中的走势放大，并用绿色虚线标记阴线收盘价，粉色虚线标记阳线收盘价。可以看到，所有的阴线收盘价都相对于前一交易日有所降低，都为真阴线，而唯一的阳线收盘价与前一交易日相等，属于极少出现的情况，可以视为真阳线。所以，虚线框中走势符合豫卦形态的第二个条件。

构成豫卦形态的第三个要求是形态中的前三根 K 线的最高价

高于后三根 K 线的最高价，前三根 K 线的最低价高于后三根 K 线的最低价。从图中左侧折角矩形处放大的走势可以看到，走势明显符合这一条件。

至此，我们可以确定黄色虚线框中的走势构成一个豫卦形态。根据豫卦形态的买卖条件，我们以黄色框线中后一根 K 线中的最高最高价即 K 线 F 的最低点为卖出依据，如图中白色虚线所示；以框线中第一根 K 线（即 K 线 A）的最高价为判断趋势转折依据。

在实际的走势中，在豫卦形态形成之后的第一个交易日股价即跌破卖出点，卖出之后股价即开始加速下跌。

第六节　坤宫八卦之比卦

比卦是坤宫八卦中的第六卦，其对应的也是一种五阴夹一阳的形态，其形态对应乾宫八卦中的第三卦大有卦，比卦的卦形以及卦爻辞如下图所示：

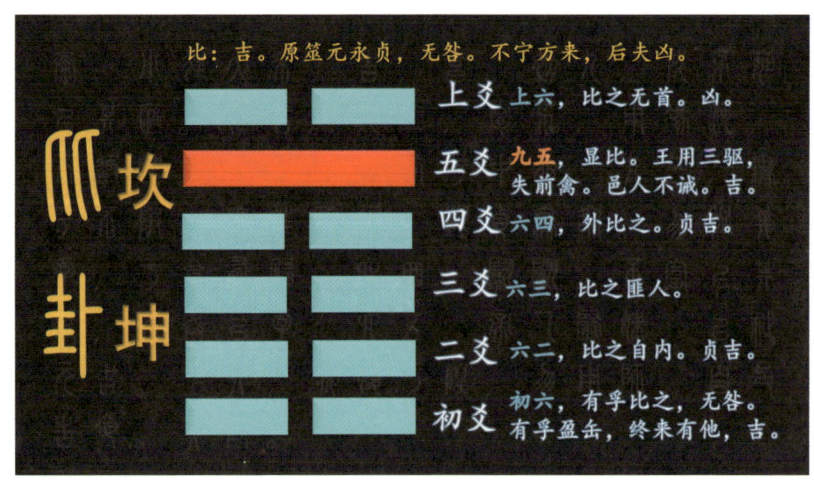

图 11.6.1　比卦形态及卦爻辞

按照惯例，我们从卦名、卦状、卦象和义理四个方面来阐述比卦的相关信息。

【卦名】

比卦的卦名为比，是比较的意思。

比卦为六十四卦中的第八卦。

【卦状】

比卦的卦状就是"坎上坤下"，图样在图 11.6.1 中间用红色和绿色爻线表示。其中爻线的当位情况与大有卦相反，二爻、四爻、五爻和上爻当位，初爻、三爻不当位。

主卦和客卦爻线有应情况与大壮卦相同，即主卦和客卦的中爻有应，阴阳相合。

【卦象】

象曰：地上有水，比。先王以建万国，亲诸侯。

船得顺风不可停，欲向何方任意新刚，交易求财大得利，一切谋望事有成。走失可寻，见官有理，婚姻求名，管保恭喜。

比者，辅也，相辅佐之意，故有船得顺风之象。

【义理】

卦辞释义

比卦的卦辞是"吉。原筮元永贞，无咎。不宁方来，后夫凶"。"筮"是筮词的意思。

所以，比卦卦辞的含义为筮问比卦举事吉利。从开始便坚守正道，不会有灾难。但对自心不宁然后才来的士夫们来说，是凶险的。

形态解析

比卦在市场中对应的形态与大有卦形态完全相对应，大有卦形态是五阳夹一阴，比卦形态是五阴夹一阳，即"阴阴阴阴阳阴"的走势，如图11.6.2所示：

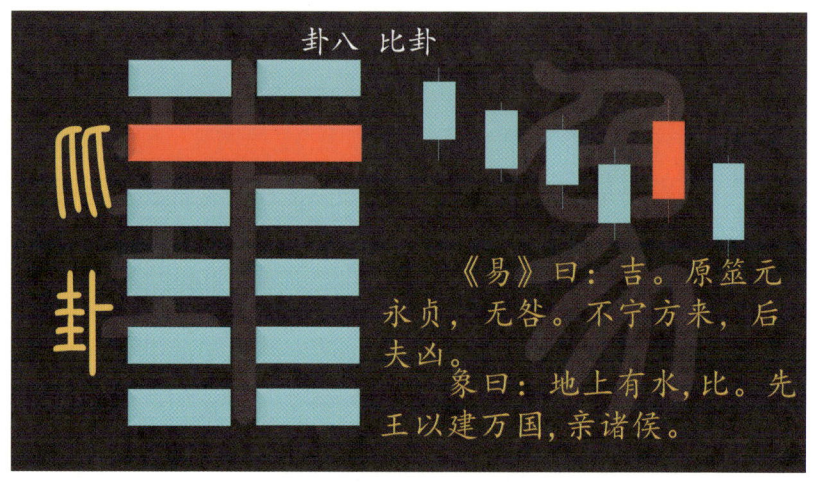

图 11.6.2　比卦对应的走势形态

如图11.6.2，图中左侧是比卦的卦状，右侧是比卦所对应的走势形态，即五阴夹一阳的走势，这种"阴阴阴阴阳阴"的形态就是前文中提到的比卦形态。

前文中提到，坤宫八卦中五阴夹一阳的走势共有三种，上一节的豫卦和本节中的比卦都是其中之一。二者存在很多共性，从形态标准到买卖依据，而二者的区别则多体现为在市场中所代表的含义上。比如比卦代表的空方动能比豫卦的大，且豫卦形态之后出现上涨的概率比比卦的大。

比卦形态体现了空方力量的强盛，经常作为高位转折或者下跌持续形态，但因为形态的关系，比卦也可能会出现在低位作为转折形态。

形态要求

比卦形态对于构成形态的细节的要求如下图所示:

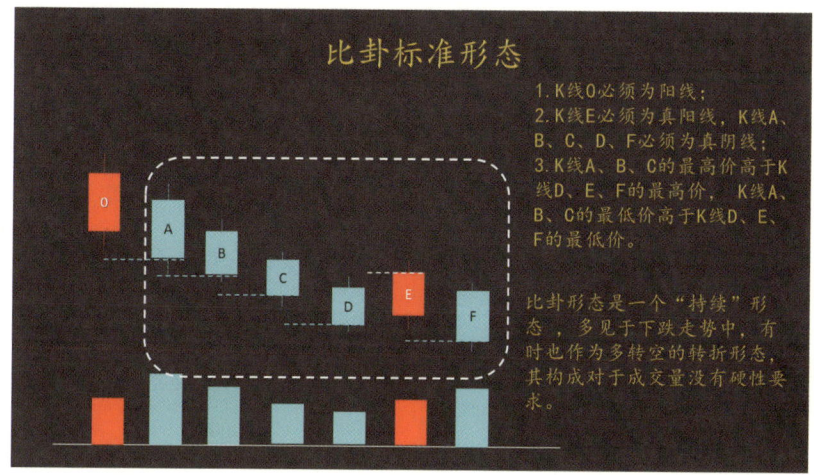

图 11.6.3　比卦标准形态示意图

图 11.6.3 是比卦标准形态示意图,图中白色虚线框标识的形态即为标准的比卦形态,其中包含的六根 K 线从左到右标记为 K 线 A 到 K 线 F,形态之前一根 K 线标记为 K 线 0,K 线形态下方为成交量变化示意图。

比卦形态的要求是:

第一,形态之前的一根 K 线必须是阳线。

第二,K 线 E 必须为真阳线,K 线 A、B、C、D、F 必须为真阴线。

第三,K 线 A、B、C 的最高价高于 K 线 D、E、F 的最高价,K 线 A、B、C 的最低价高于 K 线 D、E、F 的最低价。

比卦形态是一个"持续"形态,多见于下跌走势中,有时也作为多转空的转折形态,其构成对于成交量没有硬性要求。

买卖条件

比卦的买卖条件如下图所示：

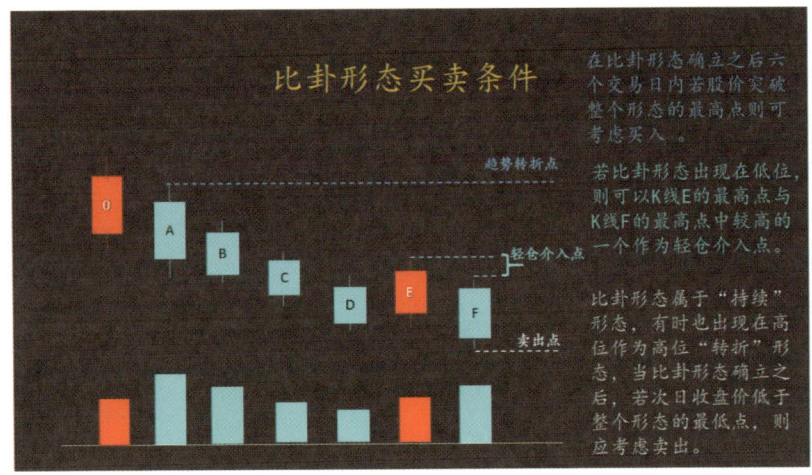

图 11.6.4　比卦形态的买卖条件

图 11.6.4 是比卦形态的买卖条件示意图，图中给出了当比卦形态出现之后的卖出点、轻仓介入点和趋势反转位。

卖出点：当比卦形态确立之后，若次日收盘价低于整个形态的最低点，则应考虑卖出。

轻仓介入点：若比卦形态出现在低位，则可以 K 线 E 的最高点与 K 线 F 的最高点中较高的一个作为轻仓介入点。

买入之后的止损位为作为买入依据 K 线的最低点。

趋势反转位：在比卦形态确立之后六个交易日内，若股价突破整个形态的最高点，即趋势反转位，则说明趋势可能反转，此时应该关注市场中的机会。

关于二次买入方面，因为比卦形态总体体现的是空方强盛，风险较大，所不支持二次买入。

形态性质

比卦形态属于"持续"形态的一种，一般会出现在下跌趋势的中间作为持续形态，有时也会作为下跌趋势的起点，少数情况下也可能出现在上涨趋势的起点。这也是轻仓介入点的意义所在，其作为上涨趋势起点的可能性要高于豫卦形态。

接下来我们通过案例详细解读。

案例解析

相对于下跌持续形态来说，比卦形态作为高位转折形态对于投资者来说意义更大，下面我们来看一个比卦形态高位转折案例，如下图所示：

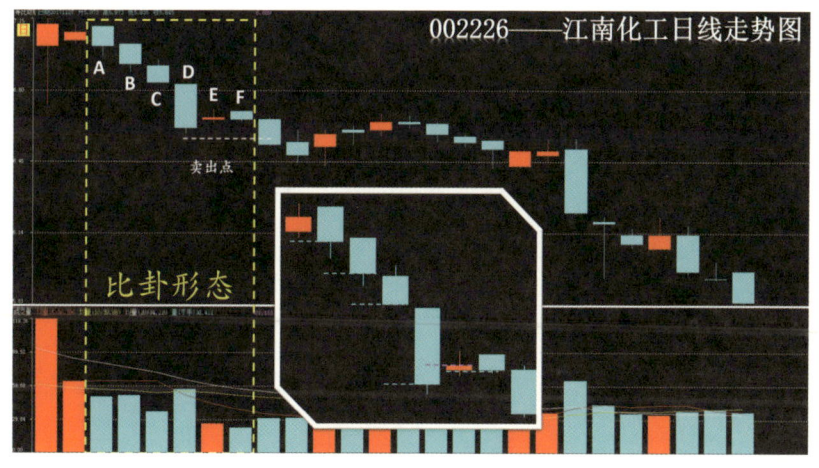

图 11.6.5　比卦形态高位转折案例解析

图 11.6.5 是 002226——江南化工从 2017 年 10 月 23 日到 2017 年 11 月 27 日的日 K 线走势图，图中可以看到 2017 年 10 月 25 日到 11 月 1 日六个交易日之间出现了"阴阴阴阴阳阴"的走势，疑似比卦形态，在图中用黄色虚线框标识。

象数理形态模型

首先,我们要先确认黄色虚线框中的走势确实为比卦形态。比卦形态要求形态前一根K线必须是阳线,图中可以看到黄色虚线框前的第一根K线是一根阳线,所以符合第一个条件。

在图中中间的折角矩形处将黄色虚线框中的走势放大,并用绿色虚线标记阴线收盘价,粉色虚线标记阳线收盘价。从图中可以看到,所有阴线的收盘价都相对于前一交易日有所降低,为真阴线。唯一一根阳线的收盘价也相对于前一交易日有所抬高,为真阳线。所以,黄色虚线框中的走势符合比卦形态的第二个条件。

比卦形态的最后一个条件要求前三根K线的最高价高于后三根K线的最高价,前三根K线的最低价高于后三根K线的最低价。

将框线中的K线依次标记为K线A、B、C、D、E、F,则前三根K线的最高点在K线A,最低点在K线C,后三根K线的最高点和最低点都出现在K线D。从图中可以看到,K线A的最高点高于K线D的最高点,K线C的最低点高于K线D的最低点,符合第三个条件。

至此,我们可以确定黄色虚线框中的走势构成一个比卦形态。根据比卦形态的买卖条件,我们以黄色框线中K线D的最低点为卖出点,如图中白色虚线所示;以K线E的最高点为轻仓介入点,以K线E的最低点为买入之后的止损位;以整个形态的最高点为趋势转折点。

在实际的走势中,比卦形态出现之后,股价在下个交易日即跌破白色虚线,此时卖出,股价在经过一段时间的横盘调整之后即开始加速下跌。

第七节　坤宫八卦之剥卦

剥卦是坤宫八卦中的第七卦，其卦形在乾宫八卦中对应的是夬卦，剥卦具体的卦形以及卦爻辞如下图所示：

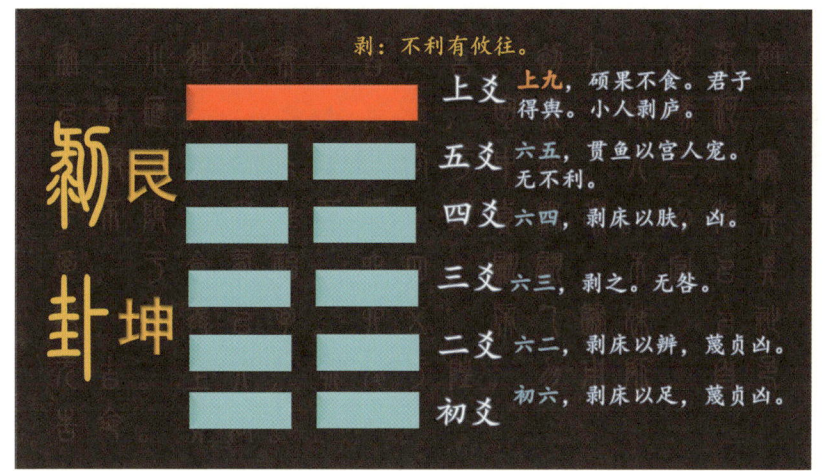

图 11.7.1　剥卦形态及卦爻辞

如图 11.7.1 所示，剥卦与夬卦的阴阳爻构成完全相反，我们从卦名、卦状、卦象和义理四个方面来阐述剥卦的相关信息。

【卦名】

剥卦的卦名为剥，"剥"是剥落的意思。

剥卦为六十四卦中的第二十三卦。

【卦状】

剥卦的卦状就是"艮上坤下"，图样在图 11.7.1 中间用红色和绿色爻线表示。其中二爻和四爻当位，其余爻线全不当位，这一点和对应的夬卦完全相反。

而主卦和客卦的上爻有应，这一点与夬卦相同。

【卦象】

象曰：山附于地，剥。上以厚下安宅。

莺鹊同林不相合，占的此卦琐碎多，恩人无义反为怨，是非平地起风波。

剥者，落也，阴升阳落，故有莺鹊同林之象，如同有一小鹊，天晚宿大林之中，不想有莺在内，莺见鹊即生恶意。占此卦者，主小人暗算、干事无成之兆也。

【义理】

卦辞释义

剥卦的卦辞是"不利有攸往"。

其含义为不利有所前进。其中"攸"的含义是所，"往"代指前进。

形态解析

与比卦形态和豫卦形态一样，剥卦在市场中对应的形态同样是五阴夹一阳，严格来说是五阴连一阳，呈现"阴阴阴阴阴阳"的走势，如图 11.7.2 所示。

图中左侧是剥卦的卦状，右侧是剥卦所对应的走势形态，即"阴阴阴阴阴阳"的走势，我们称这种形态为剥卦形态。

剥卦形态与比卦形态和豫卦形态的不同是阳线在整个形态的最后，后三根 K 线很容易形成下分形，加之尾权最重原则，剥卦形态代表的机会比另外两种形态要大上不少。

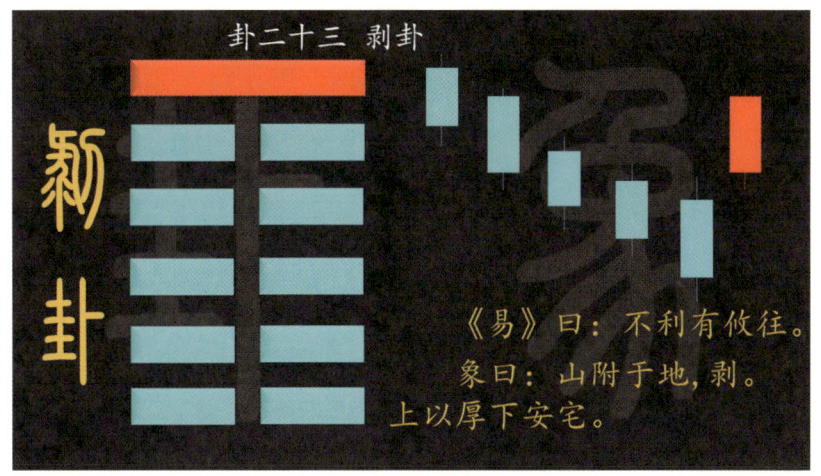

图 11.7.2　剥卦对应的走势形态

但本质上剥卦形态仍然是五阴夹一阳，空方强势，其带来的机会更多的是急跌之后的报复性反弹或者急跌耗尽了空方的动能。

形态要求

剥卦形态对于构成形态的细节的要求如下图所示：

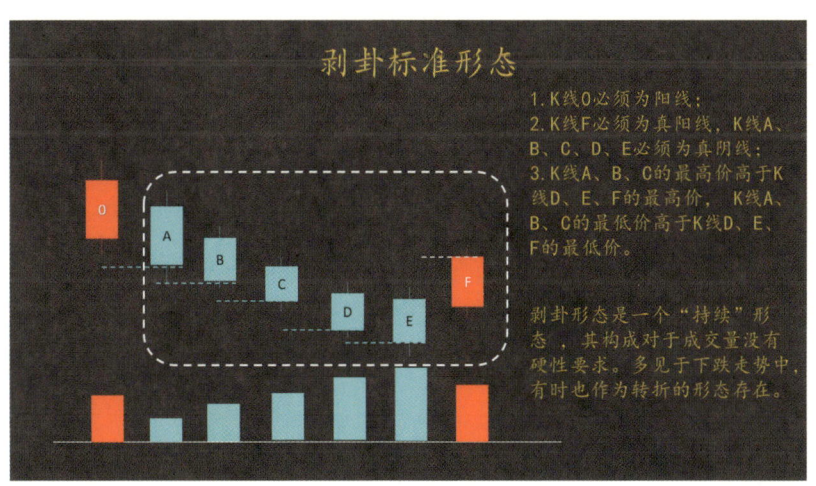

图 11.7.3　剥卦标准形态示意图

象数理形态模型

图11.7.3是剥卦标准形态示意图,图中白色虚线框标识的形态即为标准的剥卦形态,其中包含的六根K线从左到右标记为K线A到K线F,形态之前一根K线标记为K线0,K线形态下方为成交量变化示意图。

剥卦形态的要求是：

第一,形态之前的一根K线必须是阳线。

第二,K线F必须为真阳线,K线A、B、C、D、E必须为真阴线。

第三,K线A、B、C的最高价高于K线D、E、F的最高价,K线A、B、C的最低价高于K线D、E、F的最低价。

需要注意的是,在走势满足前两个条件的情况下,即使不满足第三个条件,也可被视为剥卦形态。这种剥卦形态如果出现在低位,有相当大的概率为低位转折形态。

剥卦形态是一个"持续"形态,其构成对于成交量没有硬性要求。多见于下跌走势中,有时也作为转折的形态存在。

买卖条件

图11.7.4是剥卦形态的买卖条件示意图,图中给出了当剥卦形态出现之后的卖出点、轻仓介入点和趋势反转位。

卖出点：当走势中出现剥卦形态之后,我们以剥卦形态的最低价（图中以K线E的最低点为例）作为卖出依据,如图中白色虚线所示,在形态形成后六个交易日内若股价跌破这一点位即可卖出。

轻仓介入点：若剥卦形态出现在低位则可以K线F最高点作为轻仓介入点。

趋势反转位：当剥卦形态确立之后,如果股价一直上涨,直

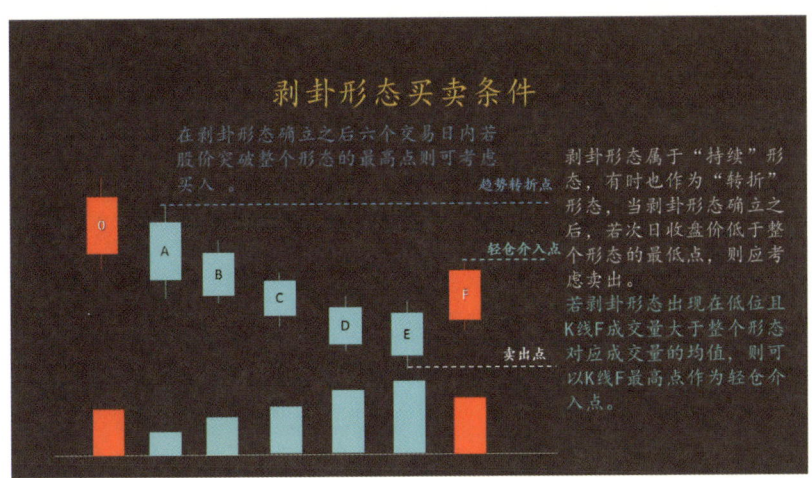

图 11.7.4 剥卦形态的买卖条件

到某一日收盘价突破了整个形态的最高价,即趋势反转位,则说明趋势可能反转,此时应关注行情带来的机会。

关于二次买入方面,剥卦形态不考虑二次买入,即使剥卦形态相比于比卦形态和豫卦形态有更大可能带来机会,但其本身仍然是一种代表着空方强势的形态,二次买入风险太大。

形态性质

剥卦形态属于"持续"形态的一种,一般会出现在下跌趋势中作为持续形态,尽管如此,剥卦形态也有可能作为转折形态出现在高位或者低位。

少数情况下剥卦形态会出现在横盘走势中,作为横盘持续形态。

接下来我们通过案例详细解读。

案例解析

前文中提到,剥卦形态虽然是持续形态,但也会出现在下跌趋势的起点,作为转折形态出现,实战案例如下图所示:

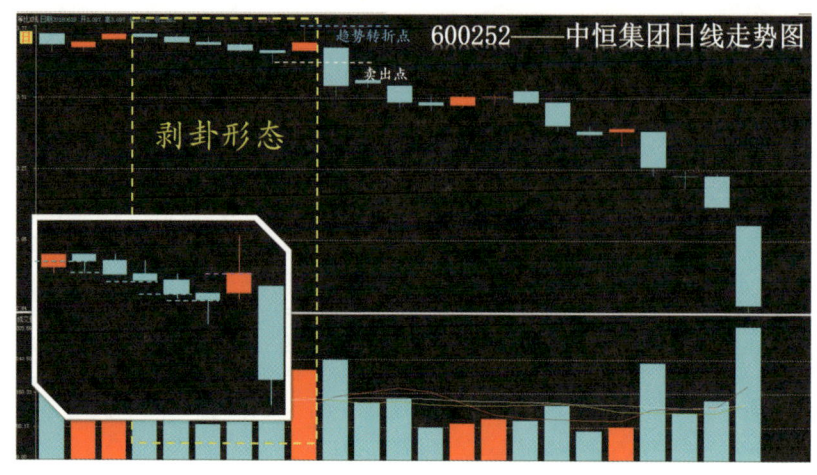

图 11.7.5 剥卦形态高位转折实战案例

图 11.7.5 是 600252——中恒集团从 2018 年 5 月 17 日到 6 月 19 日的日 K 线走势图，图中可以看到 2018 年 5 月 22 日到 29 日六个交易日之间出现了"阴阴阴阴阴阳"的走势，疑似为剥卦形态，在图中用黄色虚线框标识。

剥卦形态要求形态前一根 K 线必须是阳线，图中可以看到黄色虚线框前的第一根 K 线是一根阳线，所以符合第一个条件。

图中左侧折角矩形处将黄色虚线框中的走势放大，并用绿色虚线标记阴线收盘价，粉色虚线标记阳线收盘价。可以看到，所有的阴线收盘价都相对于前一交易日有所降低，都为真阴线。唯一的阳线跳空高开，收盘价相对于前一交易日有所抬高，为真阳线。所以，虚线框中走势符合剥卦形态的第二个条件。

构成剥卦形态的第三个要求是形态中的前三根 K 线的最高价高与后三根 K 线的最高价，前三根 K 线的最低价高于后三根 K 线的最低价。从图中左侧折角矩形处放大的走势可以看到，最后一根阳线的最高价明显高于其他阴线的最高价，走势明显不符合这一条件。

前文中提到，在走势满足前两个条件的情况下，即使不满足

第三个条件，也可被视为剥卦形态。这种剥卦形态如果出现在低位，有相当大的概率为低位转折形态。

首先这个形态可以被视为剥卦形态，其次因为这一位置明显不是低位，所以剥卦形态作为低位转折的概率并不大。当然，谨慎起见，我们还是标记出轻仓介入点。

如图所示，以黄色框线中最低点为卖出点，如图中白色虚线所示；以框线中唯一阳线的最高价为轻仓介入点，因为这一位置也是整个形态的最高点，这也是判断趋势转折的依据，如图中蓝色虚线所示。

在实际的走势中，在剥卦形态形成之后的第一个交易日股价即跌破卖出点，卖出之后股价经过短暂横盘后即开始加速下跌。

第八节　坤宫八卦之坤卦

坤卦所对应的是乾卦，两者的对应关系即体现在经卦上，也

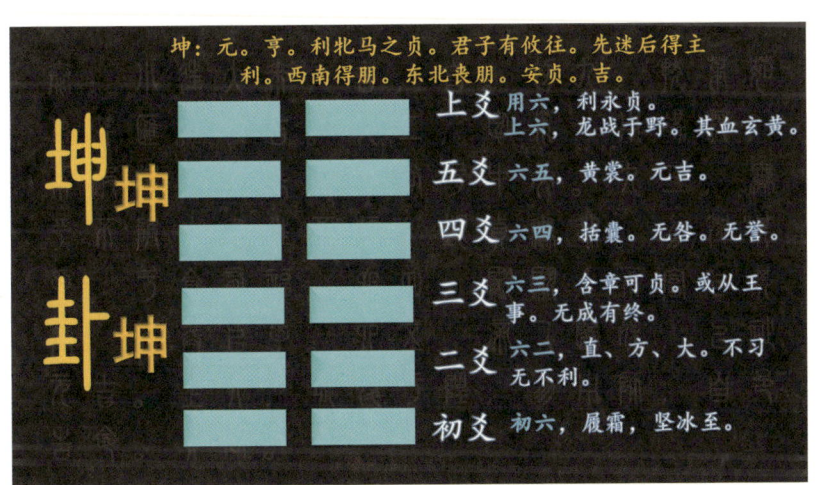

图 11.8.1　坤卦形态及卦爻辞

象数理形态模型

体现在别卦上，坤卦的卦形以及卦爻辞如下图所示：

注：前文中提到，用六（或通六）是乾卦和坤卦特有的爻题。

坤卦是一个别卦，我们可以从四个方面来阐述，即卦名、卦状、卦象和义理。

【卦名】

坤卦的卦名为坤，坤代表地，象地之厚德。

坤卦为六十四卦中的第二卦。

【卦状】

坤卦的卦状是"坤上坤下"，其图样在图 11.8.1 中间用红色爻线表示。其中二爻、四爻和上爻当位，这一点与乾卦恰好相反。

六爻全无应，表示所有的有利或者不利因素都是潜在的，要看主方如何处理，这一点与乾卦相同。

【卦象】

象曰：地势坤。君子以厚德载物。

饿虎得食喜气欢，求名应试主高迁，出门吉利行人到，是非口舌不相干。寻人得见，走失有信，疾病见好，凡事皆顺。

坤者，顺也。内外纯阴共柔顺，故有饿虎得食之象。

卦辞释义

坤卦的卦辞是"元。亨。利牝马之贞。君子有攸往。先迷后得。主利。西南得朋。东北丧朋。安贞吉"。

牝马指母马，所以坤卦卦辞的含义为很顺利，应当像母马一样坚持。君子应有所作为，迷惑后得到指点，是吉利的；西南方向得到朋友，东北方向丧失朋友。安定地坚持下去，吉利。

形态解析

坤卦在市场中对应的形态是连续的六根阴线，如图 11.8.2 所示：

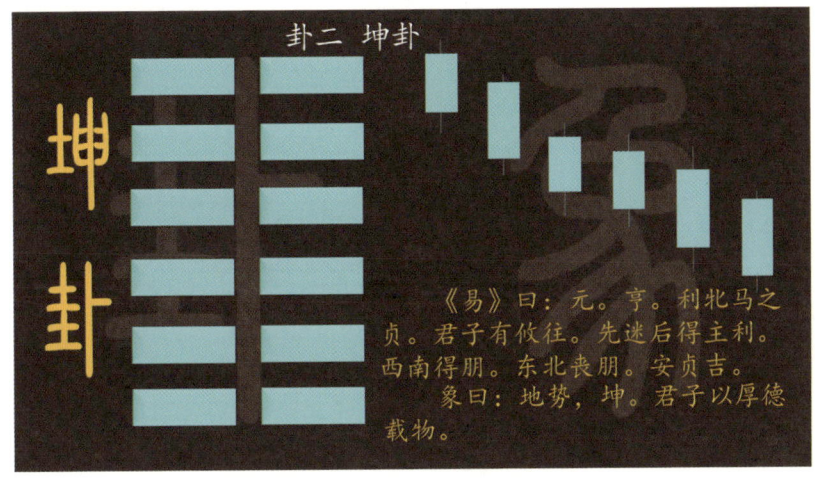

图 11.8.2 坤卦对应的走势形态

如图 11.8.2，图中左侧是坤卦的卦状，右侧是坤卦所对应的走势形态，即六连阴的走势，为了方便理解，我们称这种六连阳的形态为坤卦形态。

坤卦形态的出现体现了空方力量的强盛，象征着无限的可能，多见于下跌趋势中的起始或结尾，但坤为厚德，当整个坤卦形态出现之后有可能会伴随着报复性的反弹甚者转折。

形态要求

图 11.8.3 是坤卦的标准形态示意图，图中白色虚线框标识的形态即为标准的坤卦形态，其中包含的六根 K 线从左到右标记为 K 线 A 到 K 线 F，形态之前一根 K 线标记为 K 线 0，K 线形态下方为成交量变化示意图。

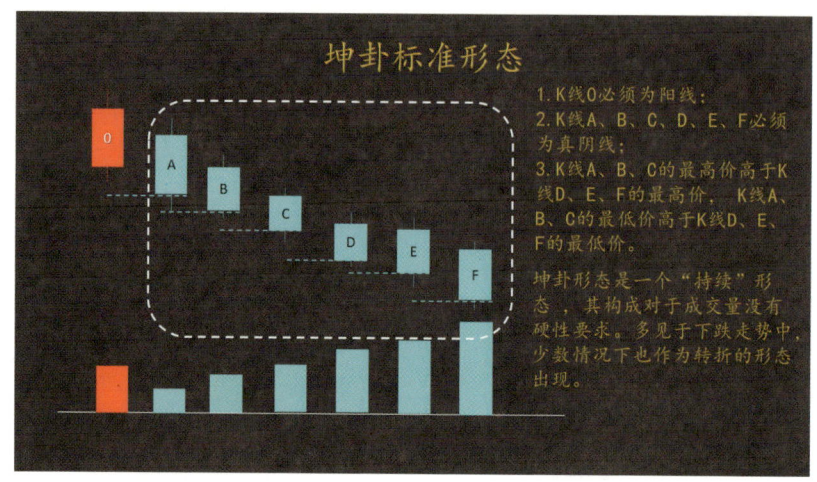

图 11.8.3　坤卦标准形态示意图

如图所示，坤卦形态要求形态前一根 K 线必须为阳线（即图中 K 线 0），我们可以据此确定形态的起始位置。

第二个形态要求是坤卦形态中的每一根 K 线必须收盘价依次降低，都为真阴线。

坤卦形态是一个"持续"形态，其构成对于成交量没有硬性要求。

买卖条件

图 11.8.4 是坤卦形态的买卖条件示意图，图中给出了当坤卦形态出现之后的买入点、减仓点和止损点。

卖出点：当走势中出现坤卦形态之后，我们以坤卦形态中的最后一根阳线的最低价作为卖出依据，如图中白色虚线所示，股价在六个交易日内跌破这一点位时即可卖出。

轻仓介入点：在买入之后，以坤卦形态中最后一根 K 线的最低点作为止损依据，如图中蓝色虚线所示。一旦在后期的走势中，股价某一日收盘价在此位置以下，则可以考虑减仓或止损。需要

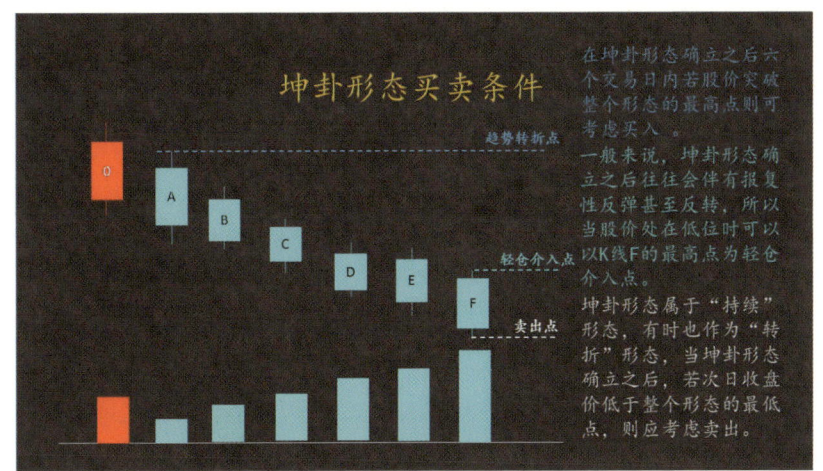

图 11.8.4 坤卦形态的买卖条件

注意的是，此处为灵敏止损位，股价跌破此位置并不一定意味着形态的失败。

趋势转折点：如果股价一直调整，直到某一日收盘价跌破了坤卦形态中第三根 K 线的收盘价，则此时可能出现两种情况。一种是形态失败，股价可能开始下跌或者横盘，应果断清仓止损；另一种情况是如果坤卦形态出现在较高位置的话，股价跌破止损位可能意味着这一坤卦形态表示顶部反转，同样应该果断止损清仓。

坤卦形态不涉及二次买入。

形态性质

坤卦形态属于"持续"形态，多见于下跌趋势中间，有时会出现在趋势的起点或者终点，代表着趋势由下跌转为上涨或者由上涨转为下跌。

接下来我们通过案例详细解读。

案例解析

前文中提到，虽然坤卦形态属于持续形态，但其也会作为高位转折形态或者低位转折形态存在，如下图所示：

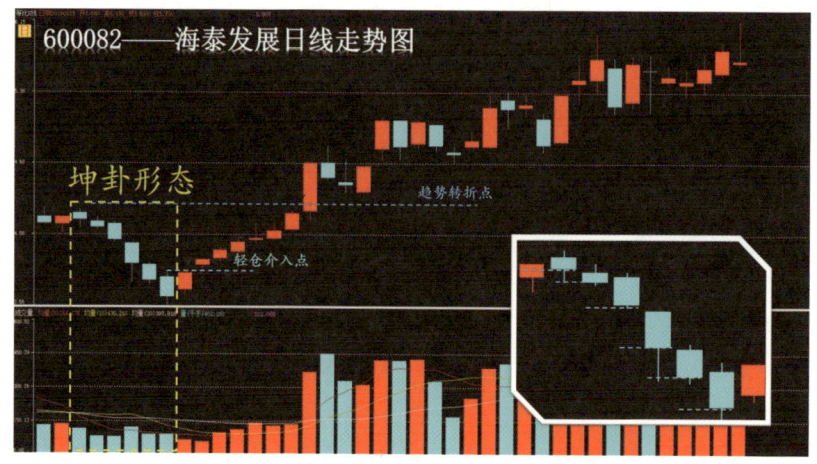

图 11.8.5　底部转折坤卦形态示意图

图 11.8.5 是 600082——海泰发展从 2019 年 1 月 22 日到 2019 年 3 月 25 日的日 K 线走势图，图中可以看到 2019 年 1 月 24 日到 31 日六个交易日之间出现了六连阴走势，在图中用黄色虚线框标识。

首先，黄色虚线框之内六个交易日连续收阴，图中右侧折角矩形处将虚线框中走势放大，并用绿色虚线标记收盘价。我们可以看到，这六根阴线的收盘价依次降低，都是真阴线，符合坤卦形态的构成条件。

其次，黄色虚线框之前的第一根 K 线是一根小阳线，符合坤卦形态的第一个要求。

我们可以确定黄色虚线框中的走势构成一个坤卦形态，根据坤卦形态的买卖条件，我们以黄色框线中最后一根阴线的最低点为卖出依据；以黄色虚线框中最后一根阴线的最高点为轻仓介入点，如图中绿色虚线所示，以框线中最高价位为趋势转折点，如图中蓝色虚线所示。

在实际的走势中，坤卦形态出现之后，下一根K线即突破绿色虚线，因为此时股价处于低位，可考虑轻仓介入，此后股价一路上涨，有效突破趋势转折点之后可以加大仓位。

至此，关于六十四卦形态的基础阐述就完成了。其中各个形态的性质与其经常出现的位置是研究者需要重点关注的内容，而对那些无意于深入研究，更想要掌握用法的研究者，可以考虑从中选取一到两种最适合自己的形态来把握市场变化。对于初学者来说，同时试图掌握太多的形态容易造成混乱，可先掌握几种特定的形态。

在前文中，我们多次提到，六十四卦形态的用法属于最基础的用法，在此基础上还存在着高端的用法，高端用法分为两种，一种是卦形结合分析法，另一种是干支预测法。

接下来就为大家详细介绍干支预测法。

第十二章　白首《太玄经》

导读

"谁能书阁下，白首《太玄经》。"这句诗出自诗仙的《侠客行》一诗中，主要描写侠客们的豪迈情怀，但也从侧面反映了《太玄经》的博大精深。

《太玄经》是我国历史上第一本系统的阐述三进制周期运动的书籍。三进制的思想之所以能够应用在股市中，是因为周期。任何一种周期运动都具有的始、中、终三种状态，而用三进制来表示周期运动的三种状态，就可以推演周期的运转变化，从三进制到九进制，甚至更加复杂的十八进制。这些进制代表的周期规律则可以体现在股市的周期运行中。

第一节　周易与太玄

前文中我们一直在研究《周易》中六十四卦的形态，而接下来则要涉及另一本经典《太玄经》，太玄经是扬雄模仿周易所做，其与周易的关系可以用同源而流异来形容。

单纯从数学的角度考虑，《周易》中六十四卦的数学结构可以表明，早在伏羲氏的时代，智慧的先人们就已经解决了二进制与十进制的额定转换关系；而《太玄经》中的数学结构则在此基础上解决了三进制与十进制的额定转换关系。

这样的数学结构对于各个领域都有着重大的意义。首先注意到这一点的是现代数学和物理领域的研究家，随着越来越多的尖端研究成果被引入投资领域，顶尖的研究者们逐渐注意到了三进制在分析周期和循环上的重要性。

为什么要研究周期和循环？

因为阳光下从没有新鲜事，司马迁在《史记·货殖列传》里面总结了两条市场变化的规律，千百年来不曾改变。

第一条，贵出如粪土，贱入如珠宝。贱买贵卖是一切投资的本质。

第二条，无财作力、少有斗智既饶争时。在没有钱的时候需要用努力来换取钱财，这个力既是努力，也是精力和体力；少有斗智，有了小钱怎么变成大钱呢？就需要发挥智慧，用别人没有的能力，做别人做不到、想不到的投资。等到有了钱之后想要继续赚大钱，就需要把握时机，顺应大势，这样才能事半功倍，时

来天地皆同力,运去英雄不自由。这句诗对于时机力量的阐述再形象不过,牛市来了,谁都能赚钱,关键你要知道什么时候牛市来,时机不在,本事再大也是徒劳。

这两条规律的应用,本质上是利用了市场的周期性。因为任何事物都是有张有弛,有盛有衰,价格不会一直上涨也不会一直下跌,所以就有了周期,有了循环,这样才有了贵出贱入的余地。

另一方面,关于第二条规律,其实对于投资者来说,主要强调了时机的重要性。想要把握时机,自然离不开预测,而想要预测则需要对周期和循环的规律了如指掌。

简而言之,投资离不开对周期和循环的研究,而对于这二者的研究,我们可以从《太玄经》中入手,《太玄经》中的"玄"字,取自于《道德经》中的"玄之又玄,众妙之门,引之又引,万变之根"。

《太玄经》中有一部分名为《太玄摘》,其中写道:"盛则入衰,穷则更生,有实有虚,流止无常。"这里阐述的就是市场中循环的规律。投资者要能够判断时机,抓住时机,当入衰的时候要急流勇退,更生的时候要抓住机会。

除了大的循环,对于投资者们来说,价值更大的是涨跌中每个阶段的特点,我们可以据此把握周期的变化,从而趋吉避凶。

这部分内容,在《太玄经》中也有详细的阐述,其中有一篇名为《太玄图》中写道:"故思心乎一,反复乎二,成意乎三,条畅乎四,著明乎五,极大乎六,败损乎七,剥落乎八,殄绝乎九。"

这是对万事万物的运行从初生到壮大,又从壮大到衰败的九个阶段的阐述。

思心,是指心思始动,产生想法,这一步用来指代最初产生想法的过程,比如学习英语这件事,那么第一步就是"我要学英语"的这个想法。当然,在投资领域中可以更具体一些,如果是对于某只股票中的一波行情来说，这一步体现的是庄家或者主力对于拉升该股的想法初步付诸实践的状态（因为一定要付诸实践投资者才能够获得反馈，所以在投资领域这一步指的是行为而非想法）。

"思心乎一"的意思是在事物发展的第一个阶段是产生想法，引申到市场中就是趋势初生阶段，庄家或者主力刚刚把拉升的想法付诸行动的状态。

在市场中是指大家都已经看到了市场衰落达到极致，即将反弹，但是何时反弹还无从掌握。

"反复乎二"意思是所有事物的发展，在初生阶段都是最容易夭折的，这点在投资领域体现得尤为深刻。比如，你刚刚1元钱买入一只股票，这只股票下跌了0.01元之后你不看好，这时候你卖出就会比较容易。如果等到这只股票连续下跌了五六天，跌幅在30%以上之后你要卖出就需要做一番思想斗争了。

所以，当一个想法诞生并且被付诸实践之后，在初始阶段会出现自我怀疑，就如初生的鸟要自己啄破蛋壳一样，这是指代想法初生之后遇到的第一个挑战，也是第一次的自我怀疑，所以叫做"反复"。

在市场中，这种反复往往是由于市场的惯性带来的。我们都知道，市场在下跌趋势中运行了很长一段时间之后，受到多方力量的推动开始上涨，即使空方力量已经衰落，但也仍然会有一波反击。这就是所谓的市场惯性，反映在走势中，就是这种明明开始上涨了却要下跌一下的反复走势。

"成意乎三"的意思是到了三次自然可以成了，事物的发展经过一番波折之后终于形成了趋势，此时就会出现惯性，就不是那么容易改变和动摇了。

对应在股市中，这就代表着这段趋势正式成型。虽然力度不

象数理形态模型

一定很强,但是已经不会轻易消亡了。

"条畅乎四"意思就是条理顺畅,代表事物发展较为顺利的阶段。

对于投资者来说,这一阶段需要对市场接下来的走势有明确的认知,知道自己为什么会做出决定、决定之后付出的代价是什么、可能的收获是什么、遇到各种情况如何应对等。

"著明乎五"指代事物发展趋势非常明显明确的阶段。引申到市场中,这一阶段代表的走势就是趋势明显、方向明确的积极上涨阶段。

"极大乎六"指的是事物发展到盛极的状态。对应到市场中就是最后的疯狂阶段,市场疯狂上涨,但风险也是极大。

"败损乎七"指的是当事物发展达到最极致的阶段时,就会开始衰落。败损指的就是这个阶段,事物刚刚开始由盛转衰的阶段。对应在市场中就是刚刚见顶的位置,市场开始下跌,但是此时多方反击的力量也是最大的。

"剥落乎八"指事物衰败的过程开始加速,如墙皮剥落,大块大块的出现损坏、掉落,此时颓势已不可避免。对应到市场中,就是随着下跌,市场中的投资者开始出现绝望的情绪。

"殄绝乎九"指代事物衰落的最终阶段,已然无限接近彻底消亡,马上要进入穷则更生的阶段了。

这九个阶段统称为"太玄九段","思心乎一"的阶段被称为"玄一",意为太玄图中所阐述的第一个阶段,"反复乎二""成意乎三""条畅乎四""著明乎五""极大乎六""败损乎七""剥落乎八""殄绝乎九"的阶段依次被称为"玄二""玄三""玄四""玄五""玄六""玄七""玄八""玄九"。

在股市中,我们可以用太玄九段来衡量每一段完整的趋势,走势在太玄九段的不同阶段中会体现出不同的特点。

在下一节中，将会结合案例对这些特点进行阐述。

第二节　太玄九段与干支预测法

在上一节中，我们提到，太玄九段中每一个阶段的走势都有特点，接下来我们通过案例进行详细阐述，如下图所示：

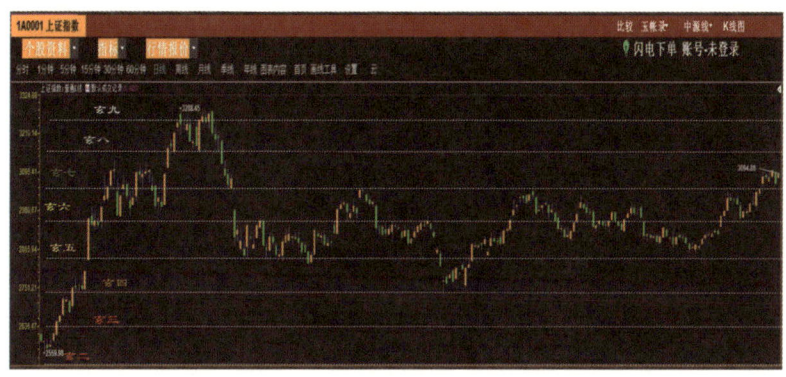

图 12.2.1　上证指数太玄九段示意图

这是上证指数从 2019 年 1 月 28 日到 2020 年 10 月 9 日的日 K 线示意图，图中用白色虚线标记了玄二到玄九的阶段，因为这段走势指数是从 2559.98 点开始的，超过玄一的位置，所以没有涉及玄一。

首先，我们将整个阶段分为三个大部分：

玄一到玄三，一般是底部建仓时期，谓之思。

玄四到玄六，是震荡洗盘时期，谓之福。这也是最安全获利幅度最大的区间。

玄七到玄九，一般为主力拉升出货的时期。谓之祸（通惑），既是诱惑也是迷惑。这一阶段风险与收益并存，股价经历最后一波疯狂之后必然伴随着衰亡。但是，这种趋势的转换一定伴随着主力或庄家设置的种种诱惑和迷惑手段，以骗取散户接盘。

我们可以通过这三个大部分来初步判断走势的变化，图中1月到4月的上涨，就经历了从玄二到玄九的阶段（注意，本案例中是以大盘代指个股，所以股价上涨与建仓之间的关系，按照个股考虑即可）。

首先，玄二阶段初步建仓，指数开始上涨；玄三阶段，指数在上涨中出现震荡，显然仍在建仓期间；玄四到玄六，指数经历了一波快速的拉升；随后到玄七，风险开始出现，指数开始在玄六和玄七之间大幅度震荡，此时是震荡洗盘的区间。

当洗盘结束之后，指数再次拉升，从玄六到玄九，风险逐渐加大，最终在突破玄九之后上涨趋势迅速耗竭，指数开始回落。

正好符合前文提到的三个大部分的划分。

那么，更细分一些的太玄九段的特点是什么呢？

这在《太玄图》中也有详细阐述："生神莫先乎一，中和莫盛乎五，倨剧莫困乎九。夫一也者，思之微者也；四也者，福之资者也；七也者，祸之阶者也。三也者，思之崇者也；六也者，福之隆者也；九也者，祸之穷者也。二五八，三者之中也。"

首先，"生神莫先乎一"，万事万物的成长都要由玄一的阶段开始，体现在股市中，就是只有从玄一开始的上涨才会孕育大的行情，不经历这一阶段，市场就孕育不出大的行情。

而本案例中正是一段没有经过玄一阶段的上涨行情，所以这只是一段一千多点的上涨，称不上波澜壮阔的大牛市。这一点从一开始就可以判断出来。

对于玄一的阐述，又有"夫一也者，思之微者也"，是说玄一阶段，是趋势刚刚萌发的时期，很微小。

玄二、玄五、玄八比较特殊，稍后一起阐述。

玄三"三也者，思之崇者也"，股价发展到玄三的阶段，"思"就已经达到最高了，也就是说，玄三是建仓阶段末期，这个阶段往往会伴有拉升和短期调整。

玄四"四也者，福之资者也"，玄四的阶段是趋势成型后股价开始大幅度拉升阶段的起始，根据玄三阶段拉升幅度的不同，这一阶段可能会出现快速大幅拉升，也可能出现从慢到快的加速式拉升。实际上，玄四的特点不仅仅是体现在上涨趋势中，在上涨之后的下跌中也有体现。一般来说，上涨趋势转换后的急速下跌阶段结束之后，如果股价跌至玄四阶段，则有很大概率从这一阶段开始较大幅度的反弹，如本案例中从八月开始的反弹。

说到上涨趋势转换后的急速下跌阶段，就要涉及"玄五"了。"中和莫盛乎五"在趋势转换后，股价在急速下跌阶段跌到玄五阶段了，就说明差不多到位置了，大概率会在此区间出现震荡企稳。

如本案例中从最高点3288点之后的急速下跌，就是在玄五的位置开始震荡企稳。

玄六，"六也者，福之隆者也"玄六阶段是震荡洗盘的最后时期，一般以震荡和上涨为主题（指上涨趋势中）。这一阶段是考验投资者的操作和判断的阶段，也是最适合磨炼自身的阶段，因为这个阶段掌握得好，可以获得很多利润，就算判断失误，也不会出现大的风险。而且，变化较多，不像单边市场没有操作余地。不管是借助震荡的机会打短差，还是抓住洗盘之后的拉升赚利润，都是比较好的选择，所以叫"福之隆"。

玄七"七也者，祸之阶者也"，字面理解就是，股价涨到七了，祸事就开始孕育。确实如此，当股价上涨到玄七的位置时，风险

就开始加大了，但是一般情况下，玄七只是初漏风险，在玄七和玄九之间还会有最后一波疯狂拉升。从玄七阶段就应该开始警惕，但并不需要畏首畏尾。

玄九，"九也者，祸之穷者也"，玄九是太玄九段的最后一段，也是趋势完全衰竭和终结的一段，当股价涨到这一段时，随时可能出现趋势的反转，此时宜尽量避免一切风险，落袋为安。

如本案例中，指数就是略微突破玄九阶段即出现趋势反转。

最后，玄二、玄五、玄八，"二五八，三者之中也"。玄二是"思"这一部分的中间，玄五是"福"这一部分的中间，玄八是"祸"这一部分的中间。这三个阶段的运行往往是稳定的，会体现出"思""祸""福"的性质。

对太玄九段的掌握非常有助于投资者把握趋势变化的时机，无论是在上涨中规避风险、把握机会，还是在下跌中及时脱身、寻找抄底时机，甚至于在趋势开始时判断其上涨潜力等。掌握熟练这些都可以让投资者在市场中先知先觉。

后　记
——阅读是一种智慧

☆如果猩猩会读书

文字，实在是人类历史上最伟大的发明。

文字产生了书籍，书籍使传承变得更有效率；传承产生了智慧，智慧使人类统治了地球。就像高尔基所说："书籍是人类进步的阶梯。"书籍是知识得以传承的基石，是人类文明发展和延续的载体。

人类一直以万物之灵自居，一直是自然界最具智慧的种族，但你是否思考过这样一个问题：人类的智慧来自哪里？

在探究这个问题之前，我们不妨先来看下面一组事实：

1. 黑猩猩会制作和使用简单的工具。

2. 鹦鹉对图形的记忆力非常出众，甚至能做数学题。

3. 章鱼特别善于模仿，并且能够通过思考来解决复杂的问题。

4. 大象有家族和自我的概念，并且记忆力很好。

5. 海豚除了有自我认知和死亡的概念，还有强烈的同情心和好奇心——恐怕这也是许多人被它们拯救的原因。

6. 逆戟鲸有复杂的逻辑思维和丰富的情感，甚至会表现出鲜明的"个性"。

这些动物尽管很聪明，也仅此而已。人如果不读书呢？

鲁德雅德·吉卜林曾写过一本叫作《丛林奇谈》的书（或者有些人看过由这本书改编的迪士尼动画《丛林王子》），书中讲述了一个由野兽抚养长大的男孩莫格利的故事。故事本身或许玄奇梦幻，素材却是取自现实。

已知至少有30例孩童在野外长大的案例，这些案例中大部分孩童是由野兽抚养长大，其中最著名的就是印度"狼孩"。

这些孩子无一例外像野兽多过像人，并且其智商大多只有三到四岁的程度。除非这些在不同时期、不同地区发生的案例中的"莫格利"都非常巧合地在先天上有缺陷（当然，提出这种可能仅是出于对概率学的尊重），那么我们可以证明：把人类孩童放到野兽的环境中，他也只会成为野兽而不是人，甚至不会体现出智商上的优越性。

人之所以成为人，并非天生高贵或者智商超群，而是因为知识和经验的传承，而传承的最主要方式就是学习，学习的最主要方式就是阅读。几乎所有的知识、经验、智慧和技能都可以通过阅读来获得。

我们有理由相信，如果黑猩猩能够学会阅读的话，它们将有可能进化为真正的智慧生物。

☆别让阅读如此难熬

当我们在生活中遭受挫折而有感于自己能力的不足时，当我们不安于现状而渴望获得更多时，学习往往就是摆脱困境或者谋求进步的最佳方式。

我们翻开一本书，往往是因为意识到了自己需要掌握这些知识，或者认识到了书中的这些知识的价值。

理智告诉我们需要汲取这些知识，但当我们硬着头皮翻开书，那些密密麻麻的蝇头小楷可能会让我们感到厌烦，犹如催眠的歌声一般放大我们的疲倦和困意。实际上，就在不久之前，我的一个朋友还对我说我推荐给他的床头读物治愈了他的失眠症。

我由衷地为他可以睡个好觉而感到高兴，同时也为这位朋友的阅读习惯感到惋惜。

☆一本书的正确打开方式

为何阅读对我们来说如此难熬？

原因有很多，但最重要的一点是兴趣，在做大多数事情的时候，疲惫与困倦都是产生在厌烦的基础上。很多时候我们并不是真的累了，而是无聊和厌烦让我们感觉到疲惫。人在做他感兴趣的事情的时候从来不会疲惫。

阅读也是如此，对于一本书来说，如果你并非真的喜爱其中的内容或者需要其中的知识，就不要翻开它，除非你也想靠它治愈失眠症。

很多时候选择一本你真正感兴趣的书才是成功阅读的第一步，强行阅读一本自己不喜欢的书无疑是一种自我折磨。

另外，当你觉得阅读让你感到疲惫或者不快时不妨换个时间，换个方式来试试。

如何保持你对一本书的兴趣？

关键在于心态，如果你想达到较好的阅读效果，就千万不要强迫自己读书。在读书时，找一个让自己舒服的心态远比找一个让自己舒服的姿势更能提高效果。

良好的读书心态能够让我们长时间地保持对阅读的热情；反之，不好的心态只会让我们在阅读时心情越来越糟糕。

一本好书既像朋友又像老师，我们不应该为了读书而去读书，最好是抱着自我提升的心态，慢慢地去阅读，要让读书成为一

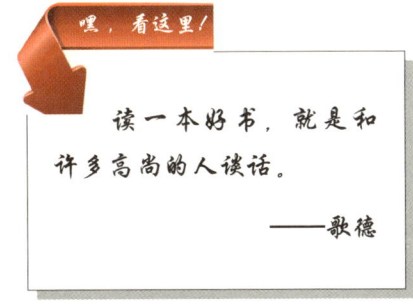

嘿，看这里！

读一本好书，就是和许多高尚的人谈话。

——歌德

种享受。

在阅读时还需要注意的一点就是最好要有明确的阅读目的（当然，小说、杂志这一类文学作品不在此列），《庄子·养生主》中有这样一段话："吾生也有涯，而知也无涯。以有涯随无涯，殆已！"说的就是人生短暂，而知识是无穷无尽的，如果不能明确自己的目的，汲取对自己有用的知识，而眉毛胡子一把抓的话，最终只能"殆矣"。

所以，用有限的时间去尽可能获取对自己最有用的知识，才是阅读最重要的意义，也是最难把握的一点。

《三国演义》中水镜先生司马徽向刘备推荐诸葛亮的时候有这样一段话："孔明与博陵崔州平、颍川石广元、汝南孟公威与徐元直四人为密友。此四人务于精纯，惟孔明独观其大略。尝抱膝长吟，而指四人曰'公等仕进可至刺史、郡守'众问孔明之志若何，孔明但笑而不答。每常自比管仲、乐毅，其才不可量也。"

诸葛亮以智名闻天下，天赋并不一定比他的几位好友要高，但为何他最终成为"功盖三分国，名成八阵图"的诸葛武侯？原因就在于读书之法，他的几位好友是"务于精纯"，唯独诸葛亮是"观其大略"，这就是读书目的的不同。

务于精纯是为学之道，观其大略是为实之道，一个强调深度，一个强调广度。对于大多数人来说，两者间并没有本质上的优劣之分。从股市学习的角度讲，依前者读书可为专才，依后者读书可为通才，如果你想成为某一方面的专家学者，就"务于精纯"通于一道，达于一道，能人所不能，但在处理实际问题的能力方面难免有所欠缺。

而如果想要成为实践派大师，就需要知识面足够宽广，在读书时就要注重对知识的全面性掌握和知识领域的开拓。只有拥有渊博的知识，才能对股市中的各种现象及成因了如指掌，面对股市中的变化才能够波澜不惊、从容应对。

这就是阅读目的的重要性。笔者的建议是：如果你真的需要某一方面的知识的话，最好培养自己在这方面的兴趣和爱好，就像孔子说的："知之者不如好之者，好之者不如乐之者。"兴趣永远是阅读的最佳动力。

> 嘿，看这里！
>
> 播种行为，可以收获习惯；播种习惯，可以收获性格；播种性格，可以收获命运。
>
> ——萨克雷

对于阅读，最后还要提及的一点就是阅读习惯。阅读时的习惯对一个人的影响是巨大的，养成好的阅读习惯将有助于提高阅读的效率。因为每个人都是独一无二的，所以不能武断地认为什么样的习惯是好的阅读习惯，因为同样的习惯，在一些人身上会有效果，而在另一些人身上则完全没有。

发现并培养对自己有利的读书习惯是增加阅读趣味性，提高阅读效率的好方法。

下面笔者列举一些适用面较广的阅读习惯，希望能够对各位读者有所帮助。

1.书籍不要完全堆在书架上，那样它们只会起到装饰作用（当上面落满灰尘时甚至连装饰作用都不会有）。把你正在读、经常读或者喜欢读的书放在你的身边，比如床头柜、沙发、茶几、车里甚至随身携带，这样当电视剧中插播广告或者堵车时你就可以随手拿出书来读。

很多好书是值得随身携带的，晋朝有一本记录用常见草药和方法处理急性病症的医书，因为作者认为很值得随身携带，就给它命名为《肘后备急方》。因为古代的衣服都是宽袍大袖，装东西都是装在袖子里面肘后的位置，如果是在今天写成估计会被叫作"兜里必备急救指南"。

2.找到适合自己的读书方法，比如流传较广的"三遍读书

象数理形态模型

法""兴趣阅读法"等。也可以借鉴名人的经验,比如鲁迅先生的"跳读"法、舒庆春先生(老舍)的"印象"法、著名数学家华罗庚的"厚薄"法、散文家余秋雨的"畏友"读书法等。当然,别人走过的路可以借鉴,但最适合自己的读书方法还需要每个读者自己去探索。

3.养成做读书笔记的习惯,或者读完一本书后随手写下心得,这样以后可以只通过寥寥数语的笔记就想起书中的知识,也方便以后"温故而知新",也许会有新的体悟。就像徐特立先生说的那样:"不动笔墨不读书。"

阅读是掌握前人智慧和经验的最好方法,也是谋求自身进步和发展的最好方法,每个人都需要阅读,不要让阅读成为一种煎熬。

笔者希望这本书能够给大家带来知识的同时带给大家愉快的阅读体验。